高等学校交通运输专业规划教材

交通运输系统分析

(第 2 版)

刘 澜　王 琳　刘海旭　编著

西南交通大学出版社
·成都·

图书在版编目（CIP）数据

交通运输系统分析 / 刘澜，王琳，刘海旭编著. — 2 版. —成都：西南交通大学出版社，2014.6（2021.8 重印）
高等学校交通运输专业规划教材
ISBN 978-7-5643-3095-8

Ⅰ. ①交… Ⅱ. ①刘… ②王… ③刘… Ⅲ. ①交通运输系统 – 系统分析 – 高等学校 – 教材 Ⅳ. ①U491.1

中国版本图书馆 CIP 数据核字（2014）第 121535 号

高等学校交通运输专业规划教材

交通运输系统分析
（第 2 版）

刘 澜　王 琳　刘海旭　编著

*

责任编辑　王　旻
特邀编辑　郝　博
封面设计　何东琳设计工作室

西南交通大学出版社出版发行
四川省成都市二环路北一段 111 号西南交通大学创新大厦 21 楼
邮政编码：610031　发行部电话：028-87600564
http：//www.xnjdcbs.com

成都蓉军广告印务有限责任公司印刷

*

成品尺寸：185 mm×260 mm　　印张：18.5
字数：462 千字
2014 年 6 月第 2 版　　2021 年 8 月第 10 次印刷
ISBN 978-7-5643-3095-8
定价：42.00 元

图书如有印装质量问题　本社负责退换
版权所有　盗版必究　举报电话：028-87600562

第1版前言

交通运输系统是一个复杂的社会经济大系统，是交通运输专业学习和研究的对象。"交通运输系统分析"讲述对其进行分析的基本理论和方法，是交通运输专业的一门专业基础课。

该课程上承宏观思想，下触微观方法，站在中观层面上，以系统思想和现代系统分析技术认识、分解、分析和描述交通运输体系，综合处理交通运输问题，着重培养学生了解和掌握交通运输系统分析的基本理论、基本方法和专业创新思维，使学生基本具备以系统思想和系统分析方法处理交通运输问题的能力，是交通运输知识体系中"统领"性课程。

本教材针对教学对象（主要为交通运输领域从业人员）的特点，充分考虑了学生对专业领域知识和技能有一定程度的实践认识，从而注意了与工作要求相结合的应用性知识的传授。全书以培养应用型人才为目标，以学生为中心，重构了课程知识体系。

上述体系及内容考虑到学生的知识结构和学习能力，突出应用性和时代性，教材、网站建设同步进行一体化设计，课程资源和教学活动的设计追求内容新颖、层次有序、形式多样，注重理论与实践的紧密结合。

本书包括前言和三大篇，共计十二章。由西南交通大学刘澜教授、王琳讲师、刘海旭副教授编著。刘澜主持课程体系和内容结构设计，负责撰写完成前言、第一、二、三、四章和第十二章第四节，王琳负责撰写完成第五、六、七、八章和第四章第三节，刘海旭负责撰写完成第十二章，许世雄负责撰写完成第九章，刘澜和王琳共同撰写完成第十、十一章。同时，王琳、刘海旭、刘澜还分别对全书内容进行了校改，由刘澜最后统稿。

学生在学习中应充分利用本课程网络教学平台，以个体学习模式和小组学习模式为主，采取多种形式的学习活动组织形式，包括电话、BBS、短信、电子邮件、QQ、远程协助等。

值得特别说明的是，本书的形成也融入了众多老师和研究生的聪明才智。熊巧讲师负责撰写完成第四章第三节网络课件脚本，刘艳红协助撰写完成第十二章第四节网络课件脚本，研究生李昕承担了全书大部分插图的设计绘制、资料处理及文字整理工作，表现出较为扎实的专业基础知识和基本技能。还有研究生左建丽、阳运巨、罗媛媛、周青峰、杜连涛、周尔波、张艳玲、王宏伟等协助进行了资料收集、整理等工作，为该课程的网络教学系统开发作出了贡献。

感谢西南交通大学交通运输学院院长彭其渊教授、党委书记甘灵副教授的关心和指导，他们在课程建设和工作协调等方面的帮助让笔者获益匪浅。

本课程内容结构、实现方式等诸多方面，都得益于西南交通大学网络教育学院各级领导和有关业务部门技术人员的指导帮助与通力协作，这些贡献都融合在本书的篇章中。并且，本书的出版得到了网络教育学院精品课程建设经费的资助，在此深表谢意。

也特别要感谢西南交通大学出版社给予的大力帮助,这种帮助贯注到本书从萌芽到收获的全过程,其远见卓识和专业精神令人感动和钦佩。

基于上述关于内容设计的考虑,本书继承了张国伍教授等前辈学者关于系统及交通运输系统的一些基本思想和观点,参阅了大量国内外有关著作、政府网站、学位论文和期刊文章,在此谨向本书所直接或间接引用的研究成果的作者表示深切的谢意。

限于作者的理论水平及实践经验,书中不妥和失误之处在所难免,恳请读者批评指正。

刘 澜

2008 年 1 月

第 2 版前言

本书是 2008 年出版的高等学校交通运输专业规划教材《交通运输系统分析》的第二版。从第一版面世迄今已有六年，期间中国已经建成了世界上最大规模以及最高运营速度的高速铁路网；高速公路通车总里程跃居世界第一；机动车保有量截至 2013 年 10 月底达到 2.5 亿辆，汽车家庭日益普及；中国民航作为全球第二大航空运输系统，其航线网络、运力和技术水平等保持了快速、持续的扩展和增强……我国的交通运输系统从结构到内容、从数量规模到质量水平，都发生了重大的变化和进步。为此有必要基于新的发展，改进和完善我们对交通运输系统的认识。同时，第一版经过多年使用，也发现有个别文字疏误，一些语义表达仍需凝练雕琢。上述情况促成了第二版的修订工作。

本书第二版仍保留了第一版的基本结构，即：案例导读+正文+练习题，有助于读者理论联系实际，系统、深入地理解课程知识，并得到及时的检查和训练。正文内容也基本保留了第一版的原貌，修订工作主要是：根据近年来交通运输业的改革和发展进行的内容改进；吸纳理论研究和实践中的新成果，更新了部分篇章的导读案例；文字修订和勘误。全书内容划分与布局以交通运输系统活动的内在规律为主线，注意与现场工作要求相结合的应用性知识的传授，设计了下图所示的知识模块顺序及对应的学时。

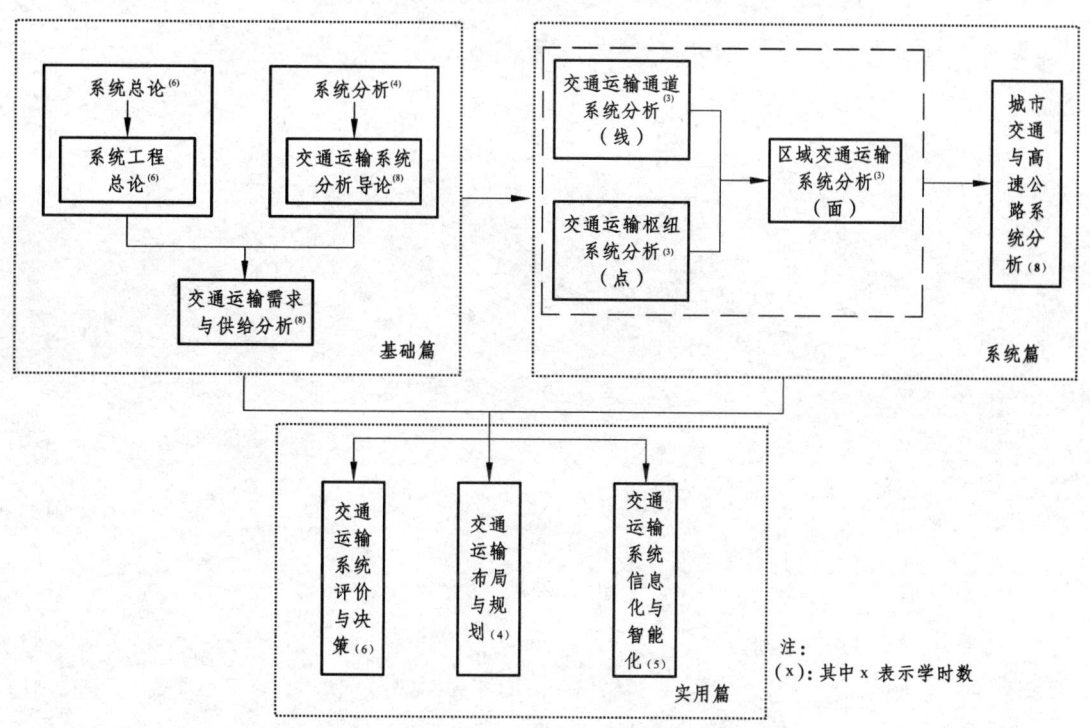

注：(x)：其中 x 表示学时数

上述模块及学时数可根据学习目的和对象的差异，灵活选择和组合使用。

在第二版修订中，研究生余红红、褚鹏宇、王培恒、窦志伟协助进行了导读案例的编撰。

交通运输业充满生机，信息社会下的交通运输技术更是日新月异。交通运输系统分析的理论和实践将不断面临新的挑战，有无限广阔的拓展空间，需要我们在学习中持续加以充实和更新。由于作者亦在上下求索之途，书中仍会有不妥和错误之处，恳请读者继续不吝赐教。

刘 澜

2014 年 5 月

目 录

基础篇

第一章 系统总论 ... 1
- 第一节 系统的定义与属性 ... 2
- 第二节 系统的分类、结构与功能 ... 7
- 第三节 系统的思维方式及系统科学的融合 ... 10
- 习 题 ... 12

第二章 系统工程总论 ... 14
- 第一节 系统工程的发展 ... 15
- 第二节 系统工程的基本概念及其理解 ... 17
- 第三节 系统工程的基础理论与技术手段 ... 22
- 习 题 ... 27

第三章 系统分析 ... 30
- 第一节 系统分析概述 ... 31
- 第二节 系统分析的基本程序及方法 ... 36
- 习 题 ... 42

第四章 交通运输系统分析导论 ... 44
- 第一节 交通运输系统及其属性 ... 45
- 第二节 交通运输系统结构 ... 50
- 第三节 交通运输多方式系统分析 ... 54
- 第四节 交通运输系统与环境 ... 64
- 第五节 交通运输系统安全性及可靠性 ... 72
- 第六节 交通运输学科 ... 81
- 习 题 ... 82

第五章 交通运输需求与供给分析 ... 87
- 第一节 概 述 ... 89
- 第二节 交通运输需求分析 ... 91
- 第三节 客货流系统分析 ... 93
- 第四节 交通运输供给分析 ... 99

第五节　交通运输供需均衡分析 ··· 101
　　习　　题 ·· 105

系　统　篇

第六章　交通运输通道系统分析 ··· 107
　　第一节　交通运输通道的基本概念 ··· 110
　　第二节　交通运输通道主载体的结构层次分析 ························ 112
　　第三节　交通运输通道能力的协调 ··· 116
　　习　　题 ·· 119

第七章　交通运输枢纽系统分析 ··· 120
　　第一节　交通运输枢纽的系统特性及功能与分类 ···················· 121
　　第二节　交通运输枢纽内设备系统的配置 ································ 126
　　第三节　交通运输枢纽内各种运输方式的协调 ························ 130
　　习　　题 ·· 132

第八章　区域交通运输系统分析 ··· 134
　　第一节　区域经济与区域交通运输 ··· 136
　　第二节　区域交通运输系统分析的内容 ···································· 138
　　第三节　区域综合交通运输系统及综合运输能力 ···················· 143
　　习　　题 ·· 145

第九章　城市交通与高速公路系统分析 ··· 146
　　第一节　城市交通运输系统 ··· 148
　　第二节　城市交通运输需求 ··· 153
　　第三节　城市交通运输供给 ··· 156
　　第四节　城市交通监控系统 ··· 169
　　第五节　城市对外交通运输系统 ··· 173
　　第六节　高速公路交通运输系统 ··· 175
　　第七节　高速公路管理 ··· 177
　　第八节　高速公路交通控制 ··· 191
　　第九节　高速公路收费控制 ··· 199
　　习　　题 ·· 204

第十章　交通运输系统评价与决策 ··· 208
　　第一节　系统评价概述 ··· 210
　　第二节　交通运输系统评价指标体系 ··· 211
　　第三节　系统评价与决策方法 ··· 214

习　　题 ··· 217

第十一章　交通运输布局与规划 ································· 218
　　第一节　交通运输布局 ··· 221
　　第二节　交通运输规划 ··· 227
　　第三节　交通运输规划的理论与实践 ································· 231
　　第四节　交通运输规划的评价 ··· 238
　　习　　题 ··· 242

第十二章　交通运输系统信息化与智能化 ······················ 243
　　第一节　概　述 ··· 244
　　第二节　智能运输系统（ITS） ··· 249
　　第三节　ITS 的主要子系统 ·· 255
　　第四节　铁路运输管理信息系统（TMIS） ······················· 263
　　第五节　水运智能运输系统 ··· 276
　　第六节　航空智能运输系统 ··· 278
　　习　　题 ··· 283

参考文献 ··· 284

基础篇

第一章 系统总论

📖 **本章导读：**

都江堰水利工程中蕴涵的系统思想

中国古代建造的大型水利工程——都江堰水利工程，主要由鱼嘴分水堤、飞沙堰溢洪道、宝瓶引水口等设施组成。它将岷江水流分为内江和外江，内江用于灌溉川西平原，外江用作泄洪排沙，经乐山、宜宾后汇入长江。

都江堰运用系统思想解决了溢洪、排沙、水量自动调节等关键技术，并且造价低、收效大、维护方便、可靠性高，经历 2 000 多年仍能发挥工程效益。都江堰二王庙中的石刻碑文，就是运用系统思想指导修筑、维护、管理都江堰的真实记载。

在都江堰水利工程中其系统思想主要表现在以下 4 个方面：

① 总体目标最优化。李冰在总结前人治水经验的基础上确定治理岷江水患的目标是"分四六、平潦旱"，即把岷江水量按四六比例分流，平掉水灾和旱灾，使总体目标最优化。

② 选址最优，自动分级排沙。都江堰选在岷江出山口与平原结合的灌县境内的弯道河流区域。根据弯道环流原理，含泥沙少的上中层水流被推向河道外侧，形成外侧高内侧低的倾斜水面；含泥沙多的中下层水流被推向河道内侧，使水流主体和泥沙主体逐渐分离，形成正面走水、侧面走沙的流态。当水流到达鱼嘴分水堤时，因鱼嘴的位置正好处于分界面附近，把 80% 的泥沙分离到外江河道，内江河道只含余下的 20% 的泥沙，实现第一级排沙。内江水流在鱼嘴分水堤后仍是弯道水域，再将 10% 的泥沙通过比河床高 2.5 m 的飞沙堰排入外江河道，实现第二级排沙。余下 10% 的泥沙被沉积在鱼嘴至宝瓶口约 1 km 长的河床内，通过每年冬季枯水期的岁修，把这部分泥沙挖出作为建筑材料，实现第三级人工排沙。

③ 利用地形，自动调节水量。都江堰将鱼嘴分水，飞沙堰溢洪，宝瓶口引水阻水，融合成一个整体，实现大水量自动调节。春耕季节岷江水量较小，江水主要沿弯道河岸外侧流动，并按鱼嘴分水堤中心距两岸的宽度分水，使外江与内江的水量按四六比例分配。到了洪

水季节，上游滩头被水淹没，河床坡度和弯道趋于消失，水量按主流方向分配，因主流方向正对外江河口，使流入外江和内江的水量按六四比例分流。特大洪水时还利用宝瓶口阻水和飞沙堰泄洪。宝瓶口为宽 20 m 长 40 m 的狭长谷带，是岷江水进入川西平原的关口，有走春水、阻洪水的作用。飞沙堰位于宝瓶口上游 170 m 处，比河床高 2.5 m，长 300 m。当内江水量超过正常水位时，多余的水便溢入外江。洪水季节 80%～90%的洪水由飞沙堰泄入外江，进入川西平原的水量很少超过正常需水量。

④ 就地取材，工程造价低，维修方便。

第一节　系统的定义与属性

一、系统思想的产生与演进

系统思想是在人类社会和经济长期的发展演进中逐渐形成的，是系统工程最基本和核心的概念。系统的概念来源于古代人类社会的实践经验，正如恩格斯所说，"人们远在知道什么是辩证法以前，就已经辩证地思考了"，人类在知道系统思想、系统工程之前，就已经开始采用辩证的系统思维方式了。

1. 古代朴素的系统观

在长期的社会实践中，古代劳动人民逐渐形成了把事物诸因素联系起来作为一个整体或系统来进行分析和综合的思想。随着系统思想的产生，逐渐形成了系统概念和处理问题的系统方法。

古代中国和古希腊唯物主义思想家都从承认统一的物质本原出发，把自然界当作一个统一体。古希腊辩证法奠基人之一的赫拉克利特（约公元前 460—前 370 年），在《论自然界》一书中说过："世界是包括一切的整体。"据记载，另一位古希腊唯物主义者德谟克利特（约公元前 540—前 480 年）有一本没有留传下来的著作，名字就叫《宇宙大系统》。据推测，这可能是最早使用"系统"一词的西方哲学著作。

中国古代思想家的系统思想表现在治学和社会实践的许多方面，如《孙子兵法》、《黄帝内经》、《易经》等许多古籍，都有不少应用系统思想观察和认识事物以及解决实际问题的生动事例；又如，我国古代劳动人民通过天象观测掌握天体运行和季节变化的规律，编制出历法和二十四节气，以指导农事活动。

古代朴素唯物主义哲学思想虽说强调对自然界总体性、统一性的认识，却缺乏对这一总体各个细节的认识能力，因而对整体性和统一性的认识也是不完全的。对自然界统一以及各个细节的认识，是近代自然科学的任务。

2. 近代机械的系统观

15 世纪下半叶，近代科学开始兴起，力学、天文学、物理、化学、生物学等学科逐渐从混为一体的哲学中分离出来，获得日益迅速的发展。近代自然科学发展了研究自然界的独特的分析方法，包括实验、解剖和观察，把自然界的细节从总的自然联系中抽出来，分门别类地加以研究。将这种考察自然界的方法移植到哲学中，就成为形而上学的思维。形而上学的出现是有历史根据的，是时代的需要，因为在深入、细致地考察事物方面，它比古代哲学是一个进步。但是，形而上学撇开了总体的联系来考察事物和过程，因而它堵塞了自己从了解部分到了解总体和洞察普遍联系的道路。

3. 现代辩证唯物主义的系统观

19世纪上半叶，自然科学已取得了伟大的成就，特别是能量转化、细胞和进化论的发现，使人类对自然过程的相互联系的认识有了很大的提高。恩格斯说："由于这三大发现和自然科学的其他巨大进步，我们现在不仅能够指出自然界中各处领域内的过程之间的联系，而且总的说来也能够指出各个领域之间的联系，这样，我们就可以依靠经验自然科学本身所提供的事实，以近乎系统的形式描绘出一幅自然界联系的清晰图画。"他认为，19世纪的自然科学"本质上是整理材料的科学，关于过程，关于这些事物的发生和发展以及关于把这些自然过程结合为一个伟大整体的联系的科学"，这样的自然科学，为唯物主义自然观建立了坚实的基础，为唯物主义哲学提供了丰富的材料。辩证唯物主义认为：物质世界是由无数相互联系、相互依赖、相互制约、相互作用的事物和过程所形成的统一体。辩证唯物主义体现的物质世界普遍联系及其统一性的思想，就是系统思想。

现代科学技术对系统思想方法的重大贡献，主要在于使其定量化，成为一套具有数学理论、能够定量化的思想方法。

社会实践活动的大型化和复杂化，要求思想方法不仅能定性，而且能定量，这尤其表现在军事活动中，因为战争中决策的成败，关系到国家、民族的生死存亡。第二次世界大战是定量化系统方法发展的里程碑，交战双方都需要在强调全局观念，从全局出发合理使用局部资源，最终求得全局效果最佳的目标下，对所采取的措施和反措施进行精确的定量分析，才有希望在实施中取胜。这样一种强烈的需要，把一大批有才干的科学工作者吸引到拟订与评价战争计划，改进作战技术与军事装备使用方法的研究工作中来，其结果就是定量化系统方法及强有力的计算工具（电子计算机）的出现，并成功地应用于作战分析。战后，定量化系统方法开始广泛地用来分析经济、政治等领域的大型复杂的系统问题。

当具备了数学表达形式和快速计算工具后，系统思想就成为了进行分析与综合的辩证思维工具。它在辩证唯物主义那里取得了哲学的表述形式，在运筹学和其他系统科学那里取得了定量的表述形式，在系统工程那里获得了丰富的实践内容。由此可见，系统思想经历了从经验到哲学到科学，从思辨到定性、定量的发展过程。

二、系统的定义与属性

1. 对系统概念的一般认识

在自然界和人类社会中，普遍存在着由若干环节组成的链状事物。这种环环相扣、由此及彼的链状事物即为系统。这样的系统可以大到太阳系（由恒星、行星、卫星、彗星等组成），小到一个城市的交通运输系统，甚至其中的部分（如车辆）也可以认为是一个系统。由此可以看出，系统的概念是相对的，而不是绝对的。同时，系统的存在具有普遍性，大至宇宙，小到分子、原子，它们都是链状事物，都有其组成环节。

认识系统的链与环节的关系要注意两个方面的因素：一是要认识到对象系统的全部组成环节；二是要认识到这些环节联结部分的形成和特点。在认识和处理问题时，必须具有系统意识，即在思考、研究、探索和处理某一事物时，要有意识地把它看成一个系统。

2. 系统的概念及其发展

人们对系统的认识有一个发展过程。系统（system）一词最早出现在古希腊语中，它的原词 syn 有"共同"和"同步、合成"的含义，即系统意味着事物的共性部分和每一事物在总体中给予它应占据的位置。

随着科学技术的发展，系统被赋予进一步的含义，如系统是"有组织的和被组织化的全体"，"结合着全体所赖以形成的诸概念和诸原理的复合体"，"以规则的相互作用又相互依存的形式结合着的对象的集合"。也就是说，系统是一个全体，其组成部分是有组织的，相互间有依存与作用的关系。同时，系统不仅有实体部分，还必须有赖以形成的概念部分。

系统概念的应用发展使人们认识到，人工系统整体的行动是有确定目的的，即任何人造系统的开发和建立，离开明确的目的性，必将导致要求上的模糊和措施上的不力，从而带来先天性不足。

系统概念的更新发展，反映了系统的计划性质。如，"系统是为按计划完成特定目标而设计的结构因素安排序列。"这里包含 3 个思想：第一，作为系统的设计标准需要明确应该完成的目的和目标；第二，必须进行构成因素的设计，建立它们的序列；第三，能量和财物等的输入必须按计划分配。这里突出指明了系统在完成特定目标时，必须有物资、资金和能量等的计划安排与保证。

应当指出的是，人们对系统的认识并没有结束，因而系统概念还在发展。这是理解系统概念时必须注意的。

3. 系统的定义

综上所述，系统的定义可以归纳为：系统是由若干个可以相互区别、相互联系而又相互作用的要素所组成，是在一定的阶层结构形式中分布，在给定的环境约束下，为达到整体的目的而存在的有机集合体。

作为一个系统，它应该具有若干个独立的判别特征：

① 一个系统是由一些相互联系和彼此影响着的部件所组成，其中的部件及其结构是系统的基本组成部分。如森林、学校和工厂等都可看做是系统，而学校中的教师和学生或者工厂中的各个车间可以看作为系统的部件。

② 一个系统应具有一定的用途，系统的部件及其结构的开发是为了实现该系统的目的，不同的部件及其结构类型可以实现不同的特定目的，例如，学校以培养人才为目的，工厂则以生产各种产品为目的。

③ 一个系统应具有一定的界限，以便能把系统从所处的环境中分离出来。系统通过该界限可以与外界环境发生能量、信息和物质等的交流。

上述特征可以说是所有系统必备的，在一般情况下可归纳如图 1.1 所示。

例如，某个城市是一个系统，它是由交通系统、资源系统、商业系统、市政系统、卫生系统等相互作用着的部件组合而成的一个整体，通过系统的各个部件相互协调运转去完成城市生活和发展的特定目标。它与农村以及其他城市存在着界限，彼此在物质、信息、人员等方面来进行交流。

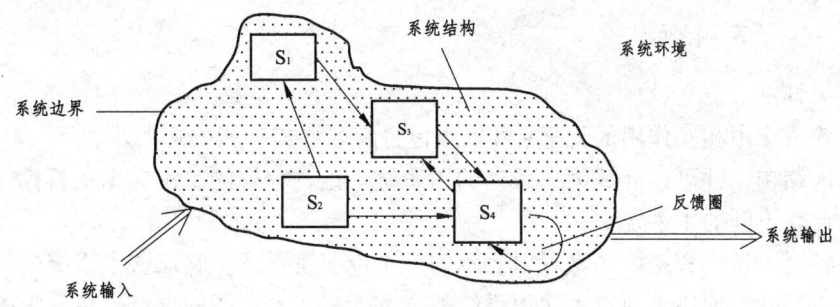

S_1、S_2、S_3、S_4 —— 系统部件

图 1.1　系统的基本概念图

4. 系统的属性

(1) 目的性

系统的目的性是指系统具有人们所明确赋予的、预期的目标。这种目标通常不是单一的，而是多方面的，但又往往有一个主要目标。因此，系统的目的性一般用一些具体的目标来表达，这些具体的目标构成了系统的总目标。目的性可通过总目标来表达：

$$G = \{g_i \mid g \in G,\ i = 1 \sim p\} \tag{1.1}$$

式中　G——系统的总目标；

　　　g_i——系统的任意一个分目标；

　　　p——系统的分目标数。

值得注意的是，系统分目标集必须保证系统总目标的实现，但是分目标之间可能是矛盾的，因此需要采用某种形式的折中，即在矛盾的分目标之间寻求平衡。常用的做法是通过计算每个分目标对总目标的贡献来确定最佳的妥协。

(2) 集合性

所谓集合性，是指系统由多个元素组成。元素可以是实体的如人、车辆、道路等，也可以是非实体的（概念的）如设计文件、图纸、施工计划等。系统的集合性的数学表达式为：

$$X = \{x_i \mid x_i \in X,\ i,\ j = 1 \sim n,\ i \neq j\} \tag{1.2}$$

式中　X——元素的集合，表征某个系统；

　　　x_i——集合中的任意一个元素；

　　　n——集合中的元素数。

(3) 相关性

系统的相关性是指组成系统的各元素是相互依存、相互作用又相互制约的。系统的相关性是系统元素之间全部关系的总和。这里以二元关系作为相关性讨论的基础,因为任何多元素都是从二元关系基础上发展的。

设 $x_i \in X_I \subset X$,而 $x_j \in X_J \subset X$,则其相关关系 R 可表示为:

$$x_i R x_j, \ x_j R x_i \quad \text{或} \quad x_i = R(x_j), \ x_j = R(x_i) \tag{1.3}$$

所以系统的定义可以表示为:

$$S = \{X \mid R\} \tag{1.4}$$

(4) 阶层性

系统作为一个由相互作用的元素(可以用包含其名称或功能的矩形块表示)构成的总体,有一定的层次结构,并可以分解为一系列的子系统。这种分解的基本标志是目标,不同的功能目标要求产生不同的子系统。

系统的各级子系统和系统元素可以表示为一个金字塔形式,它反映了系统的阶层关系。处于金字塔塔尖的矩形块(顶点)代表系统的支配元素,系统图的顶点数是有限的。其他节点间的连线表示这些元素间存在的各种关系,如隶属关系、反馈关系和关联关系。清楚地了解这些关系并利用上级系统的支配地位进行系统协调,是保障系统实现总体目标的关键。

图 1.2 所示的是一个城市总体规划系统结构图,总体规划就是一级系统,各部门规划和各专业规划相应为整个系统的二、三级系统。如果需要的话,还可以继续划分。高层次系统处于领导、支配地位,低层次系统则处于接受和服从领导的地位。在隶属关系的原则下,由于反馈的作用,低层次系统对上级系统会产生一定程度的影响,有些甚至是十分重要的影响,如城市总体规划和下属的交通规划之间的关系就是十分典型的例子。关联关系一般是反映同层次系统之间的关系。

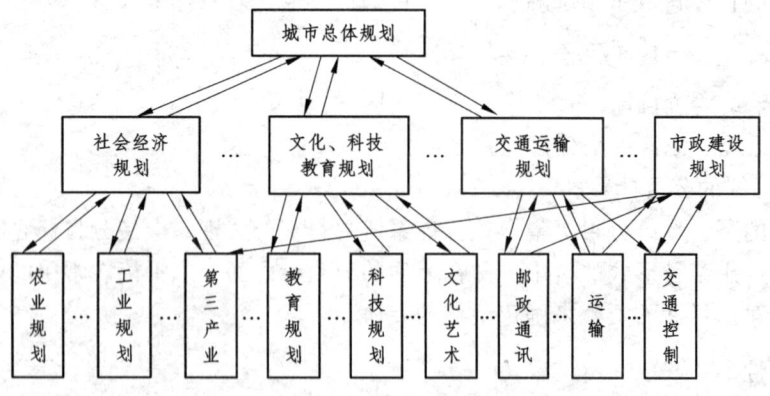

图 1.2 城市总体规划系统结构图

(5) 整体性

整体性是从协调的侧面说明上述 4 个特征的。任何一个元素不能离开整体去研究,元素之间的联系、作用以及阶层分布也不能离开整体的协调去考虑。脱离了整体性,元素的机能和元素间的作用以及层次分布便失去了意义。

系统的整体性应保证在给定的目标下,使系统元素集、元素的关系集以及其阶层结构的整体结合效果为最大：

$$E^* = \max_{p \to G} p(X, R, C) \tag{1.5}$$

式中 E^* ——对应于目标集的条件下所获得的最大整体结合效果；

$p(X, R, C)$ ——整体结合效果函数；

C ——系统阶层结构。

(6) 环境适应性

任何一个系统都存在于一定的外部环境（即更大的系统）之中，因此，系统与外部环境之间必然产生物质的、能量的和信息的交换。没有这种正常的交换，系统便不能生存。适应外部环境变化以获取生存和发展能力的这种性质，就是系统的环境适应性。

环境的约束集可以用式（1.6）表达：

$$O = \{o_i | o_i \in O, \ i = 1 \sim r\} \tag{1.6}$$

式中 O ——环境约束集；

r ——环境约束个数。

显然，系统整体的最优结合效果应对应于环境约束集，这时，式（1.5）可写为：

$$E^{**} = \max_{\substack{p \to G \\ p \to O}} p(X, R, C) \tag{1.7}$$

$$S_{opt} = \max\{S | E^{**}\} \tag{1.8}$$

式中 E^{**} ——对应于系统目标集和环境约束集下的系统最优结合效果；

S_{opt} ——具有最优结合效果及最优输出的系统。

第二节　系统的分类、结构与功能

一、系统的分类

1. 按自然属性分类

按自然属性，可将系统分为自然系统与人造系统。自然系统是自然界自然生成的一切物质和现象，与人类活动无关，如天体系统、海洋系统等。人造系统是人类应用自然规律建造的、以自然系统为基础的一切满足人类生存和发展需要的人造物。

2. 按系统形态分类

按系统形态，系统又可分为实体系统和概念系统。都江堰水利系统就是实体系统，中国古代儒家的思想体系、现代城市总体规划系统则为概念系统。实体系统是概念系统的形态化，又是实现概念系统要求的运行体。概念系统是实体系统的"灵魂"，实体系统则是概念系统的"躯壳"。二者既有联系又有区别,即在一定的条件下,可使实体系统抽象为概念系统,或者使概念系统具体化为实体系统(见图 1.3),只是两者结合,系统才能得以建立和不断完善。

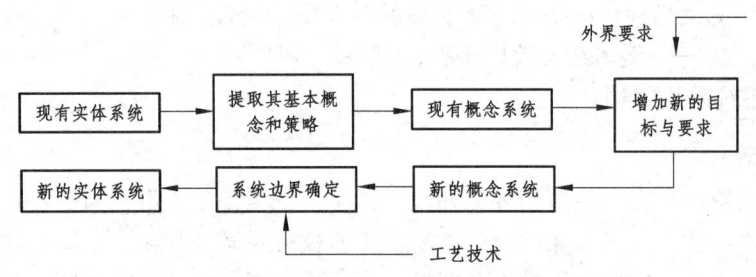

图 1.3 实体系统与概念系统

3. 按运动属性分类

按运动属性,可将系统分为动态系统与静态系统。内部结构参数随时间的变化而改变的系统为动态系统,反之为静态系统。静态系统是动态系统的基础,动态系统则通过状态的改变实现静态系统的功能。严格地说,"静态系统"是难以找到的,只是某些系统在考察期间内,其内部结构参数随时间变化较小,为研究方便,我们忽略这些变化,而将其视为"静态系统"。

4. 按系统与环境间的关系分类

按系统与环境间的关系,可将系统分为开放系统与封闭系统。与外界环境之间有物质、能量、信息交换的系统称之为开放系统,封闭系统则不存在这样的交换。事实上,严格的封闭系统是很难找到的,所以封闭系统往往也只是近似的"封闭系统"。

5. 按反馈属性分类

在开放系统中,按反馈属性,可将系统分为开环系统与闭环系统。图 1.4(a)为开环系统的图示,图 1.4(b)则表示一个闭环系统。

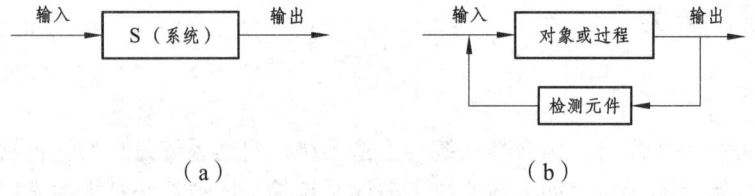

图 1.4 系统的反馈类型

6. 按规模大小和复杂程度分类

按规模大小和复杂程度,系统可分为大系统与小系统。目前人们的认识水平,在大、小系统之间难以确定一条明确的界线。一般而言,大系统具有结构复杂、规模庞大、参量众多、功能综合多样等特征,如城市交通系统即是一例。用传统的技术和方法难以解决大系统的问题,必须寻找新的方法。大系统理论是目前系统工程范畴内最新领域之一。

7. 其他分类

根据某些特定的标志，系统还可分为因果系统、目的系统、控制系统、行动系统、对象系统等。

二、系统的结构与功能

1. 系统的结构

各种系统的具体结构千差万别，大系统的结构往往是很复杂的，但是从一般的意义上说，系统的结构可以用下式表示：

$$S = \{X \mid R\} \quad (1.9)$$

显然，作为一个系统，必须包括其元素的集合和元素之间关系的集合。由于系统概念的相对性，元素与系统的划分并不是绝对的，往往根据研究的需要来确定。例如，图 1.2 所示的城市总体规划系统中，城市道路可以看成是市政建设规划的组成元素，但当研究道路上的交通特性时，又可将其看做是由机动车道、非机动车道、人行道、绿化带、隔离带、地面设施和地下设施组成的系统。

2. 系统的功能

各种系统的特定功能是大不一样的，这里是人一般意义上来阐述系统的功能，如图 1.5 所示。

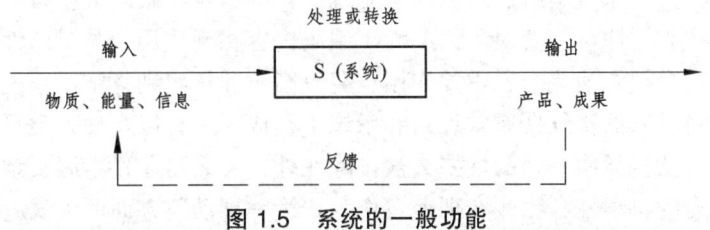

图 1.5 系统的一般功能

系统的输入是作为原材料的物质、能量与信息，系统的输出是经过处理（或转换、加工）的物质、能量与信息，例如新产品、成果等。所以系统可以理解为一种处理或转换机构，它把输入转变为人们所需要的输出。从狭义来讲，处理或转换就是系统的功能。扩大一些说，输入与输出也是系统的一种功能。对于闭环系统，往往还把反馈也作为系统的一种功能。

系统理论中的一般系统论，由奥地利生物学家冯·贝塔朗菲创立。一般系统理论重申了亚里士多德的观点：系统的功能可以大于系统中全部元素功能的总和，即

$$系统功能 > \Sigma 元素功能$$

因为当元素组合成为系统之后，元素之间就发生了复杂的联系，从而使系统的功能出现了量的增加和质的飞跃。然而上述不等式的成立是有条件的。在不适当的条件下，其不等号的方向亦可反过来。所以，这个不等式能否实现，关键在于元素之间的关系，在于系统的结构。因此，调整元素之间的关系，建立合理的系统结构，就可以达到提高和增加系统功能的目的。

第三节 系统的思维方式及系统科学的融合

一、系统的思维方式

思维方式是不断发展变化的，作为观念形态的反映，它以人类认识的活动和成果为基础，系统科学和系统工程以及其他现代科学技术改变了这种基础，因而，也促成了思维方式的变革。

真正使思维方式发生巨大变化的还是系统科学的发展。系统科学和系统工程在思想上与之前的思想是不同的，事实上，它已进入了各种领域，无论在理论上，还是实践上，都取得了令人无法忽视的成就，它在思维方式变化中的影响可以说是决定性的。

1. 系统工程和系统科学理论改变了旧的因果关系的一般模式

旧的因果关系的一般模式是一条既无始又无终的单一的长链，即一个原因必定有一个结果，而这个原因必定又是另一个原因的结果。而系统工程和系统科学的因果关系则呈现一种多无的形式，既可以是一个原因有多个结果，又可以是多个原因有一个结果，因果可以构成一个环，比如反馈控制过程。不仅如此，系统工程和系统理论还肯定了偶发现象和微小涨落对系统存在和演化的影响。

2. 系统工程和系统理论把因果关系和目的统一起来，形成了现代科学最具特色的本质特征

贝塔朗菲注意到了系统运行的终极性对系统变化的影响；维纳则把目的性纳入到反馈控制过程中；艾什比则在原则上解决了因果性（系统内容相互作用）与目的性的联系；哈肯肯定了目的性在系统自组织演化中的重要作用；普里高津和托姆则肯定了系统趋于极值状态的一般倾向。这些科学家的贡献使系统理论和系统工程成为一种以实现人类目的为目标的事理科学。而在旧的自然科学中，目的性要么被排除在外，要么与非科学因素结合在一起，破坏科学理论所应具有的科学性，牛顿在把上帝作为"第一推动"方面的失误就是一例。

3. 系统工程和系统科学在关于世界物质的存在方面提供了崭新的思想

系统工程和系统理论首先肯定事物能够在形式方面出现整体性，也即系统性。同时认为系统的结构与功能的关系是相互依存的关系，结构决定功能，而功能又制约着结构，总体结构可以通过子系统的功能耦合而形成。系统工程在配置人员和物质材料、设备组成各种子系统，进而形成大系统的过程，实际上就是处理结构与功能之间的关系。系统工程、系统科学还进一步认为系统是能够自己组织、演化直至系统终结。相应的，系统工程就是按照系统的某个目标组织一个系统，为一定的目标而开发，为一定的目标而运行。系统科学也发现了一系列系统自组织进化发生的规律。系统工程和系统科学还在事物存在的联系方式方面认为系统是有层次的，它们对应着系统发展的不同序列。

4. 系统工程和系统科学以数学化的理论工具而呈现其科学性的特征

这使它在处理系统问题，特别是处理社会系统时，把定量描述引入了社会科学，定性和

定量相结合地处理社会问题，使社会科学的发展取得了飞跃。

这样，系统工程和系统科学就实现了一次人类思想史上的转变，以整体的、综合的哲学代替了机械的分析哲学，完成了一次思想上的回归，即整体—部分—整体，或综合—分析—综合。第一个整体或综合，意味着科学不发达的古代，人们以直观猜测来整体地、综合地把握世界的思想特征；而部分或分析则意味着在科学开始诞生至兴盛的近代的那种特有思想特征；这第三个整体或综合就是现代系统科学和系统工程所带来的人类思想的转变，它是在更高水平上，回复到整体哲学的思想上。

系统性思维有以下几个基本原则：

① 整体性原则。在认识世界和改造世界的活动中，首先要肯定事物作为一个整体与环境的相互作用。在这个整体中，任何部分都有其存在的价值，但是，这个价值只能在整体中体现出来。因此，这里考虑的部分与整体的关系就不是某种机械的组合。部分与部分之间的关系必须依照整体的、客观的或主观的目的而形成系统演化发展的机制。从整体上考虑问题，就是把对象整体的运动规律看做是存在于它的各个组成要素的关系之中。

② 相关性原则。这种原则是承认系统的存在必定与其他系统有关。作为更大系统的子系统，它还在更大系统中具有结构功能。这种原则要求思维注重系统的各个要素之间的联系、制约关系及其组合方式。换句话说，这种思维原则要求人们在观察思考问题时，必须从更高层次来看待系统的存在，即在考虑系统的要素时，要考虑它与其他要素的关系，要考虑这种关系对系统整体功能（目标）的利弊；而在考虑系统时，则要考虑它作为子系统与其他子系统的关系，以及这种关系对该系统所处的大系统的整体功能的利弊。

③ 动态性原则。即考虑系统问题时，必须考虑系统的发展变化，注意描述、刻画这种发展变化的规律，研究这些规律的内在机制；同时，注意系统发展变化与系统目标之间的关系。在实践中调整、控制系统的发展变化，使之趋于目标的实现，并使系统总体处于动态平衡的最佳状态之中。

④ 最优化原则。在考虑人造系统、社会系统的规划控制问题和可控的自然系统时，有一个最优原则。即在决策时，在考虑系统整体利益的前提下，对各种可能的方案进行优化处理，最后选择最优决策。在实现决策方案的优化控制中，对环境的各种扰动，系统的决策者要及时做出响应，修正系统的行为，在动态中协调要素与整体的关系。

二、系统科学的融合

以系统论、信息论、控制论等为代表的各学科都有其独立的发展方向，同时，由于它们之间的内在联系，也表现出综合发展的趋势。

1. 把系统论、信息论、控制论作为一组新兴学科结合起来进行考察，可能导致新理论的创立

许多学者已越来越清楚地认识到这3门学科及其他学科有其内在的联系，并正在做这方面的工作。国际学术界已召开了多次系统与控制论的讨论会，反映了这一动向。有的学者试图用信息、能量、物质和时间四种基本概念和一组基本模型，进行新的综合和概括，找出总括性和综合性的模型，以便揭示复杂系统的结构、过程及相互联系，找到有效的解决办法、

创造出新的统一的理论。有学者认为三论已成了现代科学技术的生长点，并对三者综合提出了设想。可见被人们称为横向学科的三论本身也需要进行新的综合，创立新的理论。也有学者研究把系统、信息、控制等基本概念和基本方法综合起来形成一门广义的系统理论——广义系统论。

2. 一门解决复杂系统的系统理论科学、基础科学——系统学正在酝酿中，系统科学体系正在形成

国内外一些学者把系统科学分成3个部分，即狭义的系统科学、系统工程学、系统哲学，而把这一领域里的理论和方法概括为几个主要方面，即一般系统研究、一般系统理论、一般系统思维、一般生命系统、一般系统方法、一般系统工程、一般系统和控制论、一般信息系统、一般系统和网络，其中每一方面又包含许多理论和学科。这些都充分表明，客观上已经形成内涵丰厚的新学科——系统学。我国科学家钱学森认为，不仅要从工程技术的各门系统工程及其技术科学的运筹学、控制论、信息论中去提炼，而且要吸收上述各派的系统理论，建立完整的系统学及系统科学体系，并在2007年出版了《创建系统学（新世纪版）》的专著。这说明人的社会实践汇总、提炼到系统科学的基础科学——系统学，又从系统学通过一座桥梁——系统观，达到人类知识的最高概括——马克思主义哲学。

3. 系统论、信息论和控制论不仅是一组技术学科，而且具有浓厚的方法论性质

贝塔朗菲、维纳、阿希贝等都反复强调，借助于电子计算机和现代数学工具，系统论、信息论和控制论为解决复杂系统问题提供了有效的科学方法，并已在生产实践、科学实践以至社会实践中发挥出很大的作用。因此在注意这些学科发展的同时，必须把它们中间具有普遍意义的科学方法加以提炼，并汲取现代科学哲学方法论流派中的精华，以系统论、信息论和控制论（包括系统工程）为基础，以现代数学和电子计算机为工具，对20世纪30年代以来的科学方法进行系统的概括和总结，建立具有时代特点的系统科学方法论或现代科学方法论。

4. 系统观与系统论的发展与人类哲学思想的发展，特别是与辩证法的发展是不可分的

自古以来系统观就是人们观察事物的一种根本观点。系统论、信息论和控制论中许多科学概念，直接涉及哲学的基本问题，因此值得我们认真研究、加以提炼，以丰富、发展辩证唯物主义的世界观和方法论。但系统论、信息论和控制论等学科本身是科学而不是哲学。

习　题

一、单项选择题

1. （　　）的应用为系统思想提供了丰富的实践内容。
   A. 运筹学　　　　B. 辩证唯物主义　　　　C. 哲学　　　　D. 系统工程
2. 组成系统的各子系统按照一定的层次结构分解、排列，这种分解的基本标志是（　　）。
   A. 目标　　　　B. 相关关系　　　　C. 环境约束　　　　D. 元素数目

3. 系统的整体性强调的是系统元素和功能的（   ）。
A. 阶层分布   B. 协调关系   C. 环境优化   D. 功能目标
4. 按系统形态分类，人造系统可以分为（   ）。
A. 自然系统和人工系统   B. 实体系统和概念系统
C. 静态系统和动态系统   D. 反馈系统和封闭系统

二、名词解释
1. 系统
2. 系统的目的性
3. 系统的相关性
4. 系统的阶层性
5. 系统的环境适应性
6. 动态系统
7. 开放系统

三、简答题
1. 系统思想的发展演变经历了哪三个主要阶段？
2. 请举出一个系统的实例，并分析其目的、要素集、关系、结构和环境。
3. 系统的目标集中若出现相互矛盾的情况，应当怎样处理？请举例说明。
4. 请举出一个系统的实例，并分析说明其基本属性是怎样体现的。
5. 实体系统和概念系统的关系是怎样的？
6. 请绘出闭环系统的运作原理图。
7. 请举出一个系统的实例，并按照分类角度不同，分析其类别。
8. 广义来说，系统具有哪些功能？
9. 系统思维的基本原则有哪些？

第二章　系统工程总论

📖 **本章导读：**

系统工程的思想方法在航天工业中的应用

系统工程研究与应用，需要专家群体按一定组织方式和程序协同工作。以我国航天工程为例，航天工程的组织管理包括两个方面：

① 由总体设计部对航天工程系统进行科学的技术管理。

总体设计部由熟悉这个工程大系统各个方面专业的技术人员组成，并由知识面比较宽的专家（称作总设计师）负责领导。根据任务要求，总体设计部设计的是系统总体方案，是实现整个系统的技术途径。总体设计部把系统作为它所从属的更大系统的组成部分进行研制，对它所有技术要求都首先从实现这个更大系统技术协调观点来考虑；总体设计部又把系统作为若干分系统有机结合的整体来设计，对每个分系统的技术要求也都首先从实现整个系统技术协调的观点来考虑；总体设计部对研制过程中分系统之间的矛盾、分系统和系统之间的矛盾，总是从总体协调的需要来考虑，进行总体分析、设计和协调，并采用系统建模和仿真技术，包括数字仿真和半实物仿真，以实现系统方案的整体优化。把这样设计的总体方案和技术途径，作为决策机关决策时的科学依据。

② 管理机关用管理信息系统对航天工程系统实行科学的计划管理，制订和实施工程的各项计划，并进行动态调整。

计划管理与协调以技术管理为基础，而技术管理所确定的总体方案和技术途径要通过计划管理来实施，合理使用人力、物力和财力，确保任务的完成。这就是航天系统工程中两条指挥路径，是实现航天系统工程的一种组织管理体制和机制。技术管理体现了以科学技术知识为基础的技术决策参谋和决策支持作用，以保证决策的科学化和民主化，采用的是系统工程方法，计划管理体现了以知识和权力为基础的决策执行作用，以保证决策实施的有效性（效率和效益），为此也要采用系统工程方法。这两套体系的作用与功能是不同的，但却是相互协同与协调的，决策者或决策机构则把两者有机结合起来，变成了改造客观世界的物质力量。系统工程技术以及应用这项技术相应的体制与机制（如总体设计部），在我国航天事业发展中，发挥了重要作用。同时也从实践中证明了系统工程的科学性和有效性。在国外，系统工程应用的一个典型案例就是阿波罗登月的成功。20世纪60年代开始的美国"阿波罗载人登月计划"，参加者有42万多人，2万多厂家，总体设计部设在NASA，最后取得了登月成功。成功后美国人首先宣布，这是系统工程的胜利。

第一节　系统工程的发展

20世纪40年代以来，科学技术和工业生产得到迅猛发展，特别是科学技术活动和经济建设的规模日益扩大，已突破了区域性、行业性及学科的界限，出现了综合性很强的相互联系、相互制约的大型复杂系统。因此，以往使用的比较狭隘、孤立的方法已经不能很好地解决问题，而要求有一种新的、能适应这种新情况的方法，即从系统的角度观察、思考、分析和解决问题的方法。

由于通信技术、信息科学，以及电子计算机技术的迅速发展，使社会生产过程和整个经济活动的各个环节能够迅速地有机地联系起来，使人们有可能较全面地掌握、处理和传递大量信息，在较短时间内对综合性的复杂问题做出判断和决策。这一切有力地促进和推动了系统工程的形成与发展。

一、系统工程的产生与发展

第一次提出"系统工程"这一名词的是1940年在美国贝尔电话公司试验室工作的E·C·莫利纳和在丹麦哥本哈根电话公司工作的A·K·厄朗，他们在研制电话自动交换机时，意识到不能只注意电话机和交换台设备技术的研究，还要从通信网络的总体上进行研究。他们把研制工作分为规划、研究、开发、应用和通用工程等5个阶段，以后又提出了排队论原理，并应用到电话通信网络系统中，推动了电话事业的飞速发展。

系统工程的萌芽时期可追溯到20世纪初的泰勒系统，为了提高工效，泰勒研究了合理工序和工人活动的关系，探索了管理的规律，1911年他的《科学管理的原理》一书问世后，工业界出现了"泰勒系统"。

在第二次世界大战时期，一些科学工作者以大规模军事行动为对象，提出了解决战争问题的一些决策和对策的方法和工程手段，出现了运筹学。当时英国为防御德国的突然空袭，研究了雷达报警系统和飞机降落排队系统，取得了很多战果。在这一时期，英、美等国在反潜、反空袭、商船护航、布置水雷等项军事行动中，应用了系统工程方法，取得了良好的效果。战后，这些方法被广泛应用于工业生产及尖端科技领域，理论与方法都得到了很大发展，成为系统工程的重要理论基础。

1940年至1945年，美国制造原子弹的"曼哈顿"计划，由于应用了系统工程方法进行协调，在较短的时间内取得了成功。1945年，美国建立了兰德公司，应用运筹学等理论方法研制出了多种应用系统，在美国国家发展战略、国防系统开发、宇宙空间技术以及经济建设领域的重大决策中，发挥了重要作用，"兰德"又被誉为"思想库"和"智囊团"。

20世纪50年代后期和60年代中期，美国为改变空间技术落后于苏联的局面，先后制定和执行了北极星导弹核潜艇计划和阿波罗登月计划，这些都是系统工程在国防科研中取得成果的著名范例。阿波罗登月计划是一项巨大的工程，耗资244亿美元，有两万多个企业和120个大学与研究机构参加。整个工程在计划进度、质量检验、可靠性评价和管理过程等方面都采用了系统工程方法，并创造了"计划评审技术（PERT）"和"随机网络技术"（又称"图解评审技术（GERT）"），实现了时间进度、质量技术与经费管理三者的统一。在实施该工程的过程中及时向各层决策机构提供信息和方案,供各层决策者使用,保证了各个领域的相互平衡,如期完成了总体目标。其中,计算机的迅速发展,为复杂大系统的分析提供了有力的工具。

20 世纪 70 年代以来,随着微型计算机的发展,出现了分级分布控制系统和分散信号处理系统,扩展了系统工程理论方法的应用范围。近年来,社会、经济与环境综合性的大系统问题日益增多,如环境污染、人口增长、交通事故、军备竞赛等。许多技术性问题也带有政治、经济的因素,如北欧跨国电网的供电问题。这个电网有水、火、核等多种能源形式,规模庞大,电网调度本身在技术上已相当复杂,而且还要受到各国经济利益冲突、地理条件限制、环境保护政策制约和人口迁移状况的影响,因此,负荷调度的目标和最佳运行方式的评价标准十分复杂,涉及多个国家社会经济因素。该电网的系统分析者要综合这些因素,对 4 500 万 kW 的电力做出合理可行的调度方案,提交各国讨论、协调和决策,这是一个典型的系统工程问题。

我国近代的系统工程研究可追溯到 20 世纪 50 年代。1956 年,中国科学院在著名科学家钱学森、许国志教授的倡导下,建立了第一个运筹学小组;60 年代,著名数学家华罗庚大力推广了统筹法、优选法;与此同时,在钱学森领导下,在导弹等现代化武器的总体设计组织方面,取得了丰富经验,国防尖端科研的总体设计部署取得显著成效。1977 年以来,系统工程的推广和应用出现了新局面,1980 年成立了中国系统工程学会,与国际系统工程界进行了广泛的学术交流。近年来,系统工程在各个领域都取得了许多成果。

二、系统工程学的代序与内涵

在上述发展过程中,系统的内涵及其功能更新见表 2.1 所示。

表 2.1 系统工程学的发展

代序划分	子系统的功能和综合系统的功能	备 注
第一代	$2+3+5 \leq 10$ (子系统)(全系统)	通过协调进行子系统的结合 (利用已有硬件)
第二代	$(2+3+5)\alpha \geq 10$	利用系统技术使子系统融合起来 (利用已有硬件)
第三代	$(3+3+4)\beta > 10 > \beta\alpha$	利用系统技术进行融合使用按系统指标整合的新硬件

注:α、β 表示两种作用不同的方法;表中数字表示功能的大小。

1. 第一代系统工程学

为将已有的子系统连接成新系统,不需要探讨硬件和软件的问题,只是通过协调各子系统的功能就可以实现。对于这种大量的系统来说,与其说是创造新的倒不如说是为了扩大功能规模而发挥的效果。因此全系统功能未必超过系统功能的总和。换句话说,把子系统功能累加起来,将小于或等于全系统的功能。

2. 第二代系统工程学

各子系统都是原有的，但在连接成系统时并不单纯是功能的叠加，而是功能的融合，即通过系统的技术将其功能融合在一起，因而其特征是全系统的功能等于或大于各子系统功能的总和。功能融合（1＋1>2）的手段是发展有价值的软件，以提高原子系统功能，从而扩大整个系统的功能。但子系统只限于使用原有的，从可靠性的观点看是最实际的一种方法。钢铁和电力工业的综合系统就属于这一类。

3. 第三代系统工程学

系统的功能目标远远超过第一代和第二代，因而只采用已有的硬件是不能实现其功能要求的，必须采用更加先进的软件，用以融合子系统的功能，同时还要研制有系统指标的硬件，对于系统的功能重新进行分配，从而使全系统的功能变得更加庞大起来，而且全系统的功能大于各子系统功能的总和。可以认为采纳社会要求的社会系统，就属于这个范畴。例如，在研制大规模系统时，往往是由专家们根据生产和使用单位的需求提出功能概念的，而其周围的居民则根据由于新系统的出现而引起的环境问题提出不同的要求，两者之间常常会形成很大的差距。

第二节 系统工程的基本概念及其理解

一、对系统工程的理解

1. 从方法上理解系统工程

系统工程包括系统与工程两个方面，既要从系统的角度规划、设计和管理工程，又要从工程实际出发形成整体系统。

从系统角度考虑，指的是用系统的观点和方法去解决工程问题。这里所说的工程是泛指的，不论是建设工程、经营管理，还是更新改造均可统一看成是工程。

从工程实际出发，是指用工程的方法去建造系统。形象地说，工程通常指硬件建设和措施，系统方法常比作软件。这两方面的结合，就使传统的工程增加了新的内容。

把系统观点和工程方法融为一体，无疑大大增加了工程方法的活力。系统方法主要是系统分析与设计的方法，其中包括系统模型与优化方法，预测和决策方法等。工程的方法是处理具体工程问题时的科学方法，包括构思（结构与原理）、原则（技术的、经济的、政治的和社会的）计算（对某种关键部分的原理性和整体输出）、试验（结构、材料和参数）和设计等一些环节。

以系统思想为指导，用系统方法和工程方法为工具，去建造人们所需要的新系统或改造原有的老系统，使其更加合理、更加完善、更加科学，这就是从方法上对系统工程的理解。

2. 从系统工程与一般工程的区别上理解系统工程

从系统工程与一般工程的区别上看，系统工程具有高度的综合性，这主要体现在以下3个方面：

(1) 研究对象的综合性

一般工程都有其特定的物的对象，比如道路工程的道路，桥梁工程的桥梁，等等。而系统工程则不能把它的研究局限在某一特定范畴。它可以把上述的工程作为对象，但是各种自然现象、生态群体、社会现象，人类的、社会的等也都可以而且应当成为它的研究对象。

(2) 应用学科知识的综合性

系统工程应用学科知识的综合性当然与研究对象的综合性是分不开的。它不仅如同一般工程学那样，应用数学、物理、化学等基础自然科学，而且对控制论、信息论、管理科学、工程技术学科、社会学、经济学、法学以至一些边缘科学也要加以综合运用。

(3) 评价效益的综合性

一般工程学较多着眼于技术合理性，如，技术性能、结构、效率等，而系统工程则是从总体最优出发考虑功能、组成、协调、规划、效果等组织管理性质之类的问题，尤其是要考虑社会效果问题。

3. 从系统工程学的组成来理解系统工程

从系统工程学的组成来看，它包括下面3个方面的内容：

(1) 系统思想或系统观点

系统思想或系统观点是将研究对象作为系统来考虑，把系统环境作为一个外部系统，系统的输入和目标作为子系统，并把二者结合起来考虑建立转换过程系统。与此同时，要合理地解决系统内外的各接口的协调，以求获得系统的最优输出。总之，系统思想的核心是建立最优化系统。

(2) 系统工程的程序体系

系统工程的程序体系，指在解决一个具体项目时，要求把建立系统的过程分成几个步骤，每个步骤又按一定的程序展开，保证系统思想能在各部分、每个环节上体现出来。系统程序包括两个方面的程序，一是系统开发程序，即解决给定系统问题的步骤，如系统开发、工程规划、设计、建设、试验和运行等从系统设想到具体实现的全部过程；二是价值开发程序，它要求获得最大效益，以此为目的的程序就是价值开发程序。开发系统要求全过程中贯彻系统思想，使每个程序环节体现出系统性的要求，同时注意潜在价值的开发和潜在危害的发现与分析，以及开发对策、多途径的价值开发及评价，技术成果的移植和创新等。

(3) 最优化方法

当把一个系统性的问题按照程序展开到具体的环节，以致可以构造数学模型时，就要应用最优化方法。最优化方法包括：规划论中的线性规划、非线性规划、动态规划和网络方法等。在此基础上，可以运用电子计算机。

从这个意义上说，系统工程是在其开发、设计、建造和运行中所采用的思考方法、程序体系和最优化方法的总和。

4. 从组织管理方面理解系统工程

从组织管理方面看，在融合了工程管理运筹学、价值工程等管理技术的基础上，作为一门综合的管理技术的新体系，产生了系统工程学。图 2.1 表示了各种管理技术产生的年代与管理水平发展的情况，图中 Y 表示年代，L 表示管理水平。

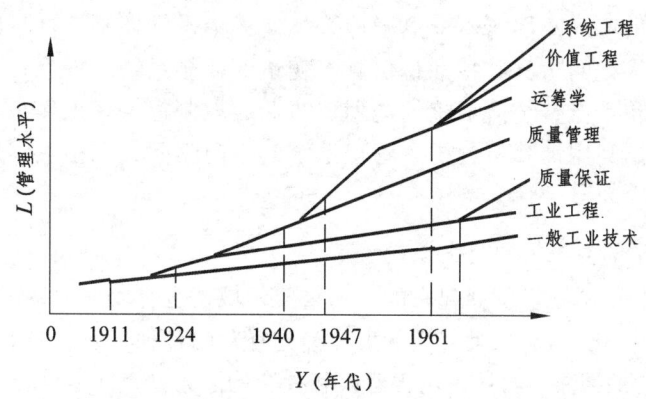

图 2.1 管理技术的产生与管理水平的发展

二、系统工程的定义

系统工程是用系统科学的观点，合理地结合控制论、信息论、经济管理科学、现代数学的最优化方法以及电子计算机和其他有关工程技术，按照系统开发的程序与方法去研究和建造最优化系统的一门综合性的管理工程技术。

一般认为，系统工程有 4 个主要特点：

① "一个系统，两个最优"。"一个系统"是指以系统为研究对象，要求综合、全面地考虑问题。"两个最优"是指系统的目标是总体效果最优，同时实现这些目标的具体的方法或途径也要求达到最优。"一个系统，两个最优"是系统工程的精华。

② 以"软"为主。如果把传统的工程技术，如土木工程、机械工程、电子工程称为硬件技术的话，则系统工程是以"软"技术为主的工程技术，它是一大类新的工程技术的总称。值得注意的是"软"、"硬"技术应当是相辅相成的关系。系统工程与传统的工程技术，就研究对象来说只是侧重点不同而已。

③ 综合性强。一方面是应用知识和技术的综合性，另一方面是开展系统工程项目，要由各有关专业和各方面的专家参与协同工作。

④ 咨询性。系统工程人员一般来参与决策，主要是给决策人员提供和分析评价备选的方案，这样，他们有较强的独立性，当然也要求他们的工作更具科学性、公正性。

随着社会进步和现代科技的发展，系统工程学呈现出以下的显著特征：

(1) 系统工程学是涉及许多学科的边缘科学

既然系统工程学的研究对象是系统,它就必然要超出一般工程学的领域,而涉及社会、经济、政治、军事等极其广泛的领域。因为这些领域需要涉及很多系统,除了必须有传统的思想方法、组织手段、技术理论和管理制度以外,还要有一种科学的方法从横的方面把它们联系起来,在整体上加以综合平衡,力求做到最优化,这就是系统工程学的作用。所以系统工程学必须是跨越许多学术领域而又渗透在这些领域结合部的边缘科学。

(2) 系统工程学在很大程度上依赖于电子计算机

国内外的现代化系统,都离不开电子计算机,无论设计还是管理系统都需用使用计算机。例如,实现最优化的仿真,特别是仿真多变量的社会系统,没有计算机完全是不可能的。大的工程项目和生产、物流系统的规划、协调、控制等管理工作也必须采用计算机。可见系统工程学也是利用计算机分析和管理系统的一门学问,在很大程度上依赖于电子计算机。

(3) 系统工程学的对象主要是大系统

大系统是在控制论基础上发展起来的一个重要领域,也有人把大系统理论称之为第三代控制论。大系统理论研究的对象是规模庞大、结构复杂的各种工程或非工程系统的自动化问题。它不仅包含工程的因素,而且还包含着人和社会的因素。如日本政府在拟定21世纪初的发展规划时,也利用了系统工程学的方法,把人口(生、老、病、死等)、资源(矿产、农林、渔业和海洋开发等)、工业(劳动生产率、产品的品种、产量、质量、市场等)和环境污染等四个主要变量汇编成数学模型,用数字电子计算机仿真求解,达到预期的较为理想的调节效果,从而制定了相应的规划方案和经济政策。

(4) 系统工程学与自动化密切相关

任何现代化的大系统都是与自动化密切相关的,越是庞大的、复杂的系统就越需要自动化,而自动化水平越高的系统,就越要用系统工程学的方法实现。国外有许多企业已经逐步由生产线的自动化发展到车间自动化,甚至全厂性的综合自动化,即集成生产系统。而在发展这些自动化系统时,往往运用了系统工程学。

三、系统工程的总体认识

系统工程涉及范围极其广泛,它把自然科学和社会科学中的某些思想、理论、方法、策略和手段等从横的方面有效地组织起来应用于人类实践中,并应用现代数学和电子计算机等工具对系统的构成要素、组织结构、信息交换和自动控制等功能进行分析研究,从而达到最优设计、最优控制和最优管理的目标。生物和非生物系统都有它的应用,日本学者大川雅司将系统工程的总体结构描绘成图2.2所示的内容,这足以说明系统工程学涉及范围之广泛。

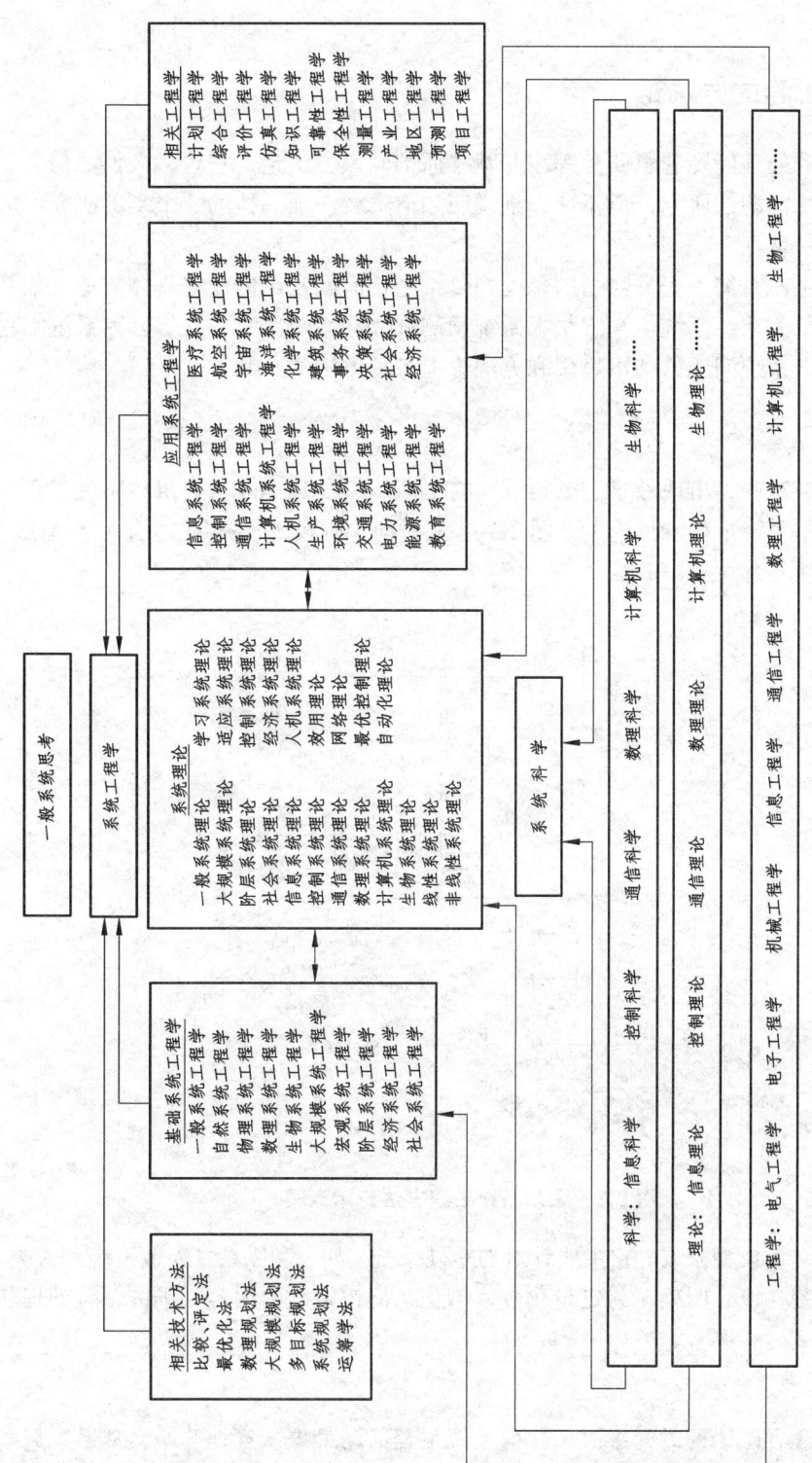

图 2.2 系统工程的总体结构

第三节　系统工程的基础理论与技术手段

一、系统工程的方法论

研究、分析和处理问题的思路、程序和基本原则叫做方法论，它告诉人们如何去组织、计划、设计和实施问题的研究，但不能详细说明如何进行一项具体的、个别的研究，因为每一项研究都具有特殊性。

在技术层面上，系统工程方法指的是处理复杂系统问题常用的一些具体方法，如系统分析方法、系统评价方法、系统仿真方法、系统预测方法和系统决策方法等，而系统工程方法论指的是处理复杂系统问题的基本思想和方法论上各种方法的总和。

1. 霍尔的三维结构

在系统工程方法中，出现最早、影响最大的是霍尔（A. D. Hall）提出的系统工程三维结构模型，简称霍尔系统工程方法论（见图2.3），从时间（阶段）、逻辑（步骤）、专业（知识）角度论述如何解决系统工程问题。

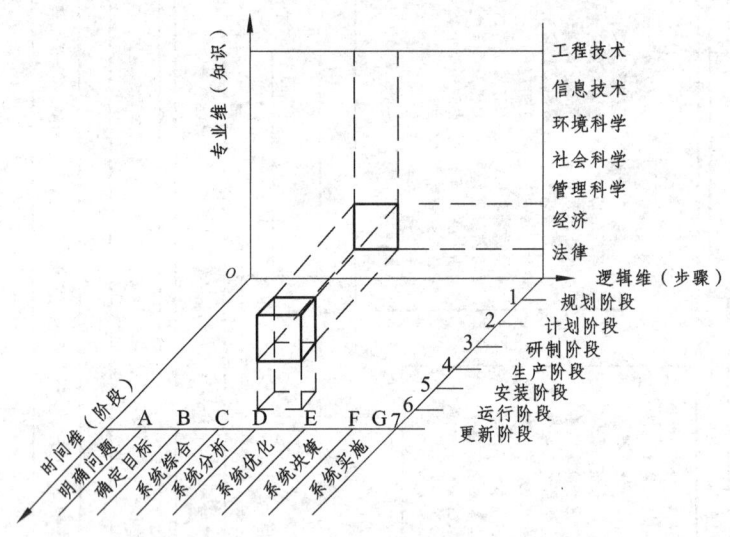

图 2.3　霍尔系统工程方法论示意图

从霍尔三维结构模型来看，它主要针对的是硬系统，如工程系统、人造系统和人类系统，这类系统结构清楚，概念明确，易定量化、模型化，但逻辑维的内容很丰富，对处理任何系统都具有指导意义。

(1) 时间维

霍尔系统工程方法论的时间维表示任何系统工程活动最先从规划开始，从系统规划开始到系统更新共分为7个阶段，任何研究工作都在其中的某一阶段，且每一阶段有对应的研究任务。

① 规划阶段——调查研究、明确研究目标，提出自己的设想和初步方案，制定系统工程活动的方针、政策或规划。

② 计划阶段——根据规划阶段所提出的设计思想和初步方案，从社会、经济、技术、可行性方面进行综合分析，提出具体的计划方案和选择一个最优方案。

③ 研制阶段——以计划为指南，组织人、财、物及各个环节、各个部门，实现系统的试制方案，并制订生产计划。

④ 生产阶段——生产各阶段的构件及整个系统，并提出安装计划。

⑤ 安装阶段——对系统进行安装和调试，提出系统的运行计划。

⑥ 运行阶段——系统按预定的目标运行。

⑦ 更新阶段——完成系统的评价、改进或以新系统代替老系统，使系统更有效地工作，为系统进入下一个研制周期准备条件。

上述7个阶段是按系统工程活动时间的先后顺序排列的，它要求人们在开展系统工程活动时必须遵照先规划、后计划、再研制、生产、运营、更新的顺序，才能收到理想效果。但是在实际工作中并不是所有的活动都从规划开始，系统工程活动很可能从事某一个阶段的工作或某几个阶段的工作，也就是说并不要求所有的研究都要从规划开始，一步一步往下进行，而是根据研究工作的需要，从解决问题必需的最早阶段开始。

(2) 逻辑维

霍尔系统工程方法的逻辑维提出了如何研究某个阶段、某个问题的7个步骤。最主要的是第一步，明确问题。明确问题是研究工作的基础、出发点、明确了研究的问题，就把握住了研究的方向，为系统工程研究取得成功奠定了基础。逻辑维具体内容如下：

① 明确问题——明确要解决什么问题。为了了解研究的问题，研究者要尽量全面地收集和提供解决问题的历史、现状以及发展方面的资料和数据，对每一阶段研究的问题要与决策者沟通，明确决策者的意图。在明确问题的过程中，研究人员要注重环境方面的调查，因为某一系统与所在的环境密切相关，这里的环境包括物理环境、技术环境、社会环境、经济环境等。

② 确定目标(设计系统指标)——系统目标是系统工程活动关注的重点，确定系统目标是系统工程活动的关键环节。系统问题往往具有多目标（指标），在明确研究问题的基础上，应提出系统目标或目标体系，确定达到目标的程度标准，以此衡量方案的优劣。在确定目标和指标时要有系统的观点，如整体观点、发展观点，还要考虑操作的可行性；其次，目标一般应包括经济、社会、环境、技术等方面的内容。当目标体系中各指标发生矛盾时，可采用折中兼顾的方法或剔除次要目标。

③ 系统综合(形成系统方案)——系统综合是一个创造性过程，需要决策者、分析者共同努力。可根据问题的性质、目标、环境、条件等，运用各种创造性方法，引导系统相关人员提出若干可能的方案，且对每一方案进行必要的说明。

④ 系统分析——系统分析是应用系统工程技术，对于每一个系统方案进行比较、分析、计算，为了能更好地分析各因素对目标的影响，需要建立相应的系统模型。建模之前，必须了解、掌握系统内部要素之间、内外要素之间的相互联系和系统的性能与特点，根据系统优化和系统决策的需要，所建立的模型应考虑到所需信息资料的采集。在系统分析中，可能形

成新的方案。

⑤ 系统优化——系统优化就是寻找满足约束条件的最优方案，或者说挑选出最好的满足系统目标的方案。通常应根据系统方案对于系统目标满足的程度，对每一个备选方案进行综合评价，从中选出最优方案、次优方案、满意方案，分析者应递交多方案给决策者，以便决策者作出正确的决策。

⑥ 系统决策——由决策者从多个优选方案中选择一个方案实施。出于各方面的考虑，决策者选择的方案不一定是最优方案。

⑦ 系统实施——对已选方案实施、修改，完善以上6个步骤，转入下一个阶段。

在实践工作中，系统综合、系统分析和系统优化存在循环、不断递进的过程，即在系统分析和系统优化的过程中可能产生系统方案，或者对模型进行修正。

(3) 专业维

专业维是指解决一个系统工程问题，所需要的相应专业知识，如进行社会经济系统的规划，需要有宏观经济学、微观经济学、社会学、心理学、环境科学、管理科学、法律、工程技术等学科的知识。所以系统工程工作者除了掌握系统工程理论、方法，还需要对研究对象所涉及的专业知识具有一定的基础，才能有效地分析、处理该问题，尤其是需要掌握研究对象本身的专业知识。

2. 切克兰德的软系统方法论

系统可分为结构化系统（硬系统）与非结构化系统（软系统）。结构化系统偏重工程系统、机理明显的物理系统，结构化系统一般便于观察、便于用数学模型描述，边界清晰，目标明确，有较现成的定量方法可以计算出系统的行为和最佳结果。处理这类系统采用霍尔的系统工程方法（硬系统方法）非常有效。而非结构化系统是指偏重社会、机理尚不清楚的生物型的软系统，它较难用数学模型描述，往往只能用半定量、半定性或者只能用定性的方法来处理系统，这类系统难以观测，边界模糊，目标不定。

如果用霍尔系统工程方法处理软系统问题，主要存在如下局限性：首先，硬系统方法要解决问题的目标是清楚的、很容易定义的，但大多数系统管理问题，目标本身是需要研究、解决的问题；其次，硬系统方法论没有考虑人在系统中的作用，忽略人对现实的主观认识，而在很多场合，软系统问题的处理方法与系统决策者和使用者密切相关；再次，硬系统方法论认为只有建立模型才能科学地解决问题，而实际中有很多系统问题是无法建立模型的，即使建立了模型也会因为建模者对问题的认识不能很好地反映系统的特性，导致通过模型求解得到的方案往往偏离实际。

非结构化系统（软系统）加入了人的判断和直觉，因此，解决问题时不像硬系统方法可以求出最佳的定量结果，而所求出的结果一般是可行的满意解，并且有些结果随人而异，因人而定。到目前为止，对于这类非结构化系统已提出了一些解决方法，如专家调查法（德尔菲法）、情景分析法和冲突分析法等。但从系统工程方法论角度看，英国学者切克兰德的"调查学习"方法具有更高的概括性，他把霍尔系统工程方法称为硬系统方法，把自己提出的系统工程方法称为软系统方法。切克兰德的"调查学习"软系统方法的核心不是寻求系统的"最优化"，而是"调查、比较"或者说是"学习"，从现状调查和模型比较中，学习改善现存系统的途径。所以，切克兰德创造的软系统方法是系统工程方法中的重要方法之一，如图 2.4 所示。

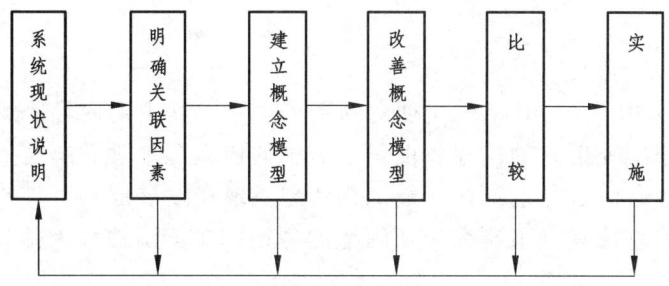

图 2.4 切克兰德软系统方法论的思路和步骤

(1) 系统现状说明

通过调查分析，对现存的非结构化系统的现状进行说明。

(2) 明确关联因素

初步弄清与现状有关的各种因素及其相互关系。

(3) 建立概念模型

在不能建立数学模型的情况下，用结构模型或语言模型来描述系统的现状。

(4) 改善概念模型

随着分析的不断深入和"学习"的加深，进一步用更合适的模型或方法改进上述概念模型。

(5) 比 较

将概念模型与现状进行比较，找出符合决策者意图而且可行的改革途径或方案。

(6) 实 施

实施所提出的改革方案。

二、系统工程的基础理论

系统工程学是在系统科学、控制论、信息论、运筹学和管理科学等的基础上发展起来的一门新兴科学，也是利用这些理论和方法解决系统问题，并促使系统最优化的科学。这些理论和方法之间互相渗透、互相影响，存在着一定的内在联系。譬如控制论就是利用信息反馈原理进行自动控制的基本理论，而在自动控制中又经常采用运筹学的一些方法使系统达到最优化，运筹学也常用到控制论的原理和信息理论，而信息理论又是在控制论的基础上产生的。三者是互相补充发展的。

1. 控制论

控制论起源于 20 世纪 40 年代末期，是研究生物系统和非生物系统内部通信、控制和调整的一门科学。它的基础是两个基本认识：一切有生命与无生命（机械）的系统都是信息系统；一切有生命系统和无生命系统都是反馈系统。这就消除了对有生命系统与无生命系统的控制界限，认为科学方法可以同样适用于有生命系统和社会系统，与系统工程学起到异曲同工的作用，同时也充实了系统工程学的理论基础。

2. 信息论

信息论也是在20世纪40年代才创立的新兴学科，其主要内容是运用概率论和数理统计等数学方法来研究信息的描述和度量、信息的传输和处理，研究如何提高信息系统的可靠性和有效性，使信息系统处于最优化状态。现在发展成一种广义的信息论，它被理解为利用狭义信息论观点来研究一切问题的理论。在美国常称为信息科学，西欧称为信息系统。

3. 运筹学

运筹学是运用科学的数量方法（主要是数学模型）研究对人力、物力进行合理筹划和运用，寻找管理及决策最优化的综合性学科。由于两次世界大战的需要，运筹学逐渐形成为科学。20世纪60年代以来，运筹学主要用于处理大型的复杂的问题，诸如军事问题、教育问题、污染问题、交通运输问题、人力资源管理问题等，还广泛应用于能源、预测、会计金融、销售、存储、计算机与信息系统、设计、城市服务系统、保健与医疗、电气、加工工业、第三产业等部门。

在实际的历史进程中，系统工程学的基础理论是独立于其他部分而发展起来的，到目前为止，它还只是一些独立的理论研究的松散集合体。这其中包括上述控制论、信息论和系统论等大家所熟悉的理论。而在最近30多年里发展起来3个有关理论：耗散结构理论、突变论和协同理论。这3个理论都是研究复杂体系状态发生突变时的理论，在定性描述方面有许多相似之处，只是所进行的研究方法、数学手段以及侧重点不同。

4. 耗散结构理论

耗散结构理论是在1969年由比利时物理学家普里高津创立的，它说明了非平衡状态的开放系统如何从无序状态转变为有序状态，并开始进行定量化的分析。这一理论获得很高评价，被称为20世纪70年代科学的"辉煌成就之一"，普里高津也因此而获得了1972年的诺贝尔奖金。

5. 突变论

突变论是研究客观世界非连续性突然变化现象的一门新兴学科，创立于20世纪70年代。突变论的主要特点是用形象而精确的数学模型来描述和预测事物的连续性中断的质变过程。突变论是一门着重应用的科学，它既可以用在"硬"科学方面，又可以用于"软"科学方面。突变论与耗散结构论、协同论一起，在有序与无序的转化机制上，把系统的形成、结构和发展联系起来，成为推动系统科学发展的重要学科之一。

6. 协同理论

协同理论是20世纪70年代初联邦德国理论物理学家哈肯创立的。协同系统是指由许多子系统组成的、能以自组织方式形成宏观的空间、时间或功能有序结构的开放系统。协同理论是研究协同系统从无序到有序的演化规律的新兴综合性学科。

三、系统工程的技术手段

1. 预测技术

科学预测是根据一定事物的运动和变化规律，用科学的方法和手段对该事物的发展趋势和未来状态进行估量，做出定性或定量的评价。20世纪50年代以来，预测学渐渐地形成了一门独立的学科，国内外各部门、各行业不断应用各种预测理论和方法来进行社会预测、经济预测、科学预测、技术预测、军事预测等。目前，预测理论和方法已发展成为理论分析、方法技术与实际应用相结合的专门学科。

2. 仿真技术

仿真是利用计算机或模型等构成与实际系统具有同样性质和结构的系统（构建模型），并且根据这种仿真系统了解实际系统的行为的工作。仿真的目的是：在系统研制之前用于规划、评价和研究；在系统研制中间用于设计和精密分析；在系统研制成功之后用于考核设计和训练操作人员。仿真技术除了广泛地应用于过程控制、生产管理、车间加工、航空航天和交通等工程学的领域以外，还在环境系统、社会系统和生态系统等与人类生活直接有关的系统中被采用。

3. 计算机网络与通信

计算机网络与通信是现代通信技术与计算机技术相结合的产物，并在用户应用的促进下得到了不断发展。多年来，计算机网络的不断发展已扩散到世界的各个角落，渗透至各行各业和各个领域，提高了人类处理信息和传递信息的能力，也改善了人们的时空观。对于人们认识、解析和创造复杂大系统提供了有力的技术支持。

习　　题

一、单项选择题

1. 系统思想的核心是（　　）。
   A. 系统哲学　　　　B. 系统分析　　　C. 建立最优化系统　　　D. 使用最优化方法
2. 系统工程是按照系统开发的程序和方法去研究和建造最优化系统的一门综合性的（　　）。
   A. 管理工程技术　　B. 实际应用学科　　C. 哲学方法论　　D. 管理科学
3. 切克兰德软系统方法论的核心是（　　）。
   A. 实现最优化　　B. 求得满意解　　C. 调查比较或学习　　D. 建立概念模型

二、多项选择题

1. 系统工程是在其开发、设计、建造和运行中所采用的（　　）的总和。

A. 系统思想   B. 程序体系   C. 控制方法
D. 工程技术   E. 最优化方法

2. 最优化原理是指最优决策与系统"过去的历史"无关（这称为系统的无记忆性或马尔科夫性），它仅取决于（　　）。
A. 系统的要素集合   B. 系统当前的状态
C. 将采取的策略   D. 系统的发展趋势

3. 系统工程的方法指的是处理复杂系统问题常用的一些具体方法，包括（　　）等。
A. 系统分析方法   B. 系统评价方法   C. 系统仿真方法
D. 系统预测方法   E. 系统决策方法

4. 系统工程中处理复杂系统问题的基本观点包括（　　）等。
A. 整体观点   B. 综合观点   C. 层次观点
D. 价值观点   E. 发展观点

5. 霍尔的系统工程方法论包含的维度有（　　）。
A. 工作维   B. 时间维   C. 专业维
D. 逻辑维   E. 方向维

6. 霍尔管理矩阵的应用，结合了（　　），明确了各项具体工作在全局中的地位和作用，从而使资源得到合理安排。
A. 工作维   B. 时间维   C. 专业维
D. 逻辑维   E. 方向维

7. 系统工程学的基本理论包括（　　）等。
A. 控制论   B. 信息论   C. 运筹学
D. 耗散结构理论   E. 协同论和突变论

8. 系统工程学的基本技术手段包括（　　）等。
A. 预测技术   B. 仿真技术   C. 计算机网络与通信
D. 哲学理论体系   E. 工程技术

三、名词解释

1. 反馈控制   2. 系统综合

四、简答题

1. 系统工程方法产生的背景是什么？
2. 系统工程经历了哪几个发展阶段？各有什么特点？
3. 系统工程的程序体系包括哪两个方面的内容？
4. 系统工程的特点是什么？
5. 管理活动的反馈控制是怎样进行的？
6. 怎样解决反馈控制中存在的不稳定性问题？
7. 硬系统和软系统有什么区别？
8. 系统工程学的主要特征表现在哪些方面？
9. 切克兰德软系统方法论的步骤是什么？

五、论述题

1. 系统工程的应用领域有哪些？

2. 与一般工程相比，系统工程最突出的特点是什么？
3. 霍尔系统工程方法论的时间维包括哪几个阶段？每个阶段分别包含哪些内容？
4. 霍尔系统工程方法论的逻辑维包括哪几个步骤？每个步骤分别包含哪些内容？
5. 霍尔的系统工程方法论中关于专业维的建立给我们怎样的提示？
6. 用霍尔的三维结构方法论处理软系统问题，会存在哪些方面的不足？

第三章 系统分析

📖 **本章导读：**

美国兰德公司的成立和辉煌

兰德公司是美国最重要的以军事为主的综合性战略研究机构，它先以研究军事尖端科学技术和重大军事战略而著称于世，继而又扩展到内外政策各方面，逐渐发展成一个研究政治、军事、经济科技、社会等各方面的综合性思想库，被誉为世界智囊团的开创者和代言人。它可以说是当今美国乃至世界最负盛名的决策咨询机构。

兰德公司正式成立于 1948 年 11 月，总部设在美国加利福尼亚州的圣莫尼卡，在华盛顿设有办事处，负责与政府联系。第二次世界大战期间，美国一批科学家和工程师参加军事工作，把运筹学运用于作战方面，获得成功，颇受朝野重视。战后，为了继续这项工作，1944 年 11 月，当时的陆军航空队司令亨利·阿诺德上将提出一项关于《战后和下次大战时美国研究与发展计划》的备忘录，要求利用这批人员，成立一个"独立的、介于官民之间进行客观分析的研究机构"，"以避免未来的国家灾祸，并赢得下次大战的胜利"。根据这项建议，1945 年底，美国陆军航空队与道格拉斯飞机公司签订一项 1 000 万美元的"研究与发展"计划合同，即"兰德计划"。"兰德（RAND）"的名称是英文"研究与发展（research and development）"两词的缩写。不久，美国陆军航空队独立成为空军。1948 年 5 月，阿诺德在福特基金会捐赠 100 万美元的赞助下，"兰德计划"脱离道格拉斯飞机公司，正式成立独立的兰德公司。

兰德的长处是进行战略研究。它开展过不少预测性、长远性研究，提出了不少想法和预测是当事人根本就没有想到的，尔后经过很长时间才被证实。兰德正是通过这些准确的预测，在全世界咨询业中建立了自己的信誉。成立初期，由于当时名气不大，兰德公司的研究成果并没有受到重视。第二次世界大战结束后，美苏称雄世界。美国一直想了解苏联的卫星发展状况。1957 年，兰德公司在预测报告中详细地推断出苏联发射第一颗人造卫星的时间，结果与实际发射时间仅差两周，这令五角大楼震惊不已。兰德公司也从此真正确立了自己在美国的地位。此后，兰德公司又对古巴导弹危机、美国经济大萧条和德国统一等重大事件进行了成功预测，这些预测使兰德公司的名声如日中天，成为美国政界、军界的首席智囊机构。

第一节 系统分析概述

系统分析是采用系统方法对所研究的问题提出各种可行方案和替代方案、进行定性与定量的分析和评价，提高所研究问题的清晰程度和帮助决策者选择行动方案的决策辅助技术。决策是管理活动的核心，而系统分析正是决策的基础。

系统分析一词最早是在20世纪30年代提出的，当时是以管理问题为主要应用对象。到了40年代，由于它的应用获得成功，得到了进一步的发展。以后的几十年，无论是研究大系统的问题，还是建立复杂的新系统，都广泛应用了系统分析的方法。由于系统分析在各个领域和各种类型问题中的应用不断扩展，不同专业领域的实际工作者和专家结合本身经验应用系统的思想，摸索出了多种多样的分析和解决问题的方法，从而对系统分析的含义产生了不尽一致的看法。

① 希契（C.Hitch）认为：系统分析是运筹学的扩展。系统分析提供了利用各个领域专家的知识来综合解决问题的途径。运筹学用于解决目标明确、变量关系简单的近期问题；系统分析用于解决更为复杂和困难的远期问题。但系统分析和运筹学分析在基本内容上有共同点。

② 兰德公司（RAND）曾提出：系统分析对于运筹学的关系犹如战略对于战术的关系。

③ 奎德（E.Quade）认为：系统分析是一种研究战略的方法，是在各种不确定条件下帮助决策者处理好复杂问题的方法。具体来说，就是通过调查全部问题，找出目标与可供选择的方案，按它们的效果进行比较，利用恰当的评价准则，发挥专家们的见解，帮助决策者选择一系列方案的一种系统方法。该过程包含有5项基本内容，即可行系统方案集、系统目标体系、系统建模、效果和信息、评价准则。在分析一个具体问题时，往往不是一次分析循环就能全部解决问题，而是要通过多次反复的分析循环才能得到较为满意的结果。

④ 尼古拉诺夫（S.Nikoranov）认为：系统分析要解决的基本问题是选择一个最适用的替代方案来实现使高层决策者更有效地控制和利用资源。这种替代方案（往往含有大量的变量和不确定因素）的选择必须保证完整性和可测性。为此，必须采用数学模型和计算机技术，该定义的具体内容有12项，即问题的提出、对问题各相关因素的估计、目标和约束系统的确定、制订评价准则、该问题所特有的系统结构的确定、分析系统中的关键因素和不利因素、选择可能的替代方案、建立模型、提出求解过程的流程、进行运算，并求得具体结果、评价结果和提出结论。

⑤ 科弟科特（P.Coldicott）认为：系统分析是了解系统在有效利用各类资源时所产生有效变化或可能的替换。而这些有价值的信息是借助于计算机技术实现的。

⑥ 克罗（R.Krone）认为：系统分析可被视为由定性、定量或两者相结合的方法组成的一个集合，其方法论源于科学方法论、系统论以及为数众多的涉及选择现象的科学分支。应用系统分析的目的在于改进人类组织系统的功能。

⑦ 切克兰德（P.Checkland）认为：系统分析是系统观念在管理规划功能上的一种应用。它是一种科学的作业程序或方法，考虑所有不确定的因素，找出能够实现目标的各种可行方案。然后，比较每一个方案的费用效益比，通过决策者对问题的直觉与判断，以决定最有利

的可行方案。

⑧ 菲茨杰拉德（J.Fitzgerald）认为：系统分析方法是分析和评价系统中各个决策点就系统的效果所产生的各种影响和制约。所谓决策点是系统中那些能对输入数据做出反应和能做出决策的点（可以是人或自动装置）。因此，在系统分析中，一个系统的设计是以各种决策点为依据的。

⑨ 唐明月认为：系统分析是一种对系统进行信息处理的方法。系统分析的过程是希望对所研究的问题尽可能缩减信息量，并保证能充分反映该系统的信息品质。在理想情况下，一个系统在决策时最后所剩下的信息量（亦即决策者必须面对的信息量）应等于此系统不可知的信息量。

⑩ 宋健认为：系统分析是研究系统结构和状态的变化或深化规律，即研究系统行为的理论和方法。

一、系统分析的概念和特点

系统分析的目的是帮助决策者对所要决策的问题逐步提高清晰度。系统分析的方法是采用系统的观点和方法，用定性和定量的工具对所研究的问题进行系统结构和系统状态的分析，提出各种可行方案和替代方案，并进行比较、评价和协调。系统分析的任务是向决策者提供系统方案和评价意见，以及建立新的系统的建议。

因此，可以认为，系统分析是一种决策辅助技术。它采用系统方法对所研究的问题提出各种可行方案或策略，进行定性和定量分析、评价和协调，帮助决策者提高对所研究问题认识的清晰程度，以便决策者选择行动方案。

由此可见，系统分析具有如下特点：

1. 以整体为目标

在一个系统中，处于各个层次的分系统，都分别具有特定的功能和目标，彼此分工合作，才能实现系统整体的共同目标。构成系统的所有要素都是有机整体的一部分，它们不能脱离整体而独立存在。系统总体所具有的性质，是其各个组成部分或要素所没有的，因此如果只研究改善某些局部问题，而其他分系统被忽略或不健全，则系统整体的效益将受到不利的影响。所以，从事任何系统分析，都必须考虑发挥系统总体的最高效益，不应仅局限于个别分系统，以免顾此失彼。

系统总体目标和局部目标分别同系统结构层次的高低相适应，低层次系统的局部目标从属于高层次系统的总体目标。在正常情况下，实现系统的局部目标是达到系统总体目标的手段，个别要素的局部目标只有与系统的总目标相适应时才能顺利实现。

2. 以特定问题为研究对象

系统分析是一种处理问题的方法，其目的在于寻求解决特定问题的最佳策略。许多问题都含有不确定的因素，而系统分析就是针对这种不确定的情况，研究解决问题的各种方案及其可能产生的结果。不同的系统分析所解决的问题当然不同，即使对相同的系统所要求解决的问题，也要进行不同的分析，拟订不同的求解方法。因此，系统分析必须以能求得解决特定问题的最佳方案为重点。

3. 运用定量分析的方法

科学研究方法，不能单凭想象、臆断、经验或者直觉，在许多复杂的情况下，必须要有准确可靠的数字和资料作为科学决断的依据。在有些情况下，利用数学方法描述有困难时，还要借助实体模型或结构模型解析法。

4. 凭借价值判断

从事系统分析时，对系统中的一些要素，必须从未来发展的观点，用某些方法进行科学预测，或者类比以往发生过的事实，来推断其将来可能产生的趋势或倾向。由于所提供的资料有许多是不确定的变量，而客观环境又会发生各种变化。因此，在进行系统分析时，还要凭借各种价值观念进行判断和优选。

二、系统分析的准则

在进行系统分析时，要处理好各种矛盾，应该遵循一定的准则。

1. 外部条件与内部条件相结合

一个系统不仅受到内部因素的影响，而且还受到外部条件的约束。如一个企业的经营管理系统，不仅受到企业的人员组成、物流方式和信息流等内部因素的作用，而且还受到国家政策、社会经济动向和市场状况等外部条件的影响。所以进行系统分析时必须把系统要素与内、外部条件和环境有机地结合起来。

2. 当前利益与长远利益相结合

因为系统大部分是动态的，它随着时间以及外界条件而变化。所以我们选择一个最优方案时，不仅要从当前的利益出发，而且还要考虑到将来的利益。如果我们采用的方案对目前和将来都有利，那当然是最理想的方案。往往有的系统方案从当前看是不利的，而从长远看是有利的，例如，关于智力投资问题，一个企业抽调了部分职工进行技术培训，不但需要花费教育经费，而且由于减少生产人员而在生产上暂时受到了损失；但从长远的观点看，职工素质提高后，将会产生更大的经济效益，从系统分析的观点看是合理的。而对那种一时有利，长远不利的方案，即使是过渡的，也最好不选用。

3. 局部效益与整体效益相结合

一个系统往往由许多子系统组成，子系统又由更低层的子系统组成。如果各个子系统的效益都是好的，那么总系统效益也会比较好，这当然是理想的，但大多数情况下，在一个大系统中，有些子系统是经济的，但从总体大系统看是不经济的，这显然是不可取的。有的从个别子系统看是不好的，但从全局看则是有利的，那这种方案还是可取的。在系统分析中，对系统的要求是整体效益最优化，而不是局部或子系统的优化，局部利益要服从总体利益。

4. 定量分析与定性分析相结合

用系统科学的理论与方法分析问题时，对于那些可以用数量指标进行衡量分析的叫做定量分析。对于一些如政治、政策、法律等因素无法用数量指标进行分析的，只能用"好与坏"、"可以或不可以"做主观判断的叫定性分析。系统分析不但要进行定量分析，而且要进行定性分析，因为在有些问题中某些定性的因素还能起决定性的作用。分析的方法可以按照"定性—定量—定性"这一过程进行。只有了解清楚了系统的一些性质，才能进一步建立定量关系的数学模型，做出定量分析，最后把定性分析与定量分析结合起来进行综合分析，就能找出最优方案。

三、系统分析的要素

系统是多种多样的，而且所有的系统都处在各不相同的复杂环境中。另外，不同的系统所产生的功能也不同，内部构造和因素的组成不同，即使是同一系统，由于分析的目的不同，所采用的方法和手段也不同。因此，如要找到技术上先进、经济上合理的最佳系统，则在系统分析时，必须具备若干个要素，才能使系统分析顺利进行，以达到分析的要求。

美国兰德公司曾对系统分析的方法作过如下论述：

① 确定期望达到的目标。
② 调查研究、收集资料。
③ 分析达到期望目标所需要的技术与设备。
④ 分析达到期望目标的各种方案所需要的资源和费用。
⑤ 根据分析，找出目标、技术装备、环境资源等因素间的相互关系，建立方案的模型。
⑥ 根据方案费用的多少和效果优劣，找出费用最少、效果最大的最优方案。

这6点逐渐被公认为系统分析的6要素。

1. 目　的

这是系统的总目标，也是决策者做出决策的主要依据。某一系统当达到了某一指标或达到了某一程度，这个系统就能被接纳。对于系统分析人员来说，首先要对系统的目的和要求进行全面的了解，即为什么做出某种选择，要达到什么程度。因为系统的目的和要求既是建立系统的根据，也是研究系统的出发点。

2. 调查、收集资料

在确定了系统的目的后，就要确定系统研究的边界，根据系统研究的目的和研究的边界，着手调查有关的资料，掌握系统设计所涉及的各个方面和各种问题。这项工作是进行系统分析的基础。

3. 替代方案

在做出系统分析时，也必须有几种方案和手段。例如，在加强铁路干线运输能力分析时，既可采取修建复线，又可采取改变牵引动力类型等技术手段。当然，这些方案或手段不一定是互替的，或是同一效能的。但多种方案各有利弊时，确定哪个方案最优，就必须进行分析与比较。

4. 费用和效益

这里指的费用是广义的，包括失去的机会和所做出的牺牲在内。每一系统、每一方案都需要大量的费用，同时一旦系统运行后就会产生效益。为了对系统进行分析比较，必须采用一组相互联系的、可以比较的指标进行衡量，这一组指标叫做系统的指标体系，不同的系统所采用的指标体系也不同。一般来说，费用少效益大的方案是可取的，反之是不可取的。

5. 模型与模拟

为了表达和说明目标与方案或手段之间的因果关系，以及费用与效果之间的关系，要建立数学模型或模拟模型，用它求出系统各替代方案的性能、费用和效益，以便进行各种替代方案的分析和比较。

6. 评价基准

根据采用的指标体系，由模型确定出各可行方案的优劣指标。衡量可行方案优劣的指标就是评价的基准，对各方案进行综合评价，确定出各方案的优劣顺序，以供决策者选用。

根据系统分析的六要素，可以画出系统分析要素如图 3.1 所示。

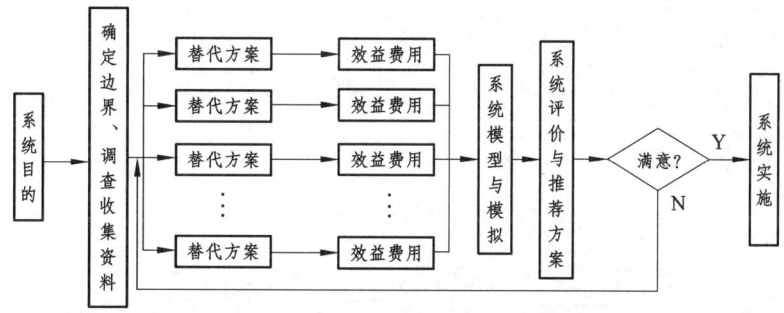

图 3.1　系统分析的要素

综上所述，可以认为，系统分析工作至少应包括以下内容：

(1) 从解决问题范围来看

应解决系统目标的建立、系统结构的确定、准则指标体系的选择、可行方案的构思、待选方案的确定和未来效应的分析等。

(2) 从作业活动来看

应包括系统研究、系统设计、系统量化、系统评价与协调等作业活动。

(3) 从解决问题的方法论和工具来看

应广泛采纳行为研究、价值研究、规范研究等方法论，以及建模、模拟、优化等工具。具体来说，涉及系统方法和其他学科的多种工具如规划论、预测技术、构思方法、技术经济、控制论、模拟、评价方法等都是系统分析的定量方法和工具。

(4) 从数据处理和信息转换来看

应把信息处理作为系统分析中不可缺少的部分,它渗透在系统分析各个作业活动的全部过程中,即从系统分析的起始工作开始,一直到采取决策行动为止的每个步骤和工序都有着信息分析的成分。

第二节 系统分析的基本程序及方法

一、系统分析的程序

当分析和评价任何一类系统问题时,都需要综合运用多学科知识和方法,而非常重要的是要建立和运用系统思考的观点和工具,从系统的整体结构出发研究和评价系统各个部分或子系统作用及其相互关系。因此,系统分析的思考方式应是从系统整体结构出发研究各子系统间的相互关系及其动态变化过程,建立具有学习型组织功能的协调系统。在此基础上,对当前各类事件的变化做出及时评价和有远见的反应。这种分析的基本过程及其动态循环关系如图3.2及图3.3所示。

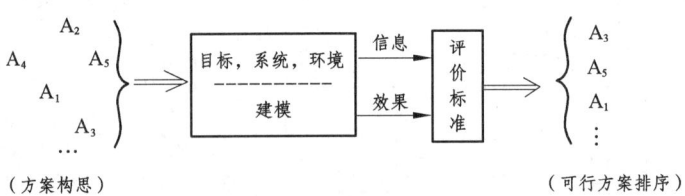

图 3.2 系统分析过程框图

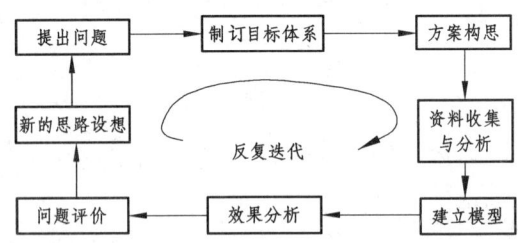

图 3.3 系统分析过程的循环

例如,由零售商、批发商和生产商(工厂)组成的市场供销系统,是一个具有负反馈特性的按一定比例关系相互间协调动作的系统。一般情况下,商品的市场需求量是稳定在某个平均水平上,零售商为保证商品的正常供应需保有一定的零售库存量。因此,他就以固定的销售量为依据向批发商发出订单,批发商依照零售的订单定期如数供应。同样,批发商根据各个零售商的订单总数,向生产商发出订单。生产商接到订单后也是定期如数向批发商供货。该系统的因果反馈关系如图3.4所示。

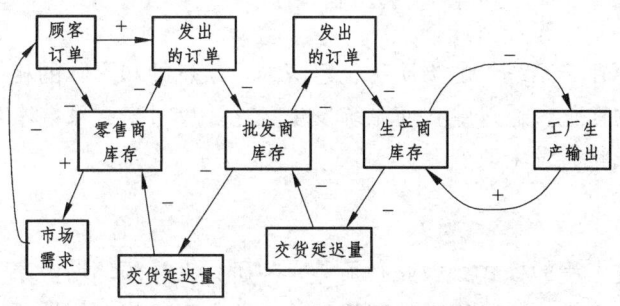

图 3.4 系统因果关系反馈示意图

如果市场供需情况发生变化，由于图中"交货延迟量"环节的影响，有一段时期将使系统发生振荡，但经过一定时期就会逐渐趋于平衡，但是假如此时3个子系统（零售商、批发商和产生商）不能从系统整体结构的变化来正确认识发生的变化，而出自各子系统局部利益采用各自分散的局限思考方式进行动作，就会使整个系统出现意想不到的大幅振荡和不稳定动作的现象。例如，零售商按照自己的局限思考角度，只关心顾客订单和自己的库存量，于是反映到生产商库存量和工厂生产输出量就会出现大起大落的现象。

二、系统分析中的信息沟通

系统分析强调重视决策过程中信息的沟通。沟通的对象大致可分为两类。一类是专业人员之间在分析问题的活动过程中必须进行的信息沟通；另一类是专业人员与决策者之间对所研究的问题必须进行的信息沟通。前一类的有效沟通是为了充分了解所研究系统中有关信息的可知部分，这是系统分析人员常规工作内容。后一类的有效沟通是系统分析的目的所在，即系统分析人员在经过充分的研究和分析之后，把应该和可能了解的信息都做了处理，并提供给决策人。至于决策人最后如何考虑和判断，对于系统分析人员来说，是属于不可知部分的信息，只能由决策人采取行动。因此，从信息处理过程的角度看，从提出问题开始时的浩瀚数据与信息量中，通过系统研究、系统设计和系统量化、系统评价及协调等工作，最后向决策人提供了精简的有效信息（例如待选方案的序列和效果等），供决策人进行决策时参考。系统分析的目的就是希望有效地缩减信息量，同时又能充分反映被分析的决策问题的本质。在系统分析的程序上，信息量呈逐渐缩减的变化态势。也就是说，在每一个系统作业完成之后，决策问题（被分析的问题）对决策者所隐含和面对的信息量均在减少。理想的要求是，一个决策问题最后所剩下的信息量（即决策者必须面对的信息量）应正好等于此问题的不可知部分的信息量。

三、系统环境分析

系统与环境是相互依存的。了解问题的环境是接近问题的第一步。不论问题如何复杂，解决问题方案的完善程度总是依赖于对整个问题环境的了解程度，对环境的不恰当了解，将导致解决问题方案的失败。因此，系统环境分析是系统工程的一项重要内容。

系统环境分析的目的，就是要认识系统与环境的依存关系，环境因素的影响及后果，从而在解决系统问题时予以充分估计。

环境通常是指存在于系统外的物质的、经济的、信息的和人际的相关因素的总称，这些因素的属性或状态的变化，通过输入使系统发生变化。反过来，系统本身的活动，也可使环境相关因素的属性或状态发生改变。

1. 环境因素分析

环境影响着系统工程的模式，因此必须考察和研究大量的环境因素，从系统观点看，全部环境因素应划分为3类：一是物理的和技术的，即由于事物的属性所产生的联系而构成的因素和处理问题时的方法性因素；二是经济的和经营管理的，这是影响系统经营状态和经济过程的因素；三是社会的或人际的，这是来自于人或集团关系的因素。

物理和技术环境包括现存系统、技术标准、科技发展因素估量和自然环境。

经济和经营管理环境包括外部组织、政策、政府作用、产品系统及其价格结构和经营活动。

社会环境包括大范围社会因素和人（个体）的因素。

上列环境因素不是包罗一切的，只是指出在系统分析中可能涉及的环境因素范围。

2. 环境因素量化的方法

各种环境因素的重要性各不相同，尤其是各种因素进行综合时交互作用复杂，应采取多种方法对环境因素进行量化。从定量化难易程度来看，上述环境因素可分为3大类：一是可以直接量化的因素；二是可以间接量化的因素；三是定性环境因素的量化，对这类因素主要是通过各种途径制订出定量依据，而后借用模糊理论的概念和方法使其量化。

3. 环境因素总体综合方法

由于复杂问题的系统分析中环境因素很多，往往目标又交叉分散，因此进行总体综合是很困难的。这时可应用分层次逐级综合的方法。这就是先将各种环境因素在量化的基础上给出针对不同因素的满意度，而后应用多目标决策中的多维价值组合规则，合成大类的满意度，最后综合成分析方案的满意度。通过这种方法可使各种性质的环境因素达到综合，最后用于不同方案的优化评价。

四、系统目标分析

系统目标是系统分析与系统设计的出发点，是系统目的的具体化。通过制定目标把系统所应达到的各种要求落到实处。系统目标分析的目的，一是论证目标的合理性、可行性和经济性；二是获得分析的结果——目标集。应当指出的是，目标和目标系统的提出方式上有时出现主观愿望较多、而客观根据较少的情况。系统目标分析的首要作用，就是经过分析和论证，说明总目标建立的合理性，确定系统建立的社会价值。这样就可以防止盲目性，从而避免造成各种可能的损失和浪费。同时还能通过目标分析，使建立系统的方向性更加明确，因而减少了为明确目标而造成的物资、人力和时间的耗费。

1. 系统目标分析中的几项要求

在通常情况下，为了解决某一系统性问题，首先要建立系统的总目标。系统总目标的确定是否合理，要从其提出的根据上做分析。如果根据充分、数据准确且有说服力，那么总目标就可初步通过。为了达到目标的合理性，在目标分析的制订中，要满足下面几项要求，这是从实践中总结并被证明是比较适用的。

(1) 制定的目标应当是稳妥可靠的

这要从达成目标的系统方案所能起的作用来判别，把作用符合目标的程度作标准。例如，一台计算机在预研时没有制订出合理的目标，只预计到笼统的"好"作用（如信息利用率高等），就可能出问题。必须用稳妥的描述代替这种预想，以增强其可靠性。

(2) 制定目标应当注意到它可能起到的所有作用

一般来说，一个系统方案能够起多种作用，但制定目标者往往只注意到其中的一部分，而忽略其他作用，这是不允许的。比如科技发展和工业化，给人类带来了高度物质文明，但也给人类带来了前所未有的污染，以及生态平衡的破坏，只看到高度物质文明，而没看到环境的污染，那就没有看到目标的所有作用，目标制订者必须把可能的作用发掘出来，把它们分作"可实现的"和"不可实现的"、"积极的"和"消极的"，并全面考虑。既要注意那些"积极的"又"可实现的"作用的充分发挥，也要注意避免那些"消极的"作用，不在"不可实现的"作用上浪费时间。比如制订解决交通问题目标时，要制订出避免废气和减低噪声的目标，但不能提清除噪声的目标。

(3) 应当把若干目标归纳为目标系统

这样可以使得目标关系变得清楚，以便在寻求解决问题方案时能够全面考虑。经验表明，分目标越多，忽略重点的危险也越大。因此，从概括各种类型分目标的意义上说，有必要建立一个目标目录或目标树，这样阶层结构清楚，也可了解目标的交叉和重复情况，还可用来确定各类分目标间的重要性的权重。

(4) 应当尽可能制订可操作性目标

即目标是明确的，可以实现的。如"改善人员状况"，"尽可能地安全"这类目标，就是不明确的，因而也是不能实现的。可操作性目标可敦促人们准确地组织系统目标的实现，制订的目标又要分成基本目标和期望目标，基本目标是必须实现的，期望目标主要用于评价。这种划分对评价方案很有好处，其中最有价值的应当是实现全部工作目标的方案。

(5) 对于出现的目标冲突，要积极解决

不同目标可能带来各方面利益上的分歧，造成各方冲突的后果，这种情况要在目标调整中解决，避免造成长期问题。

制订的目标一般是可以改变的。当情况有了变化，出现了新的有价值的设想等，就有必要对已经决定的目标进行调整。在达到上述要求的情况下，制订的目标就做到了基本可行，但还要经过总目标的分析等一系列工作之后才能做最后的结论。

2. 目标集的建立

目标集（目标系统）是各级分目标和目标单元的集合。对于总目标的要求，应当是具体的和直观的，但多数情况下是不具体的和模糊的，例如，"在五年内生产出轻型省油的小汽车"或"使某城市的发展达到全国一流的水平"就是例子，因此必须进行总目标的分解，即将总目标分解为若干分目标,再进一步分解为次级分目标,直到分目标具体直观为止。在分解过程中要注意,分解后的分目标与总目标要保证一致,分目标的集合一定要保证总目标的实现,分目标之间可能一致,也可能不一致,甚至是矛盾的,但在整体上要达到协调。

将一个系统开发的总目标分解为若干阶层的目标分系统,是工程开发的第一步,也是相当困难的第一步。这需要有很大的创造性并掌握丰富的科学技术和工程实践的知识。可以说,这个分解过程是对整个系统功能进行综合考虑中,运用科技知识和工程经验进行的一种创造性活动。

从信息结构来说,分解总目标,建立目标树,是由对系统信息进行搜索和辨识的活动程序确定的。从过程上看,则是运用效能原理不断进行分析,而后逐步用组态原理进行设计的过程,所谓效能原理是对实现开发目标可以产生效能的科学技术原理,例如,提高铁路线路的通过能力,其效能原理有:① 提高机车牵引力;② 采用大轴重车辆;③ 增加列车运行密度。

所谓组态原理就是实现效能原理的工程原理模型,在同一个效能原理下,可以采用不同的工程原理。如上例中的提高通过能力就有多种工程途径,如采用不同的信号制式或不同的动力方式来实现。通过运用效能原理和组态设计就可以将一个含混不清的总目标开发成为一个有一定结构形态的目标系统。这个过程的特点是面对复杂和不清晰的问题,采用适用的方法(如树图)来加以描述和展开,直到获得含义清晰的由不同阶层分目标和目标单元组成的目标集为止。

3. 目标冲突和利害冲突

在目标分析过程中,系统分析人员会经常发现许多关键问题往往是由于存在着相互冲突的分目标造成的。这里有两种情况:一是纯属专业性质的,即目标冲突问题;另一种是社会性质的,即利害冲突问题。

(1) 目标冲突

例如,在寻求合理解决运输工具的目标集时,有这样两个分目标:一是尽可能低的运输投资;二是尽可能高的运输效率(从安全、方便、速度等方面)。

根据经验可知,这两个分目标是不可能同时实现的。在正常情况下,只有高档汽车才能达到安全、便利和高速度,这样就给目标分析人员带来了困难。解决这类矛盾,可能有两种做法:

① 坚持建立一个没有矛盾目标的目标集、把引起矛盾的分目标剔除掉。

② 采纳所有分目标,寻求一个能达到冲突目标得以并存的方案。这对于目标涉及范围较少的系统,通过协调可以解决。但对于涉及面广的目标系统,就要采取一个程序化的步骤。通常使用的方法是使每一个分目标依次与其他目标结合,估计出它们之间的相互影响。这时会出现目标间无依存关系、目标处于冲突状态和目标互补 3 种情况。

在目标冲突时,一个目标将阻碍另一个目标的实现;反之,若一个目标的实现促进了另一个目标的实现,就称之为目标互补。如果目标间毫无关系,则称作无依存关系。对于相互冲突的目标,在处理时要进一步分析目标冲突的程度。这时又有两种情况:一是目标冲突,但有相容或并存的可能性;二是绝对相斥的。前一种情况叫做目标的弱冲突,后一种情况就称为目标的强冲突。对于弱冲突原则上可以保留两个目标,在实践中,通常是对弱冲突中的一方给以限制，而让另一方达到最大限度。如在确定的费用界限下，获取尽量大的功率，或是确定的功率下，使费用达到最低。而目标处于强冲突时必须改变或放弃某个分目标。对于目标互补的情况，要注意检查是否存在多余部分，即是否有用不同方式表达了相同的内容。这种情况将影响目标集的建立，也不利于以后的评价工作。

(2) 利害冲突

上述目标冲突是实现目标过程中直接表现出来的，而隐含在这种目标冲突后面的、与利益有关的矛盾关系，才是调整目标集时主要的困难所在。这种由于目标涉及了不同利益集团的期望而产生的矛盾，称之为利害冲突。例如，我国铁路运输系统发展中曾出现过下列两个目标：目标1——关闭路网中某些小站，降低生产成本，提高系统整体效益；目标2——保持企业和社会稳定。显然这两个目标是有利害冲突的，涉及了国家、企业和工人的利益。在处理利害冲突时要持慎重态度，一般有3种可能的处理方式：第一，目标的代表方之一放弃自己的利益，但这是很难做到的；第二，保持原目标，用其他方式补偿或部分补偿受损方的利益，如另行安排工作，给一定的经济补偿等；第三，通过协商，调整目标系统，使之达到目标相容，这时可采用的一种方法是在不同利益类型之间分配权值，而后不同利益类型把得到的权值在分目标之间进行分配，最后使权值在利益类型和分目标上都达到平衡。总之，在上述3种解决利害冲突的方式中，以第三种方式为最好，因为它能使利害冲突的目标改变为利益相容的目标。

4. 多目标的分析

在目标分析中，经常遇到在目标系统中存在着多个目标的情况。由于系统事物的多面性，客观上就导致了多目标不仅从相互关系上有互补、互斥和无关3种类型，而且在性质上可能是迥然不同的。如技术性的、经济性的、政策性的，等等，这就使目标分析具有极大的复杂性。

多目标分析的目的，主要是为了综合考虑多个目标的统一评价或者将若干个小目标统一为一个较大的目标。这在制定目标系统中是很适用的。多目标综合方法有很多，其中多目标综合评分法是很常用的一种，特别是对非定量指标的处理上非常有用。这种方法的实质也是加权法，它对每个分目标给出一个最高分数和评分等级。当某一分目标定出评分等级后，它的得分也就确定，最后计算总评分数。这样对具有多目标的系统方案，按总评分数把多目标加以综合并做出评价，也可用以综合几个分目标为一个总目标。

五、系统结构分析

这里所指的系统结构不是探讨某个具体系统的结构形式，而是研究一切系统（包括实体系统和概念系统）中具有普遍性的结构形式，一般地说，这种普遍结构形式是为了实现系统的目的和功能而使系统要素及其相关关系在一定阶层结构中所组成的特定的结合方式，这种系统结构中的普遍性形式是由系统的基本特征所决定的。

从总体上说，系统的6个基本属性就体现出系统结构的一般形式。通常我们把目的性作为决定系统结构的出发点，即它是统领和支配除环境适应性以外的4个属性的。集合性、相关性和阶层性是作为系统结构的主体骨架的内涵特性。整体性是系统内部综合协调的表征，而环境适应性是系统本身作为一方,环境作为另一方的内外部协调的表征。因此系统6大属性的形态化,就构成了系统的具体结构形式。这就是说,明确了系统的目的和总目标以及分解的各个层次的分目标,构造出对应于系统总目标及其各个层次分目标的系统组成要素,这些要素的相互关系及其在系统阶层上的分布形式和整体的协调形式,也就从质和量上给出了系统结构的普遍性。

系统结构分析的目的就是要找出系统构成表征方面的规律,即系统应具备的合理结构规律。要保证系统在对应于总目标和环境因素约束集的条件下,使系统组成、要素之间的相互关系,以及要素集和相互关系集在阶层分布上最优结合,并能够得到最优系统输出的系统结构。这种结构就是我们所说的系统合理结构,简言之,系统结构分析寻求系统合理结构的分析方法,即

$$E^{**} = \max_{\substack{p \to G \\ p \to O}} p(X, R, C), \quad S_{opt} = \max\{S | E^{**}\}$$

式中 E^{**}——对应于系统目标集和环境约束集下的系统最优结合效果;

S_{opt}——具有最优结合效果及最优输出的系统;

X——元素的集合,表征某个系统;

R——元素的相关关系;

C——系统阶层结构;

G——系统的总目标;

O——环境约束集。

显然系统结构分析的内容就是寻求上述公式中 X、R、C 的最优结合形式,即具有最优结合效果 E^{**} 的系统结构形式及在 E^{**} 条件下给出最大系统输出的系统 S_{opt}。

习 题

一、单项选择题

1. 系统分析采用系统方法对所研究的问题提出各种可行方案或策略,进行定性和定量分析、评价和协调,以供决策者选择行动方案,这是一种（　　）。
   A. 管理工程技术　　B. 决策辅助技术　　C. 工程应用技术　　D. 分析评价技术

2. 从事系统分析时,除了用工程和数学方法进行科学预测和分析外,考虑到资料的不确定性和客观环境的发展变化,还常常要凭借（　　）进行判断和优选。
   A. 系统模型　　B. 运筹学　　C. 哲学理念　　D. 价值观念

3. 一个企业抽调部分职工进行技术培训,不但需要花费教育经费,而且由于减少生产人员而在生产上暂时受到了损失,但是职工素质提高后,将会产生更大的经济效益。从系统分析的观点看,这种做法符合（　　）的准则。
   A. 外部条件与内部条件相结合　　B. 当前利益与长远利益相结合
   C. 局部效益和整体效益相结合　　D. 定量分析与定性分析相结合

4. （　　）是建立系统的根据,也是研究系统的出发点。
   A. 系统模型　　B. 系统环境　　C. 系统目的　　D. 系统方案

5. （　　）是进行系统分析的基础。
   A. 建立模型　　　B. 建立方案　　　C. 明确目的　　　D. 收集资料
6. 系统分析的思考方式应是从系统的（　　）出发研究各子系统间的相互关系及其动态变化过程，在此基础上，对当前各类事件的变化做出及时评价和有远见的反应。
   A. 环境约束　　　B. 整体结构　　　C. 目标体系　　　D. 评价方案
7. 系统分析的结构形式可以从两个不同的侧面理解：从信息处理过程的角度看，系统分析具有（　　）的形式；从采用的科学理论和方法的角度出发，系统分析具有（　　）的形式。
   A. 方法构成和步骤构成　　　　B. 程序构成和方法构成
   C. 信息构成和步骤构成　　　　D. 信息构成和程序构成
8. 为了综合考虑多个目标的统一评价或者将若干个小目标统一为一个较大的目标，这种工作称为（　　）。
   A. 多目标评价　　B. 多目标分析　　C. 目标体系建构　　D. 目标体系评价
9. 系统结构分析的核心是（　　）。
   A. 系统要素集分析　B. 系统相关性分析　C. 系统阶层性分析　D. 系统整体性分析

二、多项选择题

1. 系统分析的特点是（　　）。
   A. 制定决策方案　　　B. 以整体为目标　　　C. 以特定问题为研究对象
   D. 运用定量分析的方法　　E. 凭借价值判断
2. 进行系统分析时，需要考虑的环境因素通常包括（　　）等。
   A. 物理环境　　B. 技术环境　　C. 经营管理的环境
   D. 经济环境　　E. 社会和人际环境
3. 系统分析的研究方法中 3 个主要部分包括（　　），并包括反馈过程以及其间的相互关系。
   A. 方法论基础　　B. 协调与优化　　C. 科学学科
   D. 研究与分析　　E. 决策与验证
4. 系统结构分析包括（　　）。
   A. 系统环境分析　　B. 系统相关性分析　　C. 系统阶层性分析
   D. 系统整体性分析　　E. 系统要素集分析

三、简答题

1. 请简述系统分析的主要内容。
2. 系统分析的要素有哪些？
3. 进行系统目标分析的目的和作用是什么？
4. 进行环境分析的目的是什么？
5. 系统分析程序构成的内容和目的是什么？
6. 系统的基本属性与其结构形式有什么关系？
7. 为什么要进行系统的结构分析？

四、论述题

1. 系统分析的准则有哪些？为什么在进行系统分析时要采用这些准则？
2. 系统的分目标可能会产生冲突，试举例说明冲突的类型及解决方法。

第四章　交通运输系统分析导论

📖 **本章导读：**

美国的综合运输系统

美国在第二次世界大战后，形成了一套综合运输系统，包括飞机、汽车、火车、内陆船舶、远洋轮船和输油气管道等 6 种运输工具，机场和地面导航设施、公路和铁路网、内陆航道和港口设施等 3 种主要支持设施。

- 铁路运输

1830 年美国仅有 37 km 的铁路，到 1865 年已修筑了 5.6 万 km 铁路，到 1916 年第一次世界大战期间，美国已建成铁路 40 万 km。现在美国拥有铁路全长 41.2 万 km，约占世界铁路总长的 35%左右，铁路网的平均密度为每 100 km^2 国土有 4 km 铁路。全国最大的铁路运输中心是芝加哥，其次是圣路易斯、纽约、堪萨斯、旧金山、洛杉矶和盐湖城等。铁路运输虽然在全国货运中仍居首位，占 32.4%的份额，但地位已大大降低。

- 公路运输

从 19 世纪上半叶开始，美国在大约 100 年的时间里，动用了大量的人力、物力，建成了一个以高速公路和国家干线公路为主的现代化公路运输网。目前已有公路 640 万多千米，其中高速公路长达 7 万多千米，约占世界的 2/3，成为世界上公路最长的国家。美国已拥有各类汽车 2.1 亿辆，也高居世界首位。公路运输在全国客运量中占绝对优势，仅私人小汽车就占全国客运量的 80%，货运所占比例也仅次于铁路运输居第二位。

- 航空运输

美国的航空运输业是各种运输方式中发展最晚的一种，但也是最快的一种。现在美国的航空运输业无论在客货运量、空中线路、机场设施和各种飞机的数量与质量等方面，都明显超过世界上任何一个国家。其航空线路占世界航空线路的一半左右，全美大大小小的飞机场共有 13 000 多个，全国 600 多个大、中、小城市都有飞机航班相通。在美国人眼里，出门坐飞机，简单得仿佛是搭一次公共汽车。航空运输占货运比例不大，客运比例仅次于公路运输，高达 18.2%，远高于铁路运输所占的比例 0.7%。主要航空中心有纽约、芝加哥、华盛顿、亚特兰大、旧金山和西雅图等。

- 管道运输

管道运输是第二次世界大战后迅速发展起来的一种新兴的现代运输工具，其特点是营运方便、可靠安全、运费低廉。现有的运送管道主要用来输送天然气、原油及其相关产品。美国石油管道总长 28 万多千米,天然气管道 41 万多千米,全国约有 60%~70%的原油、30%的石油产品是由管道运输的。

· 水路运输

美国水路运输由内河航运和海运组成。内河航运以密西西比河水系和五大湖水系为主体。其通航总里程达 5 万 km,遍布全美 38 个州。美国海运以沿海运输为主,随着美国南部和西部新兴工业的发展,原来繁忙的大西洋沿岸远洋运输正逐步向太平洋沿岸转移。

第一节 交通运输系统及其属性

交通运输是一个复杂的巨系统,其组成如下:

(1) 固定设施

固定设施是指物质的组成,具体表现在以下两个方面:

① 运输网络的线路,如公路的路段、铁路的轨道、管道等。

② 运输网络的结点,如交叉口、立体交叉、匝道、收费亭、公共交通运输起讫点和枢纽站、海港和飞机场等。

(2) 流量实体

通常指移动设备(如机车、车辆、船舶、汽车、飞机等),还含有其尺寸大小、载货量、载客量加速和减速性能等。

(3) 控制系统

① 车辆控制系统主要指技术方面的控制,如道路的几何尺寸设计和先进的引导设备等。

② 交通流量控制系统,这个系统采用一些手段,使车流保持平稳和有效地运行,减少车辆间的相互冲突。该系统包括各种各样的交通标志、地面标线、先进的交通信号控制系统以及相应的运行规章制度等。

(4) 运输需求

运输需求主要指把人或物从一个地方运送到另一个地方,以便参与其他活动或交流。如人们每天上班工作,学生上学,顾客去商店购物,把物资运送到某地区进行商业活动等,这些都属于运输需求。

一、交通运输系统的基本特点

因为交通运输是一个复杂的巨系统,交通运输系统的任何一项设备单独存在都不能实现其运输功能,并且单靠交通运输系统本身也不可能促成经济的发展。因此,它具有系统的基本特点,具体表现为:

1. 交通运输系统具有明确的目的性

任何一个人造系统，都有其具体的目的，交通运输系统也不例外。建设与发展这个系统的目的是要完成社会和企业以及个人的运输任务。货物运输是生产和流通的组成部分，通过运输工作才能完成商品的交换任务。旅客运输是满足人们工作、学习、生活和旅游的需要。为此，交通运输系统有其明确的目的和目标。

2. 交通运输系统是一个整体

这个整体必须相互协调才能适应国民经济发展，才能更好地完成旅客与货物运输的任务。现代交通运输系统由5种运输方式组成，这5种运输方式（铁路、水运、公路、航空与管道）尽管都独立存在，而且它们各自都有其特点和适应的领域，但是都是交通运输系统的组成部分，共同组成一个国家或一个地区交通运输的整体。此外，就每一种运输方式来看，其内部亦是各种设备组成的一个整体，通过相互协调、适应，才能发挥每种运输方式的运输功能。

3. 交通运输系统的层次性十分突出

就全国交通运输网来看，有干线、支线和联络线；就枢纽来看，有全国性路网枢纽和区域性地方枢纽；港口有国际性中转贸易港、国内地区性港口以及地方性港口等；公路线有国道、省道和县道等，交通运输系统的管理系统也有中央管理、省区管理和市县管理等层次。

4. 组成交通运输系统的要素彼此间都是相关的

元素之间是以相互联系、相互关联的形式存在。如交通运输设备子系统内有固定设备子系统和移动设备子系统，这两个子系统间存在着严密的相关性，具体表现为相互间的协调度。如果其协调度很低，势必影响到运输能力的发挥。

5. 交通运输系统的发展必须与其内外部环境相适应

交通运输系统的外部环境包括国家和地区的社会经济环境、交通建设的自然环境、城市建设以及人口分布等；其内部环境包括交通资源分布（如河道、海岸线、港口资源等）、科学技术发展水平、经营管理水平等方面。一个国家和地区交通运输系统的开发建设与其环境有着非常密切的关系，环境发生变化必然影响到交通运输系统的运营和建设。

二、交通运输系统的大系统特征

此外，交通运输系统又是一个社会经济大系统，因而它也具有社会经济大系统的特征，具体表现在：

1. 交通运输系统的功能复杂

一般来说大系统都是多功能的，也是多目标的。交通运输系统的多功能、多目标表现为：

它既具有运输基本功能,还具有生产功能、工业功能、经济循环功能、客运服务功能、国防功能、城市功能以及区域功能等。为此,交通运输系统的开发建设涉及多个目标多种功能的实现。

2．交通运输系统的结构庞大复杂

就我国交通运输大系统来说,还包括庞大的固定设备和移动设备,以及复杂的控制设备和管理设备等,还有几千万职工队伍。因此是一个庞大的系统。

3．交通运输系统的信息复杂

交通运输大系统的信息不仅量大而且复杂。为了保证交通运输大系统的正常运转,需要做大量的信息收集、加工、传输等工作。交通运输大系统的信息包括两大类,既系统内部信息,它包括生产、调度、运行、运输工具、职工、客运与货运,以及有关规章、制度、政策、法规等;另一类为系统外部信息,由于交通运输系统是一个动态开放大系统,要求相关部门和相关地区(包括国内和国际)不断地提供各种有关的信息,如客流的分布与数量、货流的分布与数量、车船运行状况、国防、国内和地区的经济信息、市场信息、政策法规信息以及相关的资源、气象、地质、水文等方面的资料。只有不断地获取这些相关信息,通过加工、分析和传送,才能保证交通运输系统的正常运转与建设发展。

4．交通运输系统采用大系统的控制和协调的理论与方法

由于交通运输系统是一个复杂的巨大系统,为此,必须把这个系统分解成若干相互关联的子系统进行控制。根据交通运输系统信息交换的方式和关联处理的方式可分成递阶控制、分布控制和分散控制3种形式,具体如下:

(1) 递阶控制系统

它对各子系统的控制作用是按照一定优先和从属关系安排的决策单元来实现的。它们形成了金字塔的结构(见图4.1)。同级的各决策单元可以同时平行工作对下级施加作用,同时又要受上级的干预,子系统可以通过上级互相交换信息。我国铁路运输系统就是按照这一控制模式进行的。

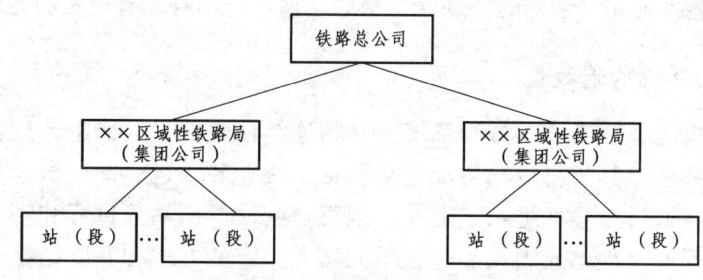

图4.1 铁路递阶控制结构

(2) 分布式控制系统

在这种系统中,各子系统的控制单元是按子系统的控制目标事先按一定方式分配给各子系统的控制单元,它们之间可以有限的信息交换。这种布局使得控制可靠性、灵活性都有

所改善，同时也降低了通信成本。我国海运港口系统的管理就是采取这种模式。我国沿海14个主要港口，其基本功能由交通部统一宏观管理，而具体的任务安排，各个港口又有其自身的独立性，使得沿海每个港口都能成为一个相对独立的海运贸易交通枢纽。

(3) 分散控制系统

在这种系统中，每个子系统只能得到整个系统的一部分信息，同时也只能对系统变量的某一子集进行操作和处理，各自都有独立的控制目标。这正好和集中控制形成鲜明的对照。我国公路、内河的控制与管理就是采取这种控制模式。中央对全国的国道公路进行总体规划和协调，同时中央对全国最重要的河道如长江干线和珠江干线进行整体控制，而对全国的地方公路和地方河道则分别由各省、市、自治区分别进行管理，各省、市、自治区则根据本地区的具体情况进行规划建设和管理。

协调是大系统控制中常用的一个基本概念，如图 4.2 所示的二级结构。上层的协调器控制下层的两个决策单元，它们有各自的子系统模型和控制目标。协调器的任务是通过对下层决策的干预来保证它们分别找到的决策能满足整个系统控制目标的要求。所以协调器要不断地和下级的决策单元交换信息，一方面发出干预信号 c，一方面接收从下级送来的有关决策单元做出的决策和获得的性能指标值的信号 f。干预信号也就是起协调作用，产生干预信号的原则就是协调策略。我国交通运输大系统的协调也正是采用这种模式进行整体和宏观的协调，保证全国交通运输系统的畅通。

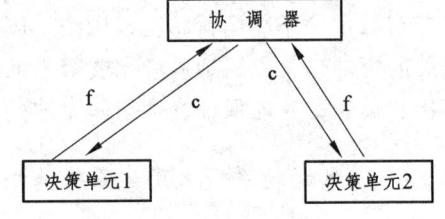

图 4.2 基本的二级结构

综上所述，我们可以看出交通运输业不仅是一个系统对象，而且更是一个典型的社会经济大系统。运输系统与该区域的社会经济活动和人口水平有着密切的关系，该区域的经济活动和人口的增减直接影响运输系统的兴衰和变化，相反，该地区的交通运输系统的发展状况同样会引起经济活动的变化。

三、交通运输系统的独特性

除了具有上述系统和大系统的特点外，交通运输系统本身还有以下独特性：

1. 交通运输系统的连续性

交通运输系统是一个连续的过程系统。它的连续性表现为运输生产过程的连续性和运输生产时间的连续性。其货物运输生产过程包括了集、装、运、卸、散诸环节所组成的生产全过程。旅客运输过程包括进站、上车、运行、到站、出站等过程和环节。总之它们是由特定的作业过程即过程单元组成。过程单元按照一定的方式相互联结在一起形成网络，称为过程系统。各过程单元是通过旅客和货物位移相互联结的。在完整的运输过程系统中，任何一个单元出现故障都会直接影响系统功能的实现。为了保证过程系统的正常运转，就要不断地解决和协调各个过程单元和单元间所形成的"结合部"的管理问题，这一点非常重要。

交通运输系统生产的连续性还表现在时间上的连续。这个系统必须全年、全月、全日地运转，而不能发生任何中断，如果发生运输中断，就破坏了运输的正常生产。为此，研究交通运输系统，需要紧紧地抓住连续性的特点。铁路部门提出的"抓能力、保畅通"的要求和城市交通中开展的"畅通工程"都体现了交通运输系统连续性的特点。

2．交通运输系统生产的复杂性

如前所述，结构复杂的交通运输系统，其运输生产过程表现为多个环节之间的联合作业，如货物装车（船）、运输、卸车（船），旅客运输的上车、运送、下车等环节，而且各个环节间要协调适应。

由于交通运输系统具有多功能和多目标，完成交通运输系统的功能就意味着要实现交通运输系统的多种功能。

一般工矿企业都是在一定的区域内进行生产，而交通运输系统则没有区域的界限，旅客旅行由始发地到目的地，货物由发送站到到达站是根据运输的具体目的要求确定的，它们没有区域的界限，更不可能限制在一个城市或地区，有时甚至要打破国家的界限，如国际航线、国际铁路联运以及远洋航运等。

3．交通运输系统的网络性

交通运输生产也是列车、各种车辆等载运工具在交通运输网（包括铁路网、公路网、水运网、航空网等）上的运动过程。良好的交通运输系统首先要有合理的线网结构，要建设成与内部、外部协调的交通运输网。在合理的交通运输网上，通过科学的运输组织才能实现国家、社会、厂矿、企业以及人们所提出的运输任务，加速货物和车船的周转，压缩旅客和货物的在途时间，加速国民经济的发展。

交通运输网是由骨架（干线）线网、地方线网和厂矿支线、专用线网组成，也包括了交通运输系统中各子系统的交通网，如铁路网、公路网、水运网、航空网等。为此进行交通运输系统的建设与发展，首先要从完善、加强、扩展交通运输网着手。不断地提高交通运输网的数量与质量。

4．交通运输系统的动态性

交通运输系统的动态性表现在两个方面：一方面交通运输系统是国民经济大系统的组成部分，国民经济大系统随着时间变化而变化，从而使运输任务也随着时间变化而变化。如中国自改革开放以后，每一年的运输任务都有较大的增长，就是在一年内四个季度客货运输量亦不相同。这表明交通运输系统是不断变化的系统，必须进行动态的分析与研究。另一方面是交通运输系统本身的动态性，即交通运输系统中的人流、物流、车流、船流以及飞机流等本身就是经常在一个流动的状态。要提高系统的水平，就要加速它们的流动。研究交通运输系统，就要研究交通运输系统的动态性及其表现的规律性。

四、交通运输系统的功能与目标

任何一个社会经济大系统的形成与发展都有其自身的独特功能，交通运输系统也不例外，它的形成与发展是与其具有的独特功能分不开的。交通运输系统的独特功能主要包括：生产功能（货运）、旅客运输功能（客运）、循环功能（国际、国内流通）和国防功能，各类文献对此多有阐释。特别是应该注意在新的国际、国内环境和社会经济条件下，交通运输系统担负的功能和任务及其追求的目标所发生的变化。

从实施全社会可持续发展战略，满足用户需求来说，交通运输系统应追求使用者、经营者、社会各方面普遍适宜的总效益。这一总目标具体表现为交通运输系统的若干经营子目标或系统子功能，如图4.3所示。

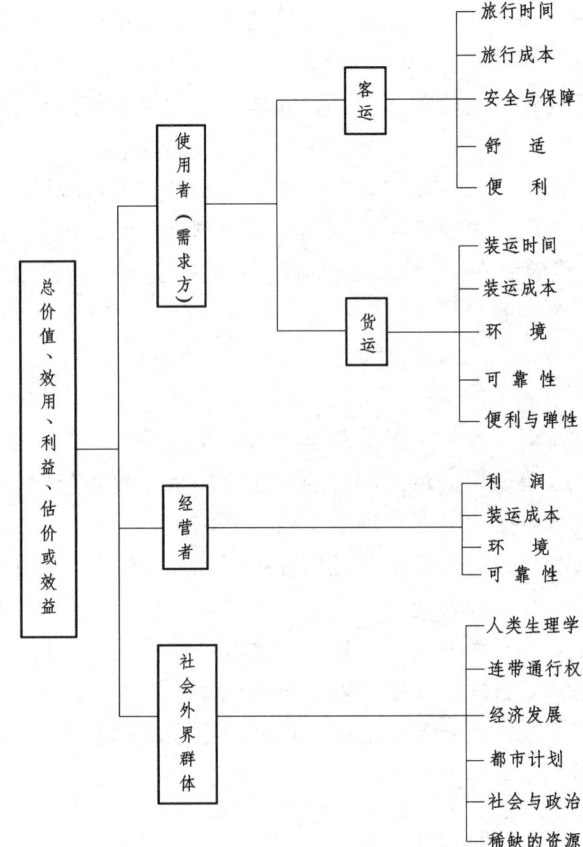

图4.3 交通运输系统的功能及目标

第二节 交通运输系统结构

一、交通运输系统中运输方式结构

交通运输系统中的运输方式结构，包括铁路、公路、水运、航空和管道等5个运输子系统。这些子系统各有优势，在一定的地理环境和经济条件下有其各自的合理使用范围。

铁路运输子系统受自然条件影响较小，运输能力大、运输成本低和能耗较小、速度较快、通用性好,是中、长途客货运输的主力。

公路运输子系统投资相对较小、建设周期短、机动灵活,可以对城乡广大地区实现门到门直达运输,它是短途客货运输的中坚力量。随着公路状况的改善尤其是高速公路的发展,汽车技术的进步,公路运输正在成为高档工农业产品以及中距离客运的重要力量。

沿海、内河水运子系统的投资省、运输能力大、占地少、干线运输成本和能耗最低。在沿海和内河有水运条件的地方,应成为大宗和散装货物的重要运输方式之一,也可以承担沿海、内河的客运任务。

航空运输能耗高,但具有建设周期短、运输速度最快、受地形限制较小等特点,在长途客运和精密仪器、鲜活易腐烂货物运输中有明显优势。

管道运输子系统投资省、建设周期短、运输能力大、占地少、受自然力影响小,一般适合天然气和流向比较集中的原油和成品油运输。

按照系统论与运输经济学的观点,建立合理的运输结构,不仅要科学地确定各种运输方式在交通运输系统中的地位和作用,而且还必须在全国范围内根据运输方式的合理分工和社会经济发展对运输的需求,做到根据不同方式的适应性灵活选择运输方式,逐步建立一个经济协调、合理发展的综合运输系统。运输系统结构的形式,从不同国家或地区来看,主要有以下形式:

1. 并联结构

各子系统间为一个并联关系,如图 4.4 所示。

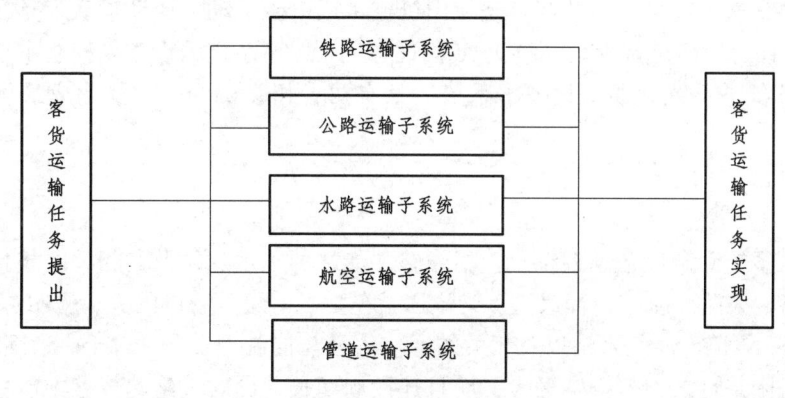

图 4.4 交通运输并联结构图

一般在区域面积大、经济发达国家可能出现此结构,当然并联方式可能是 2 种、3 种、4 种或 5 种运输方式。

2. 串联结构

各子系统间为一个串联关系,如图 4.5 所示。

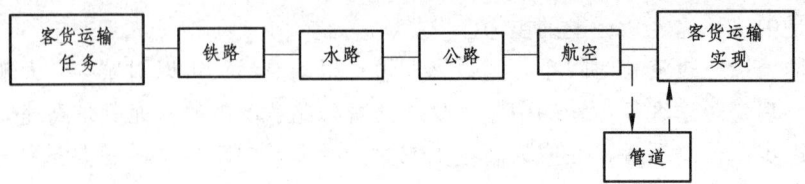

图 4.5　交通运输串联结构图

3. 混联结构

一个国家或地区交通运输子系统的组成结构，大多数为串、并联并存的关系，如图 4.6 所示。当然，串、并联的子系统可能又有不同的组合。

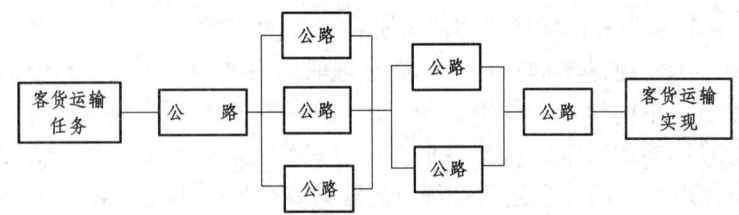

图 4.6　交通运输串、并联结构图

二、交通运输系统设备结构

现代化的交通运输系统的共同点是使用机械（或电磁）动力驱动运载工具在线路上运送人员和物资（管道运输是接受动力推进），因此，交通运输系统的设备结构基本上有两大子系统，即固定设备子系统和移动设备子系统。只有两者相互协调，才能形成最优的综合运输能力。

1. 固定设备子系统

交通运输系统固定设备子系统，包括线路、港站的土木建筑及其相关的技术设备，具体地说包括铁路、公路、航道、管道、桥梁隧道、车站、枢纽、港口码头、船舶、客货运设施、航空港、机场、管路、油气泵站以及相关的通信信号与控制等设备。对于交通运输系统来说，其特点之一是固定设施不仅投资额大，而且建设周期长，同时一经建成就不能移动。为此，如何根据国民经济发展和地区经济的需要，及时地、科学地建设好交通运输的固定设备子系统，是交通运输系统工程的基本内容。

2. 移动设备子系统

交通运输系统的动力装置和运载工具即为铁路的机车车辆、公路的汽车、城市的电车、水上的各类船舶、航空线上飞行的飞机等。这些设施都是在交通网上移动，故称之为移动设施。它们主要是直接载货和乘客。为发展交通运输系统除了有固定设施子系统外，还必须有相应的移动设施子系统，才能保证运输功能的实现。

交通运输系统的结构子系统就是上述两类设施子系统的合成，共同承担客货运输任务。如需交通运输系统设备提供最优的综合运输能力，就要使这两个子系统能协调配合，通过科学的运输组织，实现既有设备的最优的综合运输能力。

三、交通运输系统网络结构

交通运输网络是在一定空间范围（国家或地区）内由几种运输方式的路线和枢纽等固定技术装备组成的综合体。运输网是运输生产的主要物质基础，其空间分布、通过能力和技术装备体现了整个运输系统的状况与水平，在运输业发展中占有十分重要的地位。运输网的结构与水平更直接影响着交通运输系统的功能，为此，应该对运输网结构从以下几方面进行深入分析。

1. 运输网的线路功能结构

根据运输网同国民经济和生产力地域组合的关系，可将组成全国综合运输网的各种交通线路，按照以下功能结构进行建设：

（1）骨干线路

是全国运输网的骨干和大动脉，它把全国主要工矿区、大城市、重要海港与主要粮食和商品、农产品基地联系起来，把各大经济省（区）连成一个有机的整体。骨干线路最明显地体现了物质基础的作用，我国的骨干线路一般来说由铁路主要干线、高速公路和沿海以及长江干流组成，但在一些边远内陆地区，等级公路干线为其骨干线路。

（2）开发线路

是骨干线路向边疆地区和新开发区的延长。这种线路对开发资源、改变原有生产力分布的不平衡性有巨大意义。同时，它们在国民经济中起先行作用。

（3）给养线路

是联系主干线路和工业、农业以及矿产品地区，运送肥料、工矿设备、粮食和日用品等给养物资。给养线路可以是铁路、公路，也可能是大河的支流或人工运河，它所以重要是因为许多工农业地区并不分布在主干线路上，因而就必须用相关线路将其连接起来。一般来说，工厂、矿山在开始建设前就要修建铁路或公路支线。

（4）腹地线路

是分布在广大农村和工矿区内部的交通线，一般呈网状分布，像细小的血管一样分布全国各地区。腹地线路一般为三级以下公路和小河航线，在城市工矿区有时也采用铁路和高级公路。

（5）企业线路（专用线）

是为工矿企业和乡镇、农场内部生产服务的交通线，它本身也是企业生产过程的组成部分，像细小的血管一样和企业管理外部的运输系统连通起来。

上述五类功能线路组成的运输网可以满足一个国家或地区的交通运输基本功能需求。

2. 运输网的层次结构

包括各种运输方式在内的综合运输网还有其层次结构，既包括了全国性的综合运输网，同时还包括在全国运输网覆盖下的各级地方运输网。一个高水平的综合运输网也必然是一个从全国到各级地方的运输网,即综合运输网要层次完善、结构合理,以实现其最大的功能。

综合运输网是区域经济综合体的一个组成部分,从运输是为生产服务的观点出发,运输网的体系应该与国民经济体系相协调。同样,各级地方运输则要求与各级地方经济发展相适应,这就要求要形成各具特色的运输网。各级综合运输网的枢纽,基本上也同各级经济活动相一致。各级综合运输网的差别主要表现为其技术装备水平的高低和综合运输能力的大小。全国及各大经济区运输网的骨干主要是由现代化的铁路、水运干线、高级公路和航空线组成的。省级的运输网还包括一定比例的一般公路和地方航道。而省内的地方综合运输网则根据各省经济水平和自然条件的差异,技术状态亦会有所不同。如淮河、长江流域一些地区,内河运量占地区运量的70%以上,而北方地区水运比重却是微不足道的。又如东北和华北地区,与其发达的工业,特别是重工业相适应的是稠密的、通过能力巨大的以铁路为主的运输网。南方各省区工业较分散,运输网的骨干是由不太稠密的铁路和水运干线共同组成,而西北和西南等新开发地区,公路在运输网中占有重要地位。

第三节 交通运输多方式系统分析

一、铁路运输系统

1. 铁路运输系统的技术经济特征

(1) 运量大、运价低廉且运距长

铁路运输因采用大功率机车牵引列车运行,可承担长距离、大运输量的运输任务,而且由于列车运行阻力小,能源消耗量低,故系统价格低廉。

(2) 行驶具有自动控制性

铁路运输由于具有专用路权,而且在列车行驶上具有高度导向性,因此可以采用列车自动控制方式控制列车运行,以期达到车辆自动行驶的目的。目前,最先进的列车已经可以通过高科技电脑的控制,使列车的运行达到全面自动化,甚至无人驾驶的程度,从而可以大大提高运输安全性,减轻司机的劳动强度。

(3) 有效使用土地

铁路运输因为是由客、货车辆组成的列车为基本运输单元的,故可以在有限的土地上进行大量的运输,因此较之公路可以节省大量的土地,使土地资源得到最有效的利用。

(4) 污染较低

铁路的污染性较公路低。如在噪声方面,铁路所带来的污染,不仅较公路低,而且是间断性的。

（5）受气候限制小

铁路运输由于具有高度导向性，所以只要行车设施无损坏，在任何条件下，如下雨、冰雪等，列车均可安全行驶，受气候因素限制小，故总体上铁路是营运最可靠的运输方式。

（6）资本密集且固定资产庞大

铁路的投资大都属于固定设备的成本，难以移作他用，故其固定资产比例，较其他运输方式高出许多，投资风险也就比较高，而一般高风险的事业需有高回报率才能吸引业者投资。

（7）运营缺乏弹性

公路运输一般可以随货源或客源所在地而变更运营路线，而铁路不行，故容易产生空车回送现象，从而造成运营成本的增加。

2. 铁路运输需求预测

铁路运输需求预测是对规划期内的铁路运输发展做出的科学估计，应以社会经济发展规划和综合交通运输发展规划为基本依据。

一般来说，铁路运输需求预测分社会经济发展预测、运输需求发展预测及铁路建设投资预测等几个部分。其中，运输需求发展预测又分综合交通运输需求发展预测、铁路运输发展预测、铁路交通发生预测、铁路交通分布预测、铁路交通量分配预测及铁路行车组织分析 5 部分。

铁路网运输需求发展预测包括客运预测和货运预测两大部分。运输需求发展预测的步骤是：先对客货运交通生成、交通分布、列车方式进行预测，然后将客、货运列车方式预测的结果汇总进行铁路分配预测。这是交通预测中普遍采用的四阶段模型，为交通生成、交通分布、列车方式划分、交通分配四步骤的交通预测程序。

在铁路网规划过程中，铁路网的配流和道路网配流方法虽然都遵照系统最优原则，但是两者之间由于运输组织规律不一致，配流的约束条件具有本质的差异，因此，对铁路网配流预测后要进行铁路行车组织分析。

铁路行车组织分析就是从运营的角度对配流提出有益的规划方案和扩能措施，并完成铁路网分配预测交通量的路网线路等级、正线数目、机车类型、牵引定数、机车交路、技术站分布原则、车流组织原则、路网上编组站布局及分工、车站到发线有效长、闭塞类型等，用以优化铁路网及技术站布局。

在铁路行车组织分析中，要考虑车站及枢纽和移动设备的布设规划，这就要求在做铁路网络规划的同时，要根据客货需求量和沿线地区的经济、社会和自然条件设立车站，在设立枢纽时，还要考虑其他交通方式的换乘。对于移动设备，应根据需求，有计划、有目的地发展重载运输、新型大功率机车和先进的信息控制技术和指挥系统。在规划的过程中，要根据不同的需求和经济条件，构建一个具有层次体系的铁路运输系统。

3. 铁路运输网络布局

铁路网布局方案图式是以运输点为节点，节点间的铁路为边线，由节点和表示边线基本走向的线条组成。世界各国铁路网的组成图式主要有蜘蛛式、网格式、自由式。

铁路网布局方案的优化包含以下4方面的含义：

① 一般所说的铁路网络布局优化是指根据资金的许可，以铁路的整体优化为目标对原有铁路网进行改善和扩展。

② 一般所说的铁路网上编组站布局优化是指铁路网络基本不变的情况下，根据车流情况的变化，从铁路网络优化作业组织的角度，改建、新建或取消编组站来优化铁路网上编组站布局。

③ 广义的铁路网络优化是铁路网规划建设全过程投资优化，除了上述路网和编组站的布局优化外，还包括在铁路网布局规划方案中，确定各个建设项目按不同的规划期安排实施顺序，以使得规划期内的总建设效益最大，即通过建设项目排序进行铁路网建设实施方案设计的过程。

④ 铁路网布局规划的实施是较长的过程，在此期间，由于经济发展的速度、生产力布局、投资结构或国家有关政策的变化，可能导致运输结构和铁路交通量与预测的情况不同，这时就要根据实际情况，参考铁路网建设投资方向进行调整，以充分利用有限的资源，尽最大可能满足运输需求的变化。

4. 铁路运输网络规划评价

根据所采用的评价指标，铁路网络方案评价分为单一目标评价（如经济效益评价、财务效益评价）和多目标评价（或综合评价）。

铁路网络规划方案的综合评价应包括技术评价、经济评价及环境评价3个方面。

路网的技术评价是从网络的技术性能方面分析其内部结构和功能，目的是揭示铁路网的使用质量，为编制路网规划方案、验证方案的合理性，进行方案的优化和决策提供技术方面的依据。

路网的经济评价是指对整个路网进行经济效益分析，在交通流量、车流组织、行车组织分析预测的基础上，通过比较规划方案的建设费用、运营费用及运输效益，并结合规划期的未来资金预测，对方案的经济合理性进行分析论证。

路网的环境评价是指从区域社会经济可持续发展的角度，对铁路网规划方案进行环境影响分析，包括铁路网对国土及自然资源的开发利用、水土保持及环境保护的影响等。

二、公路运输系统

1. 公路运输系统的技术经济特征

(1) 全运程速度快

因为公路运输可以实现"门到门"运输，故对于旅客来说可减少转换运输工具所需要的等待时间与步行时间；对于限时运送的货物，或为适应市场临时急需的物资，公路运输服务优于其他的运输工具，尤其是短途运输，其整个运输过程的速度，较任何其他运输工具都更为迅速、方便。

(2) 运用灵活

公路运输因富于活动性，可随时调拨，不受时间限制，且到处可停，富于弹性及适应性，故运用灵活。

(3) 受地形气候限制小
(4) 载运量小

汽车载运量，不能与铁路列车和轮船的庞大容量相比。

(5) 安全性较差

公路运输由于车种复杂，道路不良，驾驶人员疏忽等因素，交通事故较多，安全性较差。

2. 公路运输需求预测

一般来说，公路交通需求预测分为社会经济发展预测、交通需求发展预测及公路建设投资预测3个部分。其中交通需求发展预测又分为综合交通发展预测、公路交通发展预测、公路交通分布预测及公路交通量分配预测4个部分。

区域交通需求预测的基本依据是未来区域社会经济发展、土地利用规划和预测。区域公路网规划所需要的近远期社会经济发展指标必须在已有区域社会经济发展计划（规划）、综合国土规划、生产发展规划中提出的近远期社会经济发展指标的基础上进行分析、预测。

3. 公路网络布局

影响公路网络布局的因素较多，当所考虑的因素和采用的方法不同时，不同的人会得出不同的布局方案。为了得到合理可行的布局方案，在进行公路网布局规划时，一般应遵循下列原则：

① 公路网络布局设计应根据区域交通源的分布、交通流量流向，并结合地形、地质、河流、综合运输布局、区域周围地区的公路网以及原有公路网状况，因地制宜地进行。

② 公路网的布局、主要线路的走向、公路的等级应尽量和交通流量流向相一致，使得公路发挥最佳的运输效益。

③ 公路网的主要线路应尽量选择地形、地质比较好的走向，并尽量减少与河流，特别是大江、大河的交叉。

④ 各种运输系统之间应相互协调、相互配合。

⑤ 区域公路网要与区域周围地区的公路网相衔接。

⑥ 公路网布局规划应分层次并由上而下进行，且局部服从整体。

⑦ 规划公路网是在现有路网的基础上进行的，不可能也不应该完全抛开现有路网，而应该充分利用现有路网，使之发挥最大的作用。

⑧ 一条公路的等级不应频繁变更，不同公路等级的路段应有一定长度。公路网络布局优化主要是指在原有路网的基础上，以公路网的整体最优为目标，根据可能的投资条件，决策新建和改建路段。

公路网络方案效益分析是指通过一系列的准则、标准和指标来衡量拟订的公路网络方案，并对各种定性、定量的指标加以综合，得出量化结果，为方案比选提供科学依据。

三、水路运输系统

1. 水路运输系统的技术经济特征

水路运输在所有运输方式中，是最为便宜的运输工具，但运输速度最慢。其系统特征主要反映在以下几方面：
① 运输量大。
② 能源消耗低。
③ 单位运输成本低。
④ 续航能力大。
⑤ 受气候和商船限制。
⑥ 可靠性低。

2. 水路运输系统的组成

水路运输是交通运输的重要组成部分。从水路运输方式看，水路运输可分为内河运输和海洋运输两大类，而海洋运输又可分为沿海运输和远洋运输两大类。水路运输系统由船舶、港口、各种基础设施与服务机构等组成。

(1) 船舶与港口

船舶是水路运输的主要运输工具。港口是水路运输的重要设施。现代港口是具有仓储运输、商业贸易、工业生产和社会服务功能的现代化、综合性的工商业中心和海陆空一体化的立体交通运输枢纽。

(2) 主要基础设施

港口的水工建筑和港口水域及陆域设施是水路运输不可缺少的基础设施。港口水工建筑主要有防护建筑物、码头建筑物和护岸建筑物 3 类。

(3) 船舶经营者和各种代理业

船舶经营者是指以自有和租用的船舶从事客货运输的公司、单位或个人。

船舶代理业是指接受船舶经营者或船舶所有者的委托，为其在港的船舶代办在港的一切业务的行业。

3. 水路运输系统规划

水路运输系统规划的目标是建立一个适应区域社会经济发展要求，满足区域水路货运、客运运输量的增长需求，各子系统独立高效运转又协调配合，达到经济、安全、高效地完成运输任务的现代化水路运输系统。

规划的任务就是一方面整合现有的港口、航道、船舶等设施资源的使用，发现、分析现有的问题与不足，通过各种措施，尽可能发挥现有软硬件的效能；另一方面，通过预测未来城市及区域社会经济的增长，合理预测未来水路运输的运输量，确立有效的水路运输发展战略，合理解决航道、港口、船舶运行等子系统的规模、等级、实施序列等问题，为未来区域社会经济发展提供高效、优质的水路运输服务。

水路运输系统规划必须具备总体设计、现状调查与分析、水路运输量的发展预测、方案的规划设计、比选、综合评价、决策等一系列的基本流程，如图 4.7 所示。

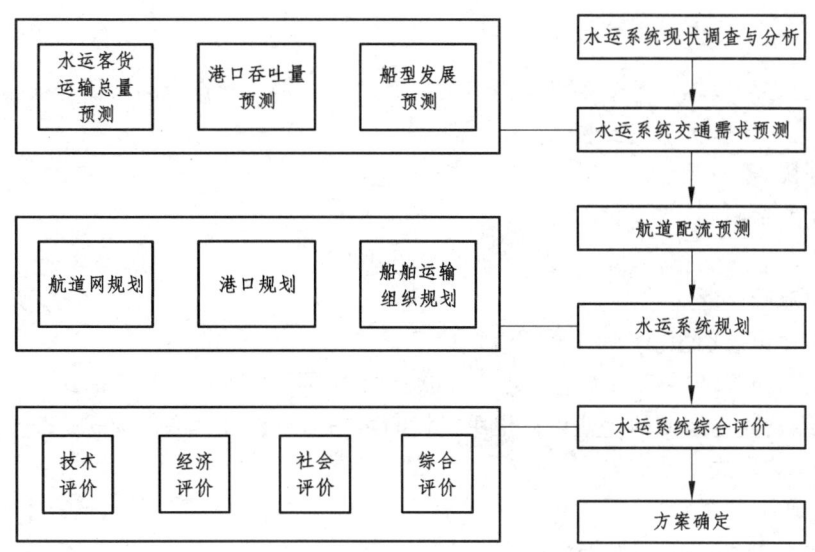

图 4.7 水运系统规划流程框架

4. 水路运输系统综合评价

(1) 技术评价

水运系统的技术评价是从水运系统的建设水平和技术性能方面分析其建设水平和规模与社会经济发展的适应性、系统内部结构和功能，目的是揭示水运设施的使用质量，验证规划方案的合理性和技术可行性，为规划方案的优化和决策提供技术方面的信息与依据。整体而言，水运交通系统的经济效益、社会效益和环境效益如何，首先取决于规划方案的技术性能。

(2) 经济评价

水运系统的经济评价是指以水运系统为整体的经济效益分析。系统规划与运营的根本目的和重要原则就是要以最少的投资，获得整个系统的最佳经济效益。

(3) 社会评价

水运系统的社会环境评价就是分析该系统对有关区域（或城市）社会环境方面的影响和作用，包括对区域社会经济的促进作用、与生产力布局的关系、与综合运输的协调关系和水资源综合利用能力，还有对环境的影响程度、对国土和自然资源的开发利用促进作用、对水土保持和环境保护条件的改善，以及对区域政治、文化古迹及风景名胜等方面的影响。

(4) 综合评价

为了能全面系统地反映水运系统的总体能力，对系统规划与运营方案做出客观的优劣评价，有必要建立一个科学合理的综合评价指标体系，开发相应的简便可行的综合评价方法。

四、航空运输系统

1. 航空运输系统的技术经济特征

航空运输之所以能在半个多世纪内得到快速发展，是与其自身的特征与社会经济发展相适应分不开的。这些特征主要包括：

① 速度快。
② 不受地形限制，机动性大。
③ 舒适，安全。
④ 适用范围广泛。
⑤ 基本建设周期短。
⑥ 飞机与机场的关系基本上有北美和欧洲两种不同的模式。北美模式是飞机与机场分离的模式，经营航空运输的企业可以租用机场的某一部分设施。欧洲模式是航空运输企业与机场共同经营的模式。
⑦ 航空运输的国际性。
⑧ 运载成本和运价比地面运输高。

由于航空运输具有快速、机动的特点，在旅客运输和贵重物品、精密仪器、鲜活物资等运输方面起着越来越大的作用。

2. 航空运输系统的组成

航空运输系统包括飞机、机场、空中交通管理体系和飞行航线4个基本部分。这4个部分有机结合，在空中交通管理系统的协调控制和管理下，分工协作，共同完成航空运输的各项业务活动。

飞机是航空运输的主要运输工具。

机场是供飞机起飞、着陆、停驻、维护、补给及组织飞行保障活动的场所，也是旅客和货物运输的起终点。

空中交通管理系统是为了保证航空器飞行安全、提高空域和机场飞行区的利用效率，设置的各种助航设备和空中交通管制机构及规则。

飞行航线是航空运输的线路，是由空中交通管制部门设定的飞机从一个机场飞抵另一个机场的通道。

除了以上基本组成部分外，还有商务运行、机务维护、航材供应、油料供应、地面辅助及保障系统等。

3. 航空运输系统规划

(1) 机场选址与布局

机场规划是对某个机场为适应未来航空运输需求而做的发展设想，其目的是为了确定机场的位置、机场的布局、机场设施的发展规模、机场设施的修建顺序等。

(2) 航线规划

航线和航空网络是航空运输承运者经营运输业务的地理范围，是航空公司的客货运输市场。航线规划首先要进行客货运输市场需求分析，预测航空运输方式分担的客货运量比例。

根据该运量，研究航线布局及设置、航行对象城市机场的规模、跑道等级、通信导航能力、机队运输能力及地面交通能力等。

(3) 航班计划

航空公司在获得航线经营许可权之后，根据航线运量、经停机场、备用机型、航线维修能力等特点，制订具体的航班计划。

(4) 机队规划

航空公司机队规划是在可以预测的时间内，保证经营战略的实现，使运力满足运量的需要，但又不至于因飞机闲置而造成运力浪费，保持运力与运量的合理比例，适应生产规模的变化，减少航空公司的经营风险。

五、管道运输系统

1. 管道运输系统的技术经济特征

管道用于运输货物，管道是静止的，它通过输送设备（如泵、压缩机等）驱动货物，使之通过管道流向目的地。其特征是：
① 运量大。
② 永久性占用土地少。
③ 可长期稳定运行。
④ 便于管理。
⑤ 损耗少、安全可靠。
⑥ 耗能低，运输费用低。
⑦ 沿途无噪声、漏失污染少。

但管道运输不如其他运输方式灵活，承运的货物比较单一，货源减少时不能改变路线，当运输量降低较多并超出其合理运行范围时，优越性难以发挥。适于定点、量大、单向的流体运输。

2. 管道运输系统规划

由于管道本身的输送能力受到地形、温度等诸多外在因素的限制，因此在初期规划时，就必须妥善考虑。如果规划时考虑不周，则在兴建完成之后将造成难以弥补的缺陷，严重地影响输送效能和安全；其次整条管道路线兼运输工具，在维护上必须借助相关专业科技。

因此，规划过程对整个管道运输系统而言是非常重要的。在规划时，规划人员必须事先了解各项可能影响管道输送的问题，并找出解决问题的方法（如将油管地基冷冻，以支撑地面油管，并使冻原不致溶化）。在规划过程中，必须解决的技术问题还包括有管道外漏、腐蚀、输送安全及环境影响等，而引起普遍关注的一个问题是如何防止跨海管道所可能引发的漏油及火灾危难。因而，管道规划工程师除了要了解施工技术、材质及管道设备外，更需要具备地质学、地理学、环境保护及区域科学等方面的知识。

一般而言，管道运输系统的规划过程如图4.8所示。

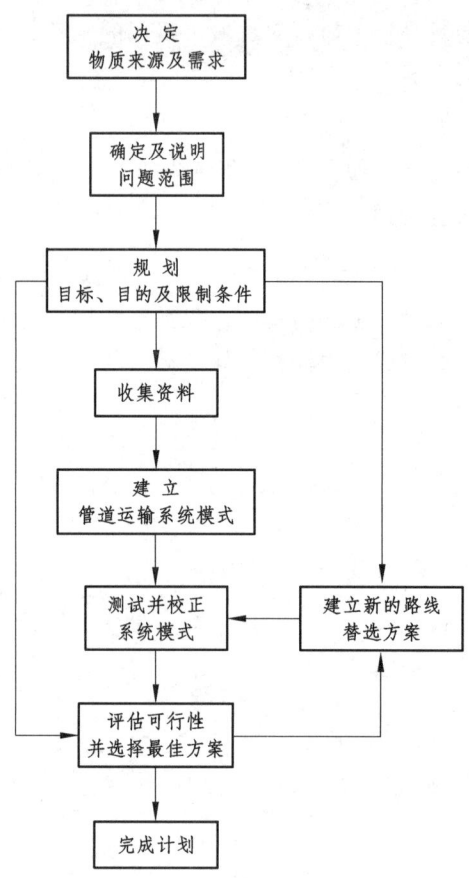

图 4.8 一般管道运输系统规划流程图

3. 管道运输系统线路布局

长距离输送管道一般都由钢管焊接而成，埋地铺设。确定长距离输送管道走向一般原则为：
① 路线应力求顺直。
② 尽量避免与公路、铁路、河流等障碍物的交叉，当必须交叉时，一般应垂直交叉。
③ 避开多年生经济作物和重要的农田水利设施。
④ 尽量靠近公路。
⑤ 避开重要军事设施、易燃、易爆仓库、国家重点文物保护区、机场、码头、火车站、自然保护区等。
⑥ 尽量避开滑坡、沼泽、软土、泥石流等不良工程地质段。当必须通过时，应该对这些地质段的管道采取可靠的工程防护措施。
⑦ 避开地震烈度大于 7 度的地震断裂带。当无法避开时，必须对这些地段的管道采取有效的抗震措施。

对于管道布局，除应遵循上述布局一般原则外，还应进行以下的具体考虑：
① 管道的发展和布局，要适应石油、石油化工业、天然气生产的发展和布局，炼油厂布局，换装港站布局以及石油消费地区分布，做到管道的铺设及其能力规模与输送物资要求相协调。

② 要根据石油的基本流向图，遵守合理运输的原则，根据原油长途运输、炼油厂分散布局、产品就近供应的原则安排管道运输的布局，促使管道线网的合理化。

③ 要处理好管道与铁路、水路、公路的关系，各种运输方式进行合理分工，协调发展，在管道运输经济合理的范围内发挥其优势。

④ 管道设备能力和技术标准的选定，要通过可行性研究和技术经济比较，提高管道的经济效益。

六、综合运输系统

1. 综合运输系统的含义

综合运输系统，或者叫综合交通运输体系，是对单一方式的运输体系而言，各种运输方式在社会化的运输范围内和统一的运输过程中，按其技术经济特点组成分工协作、有机结合、连接贯通、布局合理的交通运输综合体。首先，综合运输体系是在各种运输方式的基础上组建起来的；其次，综合运输体系是各种运输方式基于其本身的要求联系起来的。

2. 综合运输系统中各种运输方式的协调发展

综合运输系统中，各种运输方式的配置与分工有其自身的发展规律和优势所在，通过协调可以使综合运输状态达到合理高效。不同运输方式只有尊重客观规律，才能使运输市场的竞争达到有序。未来各种运输方式间的协调不再只是政府职能，也与各自的优化调整息息相关，只有分工协作，形成完善的联合运输机制，才能更好地发挥各自的优势。

各种运输方式的协调发展主要有以下几个方面：

① 货物流向流量和运输线路的协调。

客货运输量及其周转量仍是经济和社会活动对交通运输需求的集中表现，彼此间存在着相对稳定的变化规律和比例关系。

在考虑运输方式分工时，首先必须研究国民经济对运输需求的总运量，同通道上的总运输能力之间是否协调；第二，要研究具体货物的流向和流量同运输方式、运输路径是否协调；第三，对运输通道上能承担运量的不同运输方式，应进行技术经济比较，既要对几种可能承担的运输方式的适应程度进行比较，又要从不同运输方式的物资消耗和建设投资费、运营费及货物在途时间和损耗等方面进行比较。

② 地区间各种运输方式的协调。

我国幅员辽阔，每个地区的自然地理条件不同，地区之间和地区内部，运输联系及运输方式的发展和布局也不同。

在研究各种运输方式分工时，除了要研究地区之间大通道运输联系外，还要研究地区内部与大通道相联系的干支线运输方式。

③ 各种运输方式设备能力的协调。

④ 各种运输方式运输组织的协调。

⑤ 运价和运输费用的协调。

3. 综合运输系统中各种运输方式的合理配置

各种运输方式按照优势互补、协调发展的原则进行合理配置。在时间上表现为两个方面：

一是在现有运输环境下的合理配置；二是研究未来时期各种运输的合理配置。

各种运输方式合理配置的原则如下：

① 根据地区的自然地理条件。

② 必须与这个地区的经济发展相适应。

③ 同地区内工农业生产布局相适应。

④ 考虑历史上已经形成的运输结构，同时要根据今后国民经济的发展，逐步发展或调整运输分工，形成合理的运输结构。

⑤ 考虑采用运输新技术后，对运输方式分工的影响。

⑥ 以使国民经济和社会获得最大经济效益为准绳。

⑦ 必须在国家制定的运输政策指导下进行。

第四节 交通运输系统与环境

一、交通公害

运输与环境问题是指运输给环境带来的影响，如汽车、火车、飞机、轮船等运输工具的排气对大气的污染、噪声和振动，船舶排水和事故造成的水域污染，水陆运输线路和运输设施对环境诸因素的影响等。在运输对环境的影响中，弊多利少，这些有害影响构成了交通公害。

公害有别于自然灾害，它对相当范围内的人的健康和生活环境带来危害。公害一般包括大气污染、噪声、振动、水质污染、恶臭、地面下沉、放射性辐照、日照危害和电波危害等，而交通公害是其中相当重要的因素之一。

交通公害主要有以下几个方面：

1. 大气污染

大气中由于空气以外的物质对人类健康和生活环境造成危害的状态叫大气污染。汽车、火车、飞机、船舶等运输工具的排气中有许多有害成分，严重地污染大气，给广大人民的健康和正常生活带来极大的危害。特别在某些工业发达国家，由于过度的汽车生产和使用，致使某些城市和地区的车流密度畸形增加，汽车排气所造成的大气污染大大超过其他运输工具，形成所谓"汽车公害"。

在运输工具的排气中，除了二氧化碳（CO_2）和水蒸气（H_2O）之外，还有许多有害成分，如一氧化碳（CO）、未完全燃烧的碳氢化合物、氮氧化物、铅化合物、硫的氧化物和浮游性尘埃等。CO本身就是一种有毒气体，而碳氢化合物和氮氧化物在阳光的照射下会生成一种光化合烟雾，其主要成分是以臭氧（O_3）为主的氧化性极强的过氧化物，能刺激人的眼睛、黏膜，妨碍动植物的生长，引起多种疾病。

汽油常用四甲基铅和四乙基铅是致癌物质。铅化物被人吸入体内，会损害人的心脏，使造血机能衰退，严重的会引起死亡。浮游性固体尘埃和硫的氧化物吸入人体后，会引起气喘和支气管炎等疾病。

对于整个大气污染来说，运输工具是重要的污染源。美国的大气污染有50%来自运输工具，40%来自工业废气。

面对这种日益严重的现实，世界舆论普遍要求控制大气污染。许多国家都建立了一些主管空气污染问题的机构，颁布了限制汽车排出污染物的法令，设置了空气污染程度检测系统，并开展了各种防止和消除空气污染的研究。

2. 交通噪声

交通噪声是飞机、火车、轮船和公路机动车等运输工具产生的。在城市中，交通噪声十分严重。

道路机动车的交通噪声由多个噪声源产生，包括发动机、轮胎、排气、吸气和喇叭声。机动车在发动时，由于发动机的旋转数增加，所产生的噪声也随之增加。交通噪声还与汽车加速的快慢有关，如小汽车在急剧加速时的噪声比一般加速时大10 dB（A）；对于卡车，快加速的交通噪声比慢加速的交通噪声大3 dB（A）左右。

轮船和火车的汽笛会发出非常刺耳的噪声。在架空铁道下听到的电气火车的噪声也高达100 dB（A）。喷气式飞机起飞时在起飞点前行进方向3 000 m处为85~95 dB（A），在5 000 m处为75~85 dB（A），在7 000 m处为65~75 dB（A）；在起飞点侧向1 500 m处为75~85 dB（A）。波音747由于噪声过大，在有些国家曾被禁止使用。

3. 交通振动

由于机动车和火车运行及飞机低空飞行而引起的地面和建筑物振动，称为交通振动。近年来，国际上对交通振动越来越重视。

交通振动用振动级计，测定其垂直方向的振动级，单位用dB（A），即分贝。

交通振动是由于地面不平、轨道有接缝、运输工具运行时冲击地面或轨道而发生的，并沿着地面有衰减地向四周传播，飞机飞行掀起的巨大的声浪或气流，也会造成有害的振动，引起人们的不舒适感。交通振动与地面条件有密切的关系。地面越柔软，交通振动级越高。

4. 交通水体污染

交通水体污染源主要是船舶的排水、油轮的漏油和事故，其次是港区排到水域内的工业废水和生活污水。

从水污染的特点看，由于水是流动的，一旦水体受到污染，污染物就会随着水的不停运动、扩散、转移到其他地方，速度快、影响大、危害深。在内河污染的情况下，从污染对水生生物的生活习性（如鱼的洄游）的影响来看，一段河流受到污染，可以影响到整个河道的生态环境；同时河水中的污染物还可能通过饮水、食物链和河水灌溉的农产品危害动物和人类的身体健康。污染的海水被水生物浓集后，通过海生食物链来影响人体的健康。水体污染后，治理十分困难。

港口是船舶集结的地方，为船舶做好各项有关排污的工作，不仅能减少对港区的污染，而且可减少航运中的污染。

交通水体污染中首先值得注意的是油污染。除了船舶碰撞、翻船和油管连接不好产生的油品跑、冒、滴、漏等事故外，还有船舶的机舱含油污水、压舱水、洗舱水和原油油脚、废油、油棉纱等的直接排放和丢弃，均能对水体造成油污染。因此，港区应备有围油栏和油拖浮油回收装置等，当水域发生油污染时，应立即加以清除。其次是船上的生活污水和垃圾，港口也应协助船方妥善处理。

此外，交通公害还有危险品运输事故产生的土壤污染、环卫运输和牲畜运输中的恶臭、核动力运输工具造成的放射性辐照等。

二、各种运输方式的环境问题与对策

铁路、公路、水运、航空和管道等各种运输方式，对环境有各不相同的影响，在交通运输规划和运营中应切实注意。

1. 铁路运输与环境

在铁路运输的环境问题中，有内燃机车排放的油烟和废气、列车行驶引起的噪声和振动、由高架桥和填方等引起的日照和通风阻碍、夜间工程对睡眠的影响，以及电波障害和尘土飞扬等。

(1) 排气与对策

我国的铁路机车构成中，主要是内燃机车，它排出的废气是难以处理的，所以，作为治理排放油烟和废气的对策，除了提高机车性能减少排放量外，最有效的是提高铁路电气化牵引的比重。

(2) 噪声与对策

产生铁路噪声的重要原因及其主要对策见表 4.1，但在这些重要原因中，没有一个是单独发生的。因此，应综合利用表中所列的各项对策。

表 4.1 铁路噪声的重要原因及其主要对策

重要原因		主要对策
车辆系统	行驶装置（车轮） 驱动装置（发动机、齿轮） 辅助装置（压缩机、风扇） 集电装置 空气动力学噪声	改良车轮（隔音车轮、弹性车轮），改良动力传递机构，改进发动机，车体下部安隔音裙，改良导电弓，降低导电弓、车体、车辆上机器等的空气阻力，改良绝缘子的折叠形状
轨道系统	轨道（接缝、波状磨损） 连接装置 路基	无缝轨道化、重轨道化、修平轨道凹凸处，双重弹性连接、隔振枕木、隔振轨道、弹性枕木、消声道砟、吸音材料
结构系统	结构物的振动	铁横梁上安装减振材料、横梁支承的橡胶闸瓦化、结构物的粗大化
噪声的传播与扩散		隔音壁——直立隔音壁、倒 L 形隔音壁 隔音墙——钢横梁和高架桥下部的覆盖工程 房屋隔音对策，设置环境侧道

(3) 振动与对策

列车行驶会引起路基振动，由此影响周围环境。

按照日本环境厅对新干线振动的劝告，在振动度超过 70 dB（A）的地区，如学校和医院等的所在区域，都必须采取措施。作为抗振的对策，有强化建筑物基础、强化地基、建造隔离振动的地下墙和挖掘隔离沟等。此外，因为振动与噪声的关系密切，所以必须与对噪声采取的对策同时进行。

(4) 其他环境问题与对策

对铁路引起的其他环境问题，其对策可列举如下：

① 电波障碍，其对策为电视天线置于高处，设置集中天线。

② 妨碍日照和通风，其对策为在都市规划上考虑设置集散道路。

③ 电蚀，其对策为设置排流器和负电线。

④ 废弃物与尘土飞扬，其对策为车上的污物装在罐内，定点处理。

此外，为防止铁路线夜间维修作业所造成的对睡眠的影响，采取的对策主要有实现养路作业机械低噪声化，强化轨道，延长维修周期；改良轨道结构（如用补强轨道），大幅度减少维修作业量；确保白天作业时间（如双复线作复线使用、复线作单线使用、汽车作替班运输等）。

2. 公路运输环境

公路运输的环境问题主要是大气污染，其次是噪声，振动的危害不大显著，洗车水等对水体污染影响不大。

(1) 大气污染与对策

研究结果表明，汽车有害排出物的数量与发动机混合气浓度和汽油化情况有很大关系，燃烧室的结构、发动机工作温度、排气温度等对碳氢化合物的生成有很大的影响，而氮氧化物则是在燃烧的高峰温度范围内生成的。

基于上述原因，目前一些国家多从改进汽车结构、安装排气净化装置、研制无铅添加剂汽油等方面着手，尽量降低现有汽车排气对大气的污染，同时也开始了对新型动力装置（如电动汽车、太阳能汽车、天然气汽车、氢气汽车等）的探索，试图从根本上解决这一问题。

为了减少排气中的 CO 和碳氢化合物，采用了预热进气以及安装电子器件控制燃油直接喷射装置等措施，其目的是使发动机尽可能得到浓度合适、气化良好的混合气。采用排气再循环，推迟怠速点火角度，改进燃烧室结构，也能降低 CO 和碳氢化合物的排出量。此外，利用再次氧化燃烧的原理，使排气中的 CO 和碳氢化合物在一种催化反应器中燃烧，利用还原原理，使排气的氧化合物在催化反应中被 CO 和碳氢化合物还原成无害的气体 N_2。这些措施都能得到良好的净化效果。

为了向反应器供应进行反应的空气，可安装二次空气泵，通过皮带受发动机驱动。如不用二次空气泵，也可用简单的汾丘里管结构，即在催化反应器前，使排气收容，利用静压降低，由大气直接吸入空气。

此外，由于柴油燃烧产生的有害气体比汽油燃烧要少，因此许多国家提倡并发展了高性能的柴油车。

(2) 汽车噪声与对策

在我国城市，主要是在一些中、小城市中，汽车喇叭声和发动机运转声是噪声的主要来源。

喇叭的鸣响次数多，主要原因是街道交通拥挤，自行车数量多和一些驾驶人员的习惯性鸣喇叭造成的。临街建筑中所感觉到的汽车喇叭声一般比车辆行驶所引起的交通噪声高 7～15 dB（A），从调查结果看，这个差值与交通量有关，交通量越小的街道其差值越大；反之亦然。一般，喇叭声与车辆行驶噪声之差约为 7～15 dB（A）。

在道路上行驶着的车辆所发生的噪声，会向周围传播而到达居住区。为了防止噪声，欧洲一些国家规定：在干道或主要街道两侧，留出非建筑区域 50 m，借以减弱噪声的影响。采用隔音壁、隔音堤和隔音绿化带等也可抑制噪声。

为了抑制交通噪声，最有效的方法是合理布局道路系统。对特定区域，应由主管部门根据需要限制重型车辆和摩托车等通过。对于拖拉机、摩托车和载重汽车等，需由主管部门定期检查其行车时的噪声状况，研制各种低音喇叭及消声器，而且对喇叭应有严格的限制。

道路交通噪声的对策包括发生源对策、道路构造对策和沿道对策，其主要项目如表 4.2 所示。

表 4.2 道路交通噪声对策

发生源对策	改善机动车结构	规定噪声标准 检验车辆噪声 研究开发电气汽车
	改善运行状况	采用交通管制与线路控制技术，使交通通畅 限制车辆运行速度，限制大型车辆通行，大型车走指定的车道等 严格管理超载车与设备不良的车辆 对驾驶员加强教育
	抑制交通量	优先发展公共交通 合理使用自行车 建立生活居住区的交通规划，排除过境交通 货运系统合理化
道路构造对策		设置隔音壁 确保道路环境设施带、绿化带等缓冲空间 改良路面
沿道对策		对沿道的住房、学校等设置隔音设施 设置交通噪声缓冲建筑物 沿道土地利用应符合减少交通噪声的原则

（3）道路交通振动与对策

道路交通振动与路面的平坦性有密切的关系。道路纵断面方向的路面凹凸不平的标准偏差可以用仪器测定。据日本研究，这个标准偏差每增加 1 mm，交通振动级增加约 4 dB（A）。道路交通振动是由机动车引起的，以大型载重汽车、货车、公共汽车和拖拉机等引起的居多。把低级路面加以改良，有可能使振动减少 5～15 dB（A）。

道路交通振动与车辆质量、车辆运行速度有关，车辆质量越大，车速越快，则道路边缘的振动越厉害。道路交通振动还随着交通量的增加而增加。

（4）其他道路环境问题与对策

道路交通的环境问题还有洗车水、有毒物品的散落、车祸、电波和景观等产生的环境问题，都应有相应的对策，如图 4.9 所示。

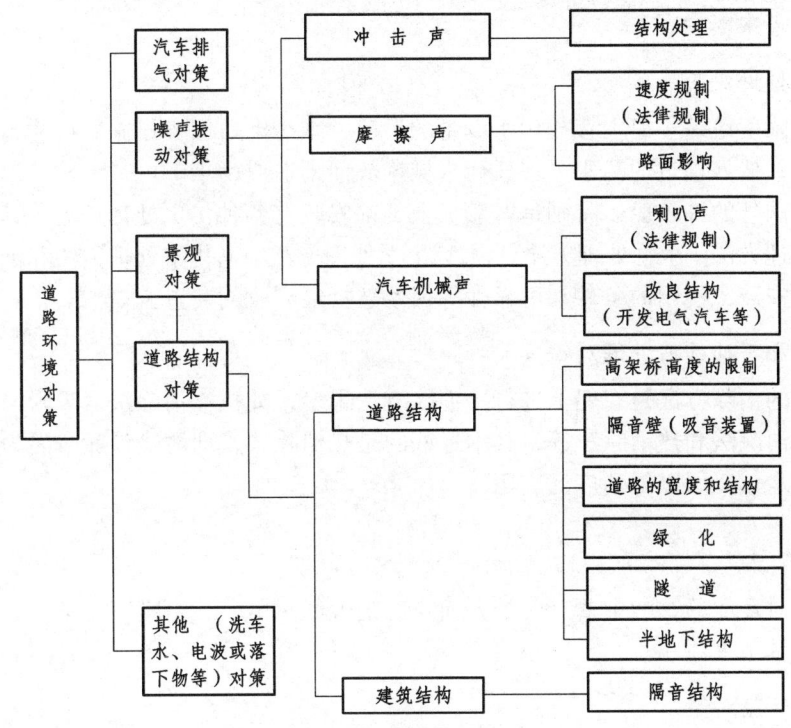

图 4.9 道路环境对策

3. 水上运输与环境

水上运输船舶所用燃料几乎都是石油制品,向大气排放的有害物质与道路交通的机动车相同。只是船舶行驶在内河航道上或海航道上,四周人烟稀少,因而被人们所忽视。但从对全球大气环境的影响来说,也是相当严重的。目前研究这一问题的科研人员较少,尚无很好的成果。船舶的噪声和振动对港区和周围的工作人员及居民有一定影响,在航线上仅影响到船员和旅客,涉及面较窄。

水上运输的环境问题以水体污染最为突出。船舶上的垃圾、漏油、洗舱水、生活污水和其他废水对水体的污染相当严重,特别在油轮等发生事故的情况下,往往会造成大面积的油污染,后果十分严重。

为防止船舶对水体的污染,主要对策有以下几条:

(1) 污水存储对策

在船上设置具有存储系统和排放系统的集污舱。先将船舶上的污水储存起来,然后到禁区以外的水域排放出去,或排入港口污水回收装置和回收厂站。集污舱、泵和管道的大小取决于船上的人数及在禁排区域停泊和航行的时间。除小船外,集污舱都应设有专门的舱室或隔舱、通风装置和用于清洗消毒的设备。

(2) 垃圾存放对策

为防止船舶任意倾倒垃圾,必须在船上保存垃圾。保存垃圾的办法很多,如用垃圾集装箱存放、用专用垃圾舱存放、垃圾袋存放和用带有压缩装置及粉碎装置的垃圾箱存放等。用这些方法储存垃圾的缺点是:船上的有效空间减少,长期存放时,特别是在夏天高温季节,给船上的卫生带来影响。

(3) 污水处理对策

为了最大限度地缩小船上存放污水设备的尺度，减少港口服务设施，可建造一些专门的污水处理设备，使处理过的污水可在任何水域排放而不造成污染。

目前，在国外的许多船（特别是客船）上，都安装有各种污水处理装置。其处理方法主要有再循环处理方法、生物处理方法、物理-化学处理方法、电化学处理方法和混合处理方法等，可根据其安装、使用的条件和可靠性等因素选择最有效的装置。

(4) 垃圾和石油残渣处理对策

其最合理的消除方法是在船上进行。消除方法很多，如机械消除法、吸附消除法、化学消除法、生物消除法和热消除法等，其中最好的是热消除法，即燃烧消除。因为它可以防止有害物质污染水域，所以得到广泛应用。

4. 航空运输与环境

航空运输对环境的影响主要有两个方面：一是大气污染，二是噪声污染。其中航空运输的噪声污染尤其引人注意。

(1) 大气污染对策

航空运输单位运输量所消耗的能量是陆上运输的数倍，是水上运输的数十倍，所产生的大气污染也以相应的倍数增加。航空运输引起大气污染主要发生在高空。高空大气污染可影响气候，使降水中有害物质增加，从而危害生态环境。降低航空运输引起大气污染的措施，除了通过改进发动机和飞机外形来降低能量消耗外，研制太阳能飞机和低能耗的现代飞艇有着极其重要的意义。

(2) 噪声污染与对策

近年来，由于城市的不断扩大，飞机场周围也逐渐市区化；再加上喷气式飞机的发展和飞行架次的增加，使航空运输的噪声问题逐渐成为引人注目的社会问题。

对航空运输的噪声污染采取的对策大体上可分为两类：一类是降低发动机声音的噪声源对策；另一类是隔离对策，即在飞机场周围设置隔音设施，降低或消除噪声危害。设置隔音设施又可分为隔离噪声源和遮断噪声两类。

5. 管道运输与环境

管道运输对环境的危害极少，只是在泄漏时会造成较大污染，应切实防止。燃煤锅炉的烟尘排放造成大量污染。此外，泵房噪声和洗涤水等会造成噪声污染和水体污染，也应引起注意。

三、交通运输环境政策

在研究公路、铁路、港口和飞机场等交通运输设施的环境问题时，应该研究的问题还有：对社会经济有影响的环境问题；环境问题中各专业的协作；由交通运输设施的多目标利用和共享创造新环境；政府各行政部门的相互配合；居民参与解决环境问题等。

环境问题正在成为交通运输政策中的重要组成部分。交通运输设施是创造新的环境资源的重要手段，同时随着规划方案和建设方式的不同，对环境资源也有不同程度的破坏。因此，应在政策上研究环境资源的最优利用，避免不必要的浪费和破坏。

对于城市交通运输，为了把城市改造成公众所希望的状态，必须有政策保证交通运输设施与城市环境各个方面相协调。为此，必须重视来自居民的要求，让他们参与相关论证。同时，在调整交通运输设施计划与土地利用计划、限制沿线广告和废物、协调路线与自然环境和美化沿线景观等软件科学方面，也应有必要的规章制度。

建设交通运输设施时，为处理好环境问题，必须研究各部门共同开发和土地的综合利用，制定相应政策，积极创造新环境。为达到交通运输设施与周围环境的协调、土地的高效利用、企业的经济运转等目标，交通运输设施的建设必须与住宅、商业中心、停车场、公园、娱乐设施等同步进行，采用共同开发和综合利用的方法。

为此，在进行交通运输规划时，应提出以下有关环境影响评价的资料：即对环境影响评价所必需的信息和技术资料，包括对植物群和动物群的调查表等；由项目引起的直接结果和间接结果的分析说明；对环境可能引起的影响的分析和意见；天然资源的利用，以及对生态上的影响和环境污染等。分析研究对成本与环境的影响，选出成本低、对环境影响小的方案；研究对比局部的短时间的对环境影响与整体的长期的对环境影响，对项目的长期累计影响做出评价；如果项目产生的环境影响不够理想，应对不可避免的和难以恢复的资源消费提出建议。

四、交通运输与自然环境保护

为了保护好自然环境，在进行交通运输规划与运营时，必须考虑到交通运输设施与自然环境之间的协调关系。因此，对自然环境应清楚地划分成各个等级，标明哪些是应该严格保存自然环境的地带，哪些是应力图保持自然与人工建筑调和并积极开发的地带等。同时，必须制定具体方针，指导线路选择、线形设计、景观处理和栽植计划等。

应该严格保存自然环境的地带是：自然生态系几乎没有受到人为干预的广大原生地区；保持亚高山植生带和高山植生带的地区及难以恢复绿化的地区；极茂密的林带或天然林，学术上有价值的地区；保存河川、湖沼、海岸等处的自然生态系的地区；贵重植物群落地区及人工极难栽植的弱植生地区；珍稀野生植物的生息地区，珍稀候鸟的栖息地区；国家级自然景观地区。

保护旅游环境也极为重要，尽量不要破坏具有价值的植物、野生动物和地形地质等构成的自然生态系，在开辟开发旅游区的交通线路时，尤其要注意这一点。在选定线路时，应尽量避开自然的特别地区、自然环境保护法规定的自然环境保护区、首都和大城市近郊的绿地、古都和文物保护区等。优良的天然林，湿原、湿地，野生动物生息地，其他陡坡等，在生态上占有极为重要的位置，在规划交通运输线路时，也应尽量避开。

在交通运输系统规划中，必须考虑到保存森林、河川、湖泊等自然景观，减少植被自然生态上的损伤，不破坏自然水边线等。

在交通运输系统的运营过程中，应尽量降低对环境的影响，对已造成了破坏的应尽快加以恢复。

第五节　交通运输系统安全性及可靠性

随着交通运输工具的迅猛增长和交通运输网的日益扩大，一方面大大地促进了社会生产力的提高，给人类带来了巨大的财富和便利的交通，但随之而来的环境与安全问题也给人类带来了灾难。交通运输安全已成为一个严重的社会问题，引起人们的普遍关注。

一、各主要运输方式的安全分析

1. 铁路运输与安全

铁路运输事故按业务种类，可分为行车事故、旅客伤亡事故、行李包裹事故和货运事故。

行车事故，主要包括列车、调车、其他作业冲突（冲撞）事故，脱轨及列车火灾等。

旅客伤亡事故指旅客在运输过程中发生的人身事故。

行李包裹事故主要有火灾、被盗、丢失、破损、票货分离或票货不符、误交付等。

货运事故，主要包括火灾事故，被盗、丢失、损坏、变质、污染及其他等。

若按事故损失的严重程度和性质，行车事故又分为重大事故、大事故、险性事故和一般事故 4 种；旅客伤亡事故分为死亡、重伤、轻伤 3 种；行包和货运事故又分为重大事故、大事故和一般事故 3 种。

2. 公路交通与安全

我国规定，交通事故是车辆在街道或道路上运行时所引起的死人、伤人或损坏物件的事故。街道及道路是指城市道路、公路、胡同、广场和停车场等供公众通行的地方。

（1）人的因素

人的因素包括机动车驾驶员、自行车骑行者和行人。驾驶员的操纵与情绪、疲劳程度以及饮酒量与交通安全直接相关。实际调查表明，机动车驾驶员违章是我国目前交通事故的主要原因。根据交通管理部门分析，我国交通事故高发的 5 大危险因素分别是：超载、超速、疲劳驾驶、酒后驾车和无证驾驶。而所有这些均涉及机动车驾驶员因素。2005 年的交通事故 75.3%与驾驶员安全意识薄弱、安全知识匮乏、操作不当等因素有关。

（2）交通量

通常交通事故随着交通量的增大而增大。而流量过大时，由于车速下降，事故数则反而减少。横向相交道路事故的多少则与交通量的大小直接相关。

（3）车　速

在一般道路上，交通事故与车速成正比，这是因为这类道路平面交叉口多。高速公路上车辆的速度比在一般道路上快得多，而事故却相对较少，原因在于高速公路线型标准高，有严格的控制与管理，又没有平面交叉。如在日本，一般公路上事故死亡率为 5 人/(亿车·km)，而在东京—名古屋、名古屋—神户及中央高速公路上的事故死亡率分别为 1.5 人/(亿车·km)、2.6 人/(亿车·km)及 3.9 人/(亿车·km)。

(4) 道路的几何线型

平曲线及竖曲线的曲率大、视距短或纵坡陡，则交通事故率高，小半径平曲线也易发生事故。长直线、暗弯及瓶颈等是发生事故的潜在因素。

交通事故随车道数的增加而增加；较宽的车道则可减少事故；设置中间分隔带或设机动车与非机动车的分隔带的道路开口数与事故数成正比；限制道路的出入口也能降低事故数。

(5) 交叉口

调查资料表明，交叉口的交通事故为路段的 11 倍。它与进入交叉口的交通量、信号控制形式、冲突点的多寡以及交叉口的布置等因素密切相关。

立体交叉的匝道位置设在下坡路段的中部或底部时易发生事故，互通式立体交叉中菱形立交对交通安全较为有利。

(6) 路　面

路面光滑、凹凸不平、损坏及泥泞积水都易造成交通事故，其中又以打滑的路面对交通安全威胁最大。

(7) 车　辆

车辆的新旧、性能以及维修保养的好坏对交通安全均有直接关系。

(8) 气候条件

恶劣的气候条件（风、雪、雨、雾）也是导致许多事故发生的直接原因。

3. 水路运输技术设备与安全

水路运输技术设备有船舶、通信设备及水上救助设备。

(1) 船舶安全

船舶处于良好的技术状态，是保证安全航行的先决条件。船舶必须有足够的稳定性、抗沉性和结构强度以及可靠的动力装置、通信导航系统和消防系统。船舶安全检验监督部门对影响船舶安全航行的技术性能和技术装备要定期进行检查并发放技术状况有关证明。中华人民共和国船舶检验局及其所属各级检验机构根据国家颁布的各种规范、章程、条例，对船舶、海上设施等实施法定的监督检验工作。

(2) 水上助航设备

除了船舶本身应具有的安全航行性能和技术装备之外，还必须有航道、岸上的安全航行导航设备。航标是为指引船舶航行，保障船舶航行安全而设置的视觉、音响、无线电助航设施。使用航标为船舶提供信息，以便船舶测定船位、避开暗礁、浅礁、沿着安全的航线航行。

视觉航标有灯塔、灯船以及灯浮。由于无线电导航定位精度高，使用简便，因此，无线电导航设施在船舶导航技术中的地位日益显著。目前，从世界范围来说，已进入以卫星导航为主体的综合导航发展阶段。

随着船舶雷达的广泛使用，我国已在沿海主要港口及航道布设了多处雷达应答器，使船舶航行安全大大提高。

(3) 通信设备

船岸无线电通信的基本设施是江、海岸电台、专用电台以及船舶电台。我国已建设和装备有大量江、海岸大型电台和船舶电台。并且在我国北京海事卫星通信地面站已正式开通，大大改善了我国远洋船舶通信和海上安全通信状况。

(4) 船舶航行安全

随着水上运输的发展，船舶的类型逐渐增多，航速提高，吨位增大，致使船流密度增大，航道拥挤程度增加，带来了航行的不安全因素，大大增加了发生航行事故的可能性。

产生航行事故的主要原因是：

① 外界条件。恶劣的水上条件给船舶活动带来巨大的威胁。世界上每年都有不少船舶因风暴、巨浪、海流、大雾因素形成的险境而遇到海损，给世界航运业带来了巨大损失。我国沿海的春季气旋大风、冬季强寒潮和夏季的台风，是造成我国沿海船舶和小型运输船舶海损事故的主要原因。海上礁石、浅礁及水中障碍物也是造成航行事故的主要原因。

② 导航失误。技术障碍包括船舶的动力装置、电力系统故障，船桥遥控的舵机和主机系统故障，导航设备与通信设备的故障等。

还有海上灯塔故障，浮标、岸标等助航设施的故障，均可引起船舶的误航。驾驶人员对海上助航标志辨认错误，或者导航设备使用的失误，以及海上航行资料的失效也都是导致海损的重要因素。

此外，维护海上船舶的航行安全，涉及航政管理、港口监督、人员水平与素质、技术保证、法规条例等多个方面。根据国外海事统计，约有 80%以上的航行事故是由人为因素所造成的。因此，提高船员的理论水平和实践经验是减少航行事故的重要措施。

4. 航空运输安全

航空运输安全通常是指航空运输系统（包括航空器以及设备、空勤人员、地面各种勤务保证、现代交通管制服务等）在完成航空运输任务的过程中，发生威胁人员（包括空勤人员、旅客与地面人员）的生命安全和健康的事故征候。航空运输系统在营运中发生的灾难性事故的次数是航空运输安全水平高低的重要标志。在国际上，航空运输安全水平的高低通常以下列几种指标来衡量：发生航空器灾难性事故的次数；旅客死亡人数；1 亿人·km 死亡人数；十万飞行小时或十万飞行次数灾难性事故的次数；1 亿飞行千米灾难性事故的次数。

航空器事故通常是由几个原因结合而产生的，往往单独观察某一个原因，显得不很重要。但是，将彼此似乎无关的原因连接起来，就会造成一次事故。因此，事故预防应在这些原因还没有连接起来以前，把它们辨别出来并予以消除。

(1) 人的因素

人的因素包括驾驶员以及参与航空器运营的所有人员，从最广泛的意义上来说，还应包括设计、制造、修理以及航空企业管理人员和航空管理当局的人员。

由于航空技术的进步，新材料、新技术、新工艺、新理论的应用，设备性能的不断改进，由设备引起的事故比例逐渐下降，而由人引起的事故比例却在不断上升。

在人的因素中，有相当一部分是由于在航空器运输过程中有关人员没有按照法规、条例、程序和有关规定办事而造成的。还有由于人的能力不能适应当时情况或在恶劣的环境下发生的。在分析人为因素时，不仅要考虑到人的能力的失误，而且应考虑到为什么发生这种失误。鉴于在人的因素中，飞行机组和空中管制人员引起的事故在定期航班飞行中约占总次数的70%，因而提高所有从事航空器运营的各类专业人员，特别是飞行机组和管制人员的知识与技能，是保证飞行安全、预防事故的重要措施。

(2) 环境因素

航空器由于环境因素造成的事故，主要是指航空器在不利的天气条件下飞行所造成的事故。要避免这类事故，首先是提高气象人员素质，改进气象测定设备；驾驶员需要经过严格的气象学训练，以便能对影响飞行的天气现象做出正确判断；空中交通管制人员也必须有广泛的气象学知识。当然，不断加强驾驶员处理危险天气的能力是最重要的。

(3) 设备条件

虽然航空技术已取得很大进步，但仍时常发现航空器及设备在设计、制造和维护、修理方面存在一些问题。有些事故是由于使用不当，未进行必要的维修，或由于维修工作中的缺陷，以及在维修中执行规章制度不严而造成的。

好的设计不仅设法使航空器及其设备尽可能少地出现故障，而且还能在一旦出现故障时，保证单一的故障不会导致事故。通常这一目标依靠"破损安全"设计原则以及关键性部件的冗余度来达到。

一架航空器及其设备的安全水平，开始时是由该航空器设计研制时所依靠的适航标准来确定的，并取得适航证来保证。保证航空器的适航性，航空器的设计单位、制造厂家和运营的航空公司都负有责任。适航当局为确保航空器符合适航标准，通过颁发各种证件来实施管理。这些证件包括型号合格证、生产许可证、国籍登记证、适航证、维修许可证和维修人员执照。

地面设施的正常运转，是保证飞行安全的另一个重要的因素。直接保证航空器飞行安全的主要地面设施有：通信设备、导航设备、监视设备和气象设备。

二、系统安全的方法与对策

实现系统的安全是人-机-环境系统工程的最终目标之一。系统安全有两个方面的含义，即作为系统组成部分之一的人的安全和系统中的机器设备的正常运转或工作，环境不出现危及系统中的人、机安全因素。因此，系统安全应涉及两个方面的内容，一方面涉及系统中危险的判断和控制，以保持设备的完整和保证系统使用者的安全，使任务顺利完成；另一方面是对于给定的人-机-环境系统，有必要确定合理的或可接受的安全水平，系统绝对安全实际上是不可能的。系统中物和环境的不安全状态或不安全条件是危险的一个重要方面，它以潜在的、静止的或活动的形式存在。

为了达到系统的安全，在系统的设计、制造与运行阶段要进行系统安全分析，充分认识系统中存在的危险和发生事故的可能性及其后果和应对措施。国外系统安全分析方法很多，国内应用比较多的是安全检查表，危险性预先分析，故障类型与影响分析，事件树分析和事故分析等。总的来说，这些分析方法能较好地分析物和环境的不安全状态或不安全条件，预测其造成事故的可能性和后果的严重程度，但对于人的不安全行为则需要更加综合地分析和处理，因为人的行为是一个更加复杂的问题。因此，分析、认识人的不安全行为并加以控制或消除是实现系统安全至关重要的方法。还可以采取下列方法：

① 进行系统设计，实现人机功能匹配。作为系统组成部分之一的人既具有各种技能，也存在一定的局限性，受许多因素的影响。当人的体力和智力受到损害时，人的能力就会下降，人的失误也会增多。因此，在系统设计时要充分考虑到人的局限性，设计能适应人的能力与需要的机器、设施和环境，使人能有效地完成任务，并确保所设计的系统和环境能保证人的体力与智力正常发挥，满足人的安全、舒适性要求，实现人机功能匹配。人和机的功能匹配通常包括显示器与人的信息通道特性匹配，操纵器与人的运动特性匹配，工作环境与人的适应性匹配，人、机、环境三方面要素与人的要求之间的匹配等。当人机功能不匹配时，人的失误引起的事件和事故就会明显增多。

② 分析人的失误，采取相应措施。仅靠系统设计不能完全解决人的失误问题，因为有些人的失误是过程性的，取决于人的体力、技能与知识等因素。因而在系统设计的基础上，还需要进行人的失误估计。人的失误估计可按照一定的规范步骤进行。

③ 加强安全管理，强化教育训练。这是消除人的不安全行为最基本的措施。实践证明，在很多情况下人的行为错误是由领导人和管理人员工作上的错误引起的，这些错误包括监督管理上所做出的管理错误或疏忽，领导人对危险区发生的问题做出错误决策或未做出判断。管理失误在很大程度上可以说也是一种人的失误，除了引起人的不安全行为外，还造成机器设备和环境的不安全状态。教育和训练包括安全法制教育、安全知识教育、安全技能教育和安全态度教育。只有通过安全教育与训练，才能使操作人员自觉遵守安全法规，养成正确的作业行为，提高感觉、识别和判断危险的能力，学会在异常情况下处理意外事件的能力，提高安全技能，树立正确的安全态度，就可能减少事故发生。安全教育的目的是使人进行有目的的安全行为，安全态度教育的目的是给人灌输进行安全行为的意愿。

针对不同运输方式的运作特点，在安全控制问题上各有特色：

1. 铁路安全防范措施

(1) 改善与强化运输技术装备

铁路运输技术装备，是保证运输安全的重要物质基础。近年来，各国铁路为保证铁路运输安全，依靠技术进步，积极采用先进的行车安全设备。为了加大行车安全系数，广泛采用先进的通信信号设备，如自动闭塞、电气集中、调度集中以及列车运行自动化系统和行车指挥自动化系统；并采用先进的机车、车辆和重型钢轨与线路基础等。为了防止铁路员工操作失误，广泛采用列车自动报警、机车信号、列车自动停车和速度监督装置、列车无线调度电话等保安设备。为了防止运输技术装备状态不良和线路状态变化，广泛采用先进的检测技术与设备以及线路发生自然灾害的报警装置等。

(2) 加强管理

安全管理是保证运输安全的关键。近年来推行的现代化运输安全管理，是应用系统工程原理，即应用系统思想、系统方法，把构成铁路运输系统的要害人、设备、环境等进行综合考虑、实现安全质量管理、方针目标管理，以达到安全最佳状态。铁路安全系统管理，主要包括系统思想方法管理、职能机构系统管理和信息网络管理3个方面。系统思想方法是指用系统工程的观点和系统分析方法来研究安全管理系统的机构和组成，以及安全管理系统最优化；职能机构系统管理是指应用控制论的观点，研究安全管理系统的人机系统和自动化控制等问题，以及设置必要的安全监督、监察管理部门或机构，以担当日常的运输安全监督、监察工作。信息网络管理是铁路运输管理信息系统建设的重要内容。

(3) 健全法制

这是保证运输安全的基本手段。铁路企业由车、机、工、电、辆等各专业部门组成，是一个大的联动机，而且点多线长。为了保证运输安全和效率，必须制订一系列规章制度，作为各部门行动的规范。特别要注意的是整顿社会治安，加强法制教育和社会治安综合治理，以保证安全运输的社会环境。

(4) 不断提高运输员工的素质

这是保证安全的最基本的措施。铁路运输工作必须拥有一支政治素质、业务素质、身体素质和心理素质都过硬的员工队伍，因此需要有计划地对员工进行业务培训和提高。

2. 道路交通中减少交通事故的战略措施

(1) 加强法制，成立治理道路交通的综合性机构

由于交通安全涉及多个行政部门的事务，须统一组建主管法律、交通运输、治安、工程及车辆等部门的协调机构，这方面的工作以日本最为突出。早在1956年就由内阁出面主持治理交通事务，在总理府设置"交通事故对策本部"。1961年为对付越来越恶化的道路交通，改成"交通对策本部"，由内阁长官任主席，各市、镇、村设立相应的组织。1966年颁布了交通安全建设的"紧急措施"，并制定了两期五年计划，1970年颁布了"交通安全对策基本法"等交通法规，取得了明显的效果。

(2) 以交通工程学作为改善交通安全的技术依据

不少国家在道路设计和施工中都采用了交通工程学的研究成果，对改善交通安全起了极为有效的作用。人们一致认为，如果没有交通工程学，欧美国家要降低交通事故率是不可能的。

(3) 对公路进行技术改善

改善道路条件，不仅可以减少交通事故，而且还增加交通量，提高车速，获得综合的社会与经济效益。

3. 水上救助

海上船舶事故给人类带来了灾难，引起了人们对防止海上事故的重视。许多国家均设立

了专门机构，配备了必要的技术设备和建立了相应的规章制度来防止发生海损，从事海难救助工作。海上搜寻救助即是对海上遇险人员的搜寻和救助，有关国际公约要求沿海国家建立海上救助组织，并规定了责任。当前主要海运国家采用的海难救助方法是海空联合"立体搜救"，以空中、水面、水下"立体救护"的技术为核心。海空联合搜救的主要优点是节省时间、使人命和物资的损失减少到最低程度。

搜寻救助工作成功的要素是其计划和实施的速度。海上救生通信是船舶在海上遇险过程中，外界迅速进行救助，以求遇险船舶及时脱离险境的关键性措施。海岸无线电台往往最先收到船舶的遇险报告，并对遇难船舶的遇险通信给予确认，然后将险情迅速转告搜救部门。

我国根据国际海事组织（IMO）实施"全球海上遇险和安全系统"（GMDSS）要求建设的广州、烟台、上海海上救助专用通信网工程，分别于1993年9月、10月、11月通过验收并正式投入使用。

4. 航空器的搜寻和救援

民用航空器的搜寻和救援是当万一发生事故后，采取的尽可能减少人员伤亡、保护航空器的重要紧急措施，并为事故调查尽可能多地保存人证、物证，以避免今后发生类似事故。《国际民用航空公约》的附件"搜寻和救援"对这项工作的组织、合作、准备措施和工作程序等作了原则性的规定。

民用航空器的搜寻和救援工作，一般都必须充分利用有关各方面的力量，包括空中交通部门、救援和灭火部门、治安保卫部门、机场管理部门以及地区消防队、医院、警卫、军事部门等，各有关方面必须协调合作。

由于航空器事故约70%发生在机场内，或冲出跑道或跑道外接地，而有约15%发生在进场区域，因此，在机场内进行救援工作是十分重要的。

三、安全科学及技术的发展

虽然各种运输方式在实际操作中的安全对策各有特色，但采用有关学科领域的新技术、新理论促进交通运输安全技术的深入发展的努力从来没有停止过。值得注意的是，由于科学技术发展水平和社会经济的制约，许多先进的交通安全技术需要社会的普遍认可（包括费用的承受能力）。另外，新技术的实施需要政府和社会的巨额投资。这就不可避免地造成先进技术推广在时间上的滞后，即科学技术所能够做到的和现在社会实际愿意接受之间还存在一定的差距。由于不同运输方式固有的作业特性，其具体安全技术的实现形式各有特色。下面以道路交通安全为例，来看看交通安全科学及技术的发展。

1. 汽车与交通安全技术的进展

近年来，世界汽车与交通安全技术的变化主要体现在用户行为、公路设计与使用管理以及汽车设计等领域，这些变化极大地改变了汽车与交通安全的现状，推动了交通运输的持续发展。

（1）用户行为

交通法规及其对汽车与交通设施用户的限制已收到明显的效果。20世纪60年代至70年代为改变道路和汽车用户行为,推行了交通安全计划,如广泛推行驾驶员培训、交通安全教育和宣传,还富有成效地推行了限制酒后驾驶、限制速度、使用摩托车(骑手)头盔、使用座椅安全带和安全气囊等措施。这些都充分体现了推行改变驾驶行为政策的效果。

(2) 道路的设计、管理和使用

我国交通安全法规不断完善,从而不断地提高道路和交通管理水平。许多国家都充分认识了道路和交通管理对交通安全的重要价值,采取措施对安全法规进行修订。例如,建立了不同政府层次的交通安全的财政预算,推行路网安全监督以及安全目标定额等。通过把机动性和安全性目标分离的措施,提高了对公众关于交通安全的认识,并由此获得比以前更多的用于改善交通安全状况的资金。由于国情不同,许多国家都制定了减少城市、地区和国家交通事故的相应目标,促使用户更多地采用交通安全措施。

(3) 汽车设计

随着 ITS 技术的发展,汽车的外形和结构发生了巨大的变化。交通安全立法工作推动了汽车安全研究,交通法规也强化了用户的交通安全意识。用户的安全意识反过来又推动了汽车安全技术的发展和新技术的推广。汽车安全的市场效应又进一步推进汽车设计师的设计策略,从而依据车身安全设计技术、生物力学技术、汽车耐撞性知识、计算机辅助设计技术,设计出安全性能更为优良的汽车。

(4) 环境保护技术

环境保护技术已成为汽车设计的一个重要因素。汽车的排放性、安全性和机动性已成为汽车产品是否为社会和用户所接受的重要前提。在工业发达国家,对汽车排放性和安全性的要求高于汽车的机动性。

2. 汽车行驶安全技术

除了交通规划和规划措施外,还有许多在技术上可行的解决汽车行驶安全问题的技术方案。例如,车速调节器、自动速度控制、车间距控制、超速的电子监控等技术日臻成熟,但包括它们在内的先进技术的推广实施,在很大程度上取决于社会是否认可或接受。

特别是先进技术的合理性、可接受性和具体应用,在工业发达国家常常需要持续多年的辩论。因此,汽车先进技术实际投放于市场就相对滞后。推广新技术的进程主要依赖于社会大众的接受能力和国家政策两大因素。

(1) 主动安全技术

其研究范围包括人、车辆和环境(含道路)3个方面的主动安全技术问题。

① 人的主动安全性。主要内容为:交通安全教育和宣传以及交通安全的解释;交通医学(感知交通环境信息);交通的法律安全(血液酒精浓度检验、吸毒检验及法律裁决)。

② 车辆的主动安全性。主要内容为:行驶安全(避免因驾驶不当,例如,违反交通法规而引起交通事故等);工作环境安全(降低汽车驾驶员空间的噪声、振动强度,改善通风和空调性能,从而减少造成驾驶员工作疲劳的倾向性);操作安全(依据人类工效学的原理,正确布置驾驶员的操作元件,防止潜在的误操作可能性);感觉安全(改善驾驶员的工作视野范围,合理设计刮雨器的工作范围,选择油漆色彩符合视觉舒适原理)。

③ 环境的主动安全性。主要内容为：交通流控制（速度监测，合理的绿信比，道路标志、标线等）的信号控制装备率等；道路管理与建设（避免将直线路段设计得过长，雾、雨、风、冰雪、动物经常出没等区域环境的改善或预报，事故高发区环境的改善）；使交通法规适应相应的交通运输的发展。

计算机和信息技术是当今许多新技术发展的重要驱动力，受这一驱动，主动安全技术呈现以下发展趋势：

汽车运行过程的各种控制，包括行车路线自动引导系统和交通控制系统（例如，智能运输系）都可直接提高交通安全和效率。据专家预测，汽车在市区和居民区的行驶速度，有车外自动控制系统将是未来最有效的安全对策，但这种新技术的实际投放市场，尚需要等待时机。

未来将出现一种全新的远距检测方法，而不必由交通警察拦车进行随机抽检。即利用卫星定位系统（GPS）和车辆定位系统，发明一种不影响交通，但对每一个行车驾驶员进行自动酒精检测的方法。

据统计，因疲劳驾车而造成的交通事故占交通事故总数的 20% 左右，占特大交通事故的 40% 以上。驾驶员眼球和眼皮动作的疲劳自动监测，可及时检测汽车驾驶员是否疲劳，以便对困倦的驾驶员进行可靠的监测和警告。这种技术可望在 21 世纪为汽车制造厂和用户接受。

正在逐步得到广泛采用的汽车主动安全技术包括：酒精车内检验，驾驶员疲倦检测，车间距警告和控制，车速控制，驱动力控制（ASR）和防抱死制动系统（ABS），安全带自动佩带及锁止系统，路面冰雪预警，高位制动灯（第三制动灯），前大灯灯光自动调节和刮水系统，行车路线引导系统，碰撞避让系统。

(2) 被动安全技术

其研究范围包括人、车辆和环境 3 个方面的被动安全技术问题。

① 人的被动安全性。主要内容有：安全带的佩带意识；发展救护事业（快速救护，进行现场救护或迅速将伤员运送医院抢救，包括交通事故通信，事故救护专业人员培训，成立交通事故志愿救护队等）；发展保险事业（对事故受害者进行治疗和赔偿）。

② 车辆的被动安全性。主要内容包括：自保护措施（例如，轿车乘员保护，主要考虑轿车与商用汽车、载货汽车的碰撞保护或者轿车与轿车的碰撞保护）；它保护措施（汽车对车外交通参与者的保护措施，如载货汽车对轿车、摩托车、自行车碰撞保护）。

③ 环境的被动安全性。主要内容包括：平缓路肩；弯路、交叉路口以及丁字路口绿化应该符合交通视野条件，树木和防护栏的设立亦应该避免妨碍交通视线；柔性公路护栏，柔性标志杆和灯柱；事故现场保护，防止诱发新的交通事故，也包括交通流疏散和大众传媒（交通电台）参与。

汽车被动安全技术正在下述领域取得重要进展：

正面气囊（用于正面碰撞保护驾驶员和副驾驶员）；侧面气囊（用于侧面碰撞时保护轿车乘员头和胸部）；车中气囊（用于保护后座乘员）；智能安全带；儿童约束安全系统；行人保护系统（包括自行车骑手）；车身外形最佳化；协调性（即对碰撞对方的保护）；生存空间保护等。

ITS 的发展使得越来越多的复杂传感器用于汽车碰撞阶段，感知汽车碰撞强度参数，包括智能安全带和气囊的传感器。它们将感知的乘员实际座位、质量、性别等，使得控制系统能自动地修正生物力学参数偏差，在碰撞的最初 20 ms 前对碰撞强度进行分类，调整安全带和气囊的特性参数,在实际碰撞条件下为乘员提供保护。这种调节主要是通过改变气囊充气压力和泄气通孔尺寸,以及设定安全带的预应力、卷带筒锁止和限制负荷来实现。

用于汽车侧面碰撞条件下,保护乘员头部、胸部、骨盆和下肢的侧面气囊、汽车后座以及非碰撞侧乘员气囊也已投放市场。

汽车生物力学领域取得重大突破。例如,英国实施了生物力学计算机辅助设计项目,更有利于汽车最佳安全设计。还有不同碰撞状态和乘员特性的计算机模型在不断完善;计算机技术的发展将使碰撞试验的记录更方便,实车碰撞的实验记录,如减速度、速度及速度方向的时间历程,将为碰撞持续时间和受伤后果评价提供更多的信息。这一切将会使汽车安全设计的决策依据更为可靠。

第六节 交通运输学科

交通运输学科是一门古老而又年轻的学科,它是随着交通运输业的发展、交通运输技术的不断前进而逐步地发展起来的。它是以交通运输业为对象,与多种学科结合而处在不断发展更新之中。目前,交通运输学科主要有以下 4 类分支学科。

一、交通运输法学

交通运输法学是研究进行运输活动法律调整的科学,交通运输法是调整交通运输关系的法律规范的总称。交通运输关系是运用各种运输方式,在运输活动中所形成的一类的经济关系,包括交通运输管理关系和交通运输合同关系,涉及铁路、公路、内河、沿海、远洋、航空以及管道运输等各个方面。各国交通运输立法,一般按其业务性质的不同分为铁路运输法规,公路运输法规,航空运输法规以及内河、沿海、远洋运输法规等。交通运输法学研究的内容包括:一般交通运输法规理论研究、交通运输法规实体规范研究以及交通法规比较研究等。

二、交通运输经济学

交通运输经济学是研究交通运输部门中经济关系与经济活动规律的科学,属于部门经济学。交通运输经济学研究的基本内容一般有:运输业在国民经济中的地位和作用;运输业的物质技术基础及其发展;运量和投资在各种运输方式间的分配;运输布局及建设;运输业的管理体制;运输业的计划、成本、价格、利润、劳动工资、经济核算等;运输业的经济效益及计算方法等。

三、交通运输工程学

交通运输工程学这门学科主要是研究交通运输系统工程建设问题,包括铁路、公路、内河疏浚、港口码头、桥梁隧道、车站枢纽、机场,以及管路及加压站设计、施工等工程技术问题。

四、交通运输学

该学科主要包括两部分：一部分为交通运输技术设备，它包括了铁路系统的线路、机车车辆、车站（包括中间站、区段站、编组站、客运站与货运站）、铁路枢纽、铁路通信信号；水运系统包括运输船舶、港口与装卸设备、装卸工艺；公路运输系统有公路和城市道路构成及通行能力、车辆与相关设备；航空系统包括航线、航空港、飞机及通信导航设备等。管道运输系统包括管道与输气站、管道输油站等技术设备。

另一大部分为交通运输管理学，它包括综合运输体系的建立与发展；各种运输方式间的联系及其发展；运输业内部各环节之间的联系及其发展；铁路的客货运输组织、车站工作组织、车流工作组织、列车运行图及区段通过能力；水运部分包括船舶运行组织、港口生产计划与工作组织；公路运输包括公路客运组织、货运组织、车辆运行组织；航空运输包括国内航空运行组织、国际航空运行组织、运输飞行的组织与管制等；管道运输包括长距离输油管道组织、长距离输气管道组织、固体物料浆液管道输送组织。同时，交通运输管理学还包括综合运输系统的联合运输组织、集装箱运输组织。此外城市交通系统的设备与组织也包括在内。

综上所述，交通运输学科的4类分支学科的基本理论对研究交通运输系统分析是不可缺少的，须学习和运用相关的交通运输理论和技术来进行交通运输系统分析。

习　题

一、单项选择题

1. 我国铁路运输系统采用的控制模式是（　　）。
   A. 递阶控制　　　B. 分布控制　　　C. 分散控制　　　D. 集中控制
2. 我国海运港口系统采用的控制模式是（　　）。
   A. 递阶控制　　　B. 分布控制　　　C. 分散控制　　　D. 集中控制
3. 我国公路运输系统采用的控制模式是（　　）。
   A. 递阶控制　　　B. 分布控制　　　C. 分散控制　　　D. 集中控制
4. 我国内河运输系统采用的控制模式是（　　）。
   A. 递阶控制　　　B. 分布控制　　　C. 分散控制　　　D. 集中控制
5. 在各种运输方式中，成本较低、承担中长途客货运输主力任务的是（　　）。
   A. 铁路运输　　　B. 公路运输　　　C. 航空运输
   D. 水路运输　　　E. 管道运输
6. 在各种运输方式中，能够实现门到门直达运输的是（　　）。
   A. 铁路运输　　　B. 公路运输　　　C. 航空运输
   D. 水路运输　　　E. 管道运输
7. 在各种运输方式中，适合高附加值和鲜活易腐货物运输的是（　　）。
   A. 铁路运输　　　B. 公路运输　　　C. 航空运输
   D. 水路运输　　　E. 管道运输

8. 在各种运输方式中，投资省、建设周期短、适合集中流向的油气运输的是（   ）。
   A. 铁路运输   B. 公路运输   C. 航空运输
   D. 水路运输   E. 管道运输
9. 水路运输的主要环境问题表现为（   ）。
   A. 大气污染   B. 放射性辐照   C. 交通噪声
   D. 交通振动   E. 交通水体污染
10. 管道运输的主要环境问题表现为（   ）。
    A. 大气污染   B. 放射性辐照   C. 交通噪声
    D. 交通振动   E. 交通水体污染
11. 从运输的经常性方面比较，以下运输方式经常性最强的是（   ）。
    A. 铁路运输   B. 公路运输   C. 水路运输   D. 航空运输
12. 按技术作业性质车站可分为中间站、区段站和（   ）。
    A. 客运站   B. 编组站   C. 货运站   D. 技术站
13. 铁路运输系统的移动设备指的是（   ）。
    A. 铁路信号设备   B. 列车运行自动控制系统   C. 铁路线路   D. 机车与车辆
14. 在采用一定类型的机车车辆和一定的行车组织方法下，铁路区段的各种固定设备，在单位时间内（通常指一昼夜）所能通过的最多列车数或对数称为（   ）。
    A. 编组能力   B. 解体能力   C. 通过能力   D. 输送能力
15. 劳动生产率因其运输工具的载重量和运输能力不同有着显著的差异，铁路运输的劳动生产率与公路运输的相比，是（   ）。
    A. 相同的   B. 高的   C. 低的   D. 不同的
16. 在通常的道路条件、交通条件和人为度量标准下，在一定的时段内（双车道公路取 1 h）道路某断面可以通过的最大车辆数是公路的（   ）。
    A. 通行能力   B. 输送能力   C. 服务水平   D. 运输能力
17. 就载运量而言，以下运输方式最大的是（   ）。
    A. 铁路   B. 河运   C. 海运   D. 公路
18. 水路运输可分为内河运输和（   ）。
    A. 海洋运输   B. 沿海运输   C. 远洋运输   D. 近海运输
19. 对码头、泊位的岸边进行加固，确保码头泊位岸线稳定的水工建筑物是（   ）。
    A. 防护建筑物   B. 码头建筑物   C. 护岸建筑物   D. 港口建筑物
20. 从运输成本方面比较，以下运输方式最低的是（   ）。
    A. 铁路运输   B. 水路运输   C. 航空运输   D. 公路运输
21. 与修建铁路和公路相比，发展航空运输的基本建设周期（   ）。
    A. 一样   B. 长   C. 短   D. 不一定
22. 按飞机的最大起飞重量，民用机可分为（   ）。
    A. 大型和小型飞机   B. 大型、中型和微型飞机
    C. 中型和小型飞机   D. 大型、中型和小型飞机
23. 为了保证航空器飞行安全，提高空域和机场飞行区的利用效率而设置的各种助航设备和空中交通管制机构及规则称为（   ）。

A. 空中交通控制系统 B. 空中交通管理系统
C. 空中交通监视系统 D. 空中交通系统

24. 以下哪项不是管道运输的优点（   ）。
A. 运量大 B. 受气候影响大 C. 占地少 D. 运费低

25. 综合运输系统的设备结构基本上有两大子系统，即固定设备子系统和（   ）。
A. 线路设备子系统 B. 网络设备子系统
C. 移动设备子系统 D. 通信设备子系统

26. 在综合运输的组织管理中，综合管理和协调的重点是（   ）。
A. 固定设备的管理 B. 结合部的管理
C. 移动设备的管理 D. 各运输方式的管理

二、多项选择题

1. 交通运输系统的功能有（   ）。
A. 生产功能 B. 旅客运输功能 C. 循环功能
D. 国防功能 E. 环境保护功能

2. 交通运输系统中的运输方式结构包括（   ）等子系统。
A. 铁路运输 B. 公路运输 C. 航空运输
D. 水路运输 E. 管道运输

3. 从设备结构分类，交通运输系统可以分为（   ）等子系统。
A. 控制设备 B. 移动设备 C. 固定设备
D. 维护设备 E. 运营设备

4. 各级综合运输网的差别主要表现在（   ）。
A. 包含运输方式的多少 B. 运输线路的覆盖面 C. 设施设备的能力协调
D. 技术装备水平的高低 E. 综合运输能力的大小

5. 交通公害主要包括（   ）等。
A. 大气污染 B. 放射性辐照 C. 交通噪声
D. 交通振动 E. 交通水体污染

6. 铁路运输的主要环境问题表现为（   ）。
A. 大气污染 B. 放射性辐照 C. 交通噪声
D. 交通振动 E. 交通水体污染

7. 公路运输的主要环境问题表现为（   ）。
A. 大气污染 B. 放射性辐照 C. 交通噪声
D. 交通振动 E. 交通水体污染

8. 民航运输的主要环境问题表现为（   ）。
A. 大气污染 B. 放射性辐照 C. 交通噪声
D. 交通振动 E. 交通水体污染

9. 影响系统安全的因素错综复杂，概括来说有（   ）等。
A. 机器设备的性能 B. 人的行为特性 C. 气候不利
D. 设备年久失修 E. 环境因素

10. 铁路运输的技术经济特征，可以用一定的技术经济指标来反映，包括（   ）。

A. 运营技术指标 B. 实物指标 C. 运输成本指标
D. 价值指标 E. 劳动生产率指标
11. 铁路运输系统的固定设施包括（　　）。
A. 到发线、调车线 B. 铁路车站 C. 铁路线路
D. 机车与车辆 E. 信号与通信
12. 铁路运输包括的工作是（　　）。
A. 客运工作 B. 货运工作 C. 行车组织工作
D. 调车工作 E. 接发列车工作
13. 运输的运营技术指标主要有（　　）。
A. 运输的经常性 B. 通过能力和输送能力
C. 货物送达和旅客运送的速度和时间 D. 运输货物的完好程度和旅客的舒适程度
E. 运输的安全和可靠性程度以及机动性
14. 车站通过能力包括（　　）。
A. 改编能力 B. 咽喉通过能力 C. 编组能力
D. 到发线通过能力 E. 区间通过能力
15. 公路运输的特点是（　　）。
A. 机动 B. 灵活 C. 迅速 D. 方便 E. 直达
16. 公路运输系统的设备主要有（　　）。
A. 公路 B. 车辆 C. 站场 D. 交通控制与管理设施 E. 收费站
17. 水路运输的优点是（　　）。
A. 运载能力大 B. 成本低 C. 受气候影响大 D. 速度快 E. 对环境污染小
18. 航空运输的特点是（　　）。
A. 速度快 B. 机动性大 C. 舒适、安全 D. 投资少 E. 运载成本高
19. 综合运输系统包括的运输方式有（　　）。
A. 铁路 B. 公路 C. 水路 D. 航空 E. 管道
20. 综合运输系统的组成包含（　　）。
A. 综合运输换乘换装系统 B. 综合运输网及其结合部系统 C. 综合运输生产系统
D. 综合运输设备系统 E. 综合运输组织、管理和协调系统
21. 各种运输方式的合理配置除要考虑自然地理条件、社会经济条件外，还应考虑的条件是（　　）。
A. 空间布局条件 B. 运输结构条件 C. 运输技术条件
D. 经济效益条件 E. 国家运输政策
22. 5种运输方式各有自己的特性和优缺点，在综合运输体系中是（　　）。
A. 相对独立 B. 互相排斥 C. 互相依存 D. 有协作 E. 有竞争

三、名词解释
综合运输系统

四、简答题
1. 交通运输系统的基本特征是什么？
2. 交通运输系统的作业特征是什么？

3. 怎样理解交通运输系统的连续性？
4. 怎样理解交通运输系统的网络性？
5. 怎样理解交通运输系统的动态性？
6. 系统安全包括哪些内容？可采取哪些安全控制方法？
7. 交通运输学科包含哪些分支？其主要研究内容分别是什么？
8. 简述铁路运输的优缺点。
9. 公路运输的主要特点是什么？
10. 简述公路运输的地位与作用。
11. 与其他运输方式相比，水路运输的主要特点？
12. 简述水路运输在国民经济发展中的作用。
13. 简述航空运输的主要特征。
14. 简述管道运输的特性？
15. 综合运输系统由哪几个部分构成？

五、论述题

1. 为什么说交通运输系统是一个社会经济大系统？
2. 论述各种运输方式的技术经济特性和适用性。
3. 交通运输网络的线路包括哪几种？各有什么功能？
4. 试述综合运输系统的含义。
5. 阐述发展综合运输系统的意义。
6. 阐述我国综合运输系统的发展方向。

第五章　交通运输需求与供给分析

📖 **本章导读：**

中国多地对城市交通实施限制性管理

杭州实行小客车"限牌"管理

中国青年报杭州 2014 年 3 月 25 日电：今晚 7 时，杭州市政府召开新闻发布会，宣布自 2014 年 3 月 26 日零时起在全市实行小客车总量调控管理，也就是对汽车实行限牌管理。至此，杭州已成为继北京、贵阳、上海、广州、天津之后的国内第六个实施汽车限购的城市。

杭州市人民政府决定，自 3 月 26 日零时起，对杭州市行政区域内小客车实行增量配额指标管理，增量指标通过摇号或竞价方式取得。

根据《杭州市小客车总量调控管理暂行规定（征求意见稿）》，此次"限牌"增量指标以 12 个月为一个配置周期，每个周期的配置额度为 8 万个，按月分配，并按照 8∶2 的比例配置，即每个配置周期内，以摇号方式配置的增量指标为 6.4 万个，以竞价方式配置的增量指标为 1.6 万个。每个竞价指标设保留价 1 万元，不设最高限价。

数据显示，截至 2014 年 2 月底，杭州市机动车保有量达到 259.8 万辆，过去一年净增量达 27.6 万辆，年增长率达 12.17%，机动车保有量位居全国 36 个大城市的第 7 位。与此同时，杭州市机动车的"三高"问题（高保有、高增长、高使用），带来了日益严重的交通拥堵。据杭州市交通拥堵指数平台数据显示，2013 年杭州交通拥堵指数为"8"以上（严重拥堵）的天数达 35 天，全年市区早晚高峰平均车速低于国际拥堵警戒线 20 km/h。杭州市相关部门负责人称："2011 年 10 月杭州实施了'错峰限行'措施，也因为这两年车辆的快速增长，限行的实际效果被逐步填平。"

除了限牌，今天，杭州市政府还下发了 54 号文，决定调整杭州主城区工作日高峰时段区域的"错峰限行"。决定自 2014 年 5 月 5 日上午 7 点起，调整机动车工作日（星期一至星期五）高峰时段区域"错峰限行"交通管理措施，延长限行时间，扩大限行对象。

自 2014 年 5 月 5 日起，错峰限行时段为工作日的早高峰 7∶00—9∶00 和晚高峰 16∶30—18∶30 时段。

自 2014 年 5 月 5 日起，对浙 A 牌照车辆，仍按原有限行规则处理，即每天限 2 个尾号，限行范围不变；对非浙 A 牌照车辆，在"错峰限行"区域范围内和城市高架道路（含匝道以及附属桥梁、隧道），实行工作日早晚高峰期间"全号段限行"。

成都实施区域尾号限行政策

为缓解城市交通拥堵，自 2012 年 10 月 8 日起，四川省成都市执行区域汽车尾号限行新政。为配合尾号限行,从10月10日起,市民可免费乘坐限行区域部分公交线路,使用天府通卡乘坐地铁的市民可享受8折票价优惠。

目前,成都市机动车保有量已达293万辆。为有效缓解中心城区交通堵塞,均衡城区交通流量,减少机动车尾气污染,成都市公安局交通管理局决定自2012年10月8日起至2013年6月30日止,实施二(含)、三(含)环路之间区域汽车尾号限行交通管理措施,限行车辆为川A和外地籍所有车辆,限行时间为工作日的7:30—20:00,每日限行两个尾号(特种车辆除外)。

为方便市民在尾号限行期间乘坐公交车出行,成都市将采取公交补贴、优化公交服务、强化交通管理等措施,引导市民乘坐公交、地铁。限行期间,多条公交线路可免费乘坐,地铁票价实行8折优惠,地面公交线网进一步加密。

北京实行摇号限购机动车政策

据中国之声《央广新闻》报道,为缓解拥堵、遏制机动车数量快速增长,北京从2011年开始对小客车数量进行调控,每年配置24万个新增机动车指标,普通市民需要通过摇号中签,获得购车指标后,才能买车。

在2011年和2012年,北京每年新增小客车的指标都是24万个。其中个人指标占88%,社会单位、团体的指标占10%,运营性车辆占2%。同时,如果抛去春节假期等特殊原因,北京在每个月26日进行摇号,每个月产生17 600个私人小客车指标。

对于普通市民、个人申请者,需要先在北京小客车调控系统上进行申请,通过公安、社保、交通等多个部门的审核后,参加摇号。只有摇号中签后,才具有在北京新购买车辆的资格。

在北京摇号的中签率上,由于每期个人指标摇出的是固定的17 600人,但摇号参与者不断增加,相当于分母不断扩大,这就使北京出现了摇号中签比例逐渐下降的现象,像第一期摇号中签率大约是12个申请者中有一人中签,而到了2012年4月,这个比例下降到了1:47,确实就像北京的一些参与者说的,中签显得越来越难。

不过,相比较于上海的拍卖号牌,北京的小客车调控政策具有无偿取得的特点。同时,北京市交通委也表示,北京目前还是会继续实行摇号的限购政策。

北京的摇号购车政策控制了北京机动车数量的快速增长。在2010年没有实施限购时,北京全年新增机动车81万辆,而在实施限购后的2011年,北京净增机动车的数量只有17.4万辆,这是近年北京机动车数量增长速度最慢的一年,至少挡住了60万辆新车上路。

此外,通过限购、建设、管理等多重缓解拥堵措施,北京中心城区高峰时段平均速度提高13%;中度和重度拥堵的时间从2010年的每天145 min,缩短到去年的每天70 min,这个降幅比例是很大的,相当于每天的拥堵时间下降了一半。所以,在采访中,也有北京市民表示,对于北京机动车快速增长,不摇号,不调控,可能也没有更好的办法。

于春全介绍说,按照国际奥委会惯例,奥运会期间要采取交通需求管理的措施。比如,有的国家使用单双号交替上路的限制方式,有的国家会严格限制车辆的停车。于春全表示,以上两种方法是本届奥运会的一个参考,预计北京奥运会期间也会采取一些相应的措施。

同时,为了尽量减少对市民出行的影响,奥运会期间将开辟或者补充大量的公共交通,解决由于限制私人交通可能造成的一些对市民出行带来的不便。特别是在一些不能通地铁的场馆,奥运会期间将开辟一些公交专线,或者通过将现在的公交延长运营时间、增大密度来解决市民的出行问题。

于春全介绍说，目前奥运会期间的一些交通管理设施还在制定当中，可以肯定的是将在部分道路的最内道开辟一条类似于公交专用道的奥林匹克专用车道。

为了最大限度地减少对市民的影响，奥运专用道采取占用道路的一条或部分车道，而不会采取整条路限行的方式，而场馆周边的道路会严格限行。他透露，2008年奥运会期间，北京开辟的奥林匹克专用道路总长将超过200 km，包括二环路、四环路、五环路的局部和一些主要干线，这势必会对社会交通带来一定的影响。历届奥运会中，北京奥运会开辟奥运专用车道的规模是最大的。

于春全表示，从目前的计划来看，由于大量增加公共交通，奥运会期间市民的出行将不会受到太大的影响。政府部门已经作了详细的规划，并对奥运会期间整个人流交通进行模型仿真。

此外，于春全透露，奥运期间，北京和其他奥运协办城市之间的城际交通主要依靠公路和铁路。如北京到天津、北京到秦皇岛将以公路为主，而其他城市间的交通，更多的要靠铁路或者航空来解决。目前，各个协办城市正在按照北京奥组委已经制订的初步交通服务标准，筹划自己城市交通服务的具体规划。

第一节 概 述

一、交通运输需求的概念

交通运输的需求来源于社会经济活动。散布在空间不同点上的社会经济活动之间的相互作用，资源、劳动力之间的相互作用等产生了交通运输需求。

交通运输需求是指一定时期内社会经济活动产生的旅客和货物空间位移的需要。交通运输需求的度量用客货运量、客货周转量来表示，单位是人次、吨、人·千米、吨·千米等。但是，仅有运量和周转量并不能清晰地反映社会经济系统对交通运输的需求，还需引进交通运输需求结构的概念。

交通运输需求结构包括需求的空间分布、时间分布和客货运输的结构。

需求的空间分布表明客货运量是从何地出发，到何地去，其数量为多少，即客、货流的流向、流量及客、货流的产生地和消失地。

需求的时间分布表明在某个具体时间点上客、货运输的需求量。在同一年中各月、各天、各时段交通运输需求往往不是均衡分布的，会出现高峰月、高峰日、高峰小时。它反映出需求在时间上的不均衡性，反映出单位时间内需求的最大强度和最小强度及平均强度。这些，对于交通运输供给分析也具有重要意义。

需求结构是以运输对象的分类来表达的。根据要求不同，货物有不同的分类，如在铁路运输中常把货物分为22个品类，另外，还可以根据运输距离来分类。客运需求除按运距不同分类外，还常常按照出行目的不同进行分类，如公务、商务、探亲访友、旅游等，也可以按照乘客的身份分类。

二、交通运输需求分析

1. 交通运输需求与运量

交通运输需求与交通流量同样采用运输量和运输周转量来描述，但其内在含义有一定区别。

交通流量表示交通运输设备实际输送的客货运输量和周转量。但是，能力利用率达到饱和时的运输量显然不能用来表示社会经济活动对运输的需求量。在以运定产的情况下，运输限制了社会经济活动，此时的运输量并不反映社会经济活动对交通运输的需求量。因为有部分需求没有得到实现，由于能力不足而没有形成运输量。此时，其交通运输需求大于实际的运输量。

因此，可以说，交通运输需求量是潜在的交通流量。这一潜在的势能与客货发、到两地间的生产和消费活动有关，即与两点间的社会经济活动有关，实际上还与两点间运输服务特性有关，而运输量是在运输系统中实现了的运输需求，它是运输需求与运输供给平衡的结果。

2. 交通运输需求分析

运输需求分析是将运输需求与产生运输需求的社会经济活动进行相关分析的过程。通过运输需求分析使我们能定性、定量地了解社会经济系统对于运输的需要强度，因而可以进行合理的规划、建设，改进运输供给系统。也就是说，运输需求分析是运输供给分析的基础。交通运输需求分析的内容和过程如图 5.1 所示。

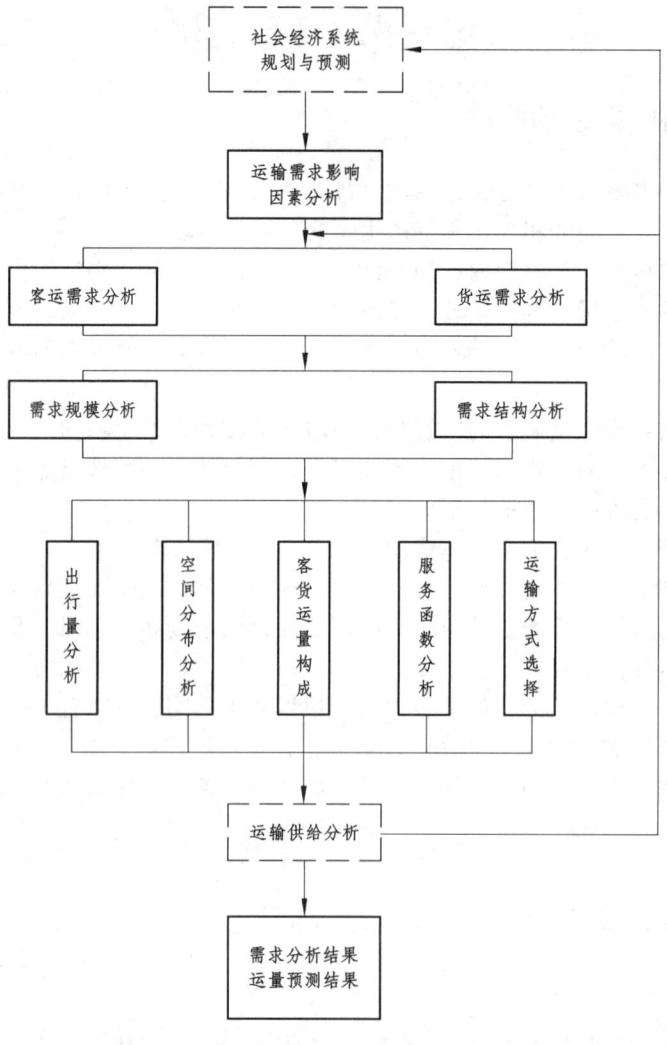

图 5.1　交通运输需求分析的内容和过程

三、交通运输供给分析

运输业是一种特殊的产业，因此具有特殊的供给特点。在其他生产部门，供给就是产业向市场提供的产品数量，而运输业的产品是客货的位移，产品在其生产过程的同时被消费，因此，产品不具有实物形态，不能转移、不能储存。

运输的供给首先是分布在一定空间上的能力。运输的首要目标是满足国民经济对于分布于一定空间的客货位移的需求数量。

其次，运输系统具有一定的服务特性。国民经济除去对运输提出量的需求，还有服务水平的要求，如要求安全、准时、经济、可靠，它是对于供给质量的要求。因此，供给除能力以外还有服务水平。

运输供给的能力是运输设备所能运输的最大的客货运量，其单位是人（万人），吨（万吨）。运输系统是由各种子系统组成的，每项设备都有其各自的设备能力。运输是一个连续作业的过程，系统内的各项设备在运输过程中是相关的，系统最终的输送能力不是单个设备能力的简单叠加，而是它们在运输过程中相互配合而产生的一种综合能力。

运输系统综合运输能力是系统内所有设备合理匹配、有机结合，通过科学组织所能够承载的最大客、货输送能力。系统综合运输能力常又受到系统中能力最薄弱设备的制约，这个设备的能力就成为系统能力的瓶颈，而其他设备的能力就出现冗余，多余的能力得不到发挥，造成设备资金积压。要提高系统的综合能力，就要首先扩大瓶颈的能力，从而提高其综合能力水平，使投资达到最大效益。

第二节　交通运输需求分析

一、社会经济发展与运输需求

1. 运输需求的派生性

交通运输的需求来源于社会经济活动，不同的社会经济活动对运输的要求不一样，因此社会经济活动的多样性和复杂性，决定了运输需求的复杂性和运输需求影响因素的多样性和复杂性。

在人类社会中，对食物的需求、对住所的需求是一种源需求，而运输需求是一种非源需求，是派生的需求。一般情况下，运输需求是由社会源需求引起的需求，即人们不是为了出行而出行，出行本身并不是出行的目的。他们使用交通系统，是为了能够参加他们在旅程终点的各种活动。

运输需求为派生需求的特性，启发我们如果不考虑社会经济系统，则不能进行运输需求分析。这些社会经济活动是由分布在空间的各种各样的人和活动组成的，他们接受运输服务，使他们产生了运输需求。

2. 运输需求与社会经济活动的关系

交通运输对社会经济的发展起一定的作用。运输需求是社会需求系统中的一个元素。

社会需求是社会经济活动的动力,而社会经济活动的总供给能力又限制了社会总需求的膨胀。通过流通领域,社会需求与社会总供给得到了阶段性的协调。社会需求与社会经济活动的关系如图 5.2 所示。

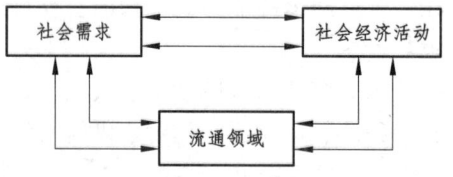

图 5.2 社会需求与社会经济活动的关系

运输是流通领域的一部分,运输生产是一种社会经济活动,满足社会对运输的需求,这些需求包括:

(1) 经济发展要产生运输需求

良好的运输系统是获得经济发展的先决条件。因为运输活动是生产与消费过程中不可分割的一个部分,如果没有有效率的运输,这两种活动就难以实现。运输活动是社会生产的最一般条件,一个地区的运输发展程度可以用来衡量这个地区的社会经济发展程度,因此区域经济发展必然产生更大的运输需求。

(2) 物价稳定与平衡的运输需求

如有甲、乙两地,如果它们之间运输通道的能力是无限的,那么,甲、乙两地的物价将达到稳定。设甲、乙两地之间的运输费用为 C,某货物 A 产于甲地,其价格为 $P_甲$,那么在乙地,这种货物的稳定价格为 $P_乙 = P_甲 + C$,这样乙地对货物 A 的需求可以充分满足。如果这两地之间没有便利的运输,那么乙地的货物 A 的价格将随着从甲地运送到乙地的货物数量的变化而产生巨大的波动。因此,稳定的平衡物价产生运输需求。

(3) 社会分工与运输需求

社会分工越细,对运输的需求越大。从经济学中我们知道,分工程度高,生产费用会减少,但流通费用会增加,而且流通费用的增长比分工程度增加得快。当实际运输需求量小于最优社会经济结构下的运输需求量时,说明社会分工度还可以更细,产品的总成本还要降低。若实际运输需求量大于最优社会经济结构下的运输需求量,则说明分工太细,生产力布局不合理。

(4) 商品的社会效用与运输需求

商品的社会效用是指产品的社会消费效果。不同的商品,它的效用是不一样的,即商品的使用价值上有差异。即使是同一样商品,时节不同和地区不同,它在这个区域上的社会效用就不同。为了调节这种社会效用,得到更多效用高的商品,使商品的社会总效用最大,这就产生了运输需求。

二、运输需求与运输供给

运输需求是运输供给的基础,决定了运输供给的规模和发展方向;同时,运输需求的满足受到运输供给的限制,这种限制来自于运输企业的运能、运价以及需求本身的时间和空间因素。

运输生产是由运输企业来完成的,它为社会提供场所的变动及运输劳务。作为使用价值范畴的运输劳务为社会提供的是有效性服务,对社会产生的经济效益是效用性质的,运输供给的这种效用来满足社会的运输需求。

运输供给是由 3 个主要供给元素决定的,它们是:运输系统的特征、对运输环境的影响、运输消耗。运输系统的特征是指表征运输系统内涵性能的量,如旅行时间、运输能力、运行区间、运输效率等;运输消耗包括运输系统的建设费用、保养费用以及运营费用。运输活动的过程如图 5.3 所示。

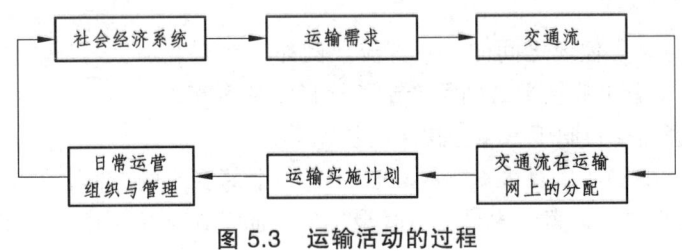

图 5.3 运输活动的过程

第三节 客货流系统分析

一、客流系统分析

人们为了一定的目的,乘坐运输工具,通过一定的交通线路从出发地到目的地的位移活动,构成客流,是人类地域之间社会、经济、文化联系的基本内容。

1. 客流的形成及发展

客流的产生主要取决于人口分布和经济发展水平以及交通运输的方便程度,社会因素和地域开发政策对客流也有很大影响。

客流的产生在过去多由商业贸易和政治、文化要求等引起,同时因民族迁移、新大陆和人口移动也使许多地域之间产生大宗客流。近代以来随着资源的广泛开发和工业布局的大规模展开,产生了有计划的人口移动,也产生了大量劳动力移动。

同时,生产领域的分工带来的人员在生产、经济、管理上的种种交流和联系日益频繁,以及旅游事业的大规模开展,也是大宗客流产生的原因。

此外,随着城市化进程的加速,城市地域不断扩大,工作地点与居住地点日益分离,产生了大量每日往返于市郊之间、甚至近距离城市间的通勤客流。

随着农村经济的发展,大量农村剩余劳动人员到城镇从业,产生了春去冬回或农闲外出、农忙返回的客流,这种客流具有明显的季节性和方向性,由于物质文化生活水平的不同,使不同国家和地区的客运量水平产生很大差异。

客流在时间的分布上是不平衡的,而在方向上,由于大部分旅客往返流动,从长期来说是比较均衡的,但从短期来说,客流在时间上的不平衡往往同时表现为方向上的不平衡。

2. 客流分布

在各个地域之间的旅客交流或在各种交通线路上的流量、流向、旅客构成、旅行距离,称为客流分布。各种类型的客流分布和动态变化规律是客流系统分析的主要内容。我国客流分布主要有以下几种类型:

① 公务客流。主要是政府、机关、企业部门职工出差、开会而形成的客流。这类客流是我国客流结构中最主要的组成部分,随着国家经济形势、政府有关政策而有较大的变化。

② 新定居地与原居住地之间的大宗客流。例如,在东北地区与河北省、山东省之间,新开发的工业基地与老工业基地之间等产生长期稳定的客流。

③ 节假日客流。多为职工、学生探亲、访友等。

④ 市郊客流。主要产生在大城市及工矿中心。市郊客流的方向,在居住地集中于市区而工作地位于郊区的城市,表现为早疏散晚聚集型;而工作地位于市区、居住地多在郊区的城市,呈现为早聚集晚疏散型。

⑤ 旅游客流。这类客流发展速度较快。我国自改革开放以来,无论国际旅游客流与国内旅游客流都有较大的增长。

客流的不均衡性表现在交通线上的客流密度的时间、方向和区段的差异。

3. 居民旅行指标与客运量指标

(1) 居民旅行指标

总客运量决定于居民人数及其旅行次数。居民旅行量的大小,不仅表征运输的发展程度,而且反映一个国家的经济发展水平和人民的物质文化生活水平。显示居民旅行量的指标有:

平均旅行次数:指每一居民的每年旅行次数。

平均出行里程:指每一居民每年所分摊到的人·km。

(2) 客运量指标

旅客发送人数:指办理客运的车站、港口、航空港在一定时期内全部始发的旅客人数。

旅客到达人数:指在一定时期内某一车站、港口、航空港到达的旅客人数。

4. 旅客运输量预测分析

客运量预测方法很多,基本上可以分为经济调查法、统计分析法、情景分析法3大类。各种预测的方法可以结合运用,互相验证,互为补充。

(1) 客运量调查法(经济调查法)

① 吸引区的划分。客运量调查以影响客运需求生成的主要因素为对象,调查的范围有直接吸引区和间接吸引区。直接吸引区是指车站所在地以及附近地区被车站直接吸引的城市和居民点的总区域。这个区域可以用垂直平分法先划分它的大致范围,再结合地形、交通条件、运输费用、在途时间等因素进行具体分析,经过修正,最后确定其吸引区的边界。间接吸引区范围亦称直通吸引范围,是指车站直接吸引范围以外,由铁路与其他交通工具联运而

被吸引的城市和居民点的总区域。间接吸引范围一般是按最短通路原则划定的。

② 调查的分类。客运量调查有综合调查、节假日调查、日常调查和专题调查等。全面的较大规模的客运量调查，通常以车站、港口、航空港站为单位，在其吸引范围内进行。铁路局、航运局、汽车公司、民航公司主要做重点地区的重点调查，汇总并分析各站上报的客运量调查情况。

经过调查不仅可以了解影响客运量变化的主要因素，而且可以直接计算某些客运量。

(2) 统计分析法

① 定额法。旅客按旅行目的可分为公务和私务旅行两类，根据统计资料，分别算出吸引区内各类人口在一定时期内的分类乘车定额，亦即通常所指的乘车系数或乘车率。然后，再分析计划期内在有关因素变化的基础上，确定出计划期间的乘车定额。

② 比重法。根据旅客运输量各组成部分占有的比重来进行分配，或者由某一组成部分在总运量中占有的比重来推算总运量和其他部分。比重与居民率乘车定额类似，不是固定不变的，预测的时间越长，可能变化的幅度越大。

③ 相关法。从客流与其相关因素的联系中去研究它们之间的变量关系。用相关法预测客运量的基本步骤是：首先，从定性分析着手，选取对客运量影响最大的因素作自变量；其次，选取最能真实反映自变量与因变量相关联系的数学方程式，并用最小二乘法求解方程式中的未知参数；最后，对所得方程的相关程度和预测效果进行统计检验。

④ 趋势外推法。把动态数列的变化视作时间的函数，未来一定时期内，旅客运输量的动态不背离过去的发展趋势，是趋势外推法应用的前提。动态数列有直线、曲线等多种表现形式，其参数可用最小二乘法或其他数学方法求解。

(3) 情景分析法

情景分析法是系统分析法的一种分析方法。它的基本特点是对一个地区、一个车站、一个港口等进行客运量生成的情景分析。此外，进行客运量情景分析还可以结合相似案例进行对比分析，即把全国或世界相类似的地区、城镇的客运量增长与预测的对象进行对比分析，最后通过对比研究，再经过情景分析而确定客运量规模。

由于中、长期预测的时间较长，其间事物发展难免与预测时掌握的情况不同，为此，要根据出现的新情况，通过反馈调节，逐期修订预测方程和参数，同时也包括对预测数值的修订。

二、货流系统分析

国民经济各个生产部门、物资部门、销售部门在一定时期提交给交通运输部门完成的货物运输任务，称之为货物运输量。交通运输部门生产的产量指标是用货物运输量（简称货运量）和货物周转量表示。

一定时期内，交通运输部门实际运送的货物吨数即货运量，它是考核交通运输部门完成运输任务的程度，也是从一个侧面反映交通运输业为国民经济服务的数量。

1. 货流的形成

货流是工农业之间、城乡之间、各地区和各企业之间经济联系的体现。随着国民经济发展水平的不断提高，随着对外开放政策的贯彻，国内和国际间经济、物资、产品的交往必定日益增加，随之而来的货流也必然日益增长，从而使货流的数量、品类、方向、布局以及运送的条件都不断地变化和发展。深入研究一个国家、地区、一条线路的货流规律，是交通运输系统分析的重要内容。

2. 影响货流的主要因素

(1) 资源分布、工农业布局和消费区的分布、规模，对货流的流量和流向起到决定性作用

(2) 地域的经济部门结构、企业组合程度及规模是影响货流构成、流量、流向的重要因素

单个企业布局的大型矿区往往外运货流品种少、数量多，而内运货流很少，造成方向上的不均衡。如果在这类矿区布局联合企业和成组企业，则货流品种较多，流量视其生产规模而定，方向上的不均衡程度即可减少。

(3) 农业布局对货流的影响主要取决于商品性农业生产的布局

商品化程度高的农业区，其外运货流的品种、数量较多，而商品化程度低的农业区则较少。至于运入的货流，两者均以农业机械、化学肥料等生产资料为主。

(4) 生产地和消费地的地域结合状况决定货流的大致距离

生产地少、消费地多的货物，其货流距离一般较长，如煤炭、石油、钢铁、木材。而生产地多、消费地也多的货物，其货流距离则较短，如矿物性建筑材料。此外，产品的生产季节性和消费季节性强的货物则直接影响到货流的季节性。

(5) 交通运输布局决定货流的具体流量、流向、构成、路径和距离

当生产地和消费地之间具有两种以上的运输方式和线路时，由于它们的技术经济特征和运输能力不同，则直接影响货流在各种运输方式上的分配，如我国的四川省运往上海或由上海运往四川省的物资既可由中路的长江下运或上运，也可由北路的宝成、陇海、京沪铁路运达，还可由南路的川黔、湘黔、浙赣、沪杭铁路运达，从而影响到相关交通运输网上货流的分布。

在各条交通运输线路上，货流密度是有明显区别的。货流密度与该线输送能力比较，可以反映出某一线路或区段输送能力的负担和利用程度，它是研究旧线改造标准和新线建设等级的经济依据。

3. 货流合理化

(1) 合理的生产布局是进行货流合理化的基础

工业布局一般应尽量接近原材料、燃料产地和消费区。在二者不可兼顾时，消耗原材料多的工业应靠近原材料基地，消费燃料多的工业应靠近燃料基地；产品与原料相比，产品运费高，运输困难的工业应配置在消费地；原料来源广泛、产品需要地也广泛的工业应根据各地需要量妥善布局，以减少过远货流。配置工业时，要重视资源综合利用，发展联合企业和综合性工业基地，以减少过远货流与对流货流。对矿产品进行洗选和初步加工，提高外运产品质量，则可减少和消除无效货流。

(2) 运输网合理布局是实现货流合理的物质基础

交通运输网布局合理,包括空间分布合理(线网分布和能力分布)和结构布局合理,要把工业点和城镇科学地组织到运输网服务范围内。结构布局合理,即各种运输方式结构合理、干线支线结构合理、设备结构合理、能力结构合理。同时,也要求货流分配要合理,即合理使用各种运输方式,充分发挥各种运输方式的优势,充分把运输网合理地利用起来,发挥运输网的社会效益。

(3) 物资调拨组织与物资分配组织要结合货流合理化

国家重要物资的分配与调拨,一般是由各工业部门与物资部门负责,它们不进行运输组织,而是下达调拨与分配计划(包括品类、数量、物资来源和调往地点)。因此,如何在调拨与分配物资时考虑货流合理化,即结合交通运输网布局和产销地区分布,从节约社会劳动、提高社会效益的原则安排好调拨运输计划,这是实现货流合理化的保证。

货物运输系统合理化系统分析如图 5.4 所示。

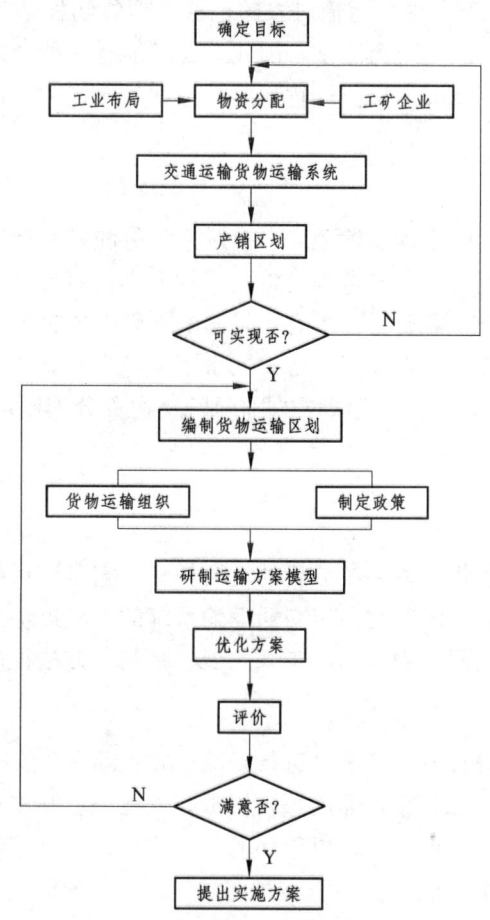

图 5.4 货物运输系统合理化系统分析

4. 货物运输系统分析指标

货物运输的运量、运程、流向,对运输工作量、运输时间、运输费用以及运输的合理与否,产生直接影响,具体反映在交通运输系统的货物运输工作的数量和质量指标上。

货物运输量是交通运输部门的基本产量指标。从全国来说，货运量就是货物发送吨数。

（1）货物发送量

货物发送量是指一定时期内（年、季、月、旬、日），车站、码头、港口、航空港以及相关的运输企业所承运发送的全部货物吨数。国家运输计划所规定的铁路、水运、公路、民航等运输部门的货物运输任务，通常就是规定一年（分季）或一个月的货物发送吨数。

（2）货物发送吨数

货物发送吨数是指在一定时期内到达某一车站、码头、港口、航空港的货物吨数。这个指标的计算方法与发送量相同，可按货物类别汇总。

（3）货物周转量

货物周转量是指一定时期内全国或一个运输企业在货运工作方面所完成的货物运输 $t \cdot km$。运输生产的效用在于实现被运输对象的位移，但货物发送吨数只能反映交通运输部门所运货物的数量，不包括运输距离因素，因此，还必须有一种全面反映运输数量和运输距离的复合产量指标，而以 $t \cdot km$ 为单位的货物周转量就是这样的一种以运量与运程相乘而得的复合产量指标。

（4）货物平均运程

货物平均运程是指货物的平均运输距离，表示平均每吨货物运送多少千米。货物平均运程的大小，不仅直接关系到货物周转量和运输费用的大小，而且对车辆的周转速度、货物的送达时间和国民经济流动资金需要量，都有重要影响。影响货物平均运程的因素主要有：工业布局和资源综合利用的程度、各地区经济发展水平及各类产品的自给能力、运输网服务的领域及运输网的密度、各种运输方式线网的协调以及物资分配制度、调运方式和运输组织水平。

5. 货物运输量预测分析

货物运输量预测，是货物运输系统分析的重要任务。它是运用科学的方法和计算机手段对未来运量发展做出预测和判断，为制定交通运输系统的发展提供运输量依据。

科学的预测方法帮助人们认识事物的未来发展，预测的方法很多，大致可分为4类：

（1）经验判定法

主要靠人们的经验和综合分析能力来进行预测。诸如运输系数法、产值系数法、定额法、递增率法、类比法以及比重法、德尔菲法等，均可归入此类。利用这类方法进行近期预测有一定的可信度，但如进行中长期预测，由于环境条件的变化，仅靠经验推导就不完全符合实际而需采用其他的预测方法。

（2）趋势外推法（时间序列法）

利用过去的资料预测未来状态。过去与未来之间的联系，是建立趋势外推法的基础。这类方法简单易行，只要有过去的可靠资料，即可对未来进行预测。归入此类的方法有：移动平均法、加权移动平均法、指数平滑法。它们在短期和中期预测中用得较多，使用时要求历史资料有一定发展趋势，且要求未来的趋势与过去的趋势相类似。

(3) 因果法

利用事物之间的因果关系来预测未来。回归分析（包括一元回归、二元回归、多元回归分析等）、相关分析法等都属于这一类。它是根据与货运量直接有关的国民经济指标的相关关系，运用历史统计资料以及预测期的相关指标建立回归方程，据以测算预测期年度的运量水平。

(4) 其他方法

包括投入产出分析等。

此外，还有专题货运量预测方法，即对一条线、一个枢纽进行专题货运量预测。如，对这条线上有若干产生货运量专项因素，由于这部门因素很难用数学方法描述，为此，根据该线、该枢纽的特点分别用不同的方法确定其影响货运量的单项参数，分别对各区段的运量做出调整。

上述分析了货运量预测的定量分析法，但需要指出：预测的定量分析和其定性分析是密不可分的。没有定性分析就不可能对定量分析给予科学解释，而定量分析有助于证明发展趋势的数量指标。预测的方法是否科学，最终得根据它与实际符合程度大小来检验。

第四节 交通运输供给分析

一、交通运输供给的特点

供给函数在经济中定义为供给者在市场上以某一价格愿意提供的货物运输服务。因而它和需求函数一样，也是描述价格和货物量之间的关系。这一定义在经济分析中很适当，因为其中价格确实是影响消费最重要的供给变量。然而在运输系统中，供给却有其特殊性。

1. 在交通运输系统中，有时供给者并不十分明确，因而不便于清楚地研究供给者行为

例如，在城市间的公路运输中，在这样大的和集结的规模下，对任何特定的交通行为都无法识别给定价格下的适当的能力供给者。实际上，对公路运输而言，如果不收过路费，公路的使用者是通过税收等间接地支付费用。

2. 在交通运输系统中，供给的一些非货币特征相对于运营者收取的价格来说也是非常重要的

在很多运输方式中运行时间都是供给中最重要的一个因素。经济学理论中并没有提供现成的和满意的分析运输供给中诸多特征的方法，而诸如运行时间、运输服务的可获得性等因素对于使用者来说更为重要。

3. 很多确定交通运输供给的特征是使用者而不是供给者行为导致的结果

很多直接影响交通流的运输服务水平和重要特征取决于使用者如何使用已有的运输系

统,而不能认为是仅由供给者决定的供给特征。例如,在城市交通中,运行时间主要由出行者的路径选择所决定。在农村公路系统中,运行时间和车辆成本主要取决于速度,这在很大程度上是由司机制约的。

从上述交通运输供给的特点来看,将运输供给严格限制在经济学中,即理解为一定价格下的市场货运服务供应量的概念是不合适的。为了进行需求分析和交通量预测,我们考虑由一组真正发生的对运输活动的特征和数量有影响的运输系统特征来定义供给。这一推广超出了以货币表示的运输成本和价格,它包括了其他直接或间接地代表消耗在运输中的资源的特征,尽管它有时无法定量或转化为货币成本。这一组特征的选择依赖于所考虑的不同运输方式。因而在城市小汽车交通系统中,运行时间、成本、延候、停车费和可达性等就足以描述运输供给了。而在航空客运中,运行时间、票价、地面交通费、机场延误、机型、服务频率、时刻表、服务质量等是运输供给的必要描述量。没有必要遵循统一的模式给各种运输方式定义供给,这样的统一模式容易复杂化并且有可能忽略运输分析的重要特征。

二、交通运输供给的影响因素

运输供给特征的改善有赖于 4 个主要影响因素:

1. 技　术

运输系统的技术特性影响它的行为。特别是,系统的运营成本在很大程度上取决于所使用的技术类型。运输的能力和速度也直接受技术的影响。

2. 运营策略

用技术来提供运输服务的方式,即运营策略,取决于运营者的行为和目标。例如,为了适应交通量的增加,系统扩能策略对于像航空、铁路这样按时刻表运行的系统来说对供给特征的影响很大。运营者的行为也决定了运营成本被还原的程度及还原的方式。这是将运营成本转化为使用者成本(函数)的一种价格机制。

3. 政策机构的要求和限制

运营策略和价格政策常常要受到政府的调节和限制。例如,在一个被调节的运输系统中,运营者能够使用的价格策略可能是由政策机构制定的,有时使用的设备类型也由政策机构确定。市场结构也可能会产生类似的影响。例如,在竞争和垄断的情况下可能有不同的价格政策。

4. 使用者行为

运输供给的有些特征取决于运输系统中使用者的行为。货主选择的运输服务方式常常决定了货运总成本,货主可选择不同的存储量、批量、频率和包装方式。市内旅客也可以通过选择路径、速度以及交通工具来影响供给特征。运输供给影响因素分析示意图如图 5.5 所示。

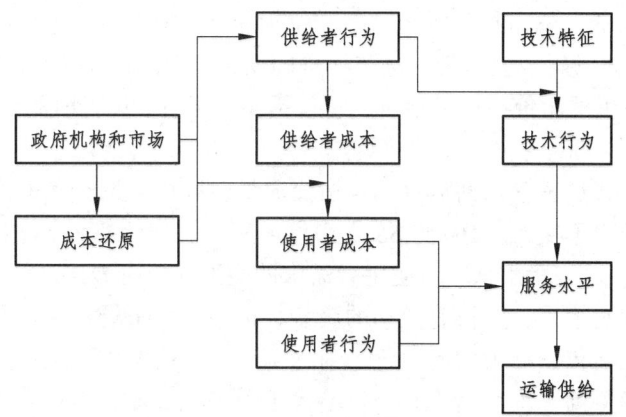

图 5.5 运输供给影响因素分析

为了弄清楚它们之间的相互关系，必须认清供给者、运营者、使用者和调节者 4 者之间存在的功能层次关系。这一功能层次从供给者开始，它的技术基础决定了要提供的运输类型，接着是运营者，它依据交通量和系统环境运用的调节这种技术。最后，使用者接受这种运输服务。所有这 3 者的行为都受调节者的影响。这一功能层次也适用于成本和其他服务水平特征。供给者的成本将影响运营者的成本，运营者的成本将影响使用者的成本。所有这些成本，以及它们之间的关系都受第 4 种因素——调节者的影响。

第五节 交通运输供需均衡分析

一、运输供需均衡中的基本变量

在运输系统分析中，定义 3 个基本变量是：

运输系统，即运输系统的设备、运输方案；

活动系统，也就是与运输系统相关的社会经济系统的活动形式；

运输系统中流（交通流）的形式，包括流的起点、终点、路径和通过系统的客货流量。

① 运输系统中流的形式由运输系统和活动系统来决定。

② 现行的流的形式随着时间将引起活动系统的变化，通过所提供的运输服务和提供这些运输服务所消耗的资源来体现。

③ 现行流的形式也引起了运输系统的变化，相应于现有的或预测的流，企业或政府要发展新运输服务设施或改进现有的供给服务。这些相互作用关系是通过"平衡"来定量描述的。

均衡分析中的基本变量如图 5.6 所示。

二、供需静态均衡分析

均衡运价和均衡交通量的变化关系如图 5.7 所示。

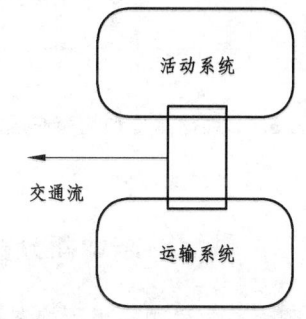

图 5.6 均衡分析中的基本变量

DD 与 SS 分别代表运输市场的需求曲线和供给曲线。根据运输市场的需求规律和供给规律，DD 自左向右下方倾斜，表示需求量与运价的变化相反。SS 曲线自左向右上方倾斜，表示供给量与运价（这里的运价为广义运价，它包括实际运价、运行时间、舒适性、可达性等）的变化相同。

在采用均衡分析方法考查均衡运价和均衡交通量时，由它们代表的需求状况和供给状况是假定为已知的和既定不变的。DD 与 SS 之交点 E 表示：当价格为 EQ（$=OP$）时，供给者愿意供给的能力（由 SS 表示出来）和使用者需求的交通量（由 DD 表示出来）恰好相等，这时运价在这个高度固定下来，不再有变动的趋势，称为运输市场达到均衡状态。这种使得需求量与供给量相等的运价，称为均衡运价，与均衡运价相应的供应量称为均衡能力。

可以看出，当运价高于均衡运价时，供给大于需求，运输能力过剩；反之，当运价低于均衡运价时，需求大于供给，运输能力紧张。

DD 与 SS 是原来的运输需求与供给曲线，由此决定的均衡运价是 OP，均衡交通量是 OQ。

假设供给状态不变，但由于本地区人口增多、经济增长和人均收入的增加，使得人们的交通需求增大了，这就是说，需求状况发生了变化，这表现为需求曲线向右上移动至 D_1D_1。显然，有 D_1D_1 和 SS 所决定的均衡运价，将由 OP 升为 OP_1，均衡交通量则由 OQ 增为 OQ_1。若要想是均衡价格不变，只能是扩大运输系统的能力，增加供给。

再假定需求状况不变，但由于生产技术的提高，或产生要素价格的降低，例如，铁路运输线路的电气化改造，公路运输采用大吨位，低能耗的车型等，而使供给状况发生了变化，这表现为供给曲线向右下移至 S_1S_1 的位置，与每一运价相应的供给量较前增加。S_1S_1 与 DD 交于 R' 点上，与 D_1D_1 交于 R_1' 点，可见，DD 与 S_1S_1 所决定的均衡运价 $R'Q'$ 比 OP 低，而均衡交通量 OQ' 则比 OQ 增加。

可以看出，当需求和供给都增加时，即需求曲线 DD 移至 D_1D_1，供给曲线 SS 移至 S_1S_1，均衡交通量将增加很多，新的均衡运价则可能高于也可能低于原来的均衡运价。运输需求与供给的变化与均衡运价和交通量的变化关系如图 5.8 所示。

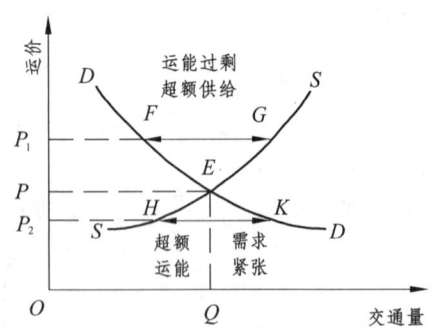

图 5.7 均衡运价和均衡交通量的变化关系

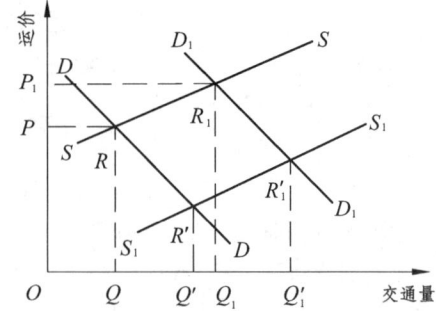

图 5.8 运输需求与供给的变化与均衡运价和交通量的变化关系

三、供需动态均衡分析

前面首先说明了采用静态分析方法时均衡运价和均衡交通量如何决定的问题，然后说明被假定为给定的需求状况和供给状况发生变化时，相应的均衡量的变化，但并不论及从原来的均衡到达新的均衡点的发展变化过程，故称为静态均衡分析。

同静态均衡分析不同，动态分析是研究供给的发展变化过程的。下面以出租汽车运输系统的供给与需求和运输市场上运价的相互作用为例，来说明运价和交通量在运输市场上随运价而变化的供求两种力量的相互作用下，在动态的时间序列中出现的发展变化过程。

图 5.9、图 5.10、图 5.11 中 $S_t = f(P_{t-1})$ 表示出租汽车运输系统的供给量。出租汽车运输系统的供给量的变化主要取决于进入运输市场的出租车的数量和运输能力，因为城市道路在一定时间内是相对稳定的。$D_t = f(P_t)$ 表示市场对出租车运输的需求。供给量（S_t）、需求量（D_t）和运价（P_t）这 3 个变量的下标附以时间变量 t，表示它们在时间 t 的值。

在动态分析中，我们知道本时期的供给量是由上一期市场价格和需求所决定的。例如，若上一年运价和需求决定的均衡供给量大于实际的供给量，也就是运能紧缺，因而运价上涨将导致下一年运输系统的能力的增加，反之亦然。

从理论上讲，上例的动态变化途径及趋势可以有 3 种不同情况。每一种情况取决于供给曲线的斜率与需求曲线斜率这两者的对比关系，或者换句话说，每一种情况取决于供给的运价弹性与需求的运价弹性这两者的对比关系。

第一种情况，供给曲线 S_t 的斜率大于需求曲线 D_t 的斜率。在此场合，运价变动引起的需求量的变动大于运价引起的供给量的变动，因而任何超额需求或超额供给只需要较小的运价变动即可消除，在此情况下，运价和交通量变动的时间序列是向平衡点收敛的，称为动态的稳定均衡，如图 5.9 所示。

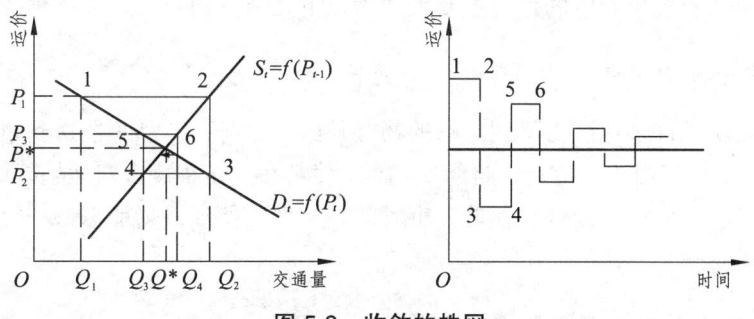

图 5.9　收敛的蛛网

第二种情况，供给曲线 S_t 的斜率小于需求曲线 P_t 的斜率。在此情况下，一旦出现失衡后，继后各年的供应不足或供应过剩的波动幅度，以及市场实际运价的起伏幅度，都越来越和均衡值相背离，因而运价和交通量的变动时间序列是发散的，称为不稳定均衡，如图 5.10 所示。

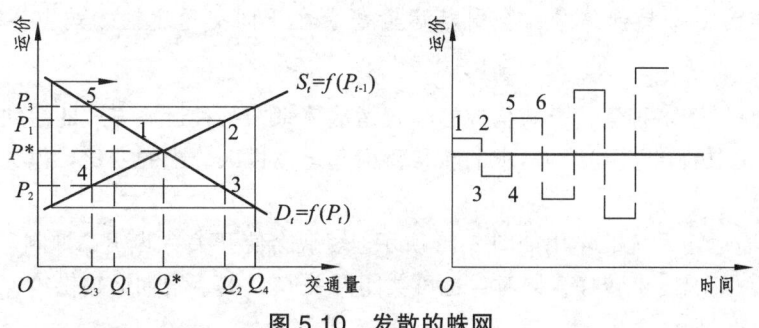

图 5.10　发散的蛛网

第三种情况，供给曲线 S_t 的斜率的绝对值与需求曲线 D_t 的斜率的绝对值恰好相等。当初始状态偏离均衡状态后，继后各年的运价和交通量的变动序列，将表现为环绕其均衡值永无休止循环往复地上下波动，波动的幅度既不扩大也不缩小，如图 5.11 所示。

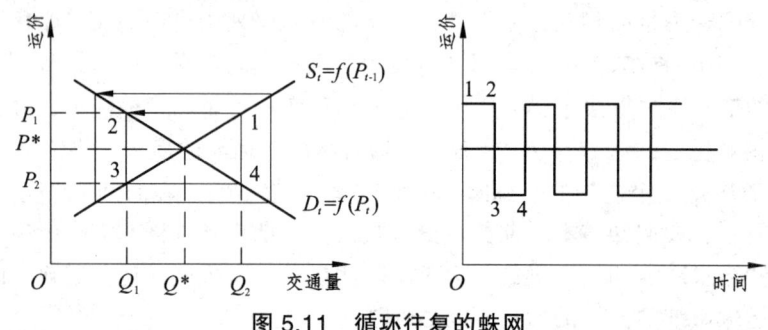

图 5.11　循环往复的蛛网

四、供需均衡与短缺

在完全自由竞争的市场经济中，运输市场均衡左右着运输系统内、外部关系。但是，对于有一定计划性质的市场，对于交通运输这样一种基础设施的建设，还有运输短缺的因素在其中发挥着相当重要的作用。

短缺作为需求与供给差异的一种表征，反映了一定经济条件下生产不能满足需求的滞后现象。运输短缺在宏观控制中的作用主要表现为以下几个方面：

1. 短缺作为供给约束，制约着经济的增长

运输短缺表明了许多地区得不到足够的物资补给，自身的产品不能送到市场，而使经济蒙受损失。但经济系统由于其活动的自组织功能，使其在一定程度上对运输短缺有消化能力，如通过技术进步、产业结构的调整，地方市场的开拓等，使经济仍能保持一定的增长势头，但这些调整是要花一定代价的。

2. 短缺作为非价格信号影响着运输的投入

影响运输资金分配的重要信号之一就是短缺。短缺越严重，投资计划被接受的可能性就越大。对于投资决策，短缺信号的作用有一个时间延迟，同时，存在一个容忍阈值，即当只有短缺到达或超过一定限度后，才会引起投入的增加。

3. 短缺作为一个局部信号，会引起运输需求在不同交通运输方式中实现替代或
   转移

运输系统是一个多种运输方式构成的综合运输体系，某种运输方式的短缺，将引起运输需求在运输方式中的转移，这种需求的转移将引起运输投入分配的变化，也会改变运输系统的格局。

短缺对交通运输系统的作用如图 5.12 所示。短缺会使开关 A 断开，抑制需求膨胀，也可以关闭开关 B，实现需求转移，同时，也可关闭开关 C 或 D，增加运输供给，扩大对运输需求的消化能力。

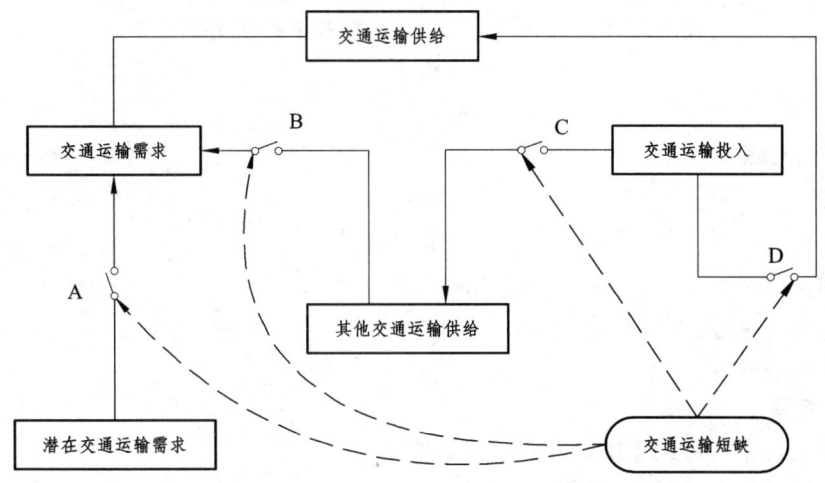

图 5.12 短缺对交通运输系统的作用

习　题

一、单项选择题

1. 运输系统综合运输能力是系统内所有设备合理匹配、有机结合，通过科学组织所能够承载的（　　）。
   A. 移动设备能力　　　　　　　　B. 固定设备能力
   C. 最大客货输送能力　　　　　　D. 最大客货通过能力

2. 货运量在空间上的分布取决于（　　）。
   A. 工农业生产布局　　　　　　　B. 人口分布
   C. 消费水平　　　　　　　　　　D. 地区经济发展水平

3. 当需求和供给都增加时，均衡交通量将比原来增加很多，新的均衡运价的变化情况是（　　）。
   A. 比原来的均衡运价高　　　　　B. 比原来的均衡运价低
   C. 与原来的均衡运价相等　　　　D. 不确定

二、多项选择题

1. 交通运输需求结构包括（　　）。
   A. 需求的空间分布　　B. 需求的主次分布　　C. 需求的时间分布
   D. 客运需求结构　　　E. 货运需求结构

2. 运输供给由 3 个主要供给元素组成，包括（　　）。
   A. 供给的限制因素　　B. 运输系统的特征　　C. 政策机构的要求
   D. 对运输环境的影响　E. 运输消耗

3. 运输系统的特征是指表征运输系统内涵性能的量，包括（　　）等。
   A. 旅行时间　　　　　B. 运输能力　　　　　C. 运行区间
   D. 运营费用　　　　　E. 运输效率

4. 客流的不均衡性表现在客流密度在（　　　）等方面的差异。
A. 时间　　　　　　　　B. 客流构成　　　　　　C. 方向
D. 区段　　　　　　　　E. 地域

三、名词解释
1. 交通运输需求
2. 运输需求分析
3. 平均旅行次数
4. 平均出行里程
5. 旅客发送人数
6. 货物周转量
7. 货物平均运程
8. 客流密度
9. 客流分布

四、简答题
1. 交通运输需求与交通流量之间的关系如何？
2. 运输供给包含哪两个方面的内容？
3. 从运输需求作为派生性需求的特性，我们可以获得哪些启示？
4. 运输需求与运输供给的关系如何？
5. 影响客运量变化的主要因素有哪些？
6. 影响货物运输量生成的主要因素有哪些？
7. 经验判定法的预测原理是什么？其适用性如何？
8. 趋势外推法的预测原理是什么？其适用性如何？
9. 预测中的定量和定性分析有什么关系？
10. 交通运输供给与一般产品和服务的供给有什么不同？
11. 运输系统、社会经济活动系统以及交通运输流三者之间的关系是怎样的？
12. 运输短缺在宏观控制中有什么作用？

五、论述题
1. 怎样理解交通运输需求的多样性和复杂性？
2. 举例说明客流在不同运输方式间的分配受哪些因素的影响？
3. 举例说明货流合理化的主要内容有哪些？
4. 举例说明运输供给特征的改善受哪些因素的影响？它们之间的关系如何？
5. 从理论上讲，运价和交通量的动态变化途径及趋势可以有3种不同情况，这3种情况有什么不同？是什么原因造成的？

系统篇

第六章 交通运输通道系统分析

📖 **本章导读：**

新亚欧大陆桥

大陆桥是一种以铁路为运输工具，跨越大陆，连接太平洋和大西洋两大洋的国际大型集装箱海陆联运通道。新亚欧大陆桥是东起我国的日照、连云港等太平洋西岸沿海港口城市，西行出境穿越哈萨克斯坦等中亚地区，经俄罗斯、白俄罗斯、乌克兰、波兰、德国等欧洲国家，抵达大西洋东岸的鹿特丹、比利时的安特卫普等欧洲口岸，横贯亚欧的中国、俄罗斯等独联体国家、波兰、德国、荷兰，沿线辐射30多个国家和地区，全程长达10 800 km左右的一条运输通道。

一、新亚欧大陆桥运输通道竞争力分析

所谓新亚欧大陆桥运输通道的竞争力，主要是指作为一条路桥运输通道，新亚欧大陆桥与西伯利亚大陆桥相比，其优势与劣势所在。作为新生的第三条大陆桥，从理论上讲，新亚欧大陆桥在交通便利程度和运送货物量上与其他大陆桥、空运和海运路线相比都应更具竞争力。它在许多方面表现出一定的优势，使其成为极具潜力的一条运输通道。但是，由于发展得不够成熟，和西伯利亚大陆桥相比，新亚欧大陆桥的优势却表现为劣势，严重制约了它的发展。

1. 优势分析

（1）运输距离短

西伯利亚铁路的运输里程为 11 880 km。新亚欧大陆桥大大缩短了运输里程，其运输里程仅仅 10 870 km，新亚欧大陆桥比西伯利亚大陆桥到欧洲近 900 km，到中亚近 2 700 km。
它使亚欧之间的货运距离比西伯利亚大陆桥缩短得更为显著，从远东到西欧的货物（从日本，韩国至欧洲），通过新亚欧大陆桥，水陆全程仅为 12 000 km，比绕过好望角的海上运输线缩短运距 15 000 km，比经苏伊士运河的海上运输线缩短运距 8 000 km，比经巴拿马运河的海上运输线缩短运距 11 000 km，比经北美大陆桥缩短运距 9 100 km。

韩国、日本、中国到中亚国家的货物走新亚欧大陆桥比西伯利亚陆桥要近 3 000 km，到欧洲的货物走新亚欧大陆桥比海运缩短距离上万公里。我国到欧洲的新亚欧大陆桥物流运输通道，经新疆阿拉山口口岸至中亚各国及欧洲地区，其运距比经西伯利亚陆桥通道可缩短的 2 000 km 路程，比海运距离缩短了上万千米，运行速度也比海运快。

（2）地理位置和气候条件优越

整个陆桥避开了高寒地区，港口无封冻期，自然条件好，吞吐能力大，东端桥头堡自然条件好，位置适中，气候温和，一年四季可不间断地作业。西伯利亚大陆桥的桥头堡纳霍德卡港为季节性港口，冬季严寒风大，作业有困难。在其对面建设的东方港，由于深水条件好一些，有掩护屏障，冬季作业条件有所改善。

（3）辐射面广

西伯利亚大陆桥的吸引范围，东段由最初的日本，发展到韩国、菲律宾、东南亚、香港、台湾等国家和地区，西段从英国扩展到整个欧洲大陆和伊朗、中东各国。由于新亚欧大陆桥横贯亚欧大陆中部，具有更广阔的吸引区域。东端除能吸引东亚和东南亚诸国的集装箱货物运量外，西端还能辐射北欧、西欧和东欧诸国。同时，经阿拉木图、塔什干南下，还可达中亚各地，以及伊朗、土耳其、伊拉克等国。

新亚欧大陆桥在我国境内长约 4 131 km，国内段西行途径江苏（连云港、徐州、淮安、盐城、宿迁）、安徽（淮北、阜阳）、河南（商丘、开封、郑州、洛阳、许昌、焦作、三门峡）、陕西、甘肃、新疆等 6 省区，周边毗邻山东、山西、湖北、四川、青海、宁夏和内蒙古等地，辐射地域近 360 万 km^2，约占国土总面积的 37%，区域内人口约 4 亿，约占全国总人口的 30%。

此外，日本、韩国、东南亚各国、一些大洋洲国家和我国的台湾，港澳地区，均可利用此线开展集装箱运输。

2.劣势分析

（1）运费高

从整体来看，新亚欧大陆桥的每千米运费 0.142 美元/TEU，远高于西伯利亚大陆桥及海运。加上中哈过境换装费较高，铁路段运费每箱比西伯利亚陆桥高 160 美元左右。为了发展大陆桥过境运输业务，从 2001 年开始，国家对大陆桥过境运输已经取消了双倍付费。可即便如此，新亚欧大陆桥运费仍远远高于西伯利亚陆桥。

（2）运输速度慢，日运行距离短

在国际贸易中，运输的速度因素越来越重要。新亚欧大陆桥全程虽短，但需增加装卸次数，与西伯利亚大陆桥相比，运输速度缓慢。新亚欧大陆桥从连云港到莫斯科平均运行 26 天，到鹿特丹需要 30 天，而西伯利亚陆桥的运行时间分别是 10 天、14 天。前者日均运行公里数大大小于后者。

（3）铁路运力紧张

铁路运力紧张造成的货物滞留成为造成新亚欧大陆桥业务流失的一个重要原因。仍以新疆铁路为例，货运量和货物周转量自 1992 年亚欧大陆桥开通后，几乎是呈直线上升的，而铁路营业里程却并没有随之增长,至 1999 年才有了近一倍的增长。这使得新疆铁路尤其是北疆铁路运力日益紧张,运输能力利用几乎已经到达 100%,大大地影响了欧亚大陆桥过往货物的速度。

(4) 口岸通关能力弱

口岸工作效率是影响大陆桥运输效率的重要因素。大陆桥运输至少要经过 4~5 个国家的陆地和海运口岸。据统计,目前货物在口岸的平均滞留时间占全程运输时间的 30%,在口岸滞留的时间中,由于单证、海关查验等原因占 60%,运力衔接等其他原因占 40%。

铁路基础设施建设滞后,致使换装和通关程序繁杂。新亚欧大陆桥通过 7 个国家,涉及两种铁路轨距:中国境内为准轨,占陆桥全长的 37.6%;独联体三国境内为宽轨,占 48.8%,波兰、德国、荷兰三国又是准轨,占 13.6%。在运输全程需要两次换装,多次代理,导致新亚欧大陆桥行车平均速度慢,运费高,货物在口岸长时间滞压和缺损。

另外,口岸的通信设施条件差,不能满足现代信息的通信要求,口岸信息沟通不及时,口岸国之间的信息交换及与代理间的信息沟通机制不健全也是口岸滞留时间长的一个重要原因。这些繁杂的通关手续直接影响了口岸的通关能力和货物运行速度,需要进一步改善。

(5) 信息服务能力差

对于大陆桥运输来说,由于距离长、运输环节多、不确定因素多,随时了解自己货物的运输状况就成为客户的基本要求,可在这项服务方面,新亚欧大陆桥与西伯利亚陆桥存在相当大的差距。

新亚欧大陆桥至今还没有可与主营经营人接口、供用户查询的系统,也不能实现客户网上查询的要求。中国的海运、港口、铁路、口岸等大陆桥运输部门的信息系统之间缺乏有效连接和沟通,也缺乏对外提供信息服务的基本制度。相比之下,西伯利亚大陆桥这方面的服务要完善得多,经营企业可依托铁路方提供的信息系统与船公司、港口、俄罗斯交通部的信息联接,每天向客户报告几次集装箱或车辆的运行状况,或通过互联网查寻到货物在运输途中的位置和状态的信息。

二、提高新亚欧大陆桥运输通道竞争力的对策建设

针对新亚欧大陆桥存在的问题,需要对症下药,发扬优势,改善其不足之处,使新亚欧大陆桥真正成为一条对亚欧大陆经贸活动发挥巨大作用的现代"丝绸之路",进而对沿线经济产生强大的发展动力。

1. 调整运输价格,降低运输成本

建议建立统一的大陆桥运价协调机制,根据国际运输市场的变化,协调各国、各环节的运输费率。同时建议国家减免新亚欧大陆桥运输的铁路建设基金和其他税费,以达到降低运输成本的目的。应调整北疆铁路段过高运价至国内同网运价标准。

2. 改善铁路运力

通过加大投入、对传统铁路进行技术改造、不断提高火车速度、增设铁路复线等措施改善铁路运力。同时,根据北美、俄罗斯大陆桥运输的实践经验,运行稳定、可靠、快速的集装箱直通班列是吸引客户的最好方式,国际铁路联盟正在积极推行中国—欧洲—东北美通道运输方案。建议统一新亚欧大陆桥全线轨距为 1 435 mm 的标准轨道,以使中国、哈萨克斯坦、俄罗斯、欧盟等国的铁路、海关和有关部门能够尽快达成开行中国—欧洲的集装箱直通班列协议。

3. 加快口岸换装，压缩口岸滞留时间

目前我国政府已建立了由海关总署牵头，商务部、公安部、质检总局、交通运输部参加的提高口岸工作效率的联络协调机制，实行口岸"大通关"工作，推进口岸电子执法系统（金关工程）。这些措施已取得了明显成效。铁路部门也在认真贯彻执行国务院为提高口岸工作效率而制定的一系列方针政策，加快完善信息系统，加速铁路通道现代化建设，加强同各国铁路的密切合作。

4. 加强信息化建设，改善服务水平

建议铁路有关部门对新亚欧大陆桥沿线的运输货车和集装箱进行跟踪，定期通过互联网发布货车和集装箱的途中运输状况信息，提高新亚欧大陆桥运输信息服务水平和竞争力；搭建与主营经营人接口、供用户查询的系统，实现客户网上查询的要求，力求实现可以每天向客户报告几次集装箱或车辆的运行状况，或通过互联网查寻到货物在运输途中的位置和状态的信息。保证中国的海运、港口、铁路、口岸等大陆桥运输部门信息系统之间的有效连接和沟通，制定对外提供信息服务的基本制度。应建立过硬的大陆桥运输监控系统，力求实现多国大陆桥联运跟踪系统联网。

5. 加强沿桥各国国际运输的协调

目前中国政府建立了"新亚欧大陆桥协调机制"，该协调机制运行良好。建议在国务院新亚欧大陆桥国际协调机制内，效仿西伯利亚大陆桥，设立由我国政府牵头，由沿桥国家特别是中亚国家共同参加的、高层次的、政府间的"新亚欧大陆桥国际运输协调委员会"，定期磋商解决各种问题。同时组建统一的运输集团，制定新亚欧大陆桥铁路运输一体化的促进政策，就保证新亚欧大陆桥运输通道的安全、畅通、便利，提高通道的竞争力制定有关政策，为大陆桥相关国家、国际组织和部门之间相互沟通和协商提供交流平台，监督有关政策的执行，协助解决大陆桥运输中的问题和矛盾。

第一节　交通运输通道的基本概念

交通运输通道理论是20世纪60年代在发达国家交通运输界新兴的交通运输理论。它是以交通运输系统思想和理论为指导，综合了系统科学理论、交通运输经济学和交通运输地理学而形成的一个新的理论。主要研究客货交通运输及交通流（客流、货流、车流、船流和航空流）形成的经济地理基础，运输网络和交通枢纽的合理布局，特别是交通运输密集地带内交通运输结构的合理配置。这种理论在交通运输业的发展进程中诞生，并不断得到充实和完善，如今已成为对交通运输具有指导意义的理论体系。

一、交通运输通道的概念

19世纪以来，世界各国先后进入现代化交通运输的发展历程，建成了由5种交通运输方式组成的交通运输体系。但是，由于缺乏系统规划，各种交通运输方式发展很不均衡，交通运输系统不能发挥应有的作用。20 世纪 60 年代，一些发达国家的交通运输经济学家在总结本国交通运输发展的经验基础上，提出了从交通运输系统观点出发来研究交通运输的合理性问题，以便充分发挥各种交通运输方式的优势。他们通过研究认为：要解决好一个国家交通运输系统中存在的问题，关键是要大力开发和建设各具特色的交通运输通道。也就是说，要把有限的资金投放在客货流密集地带，以解决国家交通运输系统中存在的关键问题，满足国民经济发展的需要。

某两地之间具有已经达到一定规模的双向或单向交通流，为了承担此强大交通流而建设的交通运输线路的集合，称之为交通运输通道。交通运输通道具有方向性，有一定规模、能力，并且具有特定的结构类型。

对于交通运输通道概念的进一步解释，可以从以下几个方面来理解：

① 交通运输通道是指在两点间具有一条以上交通运输线，覆盖一个地带，担负着重要和大量的客货流运输，是连接客货流发源与目的地的客货流的密集地带。

② 交通运输通道一般由平行的多种交通运输方式的交通运输线路互相补充，共同提供强大的交通运输服务。

③ 交通运输通道不仅包括各种交通运输线路，而且包括各种港站及配套的服务设施。

二、交通运输通道的功能

① 交通运输通道是国家或区域交通运输系统的骨干，担负着国家重要、大量、稳定的客货流交通运输任务，通过建设多条通道以保证客货流的畅通，并可基本解决国家或区域的交通运输问题。

② 通道建设可以促进各种交通运输方式的合理分工，协调发展，加速完善综合交通运输体系，保证交通运输网络的畅通，不断提高综合交通运输能力，以较少的社会劳动总消耗来较快地增加社会运力总供给，在通道建设的同时，实现交通运输体系结构的调整。

③ 通道的形成可以促进交通运输系统管理的进步和高效化，能够实现计划上统筹安排、组织上协调配合、控制上反馈追踪，为建立交通运输信息系统和发展联运提供有利的条件。

④ 交通运输通道可以使人们树立"综合运输"观念，把握住交通运输活动的总目的，避免各种交通运输方式片面追求自我利益，有利于提高整个交通运输系统经济效益和社会效益，使其为整个国民经济提供更有效的服务。

三、建设交通运输通道的必要性

① 建设一个高效率的综合交通运输通道，联系各大经济区和进出口岸，是执行改革开放方针，加速经济发展所必不可少的基础条件之一。

② 综合交通运输通道系统的建设符合经济原则。交通运输通道系统集中了高密度流量，在交通运输建设资金紧张条件下，优先把通道系统修建好，使一大部分运量处于高速度、高效率的交通运输状况，对缓解交通运输紧张的状况意义重大，符合投资少、效益高的经济原则。

③ 高效率的交通运输通道系统对改善国土综合利用，完善产业布局，加速梯度开发，打破封闭型经济，减少流动资金和原材料积压，提高生产效率都有重大意义。

④ 综合交通运输通道的修建，是强化我国综合交通运输网的基础，它将显著提高铁、水、公、航、管多种交通方式的综合效率，可以广泛采用联运等有效措施，使综合交通运输管理获得效益。

⑤ 修建国际陆路交通运输通道对缩短欧亚非的运输距离，加强国际交流，加速我国国土开发，具有重要的战略价值。

可以说，优先建设综合交通运输通道是建设和改建整个交通网络的最优策略。

第二节 交通运输通道主载体的结构层次分析

一、交通运输通道的类型

交通运输通道是完成区域间交通运输联系的基本手段。交通运输通道的发展应适应社会经济发展战略在各阶段要达到的经济发展目标，满足各经济区需求规模的需要。经济发展与通道建设是一个相互促进，相互制约的关系，通道建设要为经济目标服务，促成经济发展战略的实现，并能做到为经济发展创造时机。经济发展会激发出新的交通流，形成良性循环。否则，没有便捷的通道，某些交通流就不会产生，就失去了经济潜在发展的机会。

国民经济的流通体系，依托着相应的交通运输通道——国际通道、区际通道、区内通道。每个通道又作为多层次、多种交通运输方式的综合交通运输体系，保障着国际流、区际流、区内流的畅通，从而促进国民经济内外循环及区域经济内外循环的顺利进行。

1. 国际通道

国际通道是承担国际流交通运输任务的各种交通运输方式的综合体（见图6.1）。国际流是国家或区域对外开放、参与国际经济循环的物质形态。因此，国际通道是国家或区域对外联系的桥梁和外向型经济的基本物质基础，畅通便利的国际通道是保证一个国家或区域参与国际分工，在激烈竞争的世界市场上占有一席之地的先决条件。

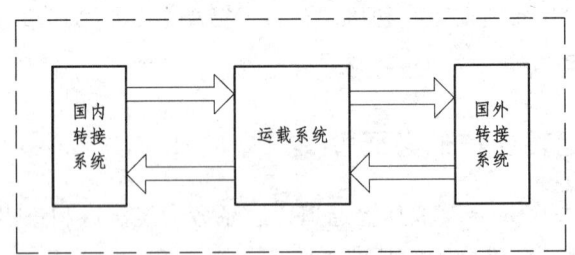

图 6.1 国际通道系统

2. 区际通道

区际通道是指联系各经济区之间的各种交通运输方式的综合体，承担着经济区与经济区之间的物资和人员运输任务，是区际流的主载体（见图6.2）。区际流是各经济区之间发展不平衡和专业化分工不同形成的人员和货物流动。区际通道是保证区际流畅通的前提，是全国各大经济区经济同时协调发展的重要基础设施和流通渠道,其功能主要是沟通经济区之间的联系,完成区际的运输任务。

3. 区内通道

区内通道是指在本经济区内从事旅客和货物交通运输业务的各项交通运输设备的综合体,承担着区内流的交通运输(见图6.3)。区内流是区内各主要城市与区内各经济点之间社会经济联系形成的交通流,是一种内循环,是区域系统中旅客和货物的流动。区内通道系统是沟通中心城市同经济区内各经济点之间以及经济区内各经济点与经济点之间的联系。一个经济区的经济发展是以中心城市经济率先发展,通过区内通道系统而带动起来的。从另一角度来讲,区内通道系统是整个通道系统的一个重要组成部分,一个经济区的对外交通是该区经济发展的生命线,也需通过区内通道集散其运出运进的物资,使这些物资在该区经济发展中发挥作用。

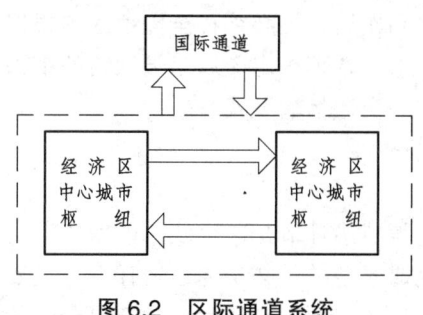

图6.2 区际通道系统

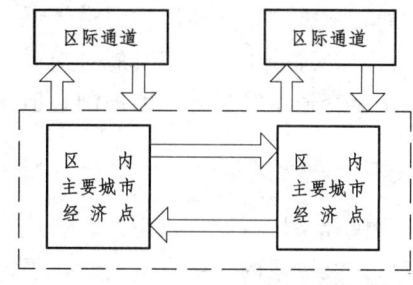

图6.3 区内通道系统

二、交通运输通道的结构分析

交通运输通道着重研究交通运输供给的基本功能和特殊功能,现有和可能的交通运输方式的选择和优化组合。随着社会联系和社会经济的发展,对交通运输联系的安全性、时间性、方便性、舒适性等提出了相应的要求,适应了这种要求的交通运输系统,才能得以存在和发展。当今世界交通运输系统日趋多元化、综合化、立体化,充分说明了利用各种交通运输方式的优势进行优化组合的必要性和广阔前景。在研究交通运输通道本身时,应根据通道自身的特点,结合自然条件、技术经济要求确定交通运输方式的结构和它的空间走向。

1. 按照交通运输系统内部的交通运输工具进行分析

交通运输系统包括铁路、公路、水运、航空、管道5个系统,由此交通运输通道可以有单一交通运输方式和多种交通运输方式联合两种类型。

交通运输系统既是个并联系统,也是个串联系统,就整个交通运输系统来说是串联系统,一吨货物由生产地到目的地可以经过多种交通运输方式,如煤的铁、水、公联运就是要经过铁路、水运以及公路3种交通运输方式;同时从承担交通运输任务来说有的是并联系统,如铁路、水运、公路等几种交通运输方式连通相同的地区和城市,每种交通运输工具都可以完成同样的运输任务。交通运输通道系统中各种交通运输方式在串联、并联上都要协调合作才能更好地完成运输任务。交通运输通道的结构分析(一)如图6.4所示。

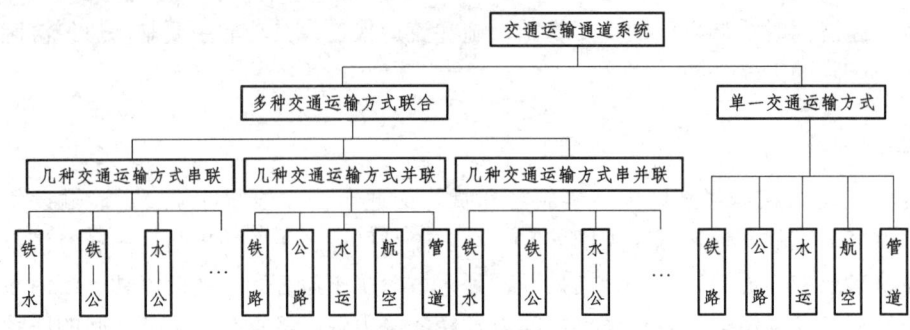

图 6.4　交通运输通道的结构分析（一）

交通运输通道所体现的是各种交通运输方式的互相补充，所追求的目标是高效经济的综合交通运输体系，即最经济地分配各种交通运输手段的交通量；最有效地分配对各种交通运输方式的投资，从而达到交通运输在国民经济资源消耗中的总节约。这就不仅要求科学地确定各种交通运输方式在交通运输通道体系中的地位和作用，还必须在全国范围内根据各种交通运输方式的合理分工与经济发展对交通运输的需求，合理确定交通运输通道的结构，在各个地区和主要交通运输方向上因地制宜地发展相应的交通运输方式。

2. 按照完成交通运输任务进行分析

对于国民经济体系而言，生产、流通、分配、消费诸环节是一个统一的整体，交通运输是实现这些复杂联系的纽带。交通运输系统既要完成繁杂的货物交通运输任务，又要完成大量的旅客交通运输任务，因此，按照完成交通运输任务来划分交通运输通道可分为货物交通运输通道、旅客交通运输通道和客货混合交通运输通道。

货物交通运输通道主要指能源交通运输通道、钢铁交通运输通道、建材交通运输通道等国民经济主要物资的交通运输系统，重点完成大量、经常、稳定的货流交通运输，功能单一，承担的货运量大，周转速度快。发展货物交通运输通道对解决能源交通运输问题具有特殊的意义。旅客交通运输通道是以旅客为交通运输对象。客货混合交通运输通道同时承担多种货物交通运输及旅客交通运输，由于交通运输的对象不同，功能较货物交通运输通道和旅客交通运输通道要复杂。交通运输通道的结构分析（二）如图 6.5 所示。

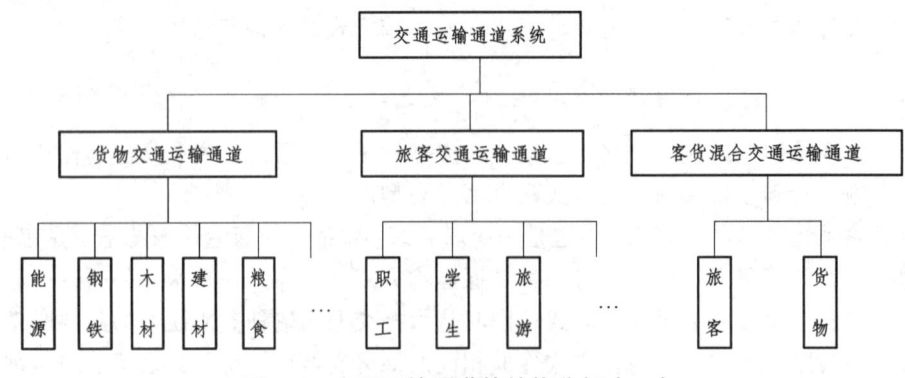

图 6.5　交通运输通道的结构分析（二）

旅客交通运输和货物交通运输所采用的交通运输设备既有相同的部分又有不同之处，两者不具通用性，加上客流分布和货流布局的不同特点，不同走向的交通运输通道的功能必然不同，这种功能性的划分能从总体上提高交通运输通道的综合效益。

三、交通运输通道的层次分析

研究交通运输系统都离不开点、线、网的问题，交通运输通道同样存在着与点、线、网的联系。

1. 交通运输通道中的"点"与"线"

定义通道中的"点"为某种交通运输方式的车站与枢纽点，这些"点"一般是两种或两种以上交通运输方式的结合部。所谓"线"即指交通运输通道中单一交通运输方式或多种交通运输方式区间线路的集合，也可是枢纽点及结合部间的区间段。

2. 交通运输通道与交通运输线路的关系

根据前面对交通运输通道的解释，交通运输通道的交通运输线路的集合，也可以是一条交通运输线，但交通运输通道与一条交通运输线有着重要的区别。交通运输线的能力和规模与交通运输通道相比差距甚远，交通运输通道的能力一般相当于几条交通运输线能力的组合，然而并非所有交通运输线都不可能发展成为交通运输通道，交通运输通道的形成与交通流的发展密切相关，在交通运输线上的人流、车流、物流达到一定规模的条件下，便可形成通道。

3. 交通运输通道与综合运网的关系

交通运输通道与交通运输网在形式上的区别是：交通运输通道是联结交通流、客货流的密集带，呈线状结构，一般为双向运输；交通运输网是联结交通流产生地与目的地的交通运输线路与枢纽结合部的点线集合，呈网状结构。

交通运输通道与交通运输网也有许多相通之处：交通运输网按其空间范围可分为国家交通运输网和地区交通运输网，通道也有如此的层次划分，全国范围的区际通道和地区性的区内通道。两者均可根据各地区的自然地理条件和交通运输需要，由两种或几种交通运输方式组成。

交通运输通道与交通运输网的关系密切：交通运输通道构成交通运输网的骨架，联结交通网的主要枢纽集散点，通过与网的联系，形成强大的交通流，也即通过线网来聚散通道的客货流。交通运输通道与交通运输网互为条件，相互促进，以达成整个交通运输系统的高效。

4. 交通运输通道的优化

如前述分析，无论从何种角度来考察交通运输通道，其目的总是以最小的劳动消耗来获取最大的社会效益，交通运输方式的优化选择，交通运输设施的现代化，交通运输管理的高效化都是围绕着此目标来进行的。

就交通运输通道本身来讲，选择交通运输方式与完成交通运输任务两者始终是不可分割的。各种交通运输方式都有其适宜的经济技术条件，多种交通运输方式的联合使通道系统中各部分扬长避短，共同发挥最大效益。单一功能的交通运输通道，要向多功能的综合交通运输通道发展，才能最大限度地发挥交通运输设备的效率，减少交通运输的不平衡现象。各交通运输方式均取其所长，系统才能达到最优，因此，交通运输通道的最高层次便是多功能和多种交通运输方式的综合性立体通道系统。

第三节　交通运输通道能力的协调

一、综合交通运输能力的概念

为了完成国家规定的交通运输任务，铁路、水运、公路、航空和管道等交通运输方式必须具有相应的交通运输能力。交通运输通道系统由以上各种基本交通运输方式构成，从系统的综合交通运输能力来讲，包括以下 4 种能力：

1. 固定设备能力

它是指在采用一定类型的交通运输工具（如机车、车辆、船舶、汽车、飞机等）和交通运输组织方法的条件下，一个交通区段或一条交通线（包括航道、航线等）在一定时间内（如一昼夜或一年）所能通过的列车对数（或单方向的列数）、船舶、汽车或飞机的数量。

2. 移动设备能力

它是指在一定的固定设备和运输组织方法的条件下，由一定类型的机车、车辆、船舶、汽车、飞机等所决定的，在单位时间内能实现的满载的列车、船舶、汽车、飞机数和货物吨数。

3. 运送能力

它是指在一定的固定设备和移动设备的条件下，通过一定交通运输方式，一个区段（航道、线路、航线等）在单位时间内所能输送的最大货物吨数，通常以一年内所能通过的百万吨数计算。

4. 系统综合交通运输能力

它是指一条铁路线（公路线）、航道、航线的相关设备（固定设备和移动设备）的技术标准和能力规模相互协调，实现最优组合，并通过科学的交通运输组织方法，形成的最大的输送能力。

只有形成系统综合交通运输能力，才能发挥最大的经济效益。

二、综合交通运输能力的形成

交通运输通道系统的综合交通运输能力的形成，要从以下几方面入手：

1. 各种交通运输方式内部形成各自系统的综合交通运输能力

要进行系统诊断，逐线逐点地诊断其综合交通运输能力。铁路系统有机车、车辆、线路、装卸设备、站场设备、通信信号设备等形式的综合能力；水运有港口、航道、船舶，就港口来说有码头、库场、集疏运等形成的综合能力。各个系统都要形成自己的综合能力。

2. 各种交通运输方式间能力的协调

不同交通运输方式设备匹配，能力规模协调，才能发挥各种交通运输方式的作用，形成交通运输综合能力。这其中包括每一种交通运输方式内固定设备与移动设备能力的协调，各种交通运输方式技术设备能力的协调，各种交通运输方式结合部能力的协调。只有不同交通运输方式分工协作、能力协调，才能形成整体的综合交通运输能力。

3. 国际交通运输通道系统接口的协调

要解决国内交通运输系统与国际交通运输系统如何接口的问题，港口在其中占有突出的重要地位，国际铁路联运的设备接口问题也不容忽视。

4. 调整和加强交通运输管理组织

交通运输通道的管理组织突破了传统的行业制约，这一软系统的优化，可以在很大程度上提高交通运输能力。

三、综合交通运输能力的协调

交通运输是一个复杂的大系统，在这个系统中存在着众多的相互影响因素，要想使交通运输通道充分发挥作用，还需搞好各种因素的协调。

1. "点"系统的协调

在研究交通运输通道系统能力协调时，应根据通道系统运能的要求，对"点"系统的能力进行协调，以便使该交通运输通道形成最佳的系统综合交通运输能力。"点"系统的能力，包括各种交通运输方式枢纽内各项技术设备的能力及两种或两种以上交通运输方式结合部（港口码头、铁路国境转换站，铁公换装站等）的各项技术设备的能力。

"点"系统能力的协调是以交通运输通道确定的运量为目标，对该"点"上各项设备的能力进行综合平衡，使其相互适应，同步建设。在协调时应使"点"上各项设备的能力保持一定的关系。对某些涉及面广，对提高能力具有关键性的设备可一次建成，允许其能力有富余，以利发展；对某些上马容易而改建时对运营影响不大的设备，其能力只要满足当前运量的要求即可，以节省投资。

2. "线"系统的协调

交通运输通道系统综合交通运输能力，是在通道内各条线路的系统综合交通运输能力的基础上，通过各种交通运输方式，各条线路的相互协调，实现最优组合，从而形成通道"线"

系统整体的综合交通运输能力。

"线"系统能力的加强与协调应当以通道规划的客货运量为基础,充分考虑现有设备条件、自然条件、能源及联运改造前后对环境的影响,工程投资,联运后的运营条件,运营费用等因素;同时还要考虑现有线在路网上和所在地的地位和作用,各种交通运输方式的系统能力(包括各种交通运输方式技术设备)是否相互协调、同步发展。

各种交通运输方式技术设备的协调,是组织联合交通运输,发展通道系统的基础,包括线路、桥下净空、车辆、船舶等固定设备与移动设备技术参数的相互配合,统一化和标准化等。

3. "点"、"线"系统能力的协调

交通运输通道的突出特点是"点多线长",因此,在研究通道问题时应特别注意"点"、"线"系统能力的协调。必须将"点"系统的能力和"线"系统的能力进行综合平衡,使二者保持一定的比例关系,互相适应,同步发展,既不使"点"系统的能力过小而限制了"线"系统能力的利用,也不致使"点"系统的能力过大而形成浪费,以充分发挥国家的投资效益。

"点"、"线"系统能力的协调,应以通道系统对通道的要求运量为目标,认真分析客、货流的规律,摸清"点"、"线"上各项设备的现有能力,找出薄弱环节,制定出改造协调措施,使二者满足通道运量的要求。

"点"、"线"系统能力的协调,关键在枢纽、结合部的能力与区间能力的协调。我国在交通运输建设中一直存在着重"线"能力,轻"点"能力的弊病,使许多营业线区间的能力受枢纽结合部能力的限制。因此,应使"点"系统的能力稍稍大于区间的能力,以保证区间畅通无阻,并适应区间能力大幅度增长的要求。

为了满足交通运输不均衡性的要求,无论是"点"还是"线"能力都必须有一定的储备,不能满打满算。"点"能力的储备应不小于"线"能力的储备,以使整个通道运输取得主动。

四、交通运输通道的扩能

扩大通道的交通运输能力是交通运输通道的主要发展方向,包括技术设备与交通运输组织管理两方面问题。

技术设备的改造和现代化是硬件措施,要用先进适用的新技术来改造既有交通运输设施。与此同时,必须十分重视交通运输的软件开发——交通运输组织管理的革新与现代化,应注重以下几方面工作:

① 搞好交通运输需求预测,根据资源分布、地理环境以及发生运量的大小确定交通运输通道的合理走向。

② 在客货交通运输需求预测基础上,制定客货流的最佳分配方案,减少不合理交通运输现象,充分发挥交通运输通道的功能特点,提高交通运输效率。

③ 加强交通运输组织管理,推行联合交通运输。通道交通运输就是根据各种交通运输方式各自的技术经济特点,扬长避短,在交通运输组织上加强几者的紧密衔接和相互协作,发挥交通运输系统的整体优势。

④ 我国交通运输业现行的管理体制是铁、水、公、航、管 5 种交通运输方式分别由各

有关部门管理，很难做到统筹规划和安排整个交通运输行业的综合发展，通道交通运输要求改变这种管理体制与交通运输过程的连续性和整体性相脱节的现象。

⑤ 运用系统分析的理论与思想研究通道交通运输的普遍规律与特有现象，进一步完善交通运输通道理论，提高通道整体功能，使其在缓和我国交通运输紧张局面和国民经济发展中发挥更大的作用。

习　题

一、单项选择题

1. 构成交通运输通道的要素包括（　　　）。
   A. 多种运输方式　　　　B. 方向性　　　　C. 有一定的规模
   D. 有一定的能力　　　　E. 具有特定的结构类型
2. 根据承载的交通流的种类不同，交通运输通道可以分为（　　　）。
   A. 地区通道　　　　B. 国际通道　　　　C. 海运通道
   D. 区内通道　　　　E. 区际通道

二、名词解释

1. 交通运输通道
2. 固定设备能力
3. 移动设备能力
4. 运送能力
5. 系统综合交通运输能力

三、简答题

1. 交通运输通道与交通运输线路的关系如何？
2. 要从哪些方面入手，才能促成交通运输通道系统的综合交通运输能力的形成？

四、论述题

1. 请论述交通运输通道的功能。
2. 为什么说优先建设综合交通运输通道是建设和改建整个交通网络的最优策略？
3. 请论述交通运输通道与综合运网的关系。
4. 举例说明，研究交通运输系统"点"、"线"系统能力的协调时，应当注意哪些问题？

第七章 交通运输枢纽系统分析

📖 **本章导读：**

上海虹桥综合交通枢纽

随着社会经济不断发展，商务、旅游等城市间的交往日益频繁，我国大城市对外综合客运枢纽已逐步突破以往简单、单一的模式，正在朝多模式、综合型、立体化、集约化的方向发展。上海虹桥综合交通枢纽的规划建设具有重要的示范意义。

一、规划设计理念及原则

虹桥枢纽内交通总体设计理念为：功能整合的立体化枢纽空间；公共交通为主的层次化交通系统；人车分离的人性化交通环境；分块集散的简捷化交通流线。

针对虹桥枢纽不同交通模式的功能定位、交通需求、用地布局以及交通中心的建筑平立面布局，在规划设计理念的指导下，枢纽内交通总体设计及组织遵循的原则是：公交优先，立体换乘；专用通道，分类集散；南北分行，分块循环；营运数字化、信息化。

虹桥枢纽的轨道交通车站与枢纽站本体（建筑综合体）采用一体化布局，以垂直换乘为主，将枢纽核心区集散交通与枢纽开发区内的交通分离，建设枢纽站本体专用高架快速集散道路系统，以满足枢纽交通核心区车辆快速集散要求。车道边及停车库等旅客换乘设施就近在枢纽站本体附近立体化集中布置，机动车停、蓄车场等静态停车设施则尽可能利用枢纽的高铁、磁浮等站场的夹心地进行集约化布局。

二、枢纽综合交通总体布局

虹桥综合交通枢纽位于上海市西郊闵行区的华漕镇和长宁区的虹桥地区，距市中心约13 km，规划范围：南至沪青平高速公路、西至铁路外环线、北至北翟路、东至外环线，规划区域面积约 26.26 km^2。同时，虹桥综合交通枢纽地处长三角东部，毗邻江苏、浙江，位于沪宁、沪杭高速公路之间，是上海与外省市交通联系的重要节点。

枢纽核心区内各交通主体的平面布局由东向西依次为：机场航站楼、东交通广场、磁浮站、高铁站、西交通广场；枢纽建筑综合体（站本体）的竖向布局自下向上分5层；机场跑道、磁浮线及高铁轨道均为南北向布置。

轨道交通进入枢纽的线路为2号线、10号线、17号线、5号线、青浦线。其中，2号线与10号线自东向西由地下2层横穿枢纽核心区，设2个站（地铁虹桥东站和西站），17号线与5号线南北向由地下3层交于高铁西侧站房下，并与2号线及10号线形成换乘。青浦线自西向东从地下2层进入地铁虹桥西站内，与其余轨道交通形成换乘。

三、枢纽主要功能："空中门户"与"超级车站"

虹桥枢纽建成后原虹桥机场改名为虹桥机场1号航站楼，新建的2号航站楼与原机场共用部分跑道，而这两个航站楼将共同承担上海所有的国内航班到离港。成为上海市名副其实的"空中门户"。虹桥机场2号航站楼体量巨大，总建筑面积达36.26万m^2相当于面积8万m^2的原1号航站楼的4.5倍，但是乘机流程和乘客的步行尺度设计与1号航站楼相比并没有变长反而更为顺畅。2号航站楼80个值机柜台一字排开，旅客从安检口到最远登机口步行距离不到300 m。航站楼设有45座登机桥，近机位比例超过70%。航站楼内设有3个中转域，满足 IATA（国际民航运输协会）最短衔接时间要求——国内中转45 min。这些设计都会给旅客带来更为便利快捷的登机体验。

虹桥机场原跑道旁新建的第二跑道由原规划的1 700 m间距的远距离跑道，改为国内首个365 m间距的近距离跑道，在原机场发展控制用地中释放出约7 km^2的土地，为虹桥枢纽其他交通功能的设计提供了充足空间。

除了空中门户的功能，虹桥枢纽也是个"超级车站"，汇集了各种陆路交通方式，包括通往浦东国际机场以及杭州的磁悬浮车站。

高铁虹桥枢纽站处于京沪、沪(杭)昆两大铁路干线交汇处，东西长412 m,南北宽162 m,建筑高度42 m,被业界称作京沪高铁中"一次建成、线路最长、标准最高、运营速度最快的终到始发站"，车站按近期年旅客发送量5 272万人,远期7 838万人的标准设计。站房建筑总面积约24万m^2,含高速、综合两个车场,规模巨大,有30股道15站台。高铁虹桥枢纽站具有办理京沪高速铁路列车、沪宁城际铁路列车、沪杭客运专线列车的多项功能，是全国四大铁路客运枢纽之一。在虹桥枢纽的地下，一共规划了5条城市轨道交通线，分别为2、5、10、17号线和青浦线。正常情况下，乘坐2号线从"静安寺站"至"虹桥2号航站楼站"仅需30 min。轨道交通与地面巴士一起，将承担45%的虹桥交通枢纽乘客运载。

上海虹桥综合交通枢纽是我国首个集航空、铁路、公路长途客运、地铁、城市公交、磁悬浮等多种运输方式为一体，集交通功能、商务功能等为一身的大型、综合化、立体式的综合客运枢纽。枢纽总体设计能力4亿人/年，日均客流量110~140万人/天。虹桥枢纽为其使用者提供了54种换乘模式，由东、西交通广场完成乘客的到发和中转，实现了城市地铁、公交、出租、社会车辆在同一建筑体内的无缝衔接，极大方便了乘客的中转换乘。以轨道交通为主的公共交通疏导模式，极大保障了枢纽的高效运行，方便了乘客的中转换乘，为我国大城市大型综合客运枢纽的衔接换乘模式提供了重要经验。

第一节　交通运输枢纽的系统特性及功能与分类

一、交通运输枢纽的系统特性

交通运输枢纽是由若干种运输所连接的实现运输过程所必需的各项设备的综合整体，共同完成着货物及旅客运输的中转与地方作业。

交通运输枢纽是国家或区域统一交通运输大系统的重要组成部分，它决定着运输网相邻径路的运输特点。各种引入枢纽干线的客、货运输汇合点与分流点及大量市郊运输的终到站，均属于交通运输枢纽的研究范围。

从系统及交通运输枢纽的基本定义角度来看,交通运输枢纽本身是一个由多个相关要素组成并完成特定功能的系统,它不仅具有系统的一般特征,同时还具有区别于其他系统的特性。

1. 结构的复杂性

交通运输枢纽由多种交通运输方式或同种交通运输方式的多条干线运输组成,每一种交通运输方式又由为实现其运输过程的多种运输设备按照一定的布局原则和技术要求统一配置而成。为实现各种运输方式间的相互协调,有关运输设备的布局与配置又须统筹安排。由此构成了运输枢纽结构的复杂性。交通运输枢纽系统具有由多个多级子系统构成的、多级递阶的复杂结构。

2. 环境的层次性

整个交通运输大系统可以看做由"线"系统与"点"系统两类子系统群构成,交通运输枢纽属于"点"系统。就一个交通运输枢纽而言,它既是一个具有复杂结构以及特定功能的系统,同时又是交通运输大系统的一个子系统,以交通运输大系统为其外部环境。同时,交通运输枢纽又是它所依托的城市或地区大系统的一个子系统,以城市或地区为其外部环境,因此,交通运输枢纽与其所在的城市或地区间具有十分密切而复杂的联系。

3. 系统内部的差异性和协调性

由于各交通运输枢纽形成的历史过程及自然条件等不尽相同,故枢纽内各种交通运输方式形成过程及发展具有不平衡性。交通运输枢纽内各种运输的具体作业过程和技术设备配置各有特点,这就决定了交通运输枢纽内各子系统间存在一定的技术差异性。因此,作为多种运输方式和设备的结合部,其内部各子系统及要素之间的协调具有重要意义。

4. 自适应性或自组织性

当交通运输网或城市系统等外部环境发生变化,需要改变或调整交通运输枢纽的功能及目标时,交通运输枢纽的自身结构及特征即可进行相应的改变。如城市交通运输网个别区段负荷过大,从而导致了运输流本身主动进行调整,自动寻求负荷较小的方向,保证向稳定状态过渡。

综上所述,交通运输枢纽本身是一个复杂系统,具有诸多系统特性。因此,我们必须将交通运输枢纽视作一个客观系统对象,结合其特性,运用系统分析的理论与方法进行研究。

二、交通运输枢纽系统的功能

交通运输枢纽的基本功能是将一个或几个方向和运输方式的客流、货流分送到另一个或几个方向和交通运输方式,同时利用各种交通运输方式和设备为枢纽所在地区或城市的经济发展和居民生活提供运输服务。

具体体现在以下方面:

① 交通运输枢纽是各种交通运输方式干线的汇集点,是大宗客流和货流中转、换乘、换装与集散之点,是各种交通运输方式衔接和联运的主要基地。交通运输枢纽的布局决定了

不同交通运输方式间联运转换点的分布，因而对于大宗客流、货流的运输径路、运输效率、货物转运速度有着决定性影响。它在良好地完成运输全过程中起着重要作用，对于国民经济发展的良性循环起到促进作用。

② 交通运输枢纽是同一种运输方式多条干线相互衔接，进行旅客和货物中转或对运营的车辆、船舶、飞机等进行技术作业和调节的重要基地，同时还为各种运输工具的周转和检修等提供各种技术服务。

③ 交通运输枢纽大多与城市相共生，它对城市的形成和发展有着很大作用。它是城市实现内外联系的桥梁与脉络，是城市整体的一部分。城市交通运输的各种设备和建筑也是构成交通运输枢纽的有机组成部分。

从交通运输枢纽在运输全过程中所承担的主要作业角度来看，它的基本功能是保证完成4种主流作业：直通作业、中转作业、枢纽地方作业以及城市对外联系的相关作业。

具体地说，交通运输枢纽所承担的主要作业包括：

① 为本地区旅客的到发以及过境旅客改变旅行方向或换乘另一种交通运输方式服务。
② 为各种交通运输方式之间换装货物服务。
③ 通过干线直接将货物送达货运站、码头，通过专用线将货物直接送达工矿企业、仓库，或者反方向的运出。
④ 将货物由外部干线运输转入城市内部运输线路，或者相反方向的接运。
⑤ 对各种交通运输方式运营（接运、发送、编组），为车、船等运输工具的周转与检修提供各种技术服务。
⑥ 枢纽内部运输作业，包括城市各区间及其与郊区间的客、货运输。

三、交通运输枢纽系统的演变与构成

交通运输枢纽集中了整个交通运输大系统的多种运输方式，同时，从交通运输枢纽的形成过程考察，可以看出它同城市的形成与发展又往往是相互促进的，对于国家或区域经济发展以及对城市的发展均起着重要作用。

交通运输枢纽有其从无到有、从简单至复杂、由低级到高级的形成与发展过程。运用拓扑分析的理论与方法来研究，各种交通运输枢纽其形成与发展过程可大致分为4个阶段。

第一阶段：初步形成雏形枢纽，设施集中配置，技术作业线呈链形；
第二阶段：链形技术作业线向外分支，出现新的运输连接线；
第三阶段：链形技术作业线交织形成具有封闭型的图形；
第四阶段：链形技术作业钱交织形成网状锥形结构，一种或几种运输方式的设施分散配置。
交通运输枢纽的发展阶段如图7.1所示。

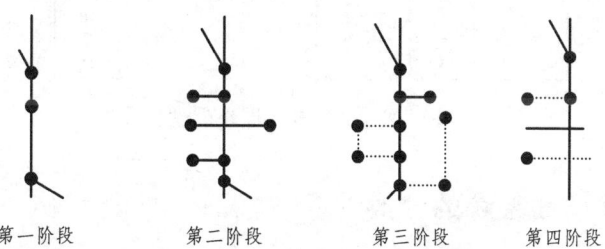

图 7.1 交通运输枢纽的发展阶段

在交通运输枢纽的形成与发展过程中，不一定必须经历全部阶段。如，对于地处河岸、海岸或高山地区地形条件复杂的城市，第一、二阶段持续的时间很长。这类城市通常有延伸型枢纽，枢纽内几个车站纵向配置，这些车站为专用线服务，并担负中转车流作业，而第三、四阶段具有大城市交通运输枢纽的特征。

研究交通运输枢纽的形成与发展过程，有利于更加全面地认识枢纽的特点，明确枢纽所处的发展阶段，更有利于进行相应的规划与开发利用，根据枢纽内客、货流量及相应作业量的大小及其变化情况采用相应的交通运输枢纽布局。

四、交通运输枢纽系统的构成

在研究了交通运输枢纽的形成、发展阶段与过程的基础上，还应进一步具体分析每一交通运输枢纽具体处于哪类发展阶段及其具体构成。交通运输枢纽系统实质上包括运送过程子系统、技术设备子系统及监督与管理子系统。

就客货运送过程子系统而言，交通运输枢纽系统包括两种性质不同的交通运输模式，一是沟通国内与国外、国内各地区和各城市间联系的干线运输，称为交通运输枢纽系统的外部运输子系统；二是实现交通运输枢纽系统内部联系的干线运输，称为交通运输枢纽系统的内部运输子系统。

就技术设备子系统而言，交通运输枢纽系统一般包括各种交通运输方式的干线、与各干线相对应的运输站点（车站、站场、港口、机场、管道泵站等）、仓储设备及各种转接设备（联络线、换乘或转运设备及场所）。各种交通运输方式的成套设备适当配置构成了交通运输枢纽系统中具有一定独立功能的子系统，这些子系统包括：铁路运输子系统、水路运输子系统、公路运输子系统、航空运输子系统、管道运输子系统、城市内部运输子系统、工业运输子系统、枢纽内部联络子系统，如图7.2所示。

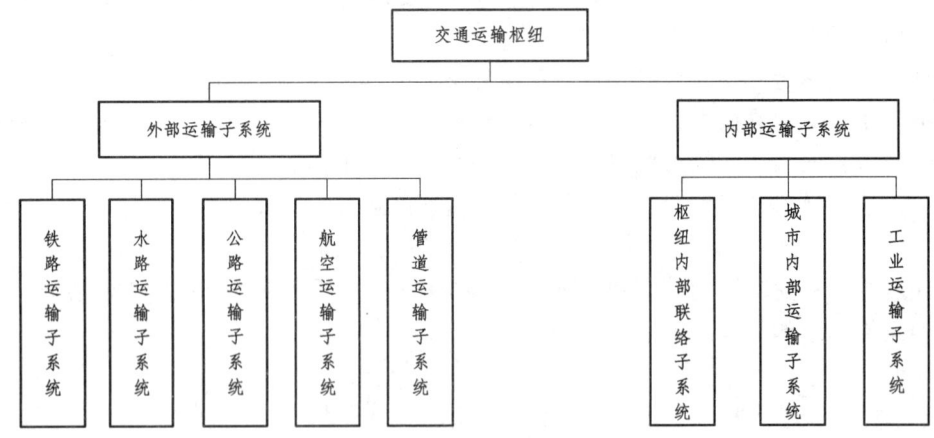

图7.2 交通运输枢纽的结构

五、交通运输枢纽系统的分类

将交通运输枢纽进行适当的分类将有助于交通运输枢纽系统及其子系统的深入研究和

发展。交通运输枢纽可按以下几种方法进行分类。

1. 按地理位置分类

① 陆路运输枢纽。如我国的北京、郑州，白俄罗斯的明斯克，美国的华盛顿，德国的慕尼黑。

② 滨海运输枢纽。如我国的上海、大连，俄罗斯的圣彼得堡，日本的东京，美国的纽约。

③ 通航江河岸边运输枢纽。我国的长江干流从宜宾至上海共有13个此类运输枢纽。

2. 按承担的客、货运输业务分类

① 中转性枢纽。以办理直通或中转客、货运业务为主，地方运量甚少或比重很小，如我国的郑州、宝鸡，前苏联的车里雅宾斯克。

② 地方性枢纽。以办理地方作业为主，中转运量较少，如我国的广州、本溪，前苏联的卡拉干达。

③ 混合性枢纽。不仅具有大量的地方作业，同时还要办理相当数量直通客、货运输作业，如我国的兰州、成都。

3. 按交通运输方式组合分类

① 铁路—公路枢纽。由铁路干线组成，主要分布于内陆地区，在较长的时期中，是运输枢纽的主要形式。

② 水路—公路枢纽。由河运或海运与公路交通运输方式组成，一般水运起主要作用，公路以集散客、货为主。

③ 水路—铁路—公路枢纽。因水路有海、河之分，此类枢纽又包括：海运—河运—铁路—公路枢纽（一般位于通航干线河流入海口处），海运—铁路—公路枢纽，河运—铁路—公路枢纽。前两种都以海运起主要作用，并有庞大的水陆联运设施系统，如我国的上海，荷兰的鹿特丹，俄罗斯的圣彼得堡；后一种有些以铁路运量为主，有些以水运为主，如我国的武汉，前苏联的伏尔加格勒，美国的圣路易斯。

④ 综合交通运输枢纽。是交通运输枢纽发展的高级阶段，我国的上海、北京、沈阳、天津、武汉等，均已形成了具有不同交通运输方式组成的综合交通运输枢纽。

4. 按主要交通运输干线与站场空间分布形态分类

① 终端式枢纽。分布于陆上干线的尽端或陆地边缘处，如乌鲁木齐、九江、青岛。

② 伸长式枢纽。干线从两端引入呈延长式布局，如兰州。

③ 辐射形枢纽。各种运输干线可以从各个方向引入的枢纽，如郑州、徐州。

④ 辐射环形枢纽。由多条干线和将其连接起来的环形线构成，如北京。

⑤ 辐射半环形枢纽。分布于海、湖、河流岸边，如俄罗斯的圣彼得堡、美国的芝加哥。

此外，还可视具体目的，按枢纽所在地的经济特征和城市规模等其他标准将运输枢纽进行分类。

第二节 交通运输枢纽内设备系统的配置

一、交通运输枢纽布局与运输设备配置的一般原则

交通运输枢纽布局与运输设备配置首先应服从于国家和区域综合交通运输网的总体布局与规划，其次要有利于运输枢纽内各种交通运输方式及其各种运输设备间的相互协调。

具体地讲，应遵循以下原则：

① 服从综合交通运输网布局与规划的要求，充分考虑枢纽在综合交通运输网中的地位、承担的任务及枢纽的合理分工，以最大限度地提高综合交通运输系统的综合运输能力为最高目标。

② 有利于枢纽内各种交通运输方式间的协调，在考虑与相邻枢纽合理分工的前提下，使各项设备既不重复设置，又不因设备不足而影响运输畅通，并应保证主要客流、货流在枢纽内径路顺直、便捷，保证整个枢纽通畅。

③ 充分发挥枢纽内各种交通运输方式的优势，应根据所分担的合理客、货运输任务而确定每种运输方式的适当规模和技术等级，最大限度地提高运输枢纽内各种运输方式子系统的综合能力。

④ 有利于城市建设和工业发展，更好地满足工农业生产和人民生活的需要。

⑤ 充分考虑其他各种综合因素，如运输能力要有适当储备，设备配置具有灵活机动性，同时还要充分考虑国际要求和环境保护等。

二、交通运输枢纽内各种运输设备配置

交通运输枢纽内每一种运输方式设备都有其特点和规律，因此，交通运输枢纽内每种运输方式的设备配置，除了必须遵循上述一般原则外，还须体现和遵循这些特点和规律。

1. 交通运输枢纽内铁路运输设备的配置

交通运输枢纽内铁路运输设备子系统主要包括编组站、货运站及货场、货运设备和供列车运行的设施。对于一般交通运输枢纽，尤其是铁路—公路枢纽而言，铁路是主要的干线交通运输方式，因此，铁路运输设备在交通运输枢纽内的合理配置具有十分重要意义。

(1) 编组站

编组站及其配套设备的合理配置应以有利于枢纽内编组作业的合理组织，提高枢纽综合运输能力为指导。为达到此目标常常需要新建和改造现有各编组站，研究枢纽内的编组站之间和路网各径路的编组站之间编组作业量的重新分配，铺设辅助联络线等。

在改编作业量不大或中等的各个枢纽内，一般应合理设置一个单向编组站。在必须修建枢纽内的第二编组站时，在许多情况下也应将其修建成单向布置。从许多枢纽的具体条件看，设置两个单向编组站要比设置一个双向编组站更为有利。在一些大型枢纽内可修建若干个单向和双向编组站。

在十字形、三角形枢纽内，编组作业一般集中在行车量大的线路上的一个车站进行；在

放射形枢纽内,编组设备集中设置在中心站上;在环形枢纽内,编组站的数量及其配置决定于引入线数量、车流量与流向以及当地条件,一般在这种枢纽内配置两个或两个以上的编组站;当有强大车流时,这些编组站要设置在城市范围外的各个枢纽引入线上。

(2) 货运站及货场

中、小规模的枢纽,一般设置一个货运站,并且货运站的位置的选择要保证与编组衔接得方便,同时还要求有汽车运输的方便通路。在大枢纽内、可修建两个或两个以上的货运站,其设置地点的选择,要使铁路车辆和汽车在枢纽内的运输总费用最小,由编组站至货场取送车方便,并且各个货运站的设置不妨碍城市发展。

(3) 客运设备

枢纽内铁路运输的客运设备包括引入干线和枢纽区段干线、客运站和客运技术作业站、地带站、旅客乘换所、为旅客服务的各种售票处和办事处。根据客流强度和地方条件,客运设备可以部分或全部设置成各种运输方式联合形式,或在某一地区内分别设置长途客运站、地方客运站和市郊客运站。

在中、小枢纽内,客运业务应合理地集中在一个客运站上办理,客运站的设置要方便与城市间的联系。大型枢纽可设置几个客运站,一些特大枢纽可设置一个或几个尽头式客运站。

(4) 供客、货列车运行的设施

枢纽的通过能力,在一定程度上决定于引入枢纽各铁路线的完备、特征和进路疏解方案。为确保客、货列车在枢纽内的安全畅通,应设置相应的疏解设施、联络线、铁路道口、人行地道、天桥等。

新线与既有线的接轨,应保证主要方向的直通列车直接通过接轨站。引入枢纽的铁路与枢纽内主要走行线交叉时,一般应根据行车方向和列车种类修建各种立交疏解,正规列车运行的主要线路与调车或调机走动频繁线路之间的交叉,也应设置适当的立交或平面交叉疏解。枢纽内干线的技术装备、结构和通过能力,应与衔接线路有关部分的参数相协调。

2. 交通运输枢纽内水路运输设备的配置

水运一般包括海运和河运两种运输方式,运输枢纽的海运和河运设备系统有其共性,也各有其特点,且一般均自成体系,完成统一的客、货运输任务。

(1) 海运设备配备

海港在由其所构成的运输枢纽内,完成相当大部分的货运量,通过海港的货物有海运到达内陆和由内陆发至海运的货物,以及由船舶通过海港换装给其他运输方式和由其他运输方式通过海港换装给船舶的货物,同时海港还承担实现国际往来的任务。各种公用和专用海港在枢纽内的配置,由交通运输枢纽、城市和工业的总体布局与发展规划确定,同时还要充分考虑岸边地貌、地质结构、水域条件等自然地理条件。

海港是各种相关建筑物和配套设备构成的综合体,它保证船舶在防波水域内安全停靠,保证对各种海运船舶方便和迅速地进行装卸作业,并将货物由海运转给其他运输方式和由其他运输方式转给海运,进行货物仓储,为使用海上运输工具的旅客提供服务,并提供维护等其他辅助作业。

构成交通运输枢纽内海运设备系统的设备可划分为3个子系统,为货运和客运服务的共用设备、货运设备和客运设备。共用设备子系统包括有港口水域、进港水道,防护结构物,和保证修理、上料及其他为海运船舶服务的设施。货运设备子系统是指海港的货运码头,有各种专用货物作业区,并装备有各种装卸机具、场库、陆路各运输方式的专用线和其他生产及辅助建筑物,它是保证海上运输货物服务的港口设备子系统。客运设备子系统是指设置有客运站和候船设施的各种客运码头。3个设备子系统的配置要互相协调,以形成交通运输枢纽内海运运输方式的最大综合运输能力。

(2) 河运设备配置

在交通运输枢纽内配置的河运运输设备有:包括水域和停泊场在内的公用港口或码头,专用港口或码头,各种引入水道,提供供应、清理服务的特种码头及相应的工业设施(修船厂、维修-运营基础地等)。运输枢纽内的河运公用港口一般配置有客运作业区、客、货混合作业区、货运作业区的一个或几个专用港区,各港区的配置要合理,既有分工又有协作,统一完成港口的客、货运输任务。

交通运输枢纽内的河运设备系统包括3个子系统:为货运与客运服务的共同设备子系统、货运设备子系统、客运设备子系统。并用设备子系统包括港口水域、进港水道、防护结构物、供应与修理及技术作业的工业性设施(特种码头)。货运设备子系统是指货运码头,有各种装卸机具、场库、铁路或公路引入线及其他技术装备。客运子系统是指设有客运站及候船设施的客运码头。3个系统合理配置、相互协调是完成河运任务的物质基础。

3. 交通运输枢纽内公路运输设备的配置

在具体分析交通运输枢纽内公路运输设备及其配置之前,应明确所研究的对象与城市交通运输系统间的关系。两者无论在其功能还是构成上都是不同的,是两个彼此具有相对独立的子系统,同时两者在功能及结构上均存在着密切联系。公路在交通枢纽内的衔接;要保证外部公路网与城市干线及街道网有方便的通路,又要尽最大限度地减少相互干扰。城市道路是外部公路在城市或枢纽范围内的延伸,城市道路应沿着运输量大的各个方向修筑,大部分道路应绕开各个生活区。公路之间的衔接与交叉要设置相应的引入通路和立交或平交设施。除道路及其附属设施子系统外,还包括相应的客运、货运设备子系统,即客运站及其配套设施、货运站及其停车场等。

干线客运汽车站宜于配置在枢纽或城市中心区外围,但与市内公共交通有方便联系通路,或设置在铁路、水运客运站附近。作为干线的公路运输服务的修配站等也应设置于枢纽或城市外围或接近外围与市内道路和主要接道有方便交通联系之处。货运站及其停车场,应设置在城市的外围区域及与铁路和水运站、仓库货场区相邻近的地方。

4. 交通运输枢纽内航空运输设备的配置

航空港一般应设置在远离城市居住区的地方,从而减少航空运输与城市间的相互干扰。机场导航区域的面积,应满足配置各种设备的需要,并保证航空港有进一步发展的可能。城市与航空港间的客、货运输可利用公路、铁路和水运来完成,因而枢纽内应设置相应的通道。

航空港的市内客运服务设施应尽量设置在联络航空港的市内运输干线上,并由市内交通运输线路与市中心区及主要居民区相联系,交通运输枢纽内航空运输设备的配置一般还要考虑到直升机站港的设置,它办理旅客、邮件等业务,有时候也运输货物,它的设置位置灵活性较大,但其占地大小,应充分满足所使用的各类型直升机的飞行要求。

5. 交通运输枢纽内管道运输设备的配置

交通运输枢纽内管道设备包括固定设备与管道网,而固定设备有贮油基地和自动加油站。贮油基地的设置地点应限制在所划定的区域内,一般不设置在城市境内,各基地间、基地与其他建筑、铁路及公路引入通路间均应保持相应的距离。自动加油站应均匀地配置在市区及市郊区有大量客、货车流的一些主要干线上。管道网的设置一定要与市区和居民点、工业企业、飞机场、铁路车站、港口等保持相应距离,在必要时铺设的新管道宜与原有的管道共同设置在一起。

三、交通运输枢纽系统综合评价

由系统科学理论可知,系统方法一般包括系统分析、系统设计与系统评价3个主要步骤。系统评价是系统方法中一项十分重要而不可少的工作。对所研究的系统进行正确评价,便于对其实施及时有效的控制,从而使系统达到预期目标。系统功能取决于系统结构,交通运输枢纽的总体功能主要取决于交通运输枢纽布局及其设备配置。对交通运输枢纽进行综合评价,主要着眼于其总体布局与设备配置,即系统结构。

对交通运输枢纽系统进行综合评价,主要从其宏观总体布局与微观设备配置两方面进行展开与深入。宏观总体布局主要包括交通运输枢纽在运输网大系统中的合理分工与布局,每一具体运输枢纽的总体布置、交通运输枢纽在运输网大系统中的合理分工与布局以及在城市布局中的协调。交通运输枢纽微观设备配置主要是考虑交通运输枢纽内各种运输方式间的协调以及每种运输方式各种运输设备的设置。

对交通运输系统进行综合评价可采用经验判断、数学分析与实验等多种系统评价方法,对其进行多角度、多透视点的综合评价。系统评价方法突出定性与定量相结合。

为对交通运输枢纽系统进行定性与定量相结合的系统评价,必须结合交通运输枢纽系统特性,建立分层次的多指标体系。一般地,对于交通运输枢纽系统进行综合评价,可建立如下指标体系:

① 协调性。指交通运输枢纽与运网间、城市布局间,枢纽内各种运输方式间、每种运输方式的主要设备子系统间的相互协调程度。

② 运输过程连续性。指交通运输枢纽内各种运输方式共同实现的同种运输方式所完成的客、货运输过程在时间及技术作业方面不间断的连续程度。

③ 快速性。指交通运输枢纽为实现运输过程的迅速程度。

④ 便利性。指旅客或货物通过交通运输枢纽实现运输过程而达到旅行或运送目的的方便程度。

⑤ 经济性。指为建造交通运输枢纽相应设施购置运输设备及维持日常运营所发生费用的大小。

⑥ 安全性。指交通运输枢纽在实现运输过程中不发生意外事故而正常的特性。

⑦ 灵活机动性。指交通运输枢纽为确保运输过程连续不间断而采取某种临时性紧急措施的可能程序，这一指标对交通运输枢纽来说具有很重要的意义。

除上述指标外，在进行运输枢纽系统综合评价时，还要考虑环境污染情况、减少用地等其他因素。

在确定上述指标体系的基础上，可用层次分析法、德尔菲法、概率统计法、模糊评判法等多种系统评价方法进行定性或定量综合评价。在具体评价过程中，究竟采用哪种或哪几种方法，应视具体情况而定。

第三节 交通运输枢纽内各种运输方式的协调

一、相互协调的基本条件

交通运输枢纽内各种运输方式间的相互协调，是充分发挥各种运输方式的优势及特长，同时又彼此相互协作，进而形成交通运输枢纽综合能力的基本手段之一。这一协调过程包含两层内容，一是指两种及两种以上干线运输之间的协调，二是指干线运输同枢纽内部运输（工业运输及城市交通运）间的协调。

交通运输枢纽是各种运输方式的主要衔接点，是各种运输方式多种运输设备构成的结合部系统。枢纽内各种运输方式相互协调，须具备一定的技术设备物质基础和相应的组织保障，即应具备以下基本条件：

1. 保证运输过程的连续性

即不间断、无延误地完成技术作业过程中的全部必要作业。

2. 交通运输枢纽内各种运输设备的通过能力、输送能力彼此相适应

这种适应体现在一般的指标中（货物吨数、旅客人数），或体现在该种运输方式接运的运输量与所需的单元运输工具的能力及数量的相适应上。两种运输方式衔接处，需设置中间库场及换装机具时，这些设备的能力应与相邻接的运输方式的通过能力适应。

3. 各环节的作业时间相互协调

以基本作业环节为目标，前一项作业占用整车设备的时间应小于等于后一项作业占用整套设备的时间，且两者均应小于等于基本作业的相应作业、时间。

4. 必要的组织、制度保证

为确保交通运输枢纽内各种运输方式间的相互协调应设置有相对应的高、中、低各级管理组织，并制定有配套可行的相应制度。

上述4个基本条件是相辅相成的，前3条是协调的技术设备物质基础，后一条是组织保

障。保证运输过程连续性是协调的基本要求，各环节作业时间的协调是协调的外部表征，设备能力的协调适应是保证运输过程连续和各环节作业时间协调的物质基础。枢纽系统的协调条件如图 7.3 所示。

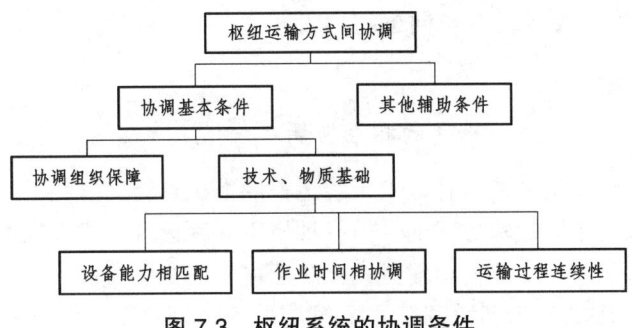

图 7.3 枢纽系统的协调条件

二、协调过程的分类与协调形式

交通运输枢纽内各种运输方式间的协调过程，可按空间协调特征、协调方式计划期的长短、相互协调子系统的等级和协调形式等进行分类，如表 7.1 所示。

表 7.1 协调过程的类型

按空间协调特征	按协调方式计划期的长短	按相互协调子系统的等级				按协调形式
		0	第一	第二	第三	
1. 统一综合运输系统的运输枢纽和其他组成要素间的协调 2. 运输枢纽与生产力、周围环境布局间的协调	1. 远期计划协调 2. 近期计划协调 3. 日常作业计划协调	运输枢纽内输入、输出运输流同固定设备间的协调	运输枢纽内各种运输方式间的协调	同种运输方式主要子系统间的协调	运输枢纽内各组成要素及其子系统间的协调	1. 技术设备协调 2. 技术作业协调 3. 信息协调 4. 法规协调 5. 经济协调

从空间相互关系角度考察协调过程，可以使交通运输枢纽的布局与配置更好地同工农业生产的布局、社会经济发展的需要及其他环境要求相适应，可以进一步优化统一交通运输网，使交通运输枢纽的分工与布局更趋合理。

各种运输方式的协调过程按计划期的长短进行分类，主要是考虑社会经济发展的需要，把交通运输枢纽及各种运输方式发展的长远规划同它们近期计划和日常作业计划有机地结合起来，同时建立一定的反馈机制，采取一定的优化方法，使得交通运输枢纽同各种运输方式在各个计划期内能得以同步协调发展，即实现动态协调。

按相互协调的子系统等级分类，实质上表明了进行交通运输枢纽协调的层次。交通运输枢纽内输入、输出流与固定设备间的协调属最高层次，以下层次依次为不同运输方式间的协调、同种运输方式子系统间的协调及枢纽各组成要素间的协调。这为我们深入分析和实现交通榆枢纽协调提供了有效途径。

三、交通运输枢纽内主要协调关系

从不同的角度来看，交通运输枢纽内存在着不同的协调关系，在这些协调关系中，干线运输间的相互协调及干线交通运输同枢纽内部运输间的协调是交通运输枢纽协调的最终体现。

1. 交通运输枢纽内干线运输间的相互协调

由于交通运输枢纽是两种或两种以上干线运输的衔接点，而这些干线运输既可以是同种运输方式的，也可以是不同运输方式的，前一种属于同种运输方式内部协调，因此，此处的干线运输间协调关系主要是指不同运输方式干线运输间的协调关系。

分析和实现干线运输间相互协调，主要应从设备能力匹配、作业过程连续、作业时间协同、有良好组织保障等基本条件入手，从宏观角度进行统筹规划，在日常工作计划中予以落实。

2. 干线运输与工业运输间的相互协调

工业运输是交通运输枢纽内部运输形式之一，交通运输枢纽干线运输与枢纽内工业运输间的相互协调，是枢纽外部运输子系统与内部运输子系统相互协调的一个重要方面。

干线运输与工业运输相互协调也应从其满足运输枢纽各种运输方式相互协调的基本条件入手进行分析研究与实现。

3. 干线运输与城市运输间的相互协调

同工业运输一样，城市运输是交通运输枢纽内部运输的另一种形式，干线运输同城市运输间的协调也是交通运输枢纽的外部运输与内部运输相互协调的一个重要方面。干线运输与工业运输间的协调侧重于货运，而干线运输与城市运输间的协调侧重于客运。

干线运输旅客密集到达枢纽或由枢纽出发时，城市运输应能保证在相应的时间内将旅客疏散或集结。从干线运输与城市运输相协调的角度考虑，城市运输以干线运输提供旅客集散服务为主要目标。

习　题

一、单项选择题

1. 按地理位置分类，我国的郑州属于（　　）。
   A. 陆路运输枢纽　　　　　　　　B. 滨海运输枢纽
   C. 通航江河岸边运输枢纽　　　　D. 湖泊运输枢纽
2. 按地理位置分类，我国的上海、大连属于（　　）。
   A. 陆路运输枢纽　　　　　　　　B. 滨海运输枢纽
   C. 通航江河岸边运输枢纽　　　　D. 湖泊运输枢纽
3. 按地理位置分类，我国的宜宾、重庆属于（　　）。

A. 陆路运输枢纽 B. 滨海运输枢纽
C. 通航江河岸边运输枢纽 D. 湖泊运输枢纽
4. 按承担的客、货运输业务分类，我国的郑州属于（　　）。
A. 中转枢纽　　B. 地方性枢纽　　C. 区际枢纽　　D. 混合枢纽
5. 按承担的客、货运输业务分类，我国的兰州、成都属于（　　）。
A. 中转枢纽　　B. 地方性枢纽　　C. 区际枢纽　　D. 混合枢纽
6. 按主要交通运输干线与站场空间分布形态分类，我国的乌鲁木齐、青岛属于（　　）。
A. 终端式枢纽　　B. 伸长式枢纽　　C. 辐射形枢纽　　D. 辐射环形枢纽
7. 按主要交通运输干线与站场空间分布形态分类，我国的兰州属于（　　）。
A. 终端式枢纽　　B. 伸长式枢纽　　C. 辐射形枢纽　　D. 辐射环形枢纽
8. 按主要交通运输干线与站场空间分布形态分类，我国的郑州、徐州属于（　　）。
A. 终端式枢纽　　B. 伸长式枢纽　　C. 辐射形枢纽　　D. 辐射环形枢纽
9. 按主要交通运输干线与站场空间分布形态分类，我国的北京属于（　　）。
A. 终端式枢纽　　B. 伸长式枢纽　　C. 辐射形枢纽　　D. 辐射环形枢纽

二、多项选择题

1. 从交通运输枢纽在运输全过程中所承担的主要作业角度来看，它主要完成的作业内容包括（　　）。
A. 技术作业 B. 直通作业 C. 中转作业
D. 枢纽地方作业 E. 城市对外联系的相关作业
2. 交通运输枢纽系统的子系统包括（　　）。
A. 运送过程子系统 B. 货物运输子系统 C. 技术设备子系统
D. 监督与管理子系统 E. 中转换装子系统
3. 交通运输枢纽内的协调形式包括（　　）。
A. 技术设备协调 B. 技术作业协调 C. 信息协调
D. 法规协调 E. 经济协调

三、名词解释题

交通运输枢纽

四、简答题

1. 交通运输枢纽布局与运输设备配置的基本原则是什么？
2. 交通运输枢纽内各种运输方式相互协调，须具备哪些基本条件？它们之间有何关系？
3. 交通运输枢纽内的协调包括哪些内容？

五、论述题

1. 举例说明交通运输枢纽的系统特征。
2. 试建立交通运输枢纽系统评价的指标体系。

第八章　区域交通运输系统分析

📖 **本章导读：**

泛长江三角洲：世界第六大都市圈未来"一体两翼"新格局

经过多年积累，长江三角洲已具备强大的综合实力和生产规模，产业的扩散效应、都市圈的外溢效应不断凸显，城市群辐射范围不断扩大，已具备自我扩张的能力；加之，它地处我国沿海、沿江发展轴的结合部，地势开阔、区位优越，广阔的腹地为长江三角洲的扩展提供了可能性。同时，长江三角洲发展过程中仍存在一些问题，主要包括：核心城市规模和功能层级不够突出，城市间产业结构趋同、竞争有强化的趋势，要素需求增多、区域内资源要素供给不足，污染超出环境承载能力、生态承载力降低等。

解决这些问题，实现长江三角洲的优化发展，客观上要求扩大长江三角洲的区域范围，在更广阔的空间内对其进行整合再造。

① 长江三角洲周边地区拥有相对丰富的土地资源，拥有更多的低成本劳动力，空间的拓展可以使长江三角洲在更广阔的范围内配置资源，弥补自身不足，打破发展的瓶颈。

② 周边地区已具备一定的产业配套能力，与长江三角洲的产业互补性开始增强，为长江三角洲的产业转移提供了较好的、优于其他地区的承接空间，有利于长江三角洲城市功能和产业结构的升级，延长产业链，有利于产生区域发展的联动效应。

③ 立足周边地区可以开辟更为广大的内地市场，扩大中心城市生产服务业的范围，从而实现城市服务功能的跳跃式提升。

④ 空间拓展可以实现行政区域的完整性和系统性，直接以省级行政机构参与分工合作能够降低行政成本、提高效率、加快区域整合。

总之，空间范围的拓展可以增强长江三角洲的实力、活力、辐射力和国际竞争力，已成为区域发展的内在迫切要求。

一、长江三角洲空间范围的拓展，可以推动周边地区的快速、跨越式发展

长江三角洲周边地区发展的限制性因素主要在于技术与理念落后，资本与市场不足等。长江三角洲的拓展，可以把周边区域与核心区域联为一体，一方面有利于周边区域承接核心区域的产业转移，向核心区域输出劳动力，从而带动本区域的发展、降低发展压力；另一方面可以使周边区域直接享受核心区域的第三产业和创新服务，利用先进的技术、管理经验和人力资本，提高发展的平台；并且可以利用核心区域的国际市场渠道和国际物流平台，开拓

产品的国际市场，这对促进周边地区的快速发展都具有重要意义。因此，长江三角洲的扩展可以缩减区域差距、促进区域协调，核心区与周边地区是互补双赢，应当互动共促。

二、国家交通战略背景下长江三角洲将形成T字形大交通格局

长江三角洲经济的快速发展、社会的全面进步、区域一体化水平的提升、对外辐射能力的增强，将产生更多的内、外交通需求，包括：运量的需求，预计2020年，货运量将翻一番；质量的需求，须大幅度提升线路等级和运输的效率、效益；多样化需求，必须有多种交通运输方式适应各类需求，并且实现运输方式之间的有效衔接；人性化需求，既增强运输的安全性和舒适度。提升交通运输能力和服务水平，形成安全可靠、便捷高效的综合交通运输体系已成为长江三角洲经济快速发展的先决条件。2004年，"国家高速公路网规划"确立了"9纵18横7放射"的国家高速公路路网格局，其中与泛长江三角洲相关的有"1纵2横1放射"4条线路，即：沈阳—海口纵线，连通了连云港、盐城、南通、上海、宁波、台州、温州、福州、泉州、厦门等城市；上海—西安横线，连通了上海、南通、扬州、南京、合肥等城市；上海—成都横线，连通了上海、苏州、无锡、常州、南京、合肥、武汉、成都等城市；北京—上海放射线。2005年，"长江三角洲地区现代化公路、水路交通规划纲要"，规划2020年长江三角洲形成"3纵4横2放射"的综合交通格局，即：连云港—上海—宁波—温州、新沂—淮阴—苏州—绍兴—温州、徐州—南京—杭州—金华三条纵向通道，连云港—徐州、上海—南京、宁波—杭州、温州—金华四条横向通道，上海—徐州、上海—杭州两条放射通道。

至此，泛长江三角洲将形成以空港、海港和陆路交通枢纽城市为结点，以高速公路、铁路为骨架，以国道、省道等干线公路、黄金海岸和黄金水道为基础，陆运、水运、空运、管道等多种运输方式有效衔接，层次分明、功能完善的综合交通运输体系。其交通格局将以上海为中心，以南京、合肥、杭州、宁波、温州、连云港、徐州为重要枢纽，沿江、沿海呈T字形展开，形成两条交通主轴线。

（1）由徐州、连云港经上海到宁波、温州并向福建延伸的沿海交通主轴

以黄金海岸为基础，随着沪通过江通道、杭州湾大桥、北京—上海和沈阳—海口高速公路、京沪铁路和沿海大通道的建设，泛长江三角洲沿海的主要节点和上海港、宁波港、苏州港、连云港等主要海港将被连通起来，形成南北向的沿海交通轴线，是我国国际物流和大宗货物运输的主要通道。这一主轴以上海都市圈为核心，向北依次连通了通泰都市圈、徐连盐都市圈，向南依次连通了杭嘉甬都市圈、温州都市圈，并将辐射福建的相关地区，与泛珠江三角洲交通网络联为一体。发展轴上的南通市将纳入上海"1小时紧密都市圈"范围，徐州、连云港、温州等城市都将纳入长江三角洲的"半日交通圈"范围。

（2）由上海经南京并向安徽、湖北延伸的沿江交通主轴

以黄金水道为基础，随着沿江高速铁路、上海—西安、上海—成都高速公路的建设，泛长江三角洲长江沿线的上海、苏州、无锡、常州、镇江、南京、马鞍山、芜湖、合肥等城市将被连通起来，形成东西向的沿江综合运输大通道。该交通主轴以上海都市圈为核心，连通了南京等都市圈，并将辐射湖北等地区，是我国东部沿海经济发达地区向中西部地区辐射的主轴线，沿线形成产业集聚和城市带发展的重要基础。

三、在交通等因素引导下泛长江三角洲将逐步形成"一体两翼"的空间新框架

随着泛长江三角洲的拓展，上海将逐步发展成为全球性城市和国际经济中枢城市，将成为区域的科技、创新、人才、金融、信息和国际市场中心，为区域发展提供综合性服务。上

海的辐射功能将沿着T字形交通主轴以梯度推移的方式不断向外扩散，并且通过次级中心城市的辐射传递和辐射接力作用影响到苏北、浙南、安徽和闽北的城市，从而形成以上海大都市圈为核心的"一体两翼"的新型城市群空间发展格局，城市群的内部空间组织采取都市圈-发展轴的模式。

第一节 区域经济与区域交通运输

一、区域经济

区域泛指一定地域空间，即一定范围的土地或空间的扩展。区域是以人为主体的一定政治、经济、文化辐射所及的社会和地域空间。它表现为一个国家、若干省的集合、一个省区或一个地区。区域应该是一个国家的特殊的经济上尽可能完整的地区。

区域经济是社会化大生产和商品经济发展的产物，是在社会劳动地域分工的基础上，随着经济发展而形成的具有特色和以区内外密切的经济联系为基础的地域生产综合体，是社会生产发展而形成的劳动地域分工的表现形式。

经济中心是区域经济形成的基本条件，这也是区域经济的核心部分。区域经济的成熟程度，在很大程度上取决于区内经济中心的发展水平。经济中心，可以是单个的城市，也可以是一个城市群落。

一般说，区域经济主要是根据社会再生产过程的生产、分配、交换、消费等环节的空间分布和空间组织特征来划分的。

区域经济具有以下特征：

1. 整体性

区域经济在地域上是一个综合性的有机整体，区域中的每个部门和生产环节都是这个有机体的组成部分。它要在合理利用区内自然资源、劳动力资源和原有经济条件的基础上，使区内各部门各种生产要素之间保持紧密的社会、经济、科学技术、文化教育的联系，使再生产过程的各个环节在地域上合理地结合起来，使区域经济形成一个有机整体，人为减少生产过程各个阶段的人力、物力消耗，提高整个区域的经济效益。

2. 开放性

区域经济不是闭关自守的包罗万象的封闭性体系，而是一个开放性的经济结构。区域经济是全国或地区的国民经济整体中的一个有机组成部分。每个经济区域都有其为满足全国性或其他地区所需要的生产产品并参与国际、区际的商品交换，在整个国民经济中承担特定的任务。区域经济的发展，不但受地区内部各种自然、技术和经济因素的影响，还要根据国家和区域、区际以及区域内部的城市之间各种经济联系所需的运输需求而发展。区域经济发展要使区域的专业化生产，适应全国范围内社会化大生产发展的要求，纳入国家的分工协作一盘棋中，为此，要搞好区域经济与国家经济发展的协调性。区域经济和产业结构合理化，是区域经济综合体合理发展的基础，使区域经济能以其自身优势的产业带动其他部门的发展。

3. 地域性

地域条件的有机结合是区域经济形成和发展的物质基础。每个区域其经济发展与地域条件存在着密切的联系，区域经济发展的模式和结构是建立在区内特有的自然条件和经济条件基础之上的。由于地域条件不同，区域经济发展水平和方向也不一样，生产力的地区分布不平衡，各种资源开发利用的难易程度和经济效益在地区间的差异性，从而显示出区域经济的发展具有明显的地域性。

二、区域交通运输与区域经济发展

区域交通运输系统是指在某区域由承担其客、货运输任务的各种交通运输设备、设施、人员及其相应的组织管理的整体。区域运输系统能力是指一个区域内，按一定区域经济的各种运输方式所形成的综合运输能力。

区域交通运输系统与区域经济之间存在着相互依存的关系。

1. 区域交通运输系统的规模由区域范围及其经济发展水平确定

制定与建设适合区域经济和区域发展的区域交通运输体系，是区域交通运输系统发展的战略目标。区域交通运输系统中，不同的运输方式具有不同的技术经济特性和不同的适用范围，因此，各种运输方式应扬长避短，充分发挥各自的优势，做到优势互补，布局合理，协调发展，从而形成适应于区域经济发展的综合运输系统。

2. 区域交通运输系统促进区域经济的发展

区域交通运输是区域经济实现专业化协作的手段，也是区域内部、区域间商品交换和信息传递的重要手段。区域交通运输的发达程度和运输线路的分布，在很大程度上决定经济中心的吸引范围，并且影响着区域的界限，所以说区域交通运输的发达程度与区域生产布局的合理性以及区域经济发展水平成正相关关系，即区域交通运输越发达，区域生产布局就可以越趋合理，区域经济就越发达。

区域交通运输突出了区域经济的特色，即促进区域经济发展的扬长避短，充分发挥地区优势，将推动区域的经济、技术和文化的发展。

区域交通运输使得区际经济互补。区域交通运输承担了区域经济发展所必需的交换、补偿和商品运输。区域交通运输通过经济互补带来的社会经济效益，在促进区域产业经济发达的同时，带动了远离大城市的边远地区的经济发展。

区域交通运输的发展，保证了区域生产力的主导产业能带动和影响区域内相关产业的增长，有着密切的连锁反应。

区域交通运输对国家区域经济的布局有着重要影响，例如，德国借助发达的莱茵河水系优势和公路、铁路分流的陆路运输的优势，在莱茵-鲁尔工业区基础上形成城市与水运发展相通的丁斯拉肯与莱茵河、利伯河之间的三角洲新兴工业区。

第二节 区域交通运输系统分析的内容

一、区域交通运输系统的特点

区域交通运输系统既是区域社会经济大系统的一个有机组成部分,为区域的政治、经济、文化的发展服务。同时,它又是国家交通运输大系统的一个有机组成部分,保持着区际间交通运输系统衔接与协调。因此,区域交通运输系统具有开放性、复杂性、深入性、连通性等特点。

1. 开放性

区域社会经济系统是一个开放系统,主要表现在以下3个方面:

① 同区域社会经济的其他子系统有着密切的联系,沟通本区域内的社会经济联系并为区域经济及其他子系统服务。

② 同区域外的其他相关区域社会经济系统亦有密切联系,沟通本区域同其他区域(含国际)的社会经济联系。

③ 同区域外其他相关区域的交通运输系统相衔接,并相互协调,共同沟通本区域同其他区域的联系。

2. 复杂性

区域交通运输系统是一个复杂的大系统。主要表现在以下3个方面:

① 这种复杂性首先是由它的开放性所决定的,如前所述,区域交通运输系统同它所处的区域社会经济其他子系统之间,以及同区域外的其他社会经济系统及国家交通运输系统之间,都有着不可分割的密切联系。

② 从它完成生产任务的方式来看,区域交通运输系统是由铁路、公路、水运、航空和管道5种交通运输方式所组成的综合交通运输体系,每种运输方式各自又由不同的运输设备、劳动生产组织与管理手段所构成。

③ 从它的结构来看,区域交通运输系统又是一个多层次的递阶系统。它是由不同的交通运输通道和线路所构成,而每一运输通道又是由多种运输方式所构成。

3. 深入性

区域交通运输系统可以深入到区域内的各个角度、各个经济点。在水网发达地区及铁路专用线密集的地区,可以通过水运和铁路专用线实现其深入性。在通常情况下是以公路运输方式实现其深入性。

4. 连通性

区域交通运输系统的连通性主要表现在以下3个方面:

① 区域交通运输系统本身是一个连通的系统,即经由交通运输系统的运输通道,根据运输需求由该系统内的任何一个起讫点通达到其他起讫点。并且,如果存在两个起讫点而不

能经由一种运输方式实现通过，那么它们必将通过几种运输方式的接力而实现通达。

② 区域交通运输系统与区域内和各个经济点的连通。

③ 本区域交通运输体系同其他区域的交通运输系统以及国家交通运输系统亦是连通的，同其他区域的各种经济点乃至国外的主要经济点也是连通的。

二、区域交通运输需求与供给

任何一个交通运输系统存在与构成，主要是由于存在一种运输需求，交通运输系统的主要功能就是要满足或实现这种运输需求。

1. 区域交通运输需求

区域交通系统的运输需求，主要表现在以下 4 种基本交通流：

(1) 区内流

是区域内由于区内各地区之间社会经济发展的不平衡性和专业化分工不同所形成的人流和货流，是区域内社会经济的内循环。

(2) 区际流

是本区域同国内其他区域之间所产生的交通流。一般说来，它是本区域对外运输联系的主要部分。

(3) 国际流

是区域对外开放，参与国际经济循环的物质形态。特别是对于具有外向型经济特征的对外开放区域，国际流的存在是其外向型经济特征的主要表现形式。

(4) 中转流

因本区域的特殊地理位置或较国内其他区域更特殊的经济政策，所形成的且由国内其他区域或国际地区经本区域的交通运输系统转到国内其他区域的交通流称中转流。

2. 区域交通运输供给

随着商品经济的不断发展，区域经济对于区域交通运输需求会越来越大。为了满足这种需求就必然产生区域交通运输供给。这种供给是由交通运输线路与站场、交通运输能源、交通运输工具和交通运输组织与管理 4 个要素构成。这种要素组合构成区域交通运输枢纽、区域交通运输通道、区域交通运输网络和交通运输组织与管理。

(1) 区域交通运输枢纽

区域交通运输枢纽是指地处两条以上干线或两种以上的运输方式交叉点上，是运输过程的结合点，是多种运输设备的综合体。其目标是实现运输过程的衔接，保证交通运输网的畅通，以满足区域经济和人民对交通运输的需求，加速货物送达和旅客的输送。

(2) 区域交通运输通道

区域交通运输通道是由不同的运输方式所构成的完成繁重运输任务的一条或数条的交

通干线。因此，确定构成运输通道的不同运输方式的合理发展规模，是区域交通运输通道分析的重要内容之一。

(3) 区域交通运输网

区域交通运输网是不同的运输方式的交通线相互衔接、相互协调、相互协作的网络。各级运输枢纽构成网络中的一个结合点。一个层次有序、干支分明、运输灵活的综合交通运输网，为区域经济发展提供了重要前提。

(4) 交通运输的组织与管理

交通运输的组织与管理是合理的把已有的交通运输设备利用起来，完成最大的客货运输任务。只有交通运输设备，没有交通运输的科学组织与管理，其设备也不能发挥正常作用。

三、区域交通运输系统的结构分析

系统具有可分性，按照一定的原则可以把系统分解成不同的子系统，如果划分的原则不同，则子系统的构成也就不同。

1. 运输设备构成

区域交通运输系统若按硬件设备构成来划分，可由交通运输通道、港站、运载工具、动力、通信信号等要素构成。

(1) 交通运输通道

即运输线路，它是运载工具通行的路径。有些运输通道是自然形成的，只需稍加工整治，如航空路线、天然河道等，有些则需人工修造，如铁路、公路、运河、管道等。铁路和管道运输的线路设备是专用的，而水运、公路、航空的线路设备则是公用的。良好的运输通道应具备能力大，安全性能好，速度快，成本低，不受自然条件影响，使用寿命长等特点。

(2) 港 站

即运载工具出发、到达与中转的地点，是客货集散、运输服务、中转衔接的场所。理想的港站应具备位置适中，设备齐全配套，交通便利，自然条件优越等条件。

(3) 运载工具

即承载与保护被运送对象的移动设备。管道运输的运输线路是合一的，铁路、公路、水运、航空运输则是分离的。理想的运载工具应具备结构简单、安全可靠、牢固耐用、宽敞舒适、客容量大等特点。

(4) 运输动力

即推动运载工具移动的设备。有的运载工具与运输动力是完全分离的，如铁路车辆、拖车、驳船等。有的则是同体的。如汽车、飞机、轮船等。良好的运输动力设备应具备操作方便、易于保养维修、能量转换效率高、能耗低、污染小等特点。

(5) 通信信号设备

即转送、接收运输信息的设备。其功能在于迅速掌握运输服务状态，进行运输生产控制、调度与指挥，以确保运输过程的持续与安全，提高运输服务效率。

2. 运输方式构成

前述5项运输要素具有不同的实物状态，区域交通运输系统工程是由铁路、水运、公路、航空和管道等5种主要运输方式组成。不同的运输方式具有不同的技术经济特性，因而各自具有不同的适应范围。在区域交通运输系统中，各种运输方式应扬长避短，充分发挥各自的优势，做到优势互补，布局合理，协调发展，这样才能有助于形成适应于区域社会经济发展的综合运输体系。

3. 交通运输通道构成

铁、水、公、航、管五种运输方式是完成某一运输过程的基本方式。但是在通常情况下，一个完整的运输过程往往需要由几种运输方式共同来完成，而由一种运输方式独立完成某一运输全过程的现象却很少见。因此，从运输供给的角度来看，仅就一种运输方式来进行运输供给分析，往往易割裂运输的全过程，特别是极易忽视其他运输方式在同一运输供给系统中的作用。为此，从运输供给角度来分析，按照区域交通运输系统的功能，把它划分成区内运输通道、区际运输通道、国际运输通道和区域对内、外交通的接口系统等4个系统，它们在区域交通运输系统中各具有不同的功能。

(1) 区内综合运输通道网络

担负区内各社会经济点之间的运输联系，是区域的社会经济内循环系统的主要组成部分，随着区域的社会经济的发展而发展。

(2) 区际综合运输通道网络

担负沟通本区域同国内其他区域的社会经济的运输联系。因为一般说来，区域社会经济发展在很大程度上取决于该区域在国内的社会经济地位。因此，区域的国内交通运输通道一般均承担着区域对外经济联系的主要部分，从而成为区域经济发展的主要生命线。

(3) 国际综合运输通道网络

担负着沟通本区域同国际市场之间的运输联系，或者国内其他区域通过本区域同国际市场之间的运输联系。特别是对于对外开放区域来说，上述两种国际市场的运输联系就尤为密切。换言之，区域的外向型经济须由区域的外向型运输联系作为基础。

以上区际和国际交通运输通道共同构成了区域的对外运输交通系统，它是区域的社会经济外循环系统的主要组成部分。

(4) 区域对内、对外交通的接口系统

是区域对内对外交通系统的结合部，是沟通本区域同外界社会经济联系的口岸或贸口，包括综合枢纽系统，港口系统（沟通本区域同外界的水上联系），航空港系统（空中联系）和铁路、公路、车站系统（陆上对外交通口岸）。

四、区域交通运输系统的分析方法

1. 区域交通运输系统的目标和任务

区域交通运输系统的目标和任务是维持区域交通运输系统与区域经济系统的协同关系,满足区域经济发展所提出的客、货运输需求,以及协调区域内的交通运输系统的各子系统(铁、水、公、航、管)的关系,使其综合效益最优,其步骤如图 8.1 所示。

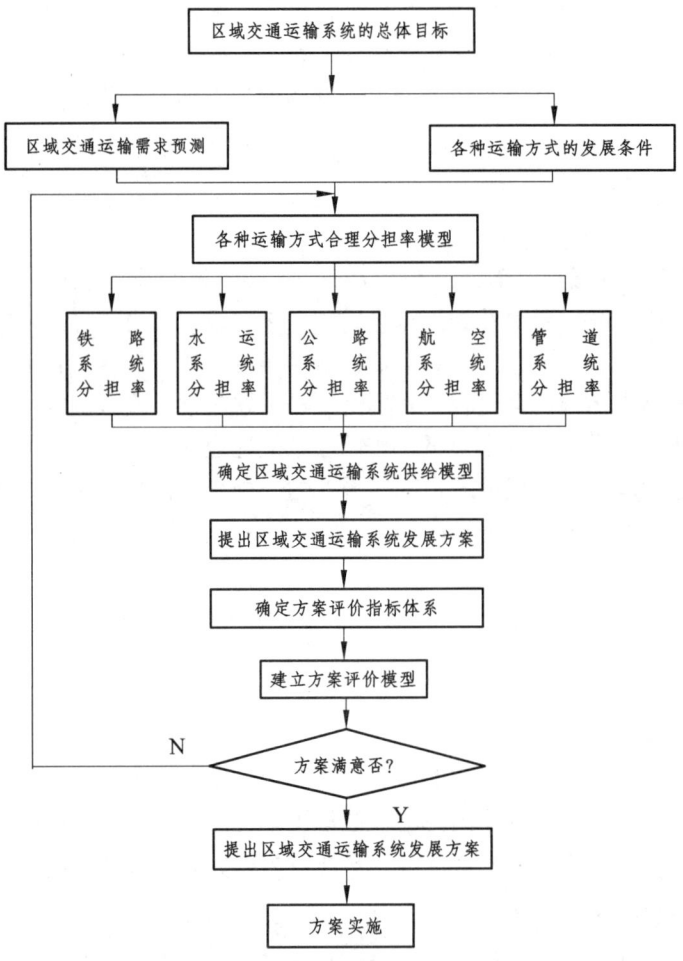

图 8.1 区域交通运输系统分析步骤

① 确定区域交通运输系统的总体目标。由于各区域经济发展特点与重点不同,有着不同的专业方向和综合发展类型,其交通运输系统的总体目标也不同。

② 根据所确定的目标,分析和预测区域交通运输的需求量(客、货需求量)。

③ 分析区域交通运输各子系统的发展条件及其优势,确定各子系统的规模,协调各种运输方式,使之形成一个统一的整体。

④ 根据需求建立区域运输系统的供给模型。在区域综合运输网中,客货运量在各种运输方式中得到合理的分配。

⑤ 确定评价区域交通运输系统的指标体系。这个指标体系包括评价交通运输系统的技

术与经济效果，组织管理水平；评价交通运输系统满足区域内部与外部经济发展、人民生活和社会环境等所提出的交通运输等方面的指标。

⑥ 运用最优化理论和方法，对所建立的区域交通运输系统的发展模型和模式进行优化，以求得区域交通运输系统得到合理的发展。

2. 区域交通运输系统的分析方法

区域交通运输系统是由两大系统组成，即由"流"的系统和"网络"的系统所组成。所谓"流"，包括"人流"、"物流"、"车、船、飞机流"所组成。"网络"包括铁、水、公、航、管各子系统的交通运输线路和场站设施设备及其相应的区内、区际、国际3个综合运输通道。

研究区域交通运输系统，首先要对区域内的O-D流与供需情况进行分析，根据客户对区域交通运输网的要求，提出评价交通运输网的若干指标，求得满足区域经济发展的最佳交通运输网。

在区域综合运输网中的各种不同的运输方式承担客、货运量的比例称为分担率。通过对不同情况下的分担率的研究，检验交通运输网的优劣性，并得出区域运输网规划的发展方向。

依据不同运输方式的经济特征和地区运输网结构，确定社会经济发展所需求的合理分担率。

第三节 区域综合交通运输系统及综合运输能力

一、区域综合交通运输系统

前面讲述，从运输给供方向来分析，区域交通运输系统可划分为区内运输线网、区际运输线网、国际运输线网和区域内外交通接口系统等4个系统。

1. 影响区域综合交通运输系统构成的因素

区域综合交通运输系统的构成一般取决于以下因素：
① 区域的自然地理条件及其在更大范围的区域或国家中所处的经济地理位置；
② 区域的生产力布局及其发展水平。
③ 区域的人口数量与分布。
④ 区域的自然资源的构成与分布。
⑤ 区域的科学技术发展水平。

应当指出，通常所称的区域交通运输系统是指区域内铁路、水运、公路、航空、管道5种运输方式的不同组合方式，或者可以说，交通运输线网的实物形态是满足区域经济发展对运输的需求。区域交通运输系统为完成运输过程并实现其运输功能所采用的手段和方式，不外乎这5种基本运输方式，但它绝不是这几种运输方式的简单叠加，而是各种运输方式的有机配合，协调发展。

2. 确定区域交通运输结构的基本原则

由于区域与区域之间，不论在自然地理条件，还是社会经济条件或历史文化条件上都存在着较大的差异性，因此很难确定出区域交通运输系统的统一模式，只能按照前述的影响结构的自然地理条件和社会经济条件分别地确定其合理的交通运输结构。确定区域交通运输系统主要应考虑以下几个原则：

① 充分利用区域的各种运输资源，发挥其运输潜力，形成综合运输能力。
② 同更大范围的区域或国家的综合运输体系相协调，紧密衔接。
③ 充分发挥各种运输方式的优势，扬长避短，优势互补，相互衔接，相互配合，协调发展。
④ 最大限度地节省运输建设投资和运输费用。
⑤ 适应或促进区域经济发展和人民生活水平的提高。
⑥ 有利于环境保护。
⑦ 有利于国防建设。

二、综合运输能力的计算方法

区域交通运输系统的运输能力，是指该综合运输系统在单位时间内所能向社会提供的最大的运输产品数量。区域经济系统是一个现实系统，该系统一经确定，在一段时间内可以看成是稳定不变的，由生产力布局所决定的人流与物流也可以看成是稳定的。这就是说区域交通运输系统所承受的运输任务的货物、旅客平均运程在相当一段时间内可以看成基本上是不变化的。

综合运输能力可以用被运输的产品数量来表示。这样，交通运输系统的综合运输能力也可定义为：在一定的技术设备和运输组织手段的条件下，区域综合交通运输系统在单位时间内所能运送的人员或数量，通常用万人（万 t）/年来表示。

区域交通运输系统是区域各种运输方式的优化组合。不同的运输方式的运输能力均有自己的计算方法。

区域交通运输系统的综合运输能力的计算方法：

$$N = \frac{\sum C_i \cdot l_i}{R} \tag{8.1}$$

式中 N——综合运输能力，万 t（万人）/年；
C_i——各运输区段的通过能力或运输航线的运输能力，万 t（万人）/年；
l_i——相对应的运输线路的长度，km；
R——区域的平均运输距离，km；同区域的生产力布局和人口分布有关，可用历史资料或相应的数据按下式计算：

$$R = \frac{\sum (Q \cdot l)_j}{\sum Q_j} \tag{8.2}$$

式中 $(Q \cdot l)_j$——第 j 种运输方式在统计期内的年平均完成的运输周转量，万 t（万人）·km；

Q_j——第 j 种运输方式在统计期内的平均完成运输量，(万 t)(万人)。

应当指出，一种运输方式运输能力的计算方法，通常是对一个运输区段或一条运输线路进行计算的，而上式给出的区域交通运输系统的综合运输能力的计算方法，是对区域综合交通运输网络进行计算。当然，这种运输网络运输能力的计算方法，同样适用于由单种运输方式所构成的运输网络。

研究区域交通运输系统是为了寻找反映区域交通运输网络和生产力布局，对国民经济发展关系及影响的交通运输布局规律，选择最佳的运输方式供求模式，揭示运输过程合理的时空关系。

当然，区域交通运输系统的综合运输能力涉及合理的地域分布，即综合运输能力的分布要与地区经济发展的相协调。为此，上面计算出的综合运输能力，还必须进行细化分析。可以把规划的区域经济根据区域的自然与经济特点再细划为若干小区，进一步按上述计算方法对各个小区综合运输能力进行计算，求出区域交通运输系统综合能力的区域分布。

习　题

一、单项选择题

1. 区域经济的特征是（　　）。
   A. 整体性　　　　　　B. 时滞性　　　　　　C. 边缘性
   D. 开放性　　　　　　E. 地域性
2. 区域交通运输系统的特点是（　　）。
   A. 时滞性　　　　　　B. 开放性　　　　　　C. 复杂性
   D. 深入性　　　　　　E. 连通性
3. 区域交通运输系统承担的交通流包括（　　）。
   A. 区内流　　　　　　B. 区际流　　　　　　C. 资金流
   D. 国际流　　　　　　E. 中转流
4. 区域交通运输系统的构成要素为（　　）。
   A. 区域交通运输枢纽　　B. 区域交通运输通道　　C. 区域交通运输网络
   D. 区域交通运输设备　　E. 交通运输组织与管理

二、名词解释

1. 区域交通运输系统
2. 区域运输系统能力

三、简答题

从运输供给角度来分析，按照区域交通运输系统的功能，可以将其划分成哪些子系统？各有什么功能？

四、论述题

1. 举例说明区域经济发展与区域交通运输系统的关系。
2. 区域交通运输系统的目标和任务是什么？其分析过程应当遵循什么步骤？

第九章 城市交通与高速公路系统分析

📖 **本章导读：**

高速公路成为美国制造业的"仓库"

20世纪初，仅有几千名美国人拥有汽车。到了1922年，美国拥有汽车的人数约为1 000万人。此后几年，汽车数量更是成倍增长。

在汽车数量远未达到巨量前，一些有远见的人就指出，应迅速发展高速公路。1922年，通用汽车公司创始人杜兰特就大胆预言："大多数美国人将会看到，全美将被到处可见的汽车高速公路网所覆盖。就像鸟儿飞过天空一样，人们将驾驶汽车在高速公路上欢快地奔驰。"

实际上，近一个世纪以来，高速公路和环城快速路大大增加了城市和城市周围的交通运输速度。互通式立体交叉交通枢纽、干线隧道和悬索桥也一个个建成。高速公路的发展使美国社会和经济发生了重大变化：近郊区范围大大扩展，诞生了大型购物中心以及快餐连锁店。在节假日，度假者可以开车到远处去旅行。

像所有国家一样，在社会发展早期阶段，铁路是一种主要运输工具。美国有错综复杂的铁路系统，可以到达国家的每个角落。以前人们长距离旅行都是靠铁路，市内交通则靠电车。由于公路少，路况又差，靠铁路将水果从加州运到美国东海岸市场，比用马车从24 km的农场把水果运到市场还便宜。在20世纪初，美国有320万km的道路，但几乎都是未铺设路面材料或用少量碎石铺成的。1904年，美国联邦政府作了一次高速公路调查，发现城市外仅有225 km 属于铺筑的公路。尤其在多雨天气，要驾车去郊区是一件可怕的事。1903年，有人首次开车穿越美国大陆竟用了44天，而乘火车旅行只需4天。

从1907年起，美国联邦公共道路办公室开始建造实验性公路，以测试混凝土、柏油及其他路面材料。该机构还培训了有关道路测试、分级和排水系统的工程师，然后将他们派到各州，与各州公路部门合作，选定路线和制定公路建设标准。在20世纪20年代，各州增加了铺设主路用的混凝土厚度，从9 cm厚增加到至少22 cm，公路的宽度也要求最少达6 m。

工程师们还对诸如指示牌、地面标志以及其他交通管制方法进行了大量改进。1920年，底特律出现了第一个有4车道、红绿黄三色交通灯的马路。1940年，美国建造了262千米长的宾夕法尼亚Turnpike高速路，成为高速公路的样板路。Turnpike高速路有3米宽的中间隔离带，每个车道为2.4 m，道路转弯处更宽，且外侧比内侧高。道路坡度限制在每30 m升高0.9 m。Turnpike高速路是收费的，很快，其他州也模仿这种做法，自筹资金开始修建高速公路。

发展高速公路面临着公路跨越水道的问题。将新泽西州与曼哈顿岛连在一起的乔治华盛顿桥，于1931年建成通车。瑞士出生的工程师阿曼，设计了跨度1 050 m长的8车道公路悬索桥，是当时世界上跨度最长的悬索桥。1937年，旧金山又建成了跨度为1 260 m的金门大桥。但是，这些高速公路还远未构成一个公路系统。

1954年，当时的美国总统艾森豪威尔组建了高速公路建设顾问委员会，以促使国会立法，这是美国高速公路建设史上最大的一项创新。1956年，艾森豪威尔签署了"全国跨州和国防高速公路系统法"，要求联邦政府支付250亿美元，建设多条穿越全美的高速公路。这些高速路大大加快了全美的交通流量，也增加了环绕城市周围的车流量。1972年完成的高速公路网，再加上一些以前建造的收费高速公路，最终使全美高速公路达到70 400 km。该系统拥有16 000个进出口、几十个隧道以及50 000个立交桥。

高速公路系统的建成，使美国集装箱卡车运输业获得蓬勃发展。因为卡车运输比火车更灵活，通常能做到过夜交付货物，因此使铁路运输逐渐衰退。到20世纪末，越来越多的美国制造商采用日本的生产系统，这种系统不需要大量库存，而是在厂方需要的时候再将精确数量的部件和供应品用卡车直接运送到工厂。这种所谓的"及时交货"方法节省了大量库存成本，也把美国的高速公路变成一种事实上的"仓库"。今天，美国70%的货物递送都是由卡车来完成的。

随着交通的增长和高速公路的发展，工程师们正在研究改进铺路材料、道路标志以及设计新型的防车碰撞的屏障，以确保交通安全。

他们也大胆提出了各种创新方法，以解决市中心的交通拥挤问题。例如，波士顿市实施了"大开挖计划"，即在该市中心下面挖一条5.6 km长的8车道隧道，以缓解进出波士顿市的交通阻塞问题。

城市交通运输系统是城市社会经济大系统中一个不可或缺的复杂子系统，其外部环境受到城市结构、经济发展水平、人口分布、产业布局、能源需求、环境保护、文化教育、生活条件、传统习俗等因素的制约；另一方面，它以自身的结构形式所具有的功能，有效、迅速、方便、舒适、经济、安全和可靠地服务于社会，同时又直接或间接地影响整个社会的工作效率、经济效益、人民生活、社会治安，乃至整个社会的经济结构等。

然而，随着我国城市化进程的推进，城市交通问题却日益严峻，尤其是大城市的交通拥堵问题已经成为制约城市发展的瓶颈。这使得交通研究人员和管理人员不得不思考这些问题：城市交通运输系统的结构、目标、特点是什么？影响城市交通运输需求的本源因素有哪些，这些因素与它有着什么样的内在联系，在需求日益增长的情况下如何对需求进行有效的控制？怎样新建交通基础设施和提高现有交通基础设施服务水平以增加交通运输供给能力？需求与供给之间能否达到平衡,如果可以,这种平衡关系是怎样的?为了对城市交通进行管理控制与组织协调而建立的城市交通监控系统应该考虑哪些因素?怎样布设综合交通枢纽以使城市内部交通与对外交通得到合理衔接?

高速公路是经济发展的产物,是一个国家现代化水平的重要标志之一。根据国家高速公路网规划方案,建成后的国家高速公路网,能够覆盖 10 多亿人口,直接服务区的 GDP 占全国总量的 85%以上,实现东部地区平均 30 min,中部地区平均 1 h,西部地区平均 2 h 抵达高速公路。截止 2013 年底,我国高速公路通车里程已超 10 万 km。这极大地改善了我国的交通运输状况。

然而经济的迅猛发展导致了不断增长的交通需求。与此同时,拥挤、事故与污染的发生,迫使人们寻求如何解决这些问题以实现高速公路大流量、快速和安全的办法。于是,人们从高速公路的交通流规律出发,寻求合理的高速公路管理体制,利用高速公路监控系统保证高速公路始终处于畅通与安全的状态,此外,研究如何收费保证其巨额的建设资金,并实现交通需求控制,以期能有效解决拥挤、安全和污染的问题。

在这种背景下,有必要把城市交通运输系统和高速公路交通运输系统作为研究对象进行系统分析。

第一节 城市交通运输系统

城市交通运输系统是由城市对外交通运输系统和城市内部交通运输系统构成的一个开放型系统。作为城市社会经济大系统的一个复杂子系统,城市交通运输系统是现代城市的动脉和各行各业的纽带,它在城市区域系统内和城市间,利用各种静态和动态的运输工具及载体为实现客货位移提供服务。因此,需要在城市社会经济背景下分析城市交通运输系统的功能、系统结构、系统特点、系统目标及其评价指标。

一、城市服务功能

系统的功能是系统结构在其内部并与环境发生相互作用时表现出来的作用和能力。城市交通运输系统的功能则是为城市居民的各种出行活动提供必要的条件,城市交通设施把城市居民的各种出行活动有机地连接在一起,"以实现人、物和部分信息载体的空间位移"(见图 9.1)。城市交通运输系统的功能概括起来有 4 种功能:

① 保证和促进城市的生产活动。
② 保证城市居民的正常生活。
③ 保证城市对外交通运输的正常进行。
④ 保证城市旅游资源的手段。

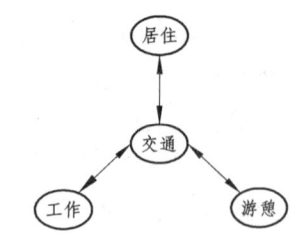

图 9.1 城市 4 大功能关系图

前两大功能保证了城市内部循环的正常进行，第三大功能保证了城市外部循环输送的功能，第四大功能是世界各国大城市的新型功能。

二、总体结构分析

为了有效剖析城市交通运输系统各个要素之间的相对稳定的联系方式、组织秩序及其时空关系的内在表现形式和其整体的有序性特征，可以把城市交通运输系统分解为以下3个子系统，如图9.2所示。

1. 物质系统

该系统包括：交通运输工具、交通运输载体、交通服务设施和交通管理与控制设施。物质系统是城市交通运输系统的基础，城市交通运输系统的各项功能都是以交通工具行驶在交通载体上完成的。物质系统中的交通服务设施和交通管理与控制设施也是管理系统和集成系统功能得以实现的具体表现形式。

2. 管理系统

该系统包括：交通管理、交通政策、交通控制。管理系统的基本职能是保证交通运输系统的整体有序性，实现人流、物流的定向空间位移的行之有效（安全、迅速、经济、便利、舒适和低公害等）的管理模式。

3. 集成系统

该系统包括：硬件系统集成和软件系统集成。城市交通运输的系统集成是从人和物的出行目的考虑，通过各种方式的软硬件综合协调来分别满足系统用户方便、高效地达到不同的出行目的，以提高人们生活质量，促进社会经济发展，即系统着重解决的是系统整体的运输效率问题。

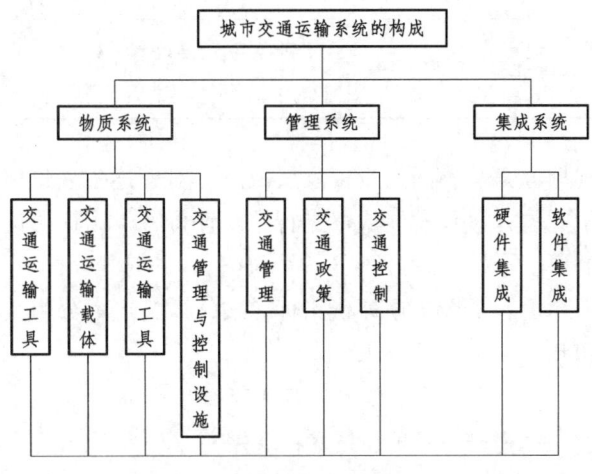

图9.2 城市交通运输系统的构成

三、目标与评价指标体系

城市交通运输系统的目标就是沟通城市中各个功能组成部分,在安全、经济、迅速、方便、低公害的条件下提供最大服务,使城市成为动态的有机整体。或者说,其目标是适应城市作为政治中心、经济中心的特点,适应城市现代化发展的需要,高效益、高效率地满足人民生活及物质生产对城市交通运输的需求。

交通运输行业与其他行业不同,其效益除了企业自身的经济效益外,更多的是通过为社会服务,减少出行时间等表现为社会效益,同时它又与其周围环境关系密切。鉴于此,可以把城市交通系统的基本目标分解成三个子目标:提高社会效益、提高经济效益和提高生态效益,这几个目标是相互促进又是相互矛盾的。每个子目标由若干个基础目标组成。这样就构成了城市交通系统的目标体系,如表 9.1 所示。

表 9.1 城市交通系统的目标体系

子目标	基础目标
提高社会效益	增加舒适度 减少出行时间 减少事故率 增加方便性 增加正点率 增加可达性 提高服务质量
提高经济效益	减少用户费用 降低资金能源消耗 增加利润收入 提高设备利用率 增加协调性
提高生态效益	合乎要求的居留地 减少污染和噪声

不同的城市交通规划方案、不同的投资发展战略,对上述各项目标、功能要求的实现程度各不相同。为了对不同的方案和发展战略进行综合评价,得出评价值和优先顺序,还需建立城市交通运输系统的评价指标体系。

系统评价指标体系是由若干个单项评价指标(按性质又可划分为大类)组成的整体,它反映出所要解决的问题和各项目标的要求。

美国 Linston 教授提出的"多透视概念"对评价城市交通系统是非常适用的,它主要从 3 个方面来考虑,即:T 视角——科学、技术;O 视角——组织、社会;P 视角——个人、个体。根据这一原理和上述目标,张国伍教授设计的城市交通系统评价指标体系如图 9.3 所示。

第九章 城市交通与高速公路系统分析

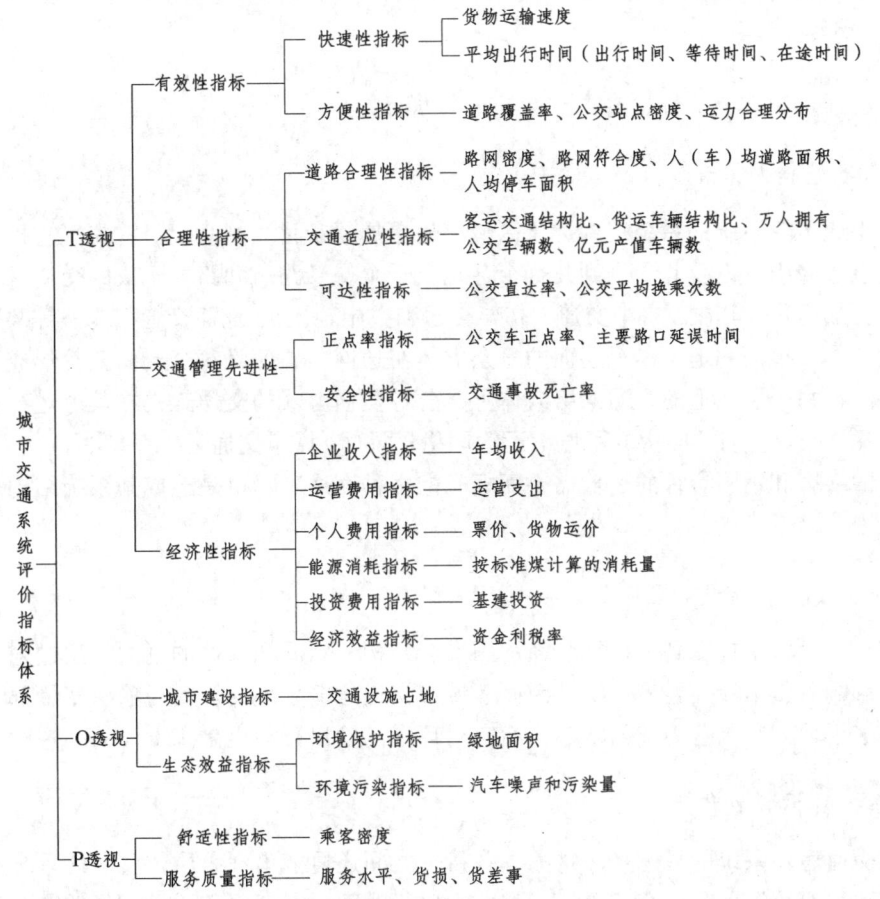

图 9.3 城市交通运输系统评价指标体系 Ⅰ

长安大学陈宽民博士则构建了另外一套城市交通运输系统评价指标体系，如表 9.2 所示。

表 9.2 城市交通运输系统评价指标体系 Ⅱ

城市交通运输系统评价指标体系			
指标大类	指标	指标大类	指标
交通设施建设水平	道路面积率	系统功能水平	路网饱和度
	平均技术等级		交叉口平均延误
	快速路与主干路比重		路网平均车速
	路网负荷均匀性		常规公交分担率
	车均停车面积		公交准点率
	公交线网密度	系统发展能力	投资占 GDP 的比例
	公交车站服务面积率		机动车保有量增长率
	轨道交通线路总长度		投资增长率
交通管理水平	标线施划率		废气排放量
	路口灯控率		万车事故率
	管理信息化水平	系统适应能力	与城市空间吻合度
	法律法规完备率		对 GDP 增长贡献率

四、网络特点

城市交通运输系统的特点主要有以下几个方面:

1. 系统结构网络化

城市交通运输系统的系统结构远比区域交通更加复杂化、网络化。首先,它拥有由大量交通产生点、吸引点以及几十个到几百个甚至上千个交叉路口和路段织成的交通网,线网比区域交通更加密集;其次,空中交通(高架交通和空中轻轨)、地面交通、地铁等共同构成了一个包含空中、地面和地下 3 个层面的复杂立体交通网络,而且每个层面上都形成了各自的交通网络;在每个层面上的交通网络载体上,各种交通方式的交通工具在其上运行又形成了不同的运输网络,它们共同构成了城市运输网络;同时,城市交通运输系统为适应不同目的、不同层次的乘客和不同货种的运输需要而拥有的多种交通工具也是造成其系统结构复杂的又一重要原因。

2. 系统变量多样化

城市交通运输系统受到一切社会经济因素、结构、状况和条件的制约,反过来又以它本身的特性影响着整个社会经济系统。因而,城市交通运输系统的输入与输出变量都不是单一的,即有多个输入影响着系统的状态,而它对环境的输出影响也是多方面的。

3. 系统目标多重化

城市交通运输系统的目标是多重的,各目标之间还可能出现矛盾。要保证系统持续稳定地发展,往往要统筹兼顾所有的目标。如减少出行时间、提高服务质量、降低能源消耗、增加企业收入、减少环境污染等目标。

4. 交通方式综合化

铁路、公路、水运、航空、管道 5 种运输方式在城市交汇、转换。因此,城市交通系统以道路交通为主,同时涉及铁路(含对外铁路及市内地铁)、水运、航空、管道等运输方式的转换与协调。

5. 研究对象复杂化

城市交通运输系统主要研究的是人、车、路三者的互相关系。由于城市人口、社会生产活动的高度集约化,人的主动性使得三者之间的关系错综复杂、不定因素很多。所以,城市交通系统的主要研究对象除了五大运输方式的载运工具及为载运工具服务的交通基础设施(公路、航线、航道)外,它要考虑更多的是交通系统的参与者——人,因为不管他(她)何时采用何种交通方式,其活动都将对交通产生影响。

6. 研究领域多面化

城市交通系统是交通工程学的重点研究领域,对城市交通系统的研究,往往从 5 个方面展开:

(1) 工　　程

研究能满足交通需求的交通基础设施，包括这些交通设施的规划与设计。

(2) 法　　规

完善的交通法规是保障城市交通系统正常运转的必要条件。

(3) 教　　育

由于所有城市居民都是城市交通系统的直接参与者，对于广大居民（特别是少年儿童）的交通意识教育是非常必要的。

(4) 能　　源

交通工具是能源消耗大户，低能耗交通工具的研究一直是发达国家的研究热点。

(5) 环　　境

在发达国家城市，80%的噪声污染及废气污染都是由汽车交通造成的，交通组织、交通结构优化及道路环境保护设计是保障城市系统可持续发展的重要措施。

第二节　城市交通运输需求

城市交通运输需求是指一定时期内城市社会经济活动产生的旅客和货物空间位移的需要，这是交通的本源。交通运输需求是来源于社会经济活动的一种派生性需求，社会经济活动的多样性和复杂性决定了交通运输需求受到的影响因素的多样性和复杂性。是否会出现各种各样的交通问题，根本就在于合理的交通运输需求是否得到合理的满足。因此，需要对交通资料进行分析，建立交通与相关影响因素之间的基本关系，找出交通出行的规律，利用这些规律分析交通问题的原因，以及预测未来或交通设施变化后的交通运行特征，并对交通系统进行评价，这就是交通运输需求分析。城市交通运输需求分析是指导城市交通规划和布置各种交通方式和设施的依据。

一、客、货运需求特性及影响因素

1. 城市客运需求分析

(1) 客运需求概念及影响因素

需求，是指人们对某种目标的渴求或欲望。一个人的行为，总是直接或间接，自觉或不自觉地为了达到某种需求的满足，由此，可以认为客运需求是乘客强烈要求消除空间距离的欲望引起的。

但同时人的一切需求都是受社会制约的，它们的发展决定于社会生产力的水平和分配的体制。决定城市乘客出行需求的核心是与研究对象相关的社会经济需求量，主要有：收入、年龄、私人交通工具的拥有量、职业、人口密度等。

需求量可以表示为：

$$X_i = f_i(M)$$

式中 X_i——第 i 种交通方式的需求量；

M——社会经济需求变量，是多维的；

f_i——X_i 与 M 之间的函数关系。

(2) 城市客运需求构成

城市客运需求按服务对象分为居民出行需求和流动人口出行需求。居民出行需求是指城市常住居民（有无户口均可）日常生活的出行需求。而流动人口是指不具有所在城市的户口，为了满足某种社会经济生活（如务工、经商、社会服务、旅游等）的需要而进行短期迁移的人口群体，这部分人的出行需求称为流动人口出行需求。高峰期主要客流是由上、下班的城市居民出行产生的。大量的流动人口是非高峰期交通设施的主要使用者，他们在高峰期后组成了数次高峰期，增加了城市交通系统的总体负荷。流动人口数量的增减有明显的季节性。旅游旺季，流动人口数明显高于平均水平，淡季则低于平均水平。这种数量的季节非均匀性，增加了城市交通系统控制的难度。

城市客运需求按出行目的可分为工作、学习、购物、文化娱乐、探亲访友、旅游等出行需求。不同城市大小、不同城市经济发展水平，其出行目的构成不一样。比如，文化娱乐活动随着生活水平的提高而上升。

城市客运交通包括城市公共交通、集团客运交通、个体交通和行人交通。公共交通包括公共汽（电）车、地铁、轻轨、出租车、BRT（快速公交）等；集团客运交通包括各单位的大、中、小型客车交通；个体交通包括私人小汽车交通、摩托车交通、自行车交通和电动自行车交通；行人交通则指步行交通。因此，城市客运需求按交通方式分为公共汽车、轻轨、地铁、小汽车、自行车、电动自行车、摩托车和步行等出行需求。

(3) 影响城市客运需求构成的因素

出行者究竟选择何种交通工具，依赖于下列准则：

① 快速性。一般像地铁等轨道交通运行速度较快，公交汽车次之，自行车速度较慢。但是，在拥挤的市中心，有可能公交汽车的运营速度下降，导致自行车速度大于或接近公交汽车的车速，从而使公共交通吸引力下降。

② 方便性。出行时间和目的地的不同使出行者对交通工具的方便性选择有极大的影响。小汽车、自行车等个人交通工具不用换乘，可随时出行。

③ 出行距离。随着居民出行距离的增加，乘坐公共交通车辆的比例显著上升。一般而言，自行车可作为 4～5 km 短途交通工具，公共汽车负担平均乘距为 5～6 km 的乘客，平均乘距大于 6～7 km 的乘客宜被吸引到轨道交通上来。

④ 经济性。一般小汽车使用费用较高，公共汽车由于国家有补贴政策，个人使用费用较低。

⑤ 舒适性。小汽车、自行车都优于公共汽车的舒适性。

⑥ 安全性。公共交通的安全性优于个体交通。

2. 城市货运需求分析

(1) 城市货运需求影响因素

城市货运是指城市内部的货运。它包括：城市中的货物从一地到另一地的运输，进出城市的货物在市区各地与对外交通枢纽点之间的运输。

城市货运需求来源于城市生产活动的需求，受到城市社会经济变量的影响，如工业总产值，社会消费品零售总额等。一般可通过回归分析建立城市货运需求量与城市社会经济变量间的相互关系。

(2) 城市货运需求特性

城市货物流动与居民出行有不同的规律。货物流动以原料—加工—存储—销售—用户为流程，以生产销售为周期的流动。

货运需求结构与规模受产业结构影响较大，一般重工业的货运需求大于轻工业的货运需求，工业运输量大于农业运输量。产业结构及变化直接影响货运需求的结构、规模及变化。

二、城市交通流量时空特性分析

城市交通需求与城市交通运输工具、城市交通运输载体相互作用产生城市交通流。城市交通流是被实现的城市交通需求在城市交通运输载体上产生的人、车、物的流动。交通量是衡量城市交通流大小的量，是指单位时间内在城市交通运输载体上所通行的车辆或行人的数量。因此交通量可分为车流量和人流量，单位是辆/日或辆/小时和人/日或人/小时。

交通量是一个随机变量，不同时间、不同地点的交通量都是变化的，但其具有统计规律性。交通量随时间和空间变化，而变化的特征叫交通量的时空分布特性。研究交通量的变化规律，对于进行交通规划、交通控制与管理、交通设施的规划、设计方案比较和经济分析等均具有重要意义。

1. 交通量的时间分布特性

交通量在时间分布上有着很大的差异，随时间而变化。主要有小时交通量变化和周交通量变化。

以一日为周期来看交通量的变化，不同的地点具有不同的特点。同一个地点、不同时间的小时交通量不一样，但可以有一个大致的规律，这就是小时交通量变化，如图9.4所示。

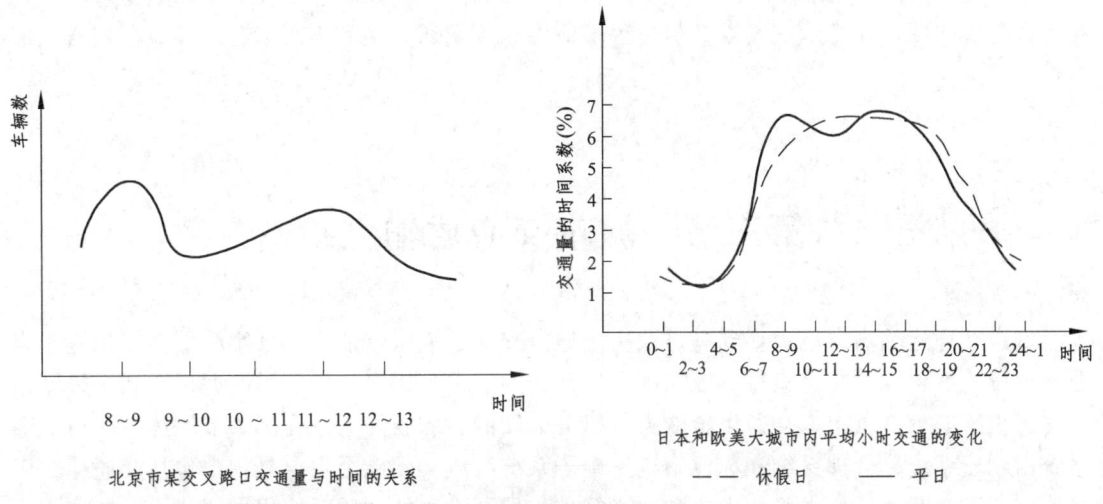

图 9.4 交通量的时间变化

由于我国城市大部分单位实行朝九晚五的工作作息时间，这对客流时间分布有很大影响。一般来说，城市交通量时间分布曲线一般呈马鞍状，即有早、晚两个高峰。最低峰出现在凌晨 1:00～4:00。通常，在上午和下午各有一个交通高峰时间，上午的高峰时间客流集中在 7:00～9:00，下午的高峰时间集中在 16:30～19:00。周末和节假日的客流出行时间分布稍微均衡，其时间分布曲线的马鞍状没有工作日明显。

一天 24 h 中每小时的车辆和行人数量是不同的，交通量最大的那个小时称为高峰小时，其交通量称为高峰小时交通量。根据多个城市的统计，高峰小时的交通量是日交通量的 7%～10%。

高峰小时交通量的持续时间并非刚好 1 h，可能大于或小于 1 h，同时高峰小时内交通量也并不均匀，因此，再将高峰小时划分成更短的时段以显示各时间段交通变化特征。一般将时段按 5 min 或 15 min 来划分。某高峰小时内连续 5 min 或 15 min 交通量最大的时段称为高峰小时内的高峰时段。城市道路交叉口经常发生拥堵现象，根据实地观测和数据处理分析发现，高峰小时内的高峰时段是引起交通阻塞的主要原因之一。如最大 15 min 交通量可达高峰小时交通量的 40%，最大 5 min 交通量可达高峰小时交通量的 20%。

日交通量随着每天、特别是每周的星期几、季节和气候的不同而变化。一周内日交通量的变化称为周交通量变化。除气候外，日交通量随周日、季节的变化情况基本上是一定的。一般工作日与周末、节假日的交通量出现波动。周末和节假日车流减少，人流增多，特别是公共交通、自行车和行人交通增多。但随着我国私人小汽车拥有量的不断提高，周末和节假日驾车出行比例也不断提高，对城市交通产生的影响也越来越大。

2. 交通量的空间分布特性

在城市交通运输系统中，交通量的空间变化大致分为下列 3 种：
① 交叉路口交通量的空间变化。
② 路段的交通量的空间变化。
③ 进出交通小区的交通量的空间变化。

上述 3 种交通量的表示方法一般采用交通流图表法，在图中标示交通量的数值及流向，有时也称流向图。在标示交通量数值过程中应注意到交通方式的不同，有的还应标出行人的数量。

第三节　城市交通运输供给

城市交通运输需求能否得到满足取决于城市交通运输供给能力的大小。因而要预测未来或交通设施变化后的交通运行特征，除了进行交通需求分析之外，还需把握现在和未来城市的交通供给能力。城市的交通供给能力可以分为硬能力和软能力。在第一节阐述了城市交通系统由物质系统、管理系统和集成系统三个子系统组成。硬能力主要是指由包括交通运输工具、交通运输载体、交通服务设施和交通管理与控制设施的物质系统提供的能力。软能力主要是指由包括交通管理、交通控制、交通政策的管理系统和包括硬件集成及软件集成的集成系统提供的管理组织能力，即通过管理组织技术挖掘现有设施潜力的能力。

一、物质系统

物质系统是城市交通运输系统赖以存在的物质基础，由以下 4 部分组成：① 城市交通运输工具；② 城市交通运输载体；③ 城市交通服务设施；④ 城市交通管理与控制设施。

1. 城市交通运输工具

交通运输工具是人们为实现人和物的有效移动而使用的一种物质手段，同时交通运输工具的变革对城市的演变具有直接的作用。其变革的主要表现形式是运输工具的速度和载运能力。

(1) 城市交通运输工具的分类

城市交通运输工具包括：客运交通工具和货运交通工具。其中客运交通工具主要包括：私人交通工具、集团客运交通工具和公共客运交通工具；货运交通工具包括:货运车辆和特种车辆。其组成如图 9.5 所示。

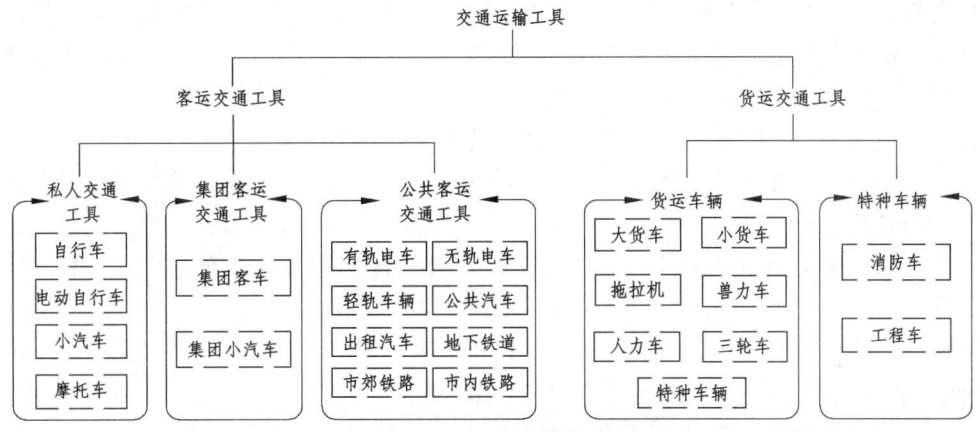

图 9.5　城市交通运输工具组成

(2) 主要交通运输工具的特征

① 私人交通工具。

私人小汽车交通，舒适、方便、迅速，但占用交通空间大、环境污染较严重、耗能多。

自行车交通，我国城市中主要交通方式之一，灵活、自由、安全、经济，但安全性差、费力且不适合远距离交通、交通管理困难。

摩托车交通，方便、迅速、较经济，但安全性差、污染严重、耗能高、占用交通空间大。

电动自行车交通，电动自行车是指用直流电源驱动、最大设计车速不超过 20 km/h、供单人骑乘的两轮车。其性能介于自行车和摩托车之间，近年来数量迅速增加，成为我国城市中主要交通方式之一。以成都为例，截止到 2007 年 7 月，成都市的电动车拥有量接近 100 万辆。

② 集团客运交通工具指各单位的各型客车交通，有定时和临时两种。

③ 公共客运交通工具是按照固定线路行驶、沿线设置站点、定时往返、并按固定的票价收费、供公众共享的一种交通工具，它的运输能力大，运输成本低，是城市中运送居民的

主要交通方式。公共交通车辆包括公共汽车、无轨电车、有轨电车以及出租车、地铁、轻轨、BRT 和城铁列车等。

公共汽车有单车和铰接车两类，它需要的设备简单，调整线路的灵活性大，经营管理方便，所有大小城市皆宜。

无轨电车以直流电为动力，以高压电气系统代替发动机系统，有单车和铰接式两类。需架设触线网，设置变电站，建设费用要比公共汽车大，且行驶线路受触线网所限，灵活性差，其架空触线对市容亦有一定的影响。优点是噪音低、无废气、启动快、变速方便，常在大城市与公共汽车配合使用。

出租汽车，机动灵活，舒适快捷，服务面广，但占用交通空间大、环境污染较严重、耗能多。

地铁，运量大、速度快、无污染，不占用地面土地，但投资大、建设周期长。

轻轨，基建投资较小，安全性和舒适性较高，节能、公害小，建设较为灵活。

BRT（Bus Rapid Transit），中文翻译为"快速公交"，又称为"公交车捷运系统"，它是一种利用改良型大容量公交车辆和现代智能交通技术（主要是高效率电子收费系统），以轨道运输的经营方式运行在公交专用道（具有专有或部分专有路权）上的公共交通运营服务方式。通过新型公交车辆技术、电子票证系统、优先标志和轨道运输经营方式的运用，使 BRT 兼具轨道服务质量和公交车营运弹性，具有建设周期短、建造运营成本低、运量大、运行速度相对较快、节能环保、节约道路资源等特性，成为一种便捷、安全、舒适、准点的城市公共交通方式。

BRT 因其能有效缓解城市交通拥堵矛盾的优势，而逐渐成为全球城市公共交通业继轻轨或地铁之后的又一发展方向。联合国、世界银行、国际能源机构以及公共交通国际联合会等国际组织与机构都把快速公交作为解决城市交通问题的革命性方案，积极地向世界各大城市推荐。近年来，南美的圣保罗、波哥达、基多以及澳大利亚的布里斯班、悉尼，加拿大的渥太华，法国的巴黎，美国的纽约，墨西哥的墨西哥城，印度尼西亚的雅加达，印度的班加罗尔等城市，纷纷建设快速公交系统。我国第一条快速公交线路北京南中轴快速公交 1 号线于 2005 年 12 月 30 日开通运营，取得了较好的成效。此后，杭州、济南也相继开通了 BRT，我国的 BRT 公交系统建设开始进入一个快速发展期。

城市主要客运交通工具的特性分析如表 9.3 所示。

表 9.3 城市主要客运交通工具特性分析

交通方式		运量（人/h）	运输速度（km/h）	道路面积占用（动态，m²/人）	适用范围	特　点
自行车		2 000	10~15	6~10	短途	成本低，无污染，灵活
小汽车		3 000	20~50	10~20	较广	成本高，投入少，能耗多，污染严重
常规公交方式		6 000~9 000	20~50	1~2	中距离	成本低，投入少，人均资源消耗和环境污染较小
轨道交通方式	轻轨	10 000~30 000	40~60	高架道路：0.25 专用道：0.5	长距离	建设运营成本较高，运输成本较低，能耗和环境污染小，运输效率高
	地铁	30 000 以上	40~60	不占用地面面积	长距离	建设运营成本高，运输成本较低，能耗和环境污染小，运输效率高

④ 货运车辆一般是为城市中的货物运输服务的，主要包括生产运输和生活运输两部分。生产运输的货物包括原料、燃料、成品、半成品、废料等，多流动于工业区的内部、工业区与工业区之间、工业区与仓库以及堆场与对外交通枢纽之间。生活运输是运载居住区中居民的日常生活供应物资和环境卫生工作中的垃圾等。由于城市中运输货物的性质、类型不同，有些货物在运输过程中常有特殊的要求。因此，除了常见的卡车外，还有各种专用货车，如食品车、冷藏车、油罐车、工程车、履带式车辆等。

2. 城市交通运输载体

城市交通运输载体是城市中车辆、行人交通往来的通道，是连接城市各个组成部分并与城市对外交通相贯通的交通纽带，是组织城市交通运输的物质基础，一般分为城市道路系统和城市轨道系统。

(1) 城市道路系统

城市道路系统是由城市内各种不同功能道路及其附属设施有机组成的交通基础设施体系，是城市交通运输系统中最重要的组成部分。其主要职能：一是担负着各种机动车、非机动车、行人以及地面有轨交通的运行；二是作为城市整体物质空间的一部分，联系城市其他功能用地，以此形成城市布局结构的骨架；三是反映城市形态和城市景观的主要构成要素。

① 城市道路的分类。

根据道路在城市道路网中的地位、交通功能以及对沿线建筑物的服务功能，城市道路一般分为快速路、主干路、次干路和支路。

a. 快速路：是使市区不同区域机动车辆能快速出入，并且是联系城市各主要的中、长距离快速机动车交通服务的道路。快速路是大城市交通运输的主要动脉，同时也是城市与高速公路的连接通道。

b. 主干路：是连接城市各主要分区的干线道路，以交通功能为主。联系城市的主要工业区、居民区、港口、车站等客货运中心，承担城市的主要客、货运交通，是城市内部的交通大动脉。连同快速路一起构成城市骨架道路系统。

c. 次干路：是城市中起"通、达"作用的一般性交通性道路。配合主干路组成城市干道网，起联系城市各部分和集散交通的作用。次干路兼有服务功能，允许两侧布置吸引人流的公共建筑。

d. 支路：支路与次干路和居住区、工业区、市中心区、市政公用设施用地、交通设施用地等内部道路相连接，用来解决局部地区交通，以服务功能为主，是地区通向干道的道路，部分支路用以补充干道路网的不足。

依据道路与城市用地的关系，按道路两旁用地所产生的交通流的性质，可将城市道路分为两大类，即交通性道路和生活性道路。

a. 交通性道路：是以满足交通运输为主要功能的道路，承担城市主要的交通流量及与对外交通的联系。其特点为车速高、车辆多、车行道宽、道路线形符合快速行驶的要求，道路两旁要求避免布置吸引大量人流的公共建筑。

b. 生活性道路：是以满足城市生活性交通要求为主要功能的道路，主要为城市居民购物、社交、游憩等活动服务的，以步行和自行车交通为主，机动车较少，道路两旁多布置有为生活服务的公共建筑及居住建筑，要求有较好的公共交通服务条件。

② 城市道路网络的布局模式。

城市道路网络的形成与城市的演变与发展密切相关，它一方面受不同社会经济条件、历史条件和自然地理条件等因素的影响和限制；另一方面人们仍然力争使之适应交通活动的需求和适应城市发展的需要。因而逐渐形成以下模式：

a. 自由式道路网；
b. 放射式道路网；
c. 棋盘式道路网；
d. 放射＋环形道路网；
e. 棋盘＋对角线道路网。

城市道路网的基本形式多是放射式和棋盘式道路网。

(2) 城市轨道系统

城市轨道交通以其运量大、速度快、安全准时、低污染的技术优势已成为城市交通结构中的重要组成部分。城市轨道系统由城市轨道交通线路及其附属设施有机组成，是城市轨道交通系统中的重要组成部分。轨道交通线路通常沿城市客流走廊布设，并结合城市发展规划及增强土地开发强度的需要而向城市的不同方位延伸，其主要布局结构形式如下：

① 放射形线网。
② 放射加环线形线网。
③ 棋盘形线网。
④ 棋盘加环线形线网。

3. 城市交通服务设施

城市交通服务设施是指具有一定功能，并为使用者提供所需交通服务的设施。它是城市生产和人民生活必需的社会公共设施，也是城市基础设施的重要组成部分，其功能完善与否，会直接影响人们的生活、城市交通的运行及环境。

城市交通服务设施的性质和功能决定了它的建设必须坚持以人为本、可持续发展的原则，主要包括：① 服务设施必须给人们带来方便、舒适、安全的服务；② 服务设施的设置要与城市和道路网规划相结合，符合总体规划布局；③ 服务设施之间应合理配合和连接。

(1) 城市交通服务设施的分类

城市交通服务设施主要包括公交场站、停车场、交通枢纽、加油站和照明设施，其组合结构如图9.6所示。

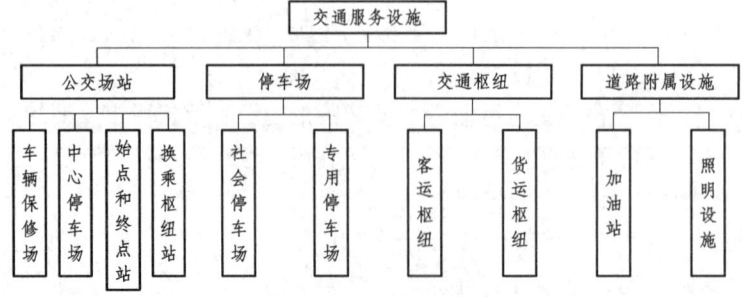

图9.6 城市交通运输系统的服务设施结构

(2) 城市交通服务设施的功能

城市公交场站代表着公共交通客运系统的容纳、周转和维修保养能力的强弱,以及设施和装备的现代化水平。公交场站的建设布局是否合理,将影响城市公交线路空间边界与服务对象(乘客)之间的联系,影响人们出行、换乘的便捷程度;公交场站的完善与否将直接影响公交车辆和城市交通的运营状况。

停车场是满足城市"静态"交通需求——停车需求的城市交通基础设施。若停车设施不足、停车设施规划不合理,会导致静态交通反过来干扰动态交通,造成城市交通拥挤和城市交通运输效率低下。因此正确处理停车问题,对解决道路交通拥挤,减少交通事故,提高道路通行能力等有重要意义。

交通枢纽是衔接各种交通方式,保证客货出行顺利实现中转换乘的关键节点,它们不仅为城市内部交通服务,还要使城市对内、对外交通得到有机衔接。高效的交通枢纽,不仅能使城市内居民出行换乘方便,减少非机动车交通对机动车交通的干扰,还能完成客运转换任务,使外来旅客迅速疏散到城市的各个角落。因此,城市交通枢纽的合理规划是提高城市交通运输效率的一个关键因素。

城市道路照明设施为车辆驾驶人员以及行人创造良好的夜间视看环境,从而达到减少交通事故,保证交通安全,提高运输效率,方便居民生活,防止犯罪活动和美化城市环境的效果。

4. 城市交通管理与控制设施

管理系统是城市交通运输系统的3大子系统之一,它通过对城市交通流分布进行合理的诱导和控制来平衡交通供需关系,从而改善交通环境。城市交通管理与控制设施是按交通组织设计对交通实施管理与控制而设置的。

(1) 城市交通管理与控制设施的特点与功能

城市交通管理与控制设施作为交通管理的硬件直接与各种城市交通管制措施挂钩,与交通畅通、交通安全问题密切相关,在城市交通中发挥着重要作用。城市交通管理与控制设施有如下明显特点:

① 信息量大。现代城市交通管理与控制设施包括各类交通标线、交通标志、信号灯、路栏、值勤亭、路栏闸口等。其中,交通标志有主标志和辅助标志,而主标志又分为警告标志、禁令标志、指示标志、指路标志、旅游区标志、道路施工安全标志6类,每类标志还有不同的内容,包括形状、颜色、文字、图案等。因此,交通管理设施本身的信息量是非常大的。

② 动态性强。交通管理与控制设施总在不停地变化,例如,道路、交通条件变化,管理策略变化,标志标线设置变化,信号灯配时变化等。因此,交通管理设施具有很强的动态性。为适应这种动态性,出现了可变信息标志(Variable Message Signs,简记为VMS),它能够向出行者提供实时的路况信息,引导驾驶员作出合理的路径抉择,在动态路径诱导方面具有广泛应用前景。

③ 地理位置特性明显。各类城市交通管理与控制设施广泛地分布在街道、交叉路口、桥梁上、高架道路中和立交桥上,情况不同的路段和交叉口分别配置不同的管理设施,具有

明显的地理位置特性。

交通管理与控制设施在现代交通中的重要作用，主要表现在以下几个方面：

① 分离作用。用标志、标线规定车辆的行驶线路，进行方向隔离或车道隔离，用信号灯控制交叉口，无信号灯的交叉口上用停车标线或停车让行、减速让行标志控制，划定人行横道等，从而达到空间分离或时间分离的目的，确定先行权。

② 疏导作用。采用标志、标线或信号灯规定单向交通、变向车道、专用车道、过境交通路线，增加交叉口进口道，关键交叉口禁止左转，禁止任意停车，提供实时交通信息等解决道路上的交通拥挤、阻塞和交通事故，有效疏导各类交通。

③ 指路作用。各类标志牌明确为车辆和行人指明道路或方向，避免因不识路而迷途，减少车辆或行人的绕行距离，减少城市无效交通。

④ 提高安全性。在事故多发地段上设警告、限速等标志，提醒驾驶员以避免交通事故发生，利用绿化分隔带或分隔栏分离对向车道或分离机动车与非机动车，道路改建时设立各类标志有利于施工的安全性等。

⑤ 降低交通需求。规定公共交通优先，包括公共交通专用道路，公共交通优先信号控制等，限制私人车辆或某些车种进入交通紧张地区，实行停/存车管理等措施来降低交通需求，保证交通紧张地区交通畅通。

(2) 城市交通管理与控制设施的分类

根据城市交通管理与控制设施在城市交通管理中的特点及其作用，可将其进行如下分类：

城市交通管理与控制设施包括交通法规等软件设施，也包括城市信号控制、交通信息发布等硬件设施。其中硬件设施包括交通信号设备、信息服务设施、交通安全设施。组成结构如图9.7所示。

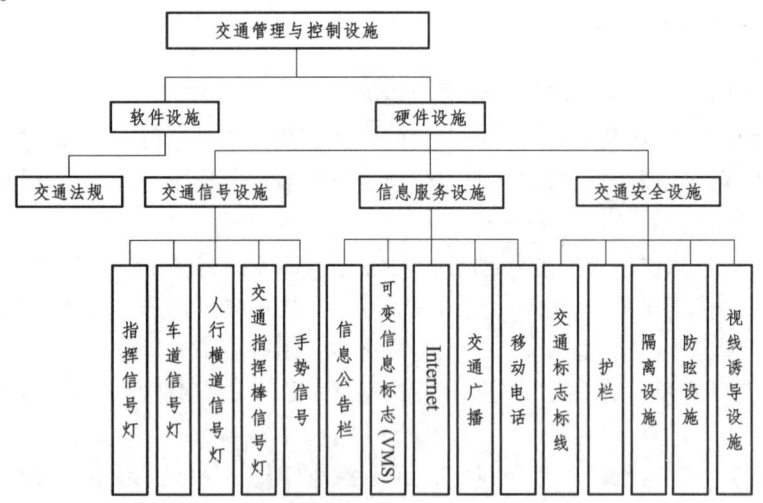

图 9.7 城市交通管理与控制设施

交通法规是指国家在交通管理方面制定的文件、章程、条例、法律、规则和技术标准等，其目的是维护交通秩序，保障交通畅通和车辆行人安全，协调人、车、路与环境相互之间的关系，为城市交通管理提供依据。交通法规在一定意义上具有法律性、强制性、社会性和适应性。

交通信号设施可以为出行者提供必要的信息，帮助他们有效地使用交通设施；交通信号设施对各方向来车科学地分配通行权，在时间上隔离不同方向的车流，控制车流运行秩序，并获得最大的交通安全；交通信号设施使在平面交叉的交通网上人和物的运输达到最高效率，减少了交通延误，提高了道路通行能力。

信息服务设施，通过信息公告栏、可变信息标志（VMS）、Internet、交通广播、移动电话等为出行者提供动态的交通信息，为出行决策服务。它的动态诱导功能能够有效地疏导交通流，从而达到缓解交通拥堵的目的。

交通安全设施为出行者提供各种警告、禁令、指示、指路信息和视线诱导，排除了各种横向干扰，增强了道路景观；提供路侧保护，减轻潜在事故的严重程度；防止眩光对驾驶员视觉性能的伤害。因此，交通安全设施直接影响着城市交通的畅通运行。

二、管理系统

物质系统的若干结构和表现形式（比如路网结构、各类交通设施等）已深刻体现了交通的管理与组织的意图和策略。但仅靠这些显然是不够的，并不足以保证交通运输系统的整体有序性。首先交通运输系统的物质系统是一个人们可以随时随地介入的完全开放的服务系统；再者，每一个体出行相对于其他个体出行均具有独立性和无关性。因此如何行之有效（安全、迅速、经济、便利、舒适和低公害）地实现人流、物流的定向空间位移并保证城市各类活动正常、有序进行，具有十分重要的意义，这也正是管理系统的基本职能。

随着社会进步、交通需求的增长，交通载体和交通工具的发展，人们管理城市交通的手段和措施内容不断得以丰富。现代城市，交通方式多样化、城市用地日趋综合化、人们的出行强度的增加和对速度的要求，加之众多城市普遍存在的交通拥挤现象，给城市交通管理提出了更为艰巨的任务，要求城市交通管理的手段和措施进一步提高和发展。

管理系统包括交通管理、交通控制、交通政策3个方面。

1. 交通管理

交通管理就是通过运用交通法规、交通工程技术措施和交通安全教育等各种手段、方法和工具对路网上的人、车、路进行管理，以达到降低交通总量、疏导交通和保障交通安全与畅通的目的。狭义上的交通管理是一种静态管理，而把交通控制相对地称为动态管理。广义上的交通管理则往往包含了交通控制的内容。通过有效的交通管理来合理地限制和科学地组织、指挥交通，能够获得良好的安全率、最少的延误、最短的运行时间、最低的运营费用，从而取得良好的经济效益和社会效益。

(1) 交通管理的分类

城市交通是由人、车、路组成的一个系统，按管理对象分，交通管理可以分为对人、对车、对路的管理，如图9.8所示。

① 对"人"的管理。

人是交通系统中的主要部分，作为交通的参与者包括车辆驾驶员、乘客、行人和管理人员。对人的管理包括驾驶员的培训、发执照、审验、驾车管理，乘客管理，行人管理，以及对管理人员的专业培训和管理。

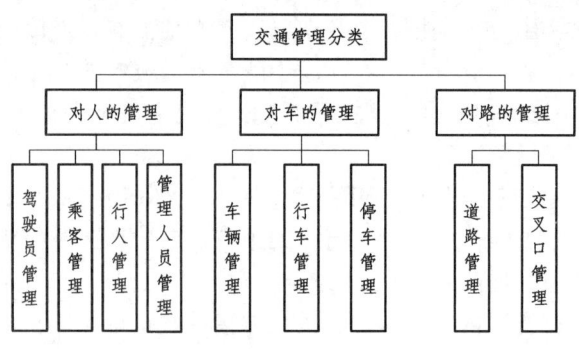

图 9.8 交通管理分类

在道路交通要素中，驾驶员具有特别重要的作用，他既要保证将乘客和货物迅速、顺利、准时送到目的地，又要保证乘客安全、舒适及货物的完好。因此，必须通过管理法规、规章等手段和措施对驾驶员进行严格审核与管理，使其具有高度的社会责任感，良好的职业道德、身体素质、心理素质，熟练的驾驶技术；对乘客和行人，利用人行横道、人行信号灯、人行天桥、地道设施及交通法规等进行组织和管理，使其严格遵守交通法规，防止行人对机动车的干扰，保证行人安全，提高机动车的运行效率。对交通管理人员，通过对其进行专业培训和管理，使其具备交通管理的专业技能和素养。

② 对"车"的管理。

车辆是人和物发生位移的载体，对车的管理包括车辆管理、行车管理、停车管理。

a. 车辆管理。车辆管理的基本目的是使车辆经常保持良好的行驶性能，减少由于车辆因素引发的交通事故，保证交通安全。车辆管理包括车辆牌证管理、车辆报废管理、车辆检验等。

b. 行车管理。道路交通行车管理是城市交通系统管理中实施交通管理的最基本、最简单的形式，道路行车管理包括车速管理、车道管理、禁行管理3类。车速管理是指运用交通管制的手段，强制性的要求机动车按照规定的速度范围在道路上运行，以确保道路交通安全。通常控制行车速度的方法有法规控制、心理控制、工程技术控制；车道管理就是根据城市交通流量的特性、时空分布规律及城市道路网结构等制定相应的道路行车规则对城市道路行车进行管理，缓解各种类型的交通在时空分布上的不均匀性，提高现有交通基础设施的使用效率，其形式主要有单向交通管理、变向交通管理、专用车道管理；禁行管理是指为了减轻道路上的交通负荷，或将一部分交通流量均分到其他负荷较低的道路上去，根据道路条件和交通条件，实行对机动车和非机动车的某种限制性管理，具体措施有：路段禁行、时段禁行、错日禁行、车种禁行、转弯禁行和重量禁行等。

c. 停车管理。停车包括车辆到达目的地后的停车（分路边停放和路外停放两种），与上下乘客或装载货物及其他原因所需的临时停车，不包括遵循信号灯及管理人员指挥的停车。停车设施作为城市的一种静态交通设施，它的供应情况将限制或诱发城市动态交通的发生，影响城市内部交通和城市间交通运输，因此停车是城市交通的一个重要问题。

停车管理包括路边停车管理、路外停车管理、临时停车管理。通过停车管理政策、法规及停车费率等合理提高城市停车场的使用效率，对违章停车进行严肃处理，同时对城市停车场进行统一规划和建设，优化城市停车活动，优化城市道路网上交通流分布，使静态交通对动态交通的影响降至最低限度。

③ 对"路"的管理。

路是交通使用者赖以通行的基础，是使用者通行环境的重要组成部分，其使用状况的优劣，对道路使用者正确使用道路具有重大影响。对路的管理的主要目的是保证道路能为交通所用，让道路使用者正确使用道路，维护道路上的交通安全和畅通，减少交通延误，提高道路通行能力。对路的管理主要包括道路管理、交叉口管理。

a. 道路管理。是指对道路的建设和维护。包括道路路面质量状况、道路附属设施（交通标志、标线、隔离设施等）管理；严禁在道路上摆摊设点、停放车辆、堆场作业及其他妨碍交通的行为，随时消除任意占用道路的活动，消除道路上有碍交通的设施，做好道路施工和开挖埋管的管理工作，从而保障交通畅通，提高道路交通安全。

b. 交叉口管理。交叉口是道路网中道路通行能力的"瓶颈"和交通事故的"多发源"。交叉口管理的目的是保障交叉口的交通安全和充分发挥交叉口的通行能力。交叉口管理有 5 个主要原则：采用单行性、禁止左转弯等方法减少冲突点；控制车辆进入交叉口的相对速度；分离冲突点和减少冲突区；重交通流和公共交通优先；选取最佳周期，提高绿灯利用率。

实施管制的方式取决于交叉口的几何特性和交通状况，平面交叉口按交通管制的方式不同，可分为全无控制交叉口、优先控制交叉口、信号控制交叉口、环岛交叉口等 4 种类型。在不同的交叉口采用不同的管理手段和通行规则，提高交叉口通行能力，减少延误，保证车辆安全、顺利通过交叉口。

(2) 城市交通管理模式

随着社会的发展，城市形态的演变，城市交通的管理模式也相继变化。从城市交通管理的发展过程来看，城市交通管理有 3 种模式：被动式管理模式、主动式管理模式、智能交通管理模式。

① 被动式管理模式。

被动式交通管理主要集中在对已发生和将要发生的交通流进行适应性调整，实行"人-车-路"三要素的被动式管理，这种以被动适应交通流为主而忽视交通源的管理模式对城市交通管理缺乏远见，"头痛医头，脚疼医脚"，忙于治标，忽视治本。当城市交通出现问题，只是增加投入，扩大交通供给来解决交通问题，然而交通供给增加，导致供过于求，必然刺激交通需求的增长，这样逐步形成"恶性循环"。比如，随着城市化和机动化水平的不断提高，机动车拥有量和道路交通量迅速增加，导致供需矛盾突出，交通拥挤，被动式交通管理往往是通过扩建、新建道路扩大道路交通容量来满足交通需求，然而由于道路的新建、扩建，使交通可达性大大提高，改变了道路的交通区位条件，对交通产生了强烈的吸引力，促使交通流大量涌入，扩大的道路交通容量很快又达到饱和，从而形成了"拥堵"—"缓解"—"再拥堵"的局面。因此，该管理模式只能暂时缓解城市交通问题，而不能从根本上解决问题。

② 主动式管理模式。

传统的交通管理模式已不适应现代城市交通发展的需求，而必须代之以交通源和交通流并重的主动式交通管理模式。

a."源"的管理。即交通需求管理，就是通过交通政策等的导向作用促使交通参与者的交通选择行为的变更，以减少或合理分布机动车出行量，减轻直至消除交通拥挤。

交通需求管理的内容主要包括通过实施时差出勤等对策，在时间上分散交通需求；通过向驾驶员提供道路交通信息和拥挤、事故状况，促使交通需求在空间上分散化；通过提高公共交通的服务水平促进人们利用大容量、快速的公共交通；实施各种综合对策，促进小汽车的有效利用以及通过城市规划、交通规划等对交通发生源进行调整。

交通需求管理作为综合解决城市交通问题的对策之一，是一项社会系统工程，具有以下特点：

・系统性：交通需求管理对策要同各类常规对策相结合，构成一个有机整体，共同发挥作用。

・综合性：交通需求管理对策要同时采用经济手段、行政手段、法律手段和各种管理手段。

・针对性：交通需求管理对策的制订，要认真分析研究对象的交通需求特性，交通出行者的心理、习惯和观念，不同措施的适用范围等。

・可行性：单纯抑制交通需求不但很难达到预期效果，而且还会对社会经济的发展产生不良影响。因此，任何对策都要在认真分析交通需求特性的基础上，对所有需求给出出路，提供方便，诱导交通出行者配合管理措施的实施。

b. "流"的管理。虽然城市交通是一个开放的系统，人们可以随时随地介入，城市交通系统的服务对象在时间、空间和数量上占用交通设施存在随机性，使其管理难度加大，但无论是交通流的产生及其时空分布，还是交通流向和路径选择以及交通方式的构成等，依然具有一定程度的可控性。

对已出现的交通需求进行控制的出发点是尽可能合理分配有限的道路空间容量，均衡交通流的时空分布。采取的措施主要有：建立公共汽车专用道，提高公共交通的服务效率，吸引交通出行转向公共交通；提高单位路面通行率；通过交通法规、交通工程技术措施等调整客货运输车辆出行的时间和空间；在已形成的交通流高密度区，对某些交通出行实行交通管制措施；调整城市路网使用功能，完善路网结构，提高路网运行效率。

③ 智能交通管理模式。

智能运输系统（ITS）是将先进的信息技术、数据传输技术、电子控制技术以及计算机处理技术等综合运用于整个交通管理系统中，加强了人、车、路三方之间的通信联系，从而建立起的一种在大范围内对交通运输实施高效、准确、实时、全方位的综合管理系统。

a. 智能交通管理系统的组成。城市智能交通管理系统由智能交通监控系统、交通信息服务系统、交通信息综合管理系统、公共交通管理系统以及紧急事件快速反应系统等5大子系统组成。其组成结构如图9.9所示。

b. 各子系统的功能。智能交通监控系统：该系统能够根据所获得的各种路况交通信息对交通系统中交通流的变化作出及时、准确的反应，帮助交通管理部门对车辆进行有效的疏导、控制，减少交通阻塞和延误，从而最大限度地利用路网通行能力，减轻环境污染，缩短出行时间，减少交通运输费用，提高交通系统的效率。

交通信息服务系统：该系统将各种交通信息提供给交通参与者和交通管理人员。交通参与者可以获得城市交通路网的各种静态、动态的交通信息，从而根据所提供的信息选择最有利的出行方式和出行时间;交通管理人员通过及时获得的交通路网信息，制定相应的交通管理方案，处理各种日常交通问题和突发事件。

第九章　城市交通与高速公路系统分析　　167

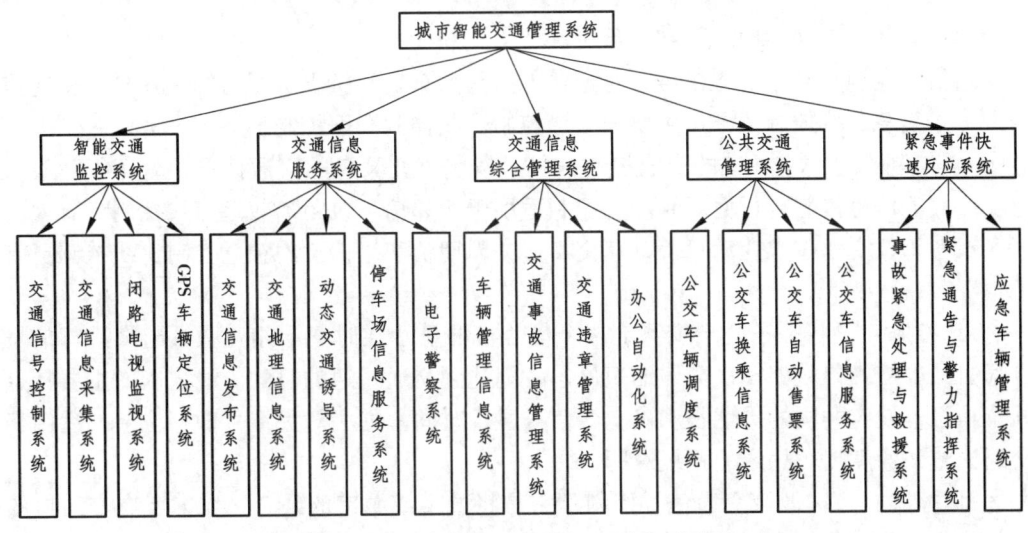

图 9.9　城市智能交通管理系统组成结构

交通信息综合管理系统：该系统用以提高交通信息管理效率，改善交通信息管理的质量，减轻交通信息管理人员的劳动强度。

公共交通管理系统：该系统主要用以提高公共交通的可靠性、安全性及其生产效率，使公共交通对潜在用户更具有吸引力。该系统将公共交通管理部门同驾驶员直接联系起来，进行实时调度和行驶路线的调整，帮助交通运输部门增加客运率，降低运营成本，提高运输效益。

紧急事件快速反应系统：该系统用以提高对突发事件的报告和反应能力，改善紧急情况下警力资源的优化配置。

2. 交通控制

交通控制是依靠交通警或采用交通信号控制设施，随交通变化特性来指挥车辆和行人的通行。主要措施是交通信号控制，即针对交叉路口、主干路以及区域内的交通信号进行优化控制。除了相位方案的确定，信号灯的控制主要通过优化 3 个参数来实现，分别是周期、绿信比和相位差，其中单交叉路口信号灯的控制参数主要是周期和绿信比，主干路的协调控制参数在此基础上要增加相位差，区域控制则是对上述 3 个参数在更大的区域范围内进行总体协调。

城市交通控制的分类如图 9.10 所示。

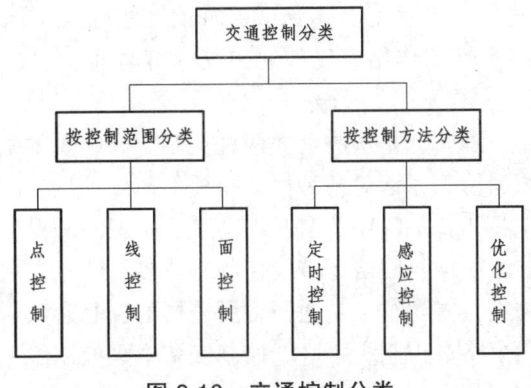

图 9.10　交通控制分类

(1) 按控制范围分类的信号控制基本方式

交通信号控制是利用交通信号，对道路上运行的车辆和行人进行指挥和疏导，交通信号的控制方式很多，按控制范围，主要分为点控制、线控制和面控制。

① 点控制：每个交叉口的交通控制信号只按照该交叉口的交通情况独立运行，不与其邻近交叉口的信号控制有任何联系。点控制适用于相邻信号机距离较远、线控制没有太大效果时，或各相位交通需求变动显著，其交叉口的周期长和绿信比的独立控制比线控制更有效果的情况。

② 线控制：是将一条主干道路上多个信号机的显示在时间上相互联系起来进行信号控制，通过减少交叉口处停车次数、缩短停车时间达到交通畅通的目的。线控制的主要特点是对几个信号机设定共同的周期长和确定各信号显示时间上的相对关系，即相位差。适用于干线交通流量和速度比较稳定的路线区间。

③ 面控制：又称区域交通信号控制，它是将城市或城市的某个区域内所有交叉口的交通信号作为控制对象，将控制区域内全部交通信号作为一个交通监控中心管理下的整体控制系统，它是单点信号、干线信号、网络通信系统和综合控制的集成。区域控制系统提高了城市交通效率，改善了道路安全，减少了环境污染，强化了交通执法和指挥诱导。

(2) 按控制方法分类的信号控制基本方式

按控制方法，信号控制主要分为定时控制、感应控制、优化控制（自适应控制）。

① 定时控制：是实际交通控制中最基本、也是最常用的控制方式。在定时控制中，所有控制参数（周期、绿信比、相位差）均是根据交叉路口历史交通量数据预先确定。信号控制中，一天只能执行一种配时方案的称为单时段定时控制；一天按不同时段的交通量执行不同配时方案的称为多时段定时控制。这种控制方式不是需求响应式的，只要配时方案一旦设定，就不会随交通流变化而变化，非常死板，不能满足实际变化的要求。显然，如果所有交叉路口都实行定时控制的话，那么相应的线控、面控就都是定时线控和定时面控。

② 感应控制：是指根据交叉路口交通车流的变化对信号实时控制的一种方式，没有固定的周期和绿信比。该控制方式是在交叉路口的进口道上设置车辆检测器，信号灯配时方案可随检测器检测到的车流信息而动态改变。

若只在交叉口部分进口道上设置检测器则称为半感应控制；若在交叉口所有进口道上设置检测器则称为全感应控制。采用感应控制的线控制和面控制也可称为动态线控和动态面控系统。这种控制方式在一定程度上改变了定时控制的缺点，但是只是局部的，对全局来说这种改变没有起到根本性的作用，比如说，其绿灯时间特别是绿灯延长时间总是不能被充分利用。

③ 优化控制（自适应控制）：是解决上面两种控制方式缺点的最有效方法，该控制方法根据检测器送来的交通数据信息，针对某种性能指标而产生最佳配时方案，并且自动调节各个控制参数（周期、绿信比和相位差）。该种控制方式，一般不需要建立交通流的精确数学模型，采取一些智能化的方法如神经网络、模糊控制、遗传算法等，通过交通仿真系统，直接对采集的数据进行优化决策，得到整个交通网络所需要的控制参数。该种控制方式一般是采取分层递阶的控制方式，由路口控制级、区域控制级和中央控制级三级联网，实现点、线、面之间交通信号的协调控制。

第四节 城市交通监控系统

随着城市化的进程和汽车的普及,城市交通拥挤加剧,交通事故频发,凸现出很多城市交通问题,这些问题不仅在发展中国家,就是在发达国家也令人困扰。因此交通监控已受到社会各方面的广泛重视。

在我国,城市交通监控系统的雏形是对基本的公安交通综合业务管理功能的实现,伴随着对城市交通系统认识的逐步深入,面向信息处理的交通综合业务管理网络已经不适应交通系统的发展要求,交通监控系统的功能需要由信息处理进一步走向对交通对象(人、车、路)的自动控制,因而关键是要探索交通对象的运动规律,即对理论模型和算法及其计算机软件的实现,由此提出了城市交通的自适应交通控制。由于城市交通运动过程复杂,信息量大,交通监控系统涉及信息检测、业务管理、过程控制等诸多环节和内容的系统集成,在各种先进控制理论与技术发展的条件下,构筑一个集成智能化的城市交通监控系统成为必然趋势。随着ITS理论与技术的发展,交通监控已经在逐步向智能化迈进,形成基于ITS构架的交通监控系统。由于各个城市交通系统差异性很大,各地根据自身情况进行了大量的研究应用,形成了各具特色,不同规模种类的实用系统。

一、城市交通监控系统的对象、目标、特性

1. 对 象

城市交通监控系统的监控对象是交通网络(包括网络上的人、车、路),为道路使用者(群体/个体)提供道路信息服务,并为各级交通管理、运输、服务部门提供交通决策支持。

2. 目 标

通过交通监控系统的使用,可以实时、直观地了解各主要交通要道和交叉路口的车流量、车辆通行状况。还可根据各监控点反馈的信息,预测某些交通要道和交叉路口可能会出现的堵塞,以便及时调整和诱导交通流运动,减少交通堵塞,最大限度地求得道路系统的利用率,创造安全、舒适的交通环境。

3. 特 点

城市交通监控系统集成了现代计算机、通信、网络、系统控制、电子监视等方面及其交叉领域的先进技术;实现了交通监视与实时交通感应控制互相关联;其交通控制趋于控制(自适应)、协调、诱导和导航的综合实现。

二、城市交通监控系统的结构

现代城市交通监控系统主要由4个功能系统组成:信息采集与管理系统、决策支持与指挥系统、信息发布与执行系统、网络通信系统。

信息、决策、执行手段是构成交通监控系统的3大要素,而网络通信系统是沟通这3大

要素并使之协调运行的枢纽。

上述功能系统总体逻辑结构如图 9.11 所示。

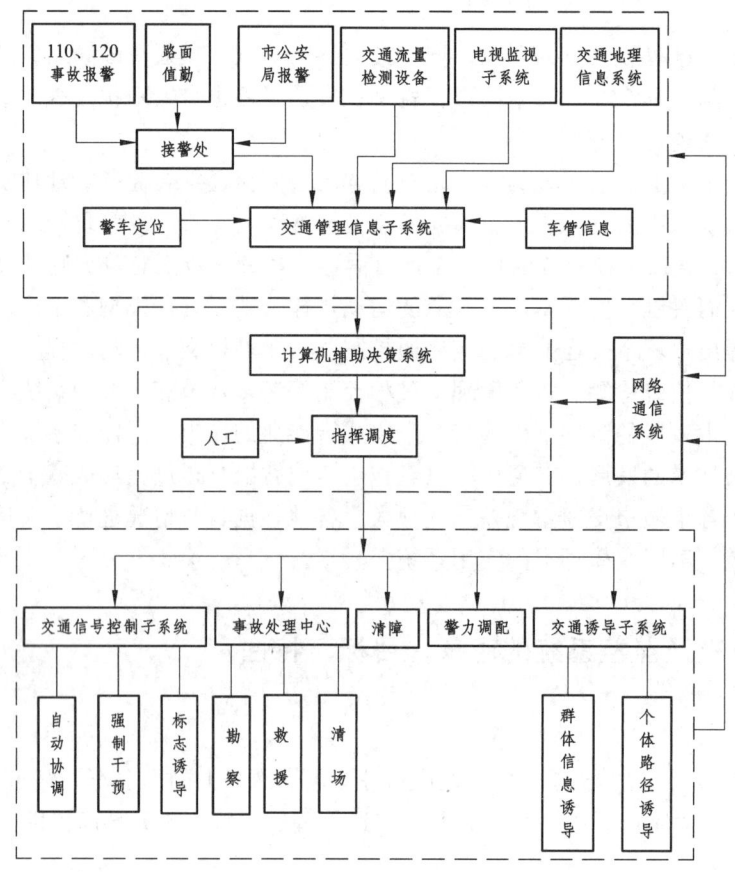

图 9.11 城市交通监控系统结构

三、城市交通控制系统（UTC）示例

1. UTC 定义和优点

从技术角度或经济角度均有可能把一个城市或一个区域内的全部交通信号监控作为一个指挥控制中心管理下的一个系统来考虑。这种整体系统控制的方法就称为城市交通控制（UTC，Urban Traffic Control）或区域交通控制。

城市或区域交通控制的主要优点是：

（1）整体的监视和控制

这是使交通工程师能连续地监视和控制整个信号系统的一种概念。系统中无论什么地方发生设备故障，几乎在瞬间内就能被检测出来，并可从整个道路网络上收集交通流参数。

（2）合适的控制方法

对于单点信号、干线信号或网络信号开发尽可能合适的控制方法，并把这种方法统一地应用到整个城市所有信号交叉口。

第九章 城市交通与高速公路系统分析

(3) 标准化设备

使设备标准化和模块化。通过不同的模块组合可以构成不同的系统结构,实现不同的功能。

2. 两种 UTC 结构

综观世界各国 UTC 系统的结构,有两种基本结构形式,即集中式控制和多级分布式控制。

(1) 集中式控制

通常是由两级组成:中心级和终端级。中心级是由中心控制计算机及其外围设备和通信控制器组成,终端级主要是信号控制器及车辆检测器,两者之间通过数据传输系统相连。其特点是系统的主要功能集中在中心级,即信号的协调控制以及交通状态的显示。系统硬件工作状态的监视、交通流数据的收集、处理和存储等均由中心计算机实现。终端的信号控制器只完成信号灯的控制和检测器数据的收集和预处理,以及终端设备本身的部分监视功能。

这种结构只需一个控制中心,主要设备集中于该中心内;路上设备比较简单,便于维修。此外系统的控制软件也比较简单。其缺点是每个控制器均需一对传输线连到中心计算机;当控制范围大,或交叉路口距控制中心很远时,传输距离增大,使系统的造价提高。因为数据传输线在整个 UTC 系统的投资中占有很大比例,所以这种集中式控制结构在控制范围小,或受控路口集中的城市比较适用。

(2) 多级分布式控制

这是一种得到广泛应用的系统结构。它通常是由三级组成,即中心级、区域级和终端级。一个中心级管理若干个区域级,中心级的主要功能是对所管辖的若干个区域级的工作状态进行监视和协调,以及交通流数据处理、存储等,一般它不直接对交通信号进行控制;区域级控制在地理上与其相近的交通信号控制器;终端控制器控制其信号灯并通过车辆检测器测量交通流数据。一个典型的三级分布式控制结构如图 9.12 所示。

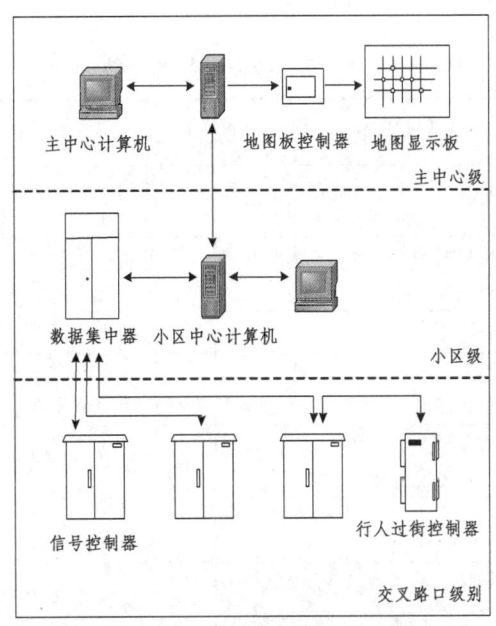

图 9.12 三级分布式控制结构

当中心级管理若干个区域级时,如果把中心级的功能和全部区域级的控制功能都集中到其中一个区域级,形成集中式控制的系统结构,那么,当控制规模很大时,控制的难度就会急剧增加,而可靠性会大幅下降,系统通信的实时性及费用必然会成为突出问题。图9.13表示了中心级管辖多个区域级的三级分布式控制结构。

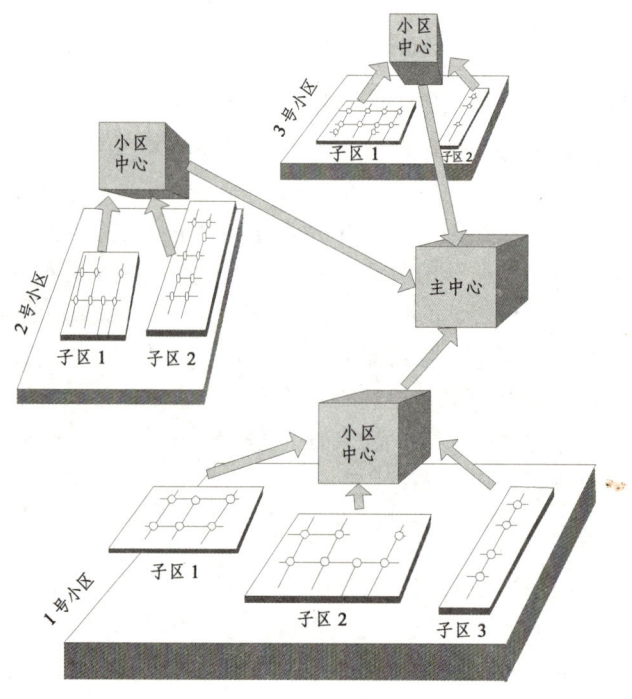

图9.13 中心级管辖多个区域级的分布式控制结构

(3)两种控制结构的比较(见表9.4)

表9.4 两种控制结构的比较

体制 项目	分布式控制	集中式控制
智能和功能的分布	分布到各级	集中于中心一级
可靠性	具有多级保险功能,高一级控制失灵系统功能损失较小	为提高系统可靠性,中心常用双机备份,否则中心主机失灵,系统功能损失严重
控制中心	需要多个中心站	只需一个中心站,主要设备集中于一个中心
传输线路	传输线路较省,小区中心可以设在控制区域的中心	传输线路均需由各交叉路口连到中心,当区域范围大时,线路造价明显上升
系统灵活性	系统控制战略有很大灵活性,可以分期实施,一次投资不需太大	灵活性差,一次投资大
软件开发	比较复杂,需要开发更复杂的控制程序	比较简单
维修	室外设备较复杂,需要较高水平的维修队伍	室外设备简单,易于维修
使用场合	大面积或一个城市的控制	小范围的或信号比较集中的城市的控制

3. UTC 系统的功能

根据 UTC 系统的总体设计要求，规定了系统必备的功能。这是系统采用何种控制方式，以及硬件和软件结构和配置的依据。不同的系统，按应用环境的不同，功能可能会有很大的差异。然而，作为一个现代化的 UTC 系统，基本功能是一样的。这些功能是：交通信号的协调控制和系统硬件的监视功能以及人工干预功能、交通流数据的采集、处理记录和交通状态显示功能。此外，还有一些功能是根据用户的使用要求可供选择的：紧急和特种车辆优先控制功能、公共汽车优先控制功能、停车场控制和调度功能、改道形式（通过可变标志板）控制功能，以及交通电视监视和交通广播功能等。

4. UTC 发展方向

ITS 的出现，彻底改善了城市交通状况，从根本上改变了城市交通控制的观念。城市交通系统是一个大的复杂的网络系统，要实现整个交通流的合理优化需要网络中的所有区域交叉口节点和匝道控制节点彼此相互联通，能协调地采取行动解决问题，某一个或几个节点的优化控制并不能保证全局的最优，很多时候会以局部优化损害整体的利益，因此从城市交通控制的发展历史和未来社会对城市交通的要求来看，实现城市网络化、智能化交通指挥控制将是发展的必然。

城市智能交通监控系统通过先进的交通信息采集技术、数据通信传输技术、电子控制技术和计算机处理技术等，把采集到的各种交通信息和服务信息，传输到交通控制中心，交通控制中心对所获得的实时交通信息进行分析、处理，并利用交通控制优化模型进行交通控制策略的优化，生成的交通控制方案和交通服务信息等内容通过数据传输设备分别传输到各种交通控制终端设备和交通系统的各类用户，以实现对城市交通的优化控制，为各类用户提供全面的交通信息服务。从而实现城市道路网中所有交叉口和匝道之间的相互协调、相互合作，以解决大规模的复杂协调控制，使交通控制实现了信息化、网络化、动态化、实时性的综合管理，增加了宏观的、微观的、动态的、静态的全方位交通控制和指挥调度能力。

第五节　城市对外交通运输系统

每个城市都不是孤立的，它是在与它周围地区进行密切不断的联系中存在的。城市的对外交通运输系统承担了城市与城市之间、城市与地区之间的交通联系，是城市生存、发展的重要条件，也是构成城市的主要物质要素。那么城市对外交通运输系统的结构和功能有哪些？对外交通流呈现何种规律？对外交通的设备和建筑的布局形式、能力大小、适应程度和对城市交通有什么样的影响？这些正是城市对外交通运输系统分析要研究的问题。

一、城市对外交通运输系统定义

城市对外交通运输系统是城市对外联系的重要条件，也是构成城市的主要物质要素，它着重研究城市与城市之间、城市与地区之间以及经过城市的对外交通流的性质、时间特征、流量大小等规律，同时也研究实现这些交通流在城市中形成的设备系统——城市综合交通枢纽的设备和建筑的布局形式、能力大小、适应程度和对城市交通的影响，以及管理体系和机制的效能等方面的问题。

城市对外交通运输系统就其功能来讲，主要反映在两个方面：第一是对所在城市地区的客货流的集散；第二是对路网上过境旅客和物资的中转。

按运输方式划分，城市对外交通运输系统是由铁路枢纽、航空枢纽、公路枢纽、水运枢纽等组成，形成实现上述两大功能的综合交通枢纽。

城市对外交通系统按构筑物和对外运输设施的功能可划分为：全市性的——直接为城市服务的（火车站、货站、港口和码头）；技术性的——部分为城市服务的（客运技术站、尽端编织站、水路运输维修养护基地等）；过境性质的——不为城市服务的（过境枢纽编组站、铁路、公路和水运绕行线等）。

二、城市对外交通运输系统的运输特征

城市对外交通系统的运输特征主要表现在交通流及其类型、运输链、对外交通设备和建筑布局诸方面。

1. 交通流

旅客或货物从发点到收点的运输过程中形成的客流或货流，以及实现对他（它）们运输的活动设备的定向流动都称之为交通流。

2. 城市对外交通流的分类

城市对外交通流的分类如图 9.14 所示。

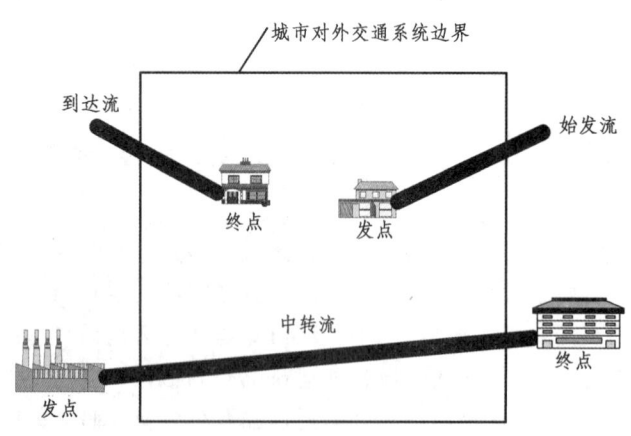

图 9.14 城市对外交通流分类示意图

① 始发流。由城市中某一发点产生的流到城市对外交通系统边界外的交通流。
② 到达流。由城市对外交通系统边界外流入城市内的终点的交通流。
③ 中转流。由城市对外交通系统边界外流经综合交通枢纽后，再流向城市对外交通系

统边界外的交通流。

3. 实现对外交通流的运输方式的特征——运输链

实现交通流的过程是从始发到终点的全过程。当确定了某一交通流的始发点和终点后，显然，实现其从发点到终点的全过程是由诸种（或某种）运输方式有效地串联着的多条（或一条）运输链。运输链的每一节表示某一种运输方式承担的交通流，节与节之间则是两种运输方式的结合部。例如，城市始发客流形成的运输链（见图 9.15）。

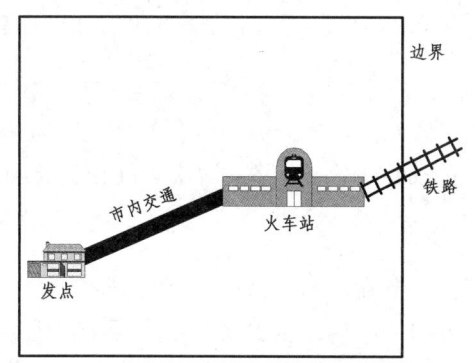

图 9.15　城市始发客流形成的运输链示意图

根据上述定义，形成运输链的重要条件是存在有交通流和实现它的诸运输方式的设施。所以在研究城市对外交通时，首先是判断实现同一收发点的对外交通流已经产生和可能产生几条运输链，通常也称之为平行径路；估计它们之间对运量的分担率和可能的调整，以及综合加强措施。其次是在每条运输链中，各运输方式的承载量水平，其中包括运量承载量和周转量承载率，节与节的能力是否匹配；结合部要素是否协调、有序等。

4. 特大陆路城市对外交通系统设备和建筑的布局特征

对于具有重大政治、经济、文化影响的大城市，由于人口众多、占地面积大、区域分布复杂，为了适应对外交通的要求，必须拥有众多的客货设备为其服务。枢纽必然具有引入干线多、客货运量大、站点数量多、配置设备集散能力强等特点。这样才能使形成的综合交通枢纽布局满足复杂的城市功能要求。纵观世界各国同类大城市的发展规律，例如莫斯科、巴黎、维也纳、伦敦、布鲁塞尔、柏林等，最终都形成环形放射的综合交通枢纽。

第六节　高速公路交通运输系统

高速公路系统的建设与运营状况，是一个国家和地区交通发达程度、乃至经济发展整体水平的一个主要标志。我国的高速公路系统正处于快速扩张时期，它在国民经济活动和人们日常生活中正发挥着越来越重要的作用。

一、高速公路的定义

高速公路是供汽车分向、分车道行驶并全部控制出入的多车道专用公路。一般是指具有四车道以上、双向以中央分隔带分离行驶，完全控制出入口，全部采用立体交叉的公路。远景年平均昼夜交通量（折合成小客车）分别为：四车道 2.5 万～5.5 万辆，六车道 4.5 万～8.0 万辆，八车道 6.0 万～10.0 万辆。

二、高速公路的特点

1. 实行交通限制

主要指对车辆和车速加以限制。高速公路专供汽车使用，且限制汽车最低和最高速度。一般规定速度在 50 km/h 以下的车辆不准上路，解决了混合交通问题。

2. 实行分隔行驶

分隔行驶包括两个方面：一是在对向车道间设中央分隔带，实行对向行车分隔，从而杜绝对向撞车；二是对于同一方向的车辆，至少设两个或两个以上车道，并用画线的方法分车道，使快慢车分开，以减少超车和同向车车速相差过多造成的干扰。同时还在一些特殊地点设置爬坡车道，加、减速车道，集散道路，辅助车道，使一些车辆能局部分离。

3. 严格控制出入

采用全封闭、全立体交叉方式，规定车辆只能从指定的互通式立交匝道进出。对于不准车辆进出的路口，则设置分离式立体交叉加以隔绝，起到消除交叉口处侧向车辆干扰的作用，又控制了车辆出入。

4. 高标准的线形

高速公路极大限度地避免了长直线形路段，采用大半径曲线形，根据地形以圆曲线或缓和曲线为主。增加了路线美感，更有利于行车安全。

5. 各种管理、控制、收费、服务和安全等设施多

为了保证高速公路高速、安全、畅通，高速公路有足够多的管理设施、控制设施，设置了大量交通标志、标线。同时有各种护栏、隔离设施、防眩设施、视线诱导设施等安全设施。还有为车辆、驾驶员、旅客服务的停车场、加油站、修理站等服务设施，为了归还贷款、收回投资而设置的收费站和设备。通常这类设施占总造价的 5%～10%。这些设施不但需要大量投资，还需要配备大量人员来管理、服务。

6. 密集型的管理

高速公路建设标准高，路面系统结构复杂，采用了高科技的现代通信、监控系统，交通工程与服务设施数量多，技术性能复杂，加之道路处于全天候、大流量、高速度的负荷下，高速公路必须以系统工程的观点和方法来管理与协调。

三、高速公路的优点

高速公路由于采取了限制出入、分隔行驶、汽车专用、全部立体交叉以及采用了较高标准的、完善的交通设施,从而为汽车大量、快速、安全舒适、连续地运行创造了条件,成为国民经济运输的大动脉。与一般公路相比,高速公路具有车速高、通行能力大、行车安全、运输成本低等4大优点。

1. 车速高

由于高速公路只供汽车专用;同时规定时速低于 50 km 的车辆不得上路;封闭型管理,各种车辆只能在具有互通式立交的匝道进出;上下交通分离,杜绝了对向车辆的干扰,较好地保证了高速公路的连续畅通。因此,高速公路上的行车车速较高,据调查,高速公路平均时速一般为 100 km,最高时速可达 150~200 km。

高速公路由于速度提高,使得行驶时间缩短,从而带来巨大的社会效益与经济效益,对经济、军事、政治都有十分重要的意义。

2. 通行能力大

通行能力反映公路允许通过汽车数量的多少,据统计,一般双车道公路的通行能力约为 5 000~6 000 辆/昼夜,而一条四车道高速公路的通行能力可达到 34 000~50 000 辆/昼夜,六车道和八车道可达 70 000~100 000 辆/昼夜,可见高速公路的通行能力比一般公路成几倍甚至几十倍的增加。由于通行能力大,运输能力大大提高,能够保证车辆在高峰时间流畅通行,从根本上解决了交通拥塞问题。

3. 行车安全

行车安全是反映运输质量的根本标志。高速公路采取了一系列确保行车安全的措施,行车事故大大减少。据统计,各国高速公路的交通事故率和死亡率分别只有一般公路的 1/3~1/2。

4. 运输成本低

高速公路的完备性,提高了车速和通行能力,保障了行车安全、给运输带来了经济效益。由于行程时间的缩短,油耗、轮耗、车耗等方面的减少以及事故损失减少,使运输成本大大降低。

第七节 高速公路管理

高速公路管理从高速公路发展阶段上可分为两个大的领域:高速公路的建设管理和高速公路的运营管理。

高速公路建设管理是 20 世纪 80 年代中期随着我国公路对世界银行贷款的引进开始的,通过 30 几年的探索和总结,在高速公路前期工程可行性研究、招投标、合同管理、项目业主管理、项目合同管理、工程监理、项目后评价等方面,逐步制定了完善的法律、法规制度,形成了既同国际接轨又适合我国国情的一整套高速公路建设管理体系。

随着高速公路的不断建成和投入运营,如何管好和用好高速公路,充分发挥它作为现代化交通基础设施的作用,成为最迫切的问题。但是,我国的高速公路运营管理是在法规准备不足、理论研究滞后和缺乏经验的基础上起步的,还需要不断地完善和发展。

一、高速公路管理体制

1. 高速公路管理体制的定义和作用

高速公路管理体制是指适应其运营特点、符合其管理内容、便利其服务对象的高速公路机构设置及其权限划分制度。好的管理体制能极大地促进高速公路的发展和高效率使用;不尽如人意的管理体制,则会制约高速公路发展,限制高速公路功能的充分发挥。

2. 高速公路管理体制构成要素

管理体制主要是由5种要素构成的,这就是管理职能、管理机构、管理人员、管理规则和运行机制,如图9.16所示。从这些要素存在的形态看,管理机构和管理人员是实体要素,是管理体制赖以进行的物质形式;而管理体制职能、管理规则和运行机制是体制的软件,是无形要素,它们维系管理主体将管理活动作用于管理客体,以求达到预定的管理目的。

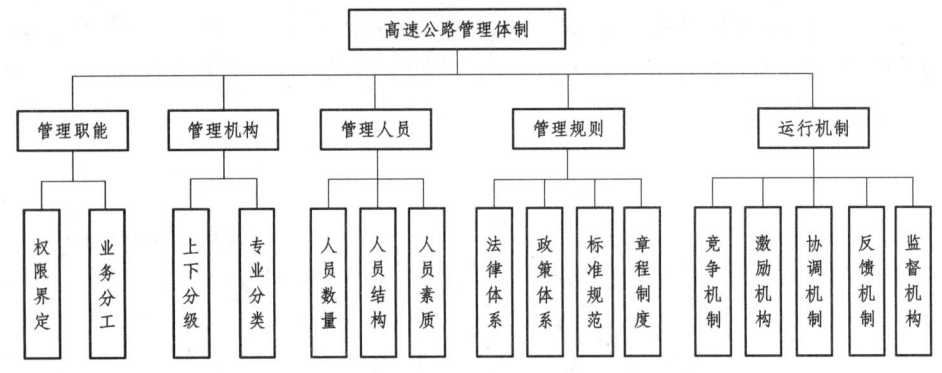

图9.16 高速公路管理体制要素构成

(1) 高速公路的管理职能

高速公路管理职能指的是高速公路管理活动中的决策、计划、组织、协调和控制功能。可以划分为行政管理职能和经营管理职能两大类。例如,在高速公路建设阶段,政府要对高速公路作出规划决策、立项决策;要对项目的招投标实施行政管理;要对公路征地搬迁制定优惠政策和实施管理,等等,这些都是行政管理职能。而施工单位对工程进度、材料采购、成本控制和监理单位对质量所实施的管理则是经营性管理。

在高速公路管理职能要素方面,核心的问题是职能配置和权限划分。所谓职能配置就是把各种高速公路管理职能在不同的管理主体之间进行分配;权限划分则是在职能配置的基础上界定各主体之间相应的权力范围。在职能配置和权限划分过程中,首先要分清行政职能和经营职能的界限,实现政企分开,各司其职;还要注意自上而下的层次性,注意同一层次之间不同管理职能的专业性，不同部门间职能的不合理配置，是当前影响高速公路管理的关键因素。

(2) 高速公路的管理机构

高速公路管理机构既包括从事高速公路管理的独立工作单位，也包括各管理单位内部具体从事某一专业管理的工作部门。一方面，由于高速公路管理职能类别多、业务复杂，而且性质不同，既包括行政管理职能，也包括经营管理职能，因此，高速公路管理机构的设置主要依据管理职能及对应权限的划分。另一方面，由于高速公路在空间上具有带状性和分布网状性，也由于我国公路按行政层次划分为国道、省道、县乡道路几个行政等级，高速公路的机构设置应当按不同层次来对应设立。高速公路管理机构纵向、横向设置的不同组合，会产生不同的管理机构模式。

按照现代管理科学理论，高速公路管理机构设置，应实现纵向上隶属关系与横向上协调配合关系的有机结合，以"直线职能制"为基本设置制度。即从中央到省、区、市按照管理幅度、职能界定分别设置相应管理机构，分级负责高速公路管理的相应事宜；同时，按照不同种类具体的业务管理职能，在每一级公路管理机构中设置相应的专业部门，这样，既能适应高速公路管理专业分工多的特点，又满足公路分级管理的要求。

(3) 高速公路的管理人员

管理人员在高速公路管理要素中是最活跃的。高速公路管理的效率和水平主要是由管理人员的素质来决定的。高速公路管理人员配备的数量与专业结构，主要取决于每个具体管理机构的职能和权限（包括工作量）的划分。高速公路管理人员可以划分为各级领导干部、专业技术人员和一般工作人员3个大的类别。

(4) 高速公路的管理规则

为保证高速公路管理活动规范化、程序化和法制化，同时保障高速公路管理体系高效运转，应该有一个完整的管理规则体系，这个管理规则体系主要包括4个方面：一是有关的法律、法规和规章；二是政府制定的有关政策；三是行业、专业技术标准与规范；四是各级各类管理机构为本单位或本系统规定的工作章程、作业制度，等等。

(5) 高速公路管理的运行机制

高速公路管理体制是一个由众多实体要素和关系要素构成的有机整体，在其运转过程中，各组成部分之间要发生大量的物质、能量和信息的交换，同时显示出相互之间联系、作用的方式和规律，这就是高速公路管理体制的运行机制。归纳起来，它主要包括6种机制：竞争机制、约束（合同）机制、激励机制、协调机制、反馈机制和监督机制。

① 竞争机制。指各种管理机构之间、企业之间以及管理人员之间相互比较、彼此竞争、优胜劣汰的机制。竞争机制在高速公路资源的优化配置上发挥了重要作用。

② 约束机制。主要指在高速公路的建设与经营过程中，单位之间、经济实体之间通过签订合同的方式，明确双方的权、责、利，为履行职责所体现的约束机制。

③ 激励机制。激励机制，也表现为管理办法，主要指在高速公路的建设与经营过程中，通过制定工作目标，规定奖惩办法，根据各类管理主体的实际工作业绩，兑现奖励与惩罚，以刺激管理主体积极性，提高管理效率。

④ 协调机制。高速公路管理内容丰富、涉及面广，管理主体和客体层面及种类都很多，因此，协调管理是十分必要的。高速公路的协调机制表现的方面主要有：纵向上多层面上下

级管理机构之间的协调；横向上高速公路管理机构与其他政府部门之间的协调；高速公路管理机构内部诸要素之间的协调。

⑤ 反馈机制。建立有效的反馈机制，将管理工作中各种资源信息、工作信息、效果信息及外部作用信息通过各种手段，包括现代化计算机网络手段，及时反映给管理行为主体，由管理主体作出科学灵敏反应并采取正确管理措施，从而实现高速公路管理体制高效率的管理工作。

⑥ 监督机制。主要指高速公路管理体制中，各个管理主体的自我约束和相互督察的关系。

3. 高速公路建设管理体制

高速公路建设管理体制是进行高速公路建设活动的基础，其目标是通过科学有效的管理活动，保证高速公路建设顺利进行，多、快、好、省地为社会提供完善的交通基础设施。

高速公路是经济、社会发展的重要基础设施，具有社会公益性，需要政府作为社会公共利益的代表者来进行筹划、组织建设和管理。

我国从事高速公路建设行政管理的主要机构是中央和省一级政府交通部门（交通运输部、交通运输厅）和计划部门（国家发展和改革委员会和省发展和改革委员会），其职能是：对高速公路建设进行立项审查、方案审批、建设监督、资金调配等，其机构设置的基本框架如图 9.17 所示。

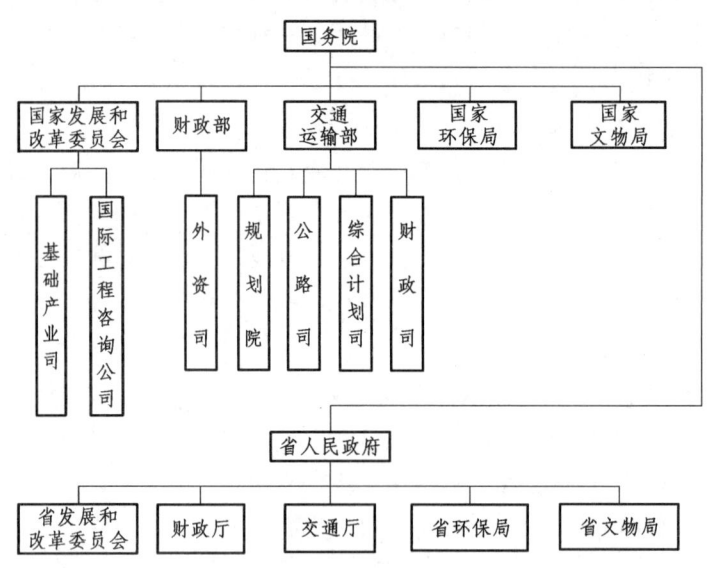

图 9.17 高速公路建设的政府管理机构

我国高速公路建设过程中的具体组织与管理工作，是以省级地方政府为主进行的。其组织与管理机构，大都是成立以省政府主管领导为首的高速公路建设指挥部或领导小组，统一领导和协调高速公路建设中的环境保障乃至具体的生产指挥及组织过程，其管理机构的基本组成模式如图 9.18 和图 9.19 所示。

高速公路建设项目具体组织实施的管理机构，承担项目审批后具体的征地拆迁工作、工程质量监理工作、施工生产过程的组织管理工作等。这些机构主要包括：代表高速公路项目业主行使建设管理职能的建设单位（如指挥部办公室、项目筹建管理处等），获得项目监理资格对工程质量、进度和工程造价及计量支付进行全面监理的监理单位，以及投标竞争取得施工资格，具体完成工程建设任务的施工单位。高速公路建设单位、监理单位和施工单位组成的建设管理机构体系如图 9.20 所示。

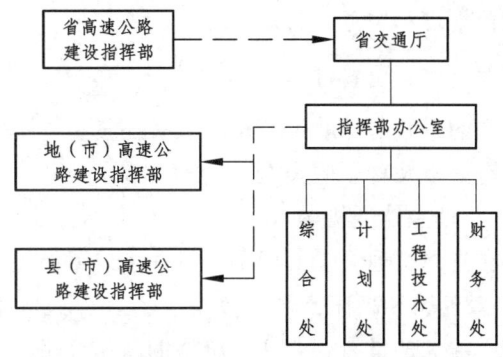

图 9.18　高速公路建设行政领导与组织管理机构模式（一）

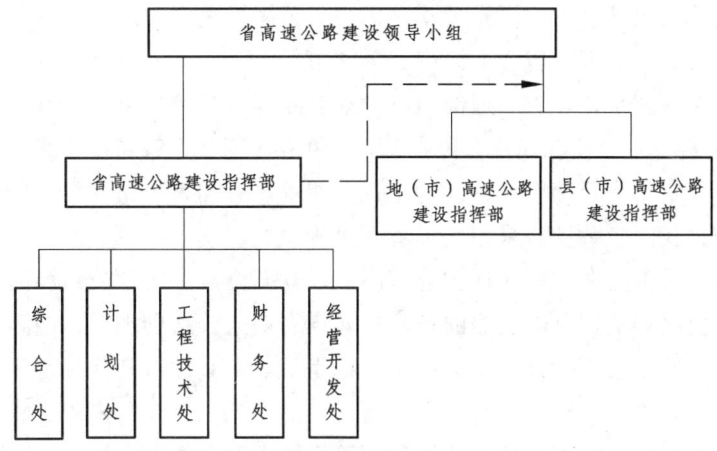

图 9.19　高速公路建设行政领导与组织管理机构模式（二）

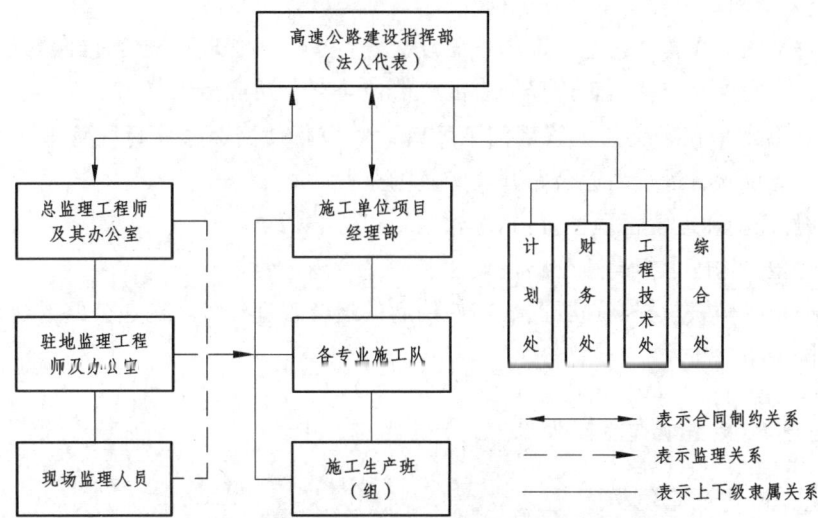

图 9.20　高速公路建设、监理和施工管理机构体系

4. 高速公路运营管理体制

(1) 高速公路运营管理的主要内容

高速公路运营管理的内容主要包括 6 个类别。它们是：路政管理、交通安全管理、收费管理、养护管理、通信监控管理和服务区管理。

(2) 当前我国典型高速公路运营管理体制模式

高速公路运营管理机构的设置是随着经营型、收费还贷型等不同性质的高速公路建设项目的发展而逐步形成的，有如下几种不同类型：

① 一元、二元和多元管理主体型机构。

管理主体一元，就是在省级交通主管部门下面设一个公路局（或称公路管理局，沿用原来机构名称），统一负责一般公路和高速公路的管理。为适应高速公路经营向企业化发展，在省公路局以外，又设立若干独立的具有企业法人资格的高速公路公司，具体负责资产经营。把与经营相关的收费管理、服务区管理、养护管理、通信监控管理职能从省公路局分出去，而属于行政管理的路政管理、交通安全管理仍由省公路局负责。这种管理体制仍然是一元主体模式。这样的省、市有云南省、上海市、天津市等。

管理主体二元，就是在省级交通部门下设立公路局和高速公路局（有的也称高等级公路管理局），分别负责一般公路和高速公路的管理，互相不隶属。省高速公路局专管全省高速公路，一般采用纵向直线形管理模式，设管理处、所等。有的省公路局也开始承担高速公路的建设与管理工作，我国半数省份采用这种管理机构模式。

管理主体多元，就是在省级交通主管部门下设立两个以上管理公路和高速公路的机构。如有的省设有省公路局负责一般公路的管理；又设有高速公路管理局、国际金融组织贷款项目办公室、道路开发中心等并行机构，无论名称是什么，其性质和职责是相同的，都是各负责一条或几条高速公路的管理。这些公路管理机构的形成，与投资来源、建设主体及建设方式直接相关，基本上都是由高速公路建设业主转变成为经营管理主体。

② 政企分开和政企合一型管理机构。

政企合一型就是在省交通主管部门下面设立既负责行政管理，又负责经营开发的高速公路管理机构。有的称高速公路管理局，有的称高速公路公司或集团公司。

政企分开型则是在省交通主管部门下面既设立有行使高速公路行政管理职责的公路管理机构，同时也设立有进行高速公路开发经营的企业。

③ 建设管理型和运营管理型机构。

建设管理型机构既承担高速公路建设任务，又承担运营管理。

运营管理型机构只承担高速公路竣工使用后的运营管理任务。高速公路的建设任务由另外设立的机构承担。

二、高速公路建设管理

1. 高速公路建设管理程序

公路基本建设程序是公路基本建设项目在整个建设过程中各项工作的先后顺序。公路基本建设受自然条件、技术条件、物资条件的制约,并且要按照既定的需要和科学的总体设计进行建设。建设过程中任何计划不周或安排不当,都会给国家造成重大浪费和损失。

我国公路基本建设程序大致按以下步骤进行:预可行性研究,项目建议书—工程可行性研究,设计计划任务书—编制初步设计,审批初步设计—施工图设计,工程招投标—工程施工和竣工验收—工程总结和后评估。

2. 高速公路项目可行性研究

(1) 可行性研究的基本概念

可行性研究是工程项目建设前期广泛采用的一种技术经济论证方法,工程项目可行性研究是指在项目决策前,通过对与该项目有关的工程、技术、经济等各方面条件和情况进行深入全面的调查、研究、分析、预测,对各种可能的实施方案进行比较论证,并对项目建成后的经济损益进行测算和评价的一种科学分析活动,由此为该项目投资决策推荐可行方案,为设计任务书的编制、审批提供科学的依据。

可行性研究是项目前期工作的重要内容,它从项目建设实施的全过程、多角度考察分析项目的可行性,其目的是回答该项目是否有必要建设,是否有可能建成,如何进行建设,能给社会带来多大的利益,其结论为投资者的最终决策提供直接的依据。

(2) 可行性研究的内容

高速公路项目可行性研究的主要内容应包括:项目建设依据、历史背景;建设地区综合运输网的交通运输现状和建设项目在交通运输网中的地位及作用;原有公路的技术状况及适应程度;论述建设项目所在地区的经济特性,研究建设项目与经济发展的内在联系,预测交通量、运输量的发展水平;建设项目的地理位置、地形、地貌、地质、地震、气候、水文等自然特征;建筑材料来源及运输条件;论证不同建设方案的路线起讫点和主要工程数量、征地拆迁数量,估算投资,提出资金筹措方式;提出勘测设计、施工计划安排;确定运输成本及有关经济参数,进行经济评价、敏感性分析,收费公路项目尚需作出财务分析;评价推荐方案,提出存在的问题和有关建议。

可行性研究按其工作深度,分为预可行性研究(初步可行性研究)和工程可行性研究。两者在研究上述内容时,要求有所不同。

预可行性研究重点阐明建设项目的必要性,通过踏勘和调查研究,提出建设项目的规模、技术标准,进行简要的经济效益分析,审批后作为编制项目建议书的依据;工程可行性研究则通过必要的测量(高等级公路必须做)、地质勘探(大桥、隧道及不良地质地段等),在认真调查研究、占有必要资料的基础上,对不同建议方案从经济上、技术上进行综合论证,提出推荐建设方案,审批后作为编制设计计划书的依据。

(3) 高速公路项目可行性研究的一般工作步骤(见图9.21)

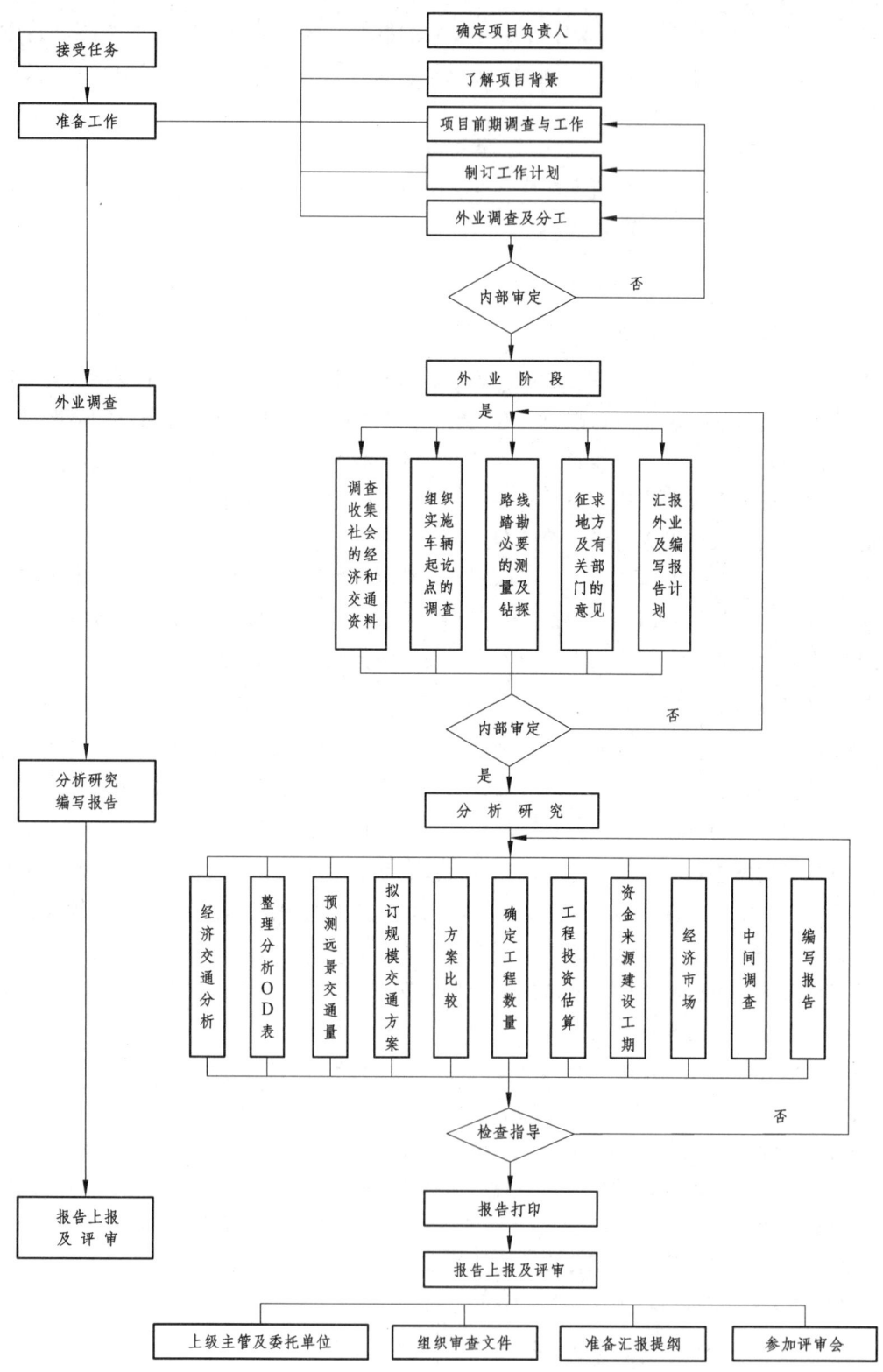

图 9.21 高速公路项目可行性研究的工作步骤

3. 高速公路项目招投标管理

(1) 招投标的概念

招标投标是在市场经济条件下进行大宗货物的买卖、工程建设项目的发包与承包，以及服务项目的采购与提供时，所采用的一种交易方式。在这种交易方式下，通常是由项目采购（包括公物的购买、工程的发包和服务的采购）的采购方作为招标方，通过发布招标公告或者向一定数量的特定供应商、承包商发出招标邀请等方式发出招标采购的信息，提出所需采购的项目的性质及数量、质量、技术要求、交货期、竣工期或提供服务的时间，以及对供应商、承包商的资格要求等招标采购条件，表明将选择最能够满足采购要求的供应商、承包商与之签订采购合同的意向。由各有意提供采购所需货物、工程或服务项目的供应商、承包商作为投标方，向招标方书面提出自己拟提供的货物、工程或服务的报价及其他响应招标要求的条件，参加投标竞争。经招标方对各投标者的报价及其他条件进行审查比较后，从中择优选定中标者，并与其签订采购合同。

(2) 工程项目招投标程序

招标工作的一般程序是：刊登招标公告或发出招标邀请书—分发或发售招标文件—组织投标单位介绍情况，解答问题，勘察现场—招标文件的修改（补充通知）及回答投标者的提问—接受投标者的投标文件—开标—评标—授标与签约。

投标工作的一般程序，可以简单的表达为：申请投标，报送资格预审文件—接受资格预审—购买招标文件并进行审核—编制投标文件—递交投标文件—参加开标会议，答辩—中标—签订合同，开工。

4. 高速公路建设期间的业主管理

(1) 业主管理的目的

高速公路建设期间业主管理的目的，是用合理的投资或较低的投资，快而省地建成一条优质公路，从而得到巨大的社会效益和较好的投资回报。

(2) 业主管理的职能

纵观我国各地高速公路建设管理机构，不管是指挥部，还是管理局、公司或中外合资的联合公司，作为业主管理机构的工作职能都是有共性的。其一是外部协调功能，其二是工程建设的管理功能。

业主的外部协调功能主要是依靠国家和省的有关政策和法律争取沿线地方政府的支持，依靠地方干部群众宣传高速公路建设的作用，落实征地拆迁的数量，做好高速公路沿线水利排灌系统的恢复以及乡镇居民和企业的房产迁移补偿。

业主的工程建设管理功能主要包括：工程技术管理、控制工程造价、加大工程监理力度、加强施工质量管理、施工工艺和材料供应的管理。

5. 高速公路项目的后评价

(1) 高速公路项目后评价概念

高速公路项目后评价是指高速公路项目建成通车运营若干年后，通过对高速公路项目的决策、设计、施工和运营阶段的情况及其变化的原因进行综合研究、分析和衡量建设项目的实际情况与预测（计划）情况的差距，确定建设项目预测和实施是否正确，并分析其原因，从中吸取经验教训，为不断提高今后的决策、设计、施工和管理水平，合理利用资金，提高投资效益，改进管理，制定相关政策等提供科学依据。按规定，高速公路项目后评价工作是在建成投入使用后 2~3 年进行。

（2）项目后评价的程序

高速公路项目后评价一般按以下程序进行：

① 自我评价。在项目实施竣工 6 个月后编出"项目总结报告"，这标志着项目后评价工作的开始，也是项目后评价的基础。

② 对自我评价的审计。提交的项目审计报告由两部分组成：第一部分是项目审计备忘录，包括项目背景，项目审计结果和项目的经验教训；第二部分是项目总结报告，作为审计的依据附后。

③ 项目审计情况的概括——年度报告。把项目审计报告中经验教训集中起来作为对项目建设工作有普遍意义的结论，也作为今后决策的依据。

④ 复评阶段。在一批项目中挑选若干项目（高速公路项目必选）留待 5 年后复评，写出"影响评价报告"。

⑤ 后评价的反馈。检查各个部门对后评价结论的反馈情况并督促有关部门制定相应的制度和措施。

（3）高速公路项目后评价的基本内容和方法

① 项目目标评价。一是评定项目立项时预定的目的和目标的实现程度，二是要对项目原定决策目标的正确性、合理性和实践性进行分析评价。

② 项目实施过程评价。这是对项目实施过程中各阶段的分析评价。过程评价法实际上是前后对比法，即把项目从立项决策、设计、准备、直至建设实施阶段各程序环节的实际进程与事先制订好的计划、目标相比较，通过对全过程每个阶段的比较分析，从而寻找到项目效果好坏的原因，指出主观愿望和客观实际的差异，总结出项目成败的经验和教训。

③ 项目效益评价。把高速公路项目产生的实际效果与发生的成本或投入加以比较，进行盈利性分析，主要包括项目财务分析和国民经济分析。

④ 项目的环境影响评价。对照项目前评估时批准的环境影响报告书，重新审查项目环境影响的实际结果，审核项目环境管理的决策、规定、规范、参数的可靠性和实际效果。

⑤ 项目的社会影响评价。分析项目对国家（或地方）社会发展目标的贡献和影响，包括项目本身和对周围地区社会的影响。

三、高速公路的路政管理、交通安全管理及养护管理

1．路政管理

（1）高速公路路政管理概念

高速公路路政管理是依据国家和地方有关法律、法规，由各级政府交通主管部门、公路管理机构为维护公路管理者、经营者、使用者的合法权益，对高速公路进行的行政管理。管理对象包括人、社会组织、物质资源（路产）、时空资源、路权和信息资源。管理范围主要是

高速公路两侧建筑控制区内所有范围。管理职能可概括为：保护路产、维护路权、维持秩序、保护权益。这也是高速公路路政管理的 4 项内容。

保护路产、确保畅通是路政管理的中心任务。高速公路的路产主要是指高速公路管理部门依法管理、使用所有有形的和无形的公路财产，包括：公路、公路用地、公路设施、机械设备、料场、科研成果、专利所有权、知识产权等。路权是指交通主管部门及其所属的公路管理机构依据法律赋予，为排除侵权而拥有的行政管理权和民事权益。

(2) 高速公路路政管理的特点和意义

高速公路路政管理是属于专业化的国家行政管理，与一般公路路政管理相比，有其自身的特点：管理方式的特定性、管理手段的先进性、管理内容的复杂性、管理范围的社会性、管理职责的服务性、管理依据的法制性等。

高速公路路政管理有利于维护高速公路的系统性和完整性；有利于保障道路使用质量、改善交通环境；有利于维护良好的运营秩序；有利于提高社会效益和经济效益。

(3) 高速公路路政管理体制

高速公路路政管理体制指的是路政管理权限的确定、机构的设置以及所形成的组织制度和体系。

按照《公路法》对收费公路路政管理的规定和国务院、交通部对高速公路管理的有关规定精神，高速公路应纳入整个公路网体系，由省级公路管理局具体负责全省高速公路路政工作；省范围内实行属地管理、分段管理相结合形式，即由地、市级交通主管部门和公路管理机构，组建高速公路路政机构，负责辖区内高速公路的路政管理，并在上级管理部门的统一规划协调下，组织基层管理机构，即路政派出机构或人员分段负责管理。

高速公路路政管理部门的职责是维护高速公路路产、路权。

高速公路路政管理的职责，随着我国公路管理体制改革的不断深入，将会有新的变化和内容。比如，高速公路实行多种经营方式，根据法律规定，经营公司经营路产，并负有保持路产完好的义务，负责高速公路的养护和水土保持。如何监督、督促经营公司保证高速公路良好技术状态，这将是路政管理的新问题。

(4) 高速公路路政管理方法

高速公路路政管理方法是指为达到路政管理目标，高速公路路政管理机构所采用的各种方式、手段、技术措施的总称。主要有 4 种手段：法律管理手段、行政管理手段、经济管理手段、技术管理手段。

① 法律管理手段。通过实施各种法律、法规、规章等，调整路政管理中所发生的各种社会关系，保证公路事业发展。

② 行政管理手段。通过法律、法规及上级主管部门赋予的行政命令权、管理权、处罚权和强制权来进行监督、检查、制约与高速公路发生关系的社会组织和个人。

③ 经济管理手段。遵循经济规律，通过经济手段，调节和制约国家、集体、个人之间的关系，保障高速公路正常运营秩序，使其发挥更大的社会效益。它主要通过收取路产损失费、占用费、补偿费及罚款等行为来完成。

④ 技术管理手段。要达到路政管理保障公路安全、完好、畅通的目标，必须适应高速

公路技术密集的特征，加强路政现代化装备，提高管理人员科学技术水平，这就体现了高速公路路政管理的技术手段。

2. 高速公路交通安全管理

(1) 高速公路交通安全管理概念

高速公路交通安全管理，是指政府通过制订和实施相关的政策法规，规范高速公路上的交通行为，维护高速公路的交通秩序，保障高速公路的交通安全和畅通的行政执法管理活动的总称。它既有行政管理的性质，又有技术管理的性质，对于充分发挥高速公路快速、方便、舒适、安全、经济的效益有重要意义。

(2) 高速公路交通安全管理的内容

高速公路交通安全管理涉及面广，内容很多。概括起来，主要有以下几个方面：

① 交通安全教育。充分利用报纸、广播、电视、电影、报告会等多种宣传工具和形式，运用教育和培训等手段，普及使用高速公路的知识，提高广大交通参与者的高速公路法制观念和交通安全意识，是搞好交通管理的基础工作，是预防交通事故的有效措施，也是十分必要和迫切的任务。

② 法规建设。主要包括：贯彻执行国家有关高速公路交通安全的法律、法规；依据国家有关法律、法规，制订配套的管理条例或规章，并监督其执行；不断研究新情况，总结新经验，对交通安全法律、法规、条例和规章进行动态建设与完善。

③ 车辆管理。主要包括：车辆注册登记、核发号牌及行车执照、车辆行驶管理、车辆安全技术检验、车辆停驶或复驶及报废登记等。

④ 驾驶员管理。包括核发机动车驾驶证、驾驶员的审验、驾驶证的换证和注销、驾驶员的转籍登记。

⑤ 道路管理。包括对道路本身的构造（如线形、路面状况）及其安全设施（包括交通标志、标线、护栏、分隔带、情报板等）的验收、维修与管理，保护路产不受破坏和侵占，消除安全隐患。

⑥ 维护高速公路交通秩序。纠正高速公路上的交通违章现象，高效、妥善地处理交通事故，做好道路治安管理及交通污染管理工作。

(3) 高速公路交通安全管理的方法

高速公路交通安全管理方法是指在高速公路交通安全管理活动中，为实现管理目标，保障交通车辆快速、安全、舒适、畅通地通行所采取的工作方式。归纳起来，有以下4种：

① 教育方法。通过普及高速公路交通安全知识，提高全民交通安全意识，从而保障高速公路安全。

② 行政方法。依靠高速公路交通安全管理机构的权威，运用命令、规定、指示、条例等行政手段，直接指挥被管理者。

③ 经济方法。根据客观经济规律，运用各种经济手段，调节不同经济利益之间的关系，以实现高速公路交通安全管理目标。

④ 法律方法。是指通过各种法律、法规、规章的制定与执行，调整高速公路交通安全管理中所发生的各种社会关系，保证交通安全管理。

(4) 高速公路交通安全管理模式

高速公路交通安全管理在当前运营管理体制中是问题最突出的领域，是体制改革中的主要矛盾。现行的高速公路交通安全管理模式主要分为3种模式，它们都是以交通安全管理职能在部门间的不同配置形成的。

① 交通部门与公安部门分管模式。该模式沿用传统普通公路交通安全管理体制，高速公路交通安全管理也由公安部门负责，其余5项职能由交通部门负责。

② 交通部门与公安部门共管模式。该模式是交通主管部门与公安部门联合组建高速公路交通管理机构，履行某条高速公路的政府管理职能（路政和交通安全）。

③ 交通主管部门统管。该模式是由交通主管部门组建的高速公路管理机构对路政、交通安全、收费、养护、通信监控和服务实行统一管理。这种体制将交通安全管理纳入整个高速公路管理系统，由一个管理主体实施统一、综合管理，符合了高速公路作为现代化基础设施的运营规律，使其管理的统一性、整体性大大加强，交通安全管理不仅没有削弱，反而因管理的整体协调性增强使交通安全管理水平有很大提高。此模式是未来交通安全管理模式的发展方向。

3. 高速公路养护管理

(1) 高速公路养护管理的基本要求

高速公路养护管理是指高速公路管理部门为确保高速公路正常使用功能，对高速公路及其附属设施进行的经常性、及时性、周期性和预防性养护与维修。高速公路养护管理应符合下列要求：

① 除不可抗拒的自然灾害外，在任何情况下应保持畅通。

② 通过通信、监控等系统，及时掌握高速公路的信息，作出预测，并采取必要的预防性措施。

③ 为确保高速公路及其附属设施迅速得到养护与维修，应以机械化养护为主。

④ 在高速公路上和高速公路用地范围内，作业人员必须着标志服，夜间为反光标志服。作业机械必须按标准涂以桔黄色，且按标准安装黄色示警灯。

(2) 高速公路养护作业分类

根据高速公路的特点，高速公路养护工作划分为维修保养、专项工程和大修工程3类。

① 维修保养。为保持高速公路及其附属设施的正常使用功能，而安排的经常性保养和修补其轻微损坏部分的作业。

② 专项工程。对高速公路及其附属设施的一般性磨损和局部损坏进行修理、加固、更新和完善的作业。

③ 大修工程。高速公路及其附属设施已达到其服务周期，必须进行应急性、预防性、周期性的综合修理，使之全部恢复原设计的状态；由于水毁、地震、交通事故、风暴、冰雪等造成的高速公路及其附属设施的重大损坏时及时进行修复，保证其正常使用的作业。

(3) 高速公路养护管理机构的设置

高速公路养护管理采用垂直管理形式，一般分为三级：

① 各省市自治区高速公路主管局为第一级，负责高速公路养护资金的统筹安排使用，

负责制定养护工作和养护质量标准,并监督、检查各级的执行情况。

② 各地区高速公路管理所为第二级,具体负责高速公路养护管理的组织指挥工作。

③ 管理所所辖各管理站为第三级,该级是最基层的管理单元,设有养护工程队,专门负责具体的养护作业任务。

四、高速公路服务区管理及经营开发

1. 服务区管理

(1) 服务区管理基本概念

高速公路的服务区(Service Area,SA)是指设置在高速公路上,主要为车辆、驾乘人员和旅客提供服务的设施,它包括休息、停车和辅助设施3部分,是专门为人、车服务的场所和建筑设施范围的称谓。服务项目少的称为停车区(Parking Area,PA),总体也称服务区。

服务区管理是高速公路管理部门及服务区经营部门对高速公路服务区的有关服务设施、停车设施、辅助设施等进行的规划、投资、建设和经营活动的总称。

服务区管理的目的是为高速公路的使用者提供各种优质服务,保证高速公路运营工作正常进行,最终实现高速公路的多功能、高效率与高效益。

服务区的管理原则由服务区的性质及其管理目的决定,坚持用户至上、服务第一、注重效益。

服务区的管理内容主要包括:服务区设施的优化布置、合理使用、经常性维护与修缮;保证全部设施正常发挥,不断提高其完好率、利用率、获得最佳效益;建立健全各类设施管理制度与责任制度,确保服务水平、服务质量不断提高。

高速公路服务区的社会公益性和商品性导致了服务区的事业性管理和企业性经营管理的双重性。

(2) 服务区的运营管理

高速公路服务区经营只有走企业化经营方向才会有强大的生命力。服务区的企业化经营方式有下述几种方案。

① 成立高速公路服务区开发经营公司,负责对全线服务区一切经营活动的管理。

② 由于特许经营是高速公路的运营发展方向,可以把高速公路服务区设施交给或优先交给特许公司经营和开发。

③ 实行租赁经营制。将统一规划建设的服务区设施租赁给各个经营者,由经营者自主经营。

④ 实行联合投资建设、公司制经营办法。

事实上,服务区的经营方式由于高速公路的建设、经营、管理体制的差别会有很大差异。随着高速公路网的形成及高速公路经营、管理体制趋于完善,加上经济发展等因素,服务区的经营内容、经营方式将会有一个不断探索、发展完善的过程。

2. 高速公路的经营和开发

(1) 高速公路经营开发的意义

高速公路经营开发是在搞好收费和服务区管理的基础上,充分利用高速公路这一有巨大

影响的无形资产利用沿线土地边角和现有设施，从事广告、仓库储存、旅游业、房地产等多种经营，从而增加建设、养护资金的来源，其重要意义有以下几个方面：
① 繁荣沿线经济，促进高速公路产业带的发展。
② 提高高速公路经营效益，增加高速公路建设和养护资金。
③ 有利于吸引更多资金投向高速公路建设，加快我国高速公路滚动发展。

(2) 高速公路经营开发的内容
① 广告开发业务。高速公路管理部门及其经营者在收费站、加油站、停车场、服务区、收费票据以及路两侧可供开发的地方经营广告业务，收取一定报酬，加快资金回收，同时还增加了高速公路的景观效果。
广告开发业务主要有：广播广告；户外广告；印刷广告。
② 仓储开发。高速公路仓储开发主要指通过向客户提供货物装卸、堆放、储存、理货、包装、发货等服务，从而收取费用并获得经济效益的一种经营活动。
③ 旅游开发。目前，高速公路旅游开发一般是利用当地旅游资源，在靠近旅游资源的服务区或附近设立疗养院、旅游宾馆。具体开发形式、规模要结合当地旅游资源条件，同时应坚持保护环境和生态平衡的原则，并保障道路畅通。
④ 土地开发。政府为了筹措资金，加快高速公路建设，从政策上给予公路主管部门优惠，允许在新建高速公路两侧的一定范围内从事经营性土地开发和其他业务。目前主要有房地产业务、场租、收取土地增值费等。
⑤ 其他开发。高速公路经营开发内容随着各地的开发实践在进一步拓展。一些经营公司利用高速公路交通条件便利、管理人才丰富、设备精良、服务设施完善等优势，对外进行信息咨询、技术服务、商贸等多种形式的经营活动取得了较好的效果。

(3) 经营开发实施形式
经营开发具体实施是实行公司化运作。高速公路管理部门则统筹规划、合理布局，并对项目的经营管理实施行政监督、指导，防止偏离保证高速公路安全、舒适、畅通的轨道。结合我国国情和各地经验，经营开发可采取自主经营式、合资、合作经营式和承包与租赁等经营形式。

第八节 高速公路交通控制

面对不断增长的交通需求以及拥挤、事故与污染的发生，为保持高速公路应具有的高速、安全、舒适和高效的特性，通过建立由特定设备、设施和计算机软件组成的高速公路交通监控系统对高速公路进行交通控制，来改善交通现状，提高现有交通设施的能力，以到达提高交通效益和交通安全的目的。

一、高速公路监控系统功能、组成与分类

高速公路监控是对高速公路交通运行状态及其设施和交通环境的检测和控制。

1. 高速公路监控系统的功能

高速公路监控系统的目的，是使用现代化的检测和控制手段，调整交通流的状态，达到安全、舒适、快捷的运输目的。

为完成这一目标，监控系统必须具备最基本的 3 个功能：① 采集交通流数据，判断交通状态；② 根据交通状态，制定控制策略，决定控制参数；③ 执行控制策略，将控制参数作用于交通流。

2. 高速公路监控系统的组成

根据高速公路监控系统的功能可知，高速公路监控系统是由信息采集子系统、监控中心和信息提供子系统 3 大部分组成。

(1) 信息采集子系统

信息采集子系统是高速公路上设置的用来采集信息的设备。采集的信息主要包括交通流信息、气象信息、道路环境信息和异常事件信息。

(2) 监控中心

监控中心是介于信息采集子系统和信息提供子系统之间的中间环节，是监控系统的核心部分。它的主要职能是信息的接收、分析、判断、确认，交通异常事件的处理决策、指令发布，设备运行状态监视和控制等。通常有计算机系统、室内显示设备和监控系统控制台组成。

(3) 信息提供子系统

信息提供子系统是高速公路上设置的用来向道路使用者提供道路交通信息和诱导控制指令的设备以及向管理、救助部门和社会提供求助指令或道路交通信息的设施。

同时，通信系统在上述 3 个子系统中起到信息传递功能。

3. 高速公路监控系统的分类

高速公路监控系统根据所辖路段的道路状况和交通状况可分为多种类型，主要有主线控制、匝道控制、通道控制和综合控制。

二、信息采集子系统

1. 系统构成

高速公路监控系统中，监控中心用来获取信息的一切手段都属于信息采集子系统的范畴。按采集信息方式的不同，一般由以下 3 部分设备或装备构成：
① 数据信息的采集设备，包括车辆检测器、气象与环境检测器、测速雷达。
② 语音和图像信息采集设备，如紧急电话和电视监视系统等。
③ 辅助性监测设备，如巡逻车、交通巡视用的直升机、当地的交通与气象广播等。

2. 运行方式

各种信息采集手段虽然相互之间有一定关系，但在运行时却相互独立。车辆检测器、气象与环境检测器、测速雷达都属于监控系统的外场设备,一般都有联机运行和脱机运行两种运行方式。紧急电话对于监控中心而言是被动的信息采集手段。闭路电视系统的监视器直接反映道路上的交通运行状况,能确认道路上发生的交通事故及其严重程度,从而辅助操作人员进行方案决策。

三、信息处理子系统

信息处理子系统也就是监控中心,能够根据采集和监测到的各种数据、信息,通过处理、分析、判断,提出交通控制方案,并通过相应的设备对有关区段内的交通运行情况做出相应的管理与调度。该系统的设备主要由前置机、中心处理计算机和主控制台等组成。

1. 前置机

控制中心一般设置若干前置机,每个前置机处理若干个车辆检测器采集的信息。前置机由系统计算机和监控台两大部分组成:监控台由监控单片机、传输接口、状态转换、故障识别和显示等部分构成;系统计算机通过传输接口电路和传输线同车辆检测器和收费站控制机进行通信联络和数据传输,定时汇集本辖区内的有关数据,进行处理、包装,并报送中心处理计算机;同时汇集辖区内所有设备和有关通信设备的工作状态,由监控台显示在对应的位置上,并报送中心处理计算机。

2. 中心处理计算机

中心处理计算机是交通信息采集和交通管理调度的主要手段,集中处理前置机和收费站传送来的所有信息和数据,进行交通运行状态的判断、交通处置方案的生成和系统运行状态的判断。

3. 主控制台

主控制台是系统的核心部分,是实现人-机对话的主要手段。具有发布各种操作和控制命令、接收紧急电话发布指令电话、键入事故信息等功能。

四、信息提供子系统

1. 系统的组成

高速公路信息提供子系统的主要任务是向高速公路使用者提供某个区段内的交通、气象、事故和道路情报以及速度限制情报,作为高速公路使用者的行车指南,辅助调节高速公路上的交通流,参与交通管理和调度。

主要由道路模拟屏、可变道路情报板、可变限速标志和路侧广播等组成,如图9.22所示。

2. 系统的功能

信息提供子系统作为高速公路监控的手段,主要用来解决高速公路上可能出现的5类交通问题:周期性交通阻塞、偶发性交通事故、环境问题、特殊事件、高速公路特殊设施引起的交通问题。

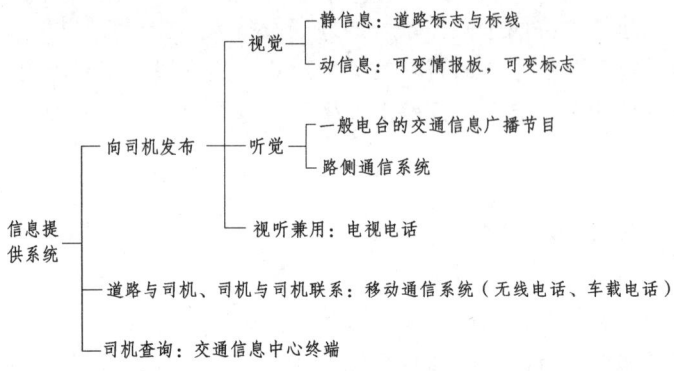

图 9.22　高速公路信息提供系统的组成

五、匝道控制

匝道控制主要是在高速公路入口匝道处放置交通信号装置，通过信号灯的周期变化，调节高速公路匝道交通量，从而减少或消除高速公路主线上的交通阻塞。

1. 入口匝道控制

在高速公路控制方式中，入口匝道控制是应用最广泛、效果最好的一种控制形式。

(1) 入口匝道控制概述

通过入口匝道控制，可以限制进入高速公路的车辆数量和流入高速公路的节奏，通过计算匝道下游道路容量与上游交通需求差额（调节率）来寻求最佳入口匝道流量控制，从而使高速公路本身的交通需求不超过它的容量，使高速公路主线交通流处于最佳状态。

这种控制方法以高速公路上的交通流为主，必然要牺牲车辆进入高速公路的自由度，一些期望使用高速公路的车辆，在允许它们进入高速公路之前将会有一个等待时间。如果不想在入口处等待，它们可以选择不走高速公路，或者另选一个时间再进入。匝道控制产生的效果是：要么不进入高速公路，一旦进入，就会得到良好的服务。

(2) 入口匝道控制的作用

入口匝道控制的作用是下述的一个、几个或全部。

① 减少高速公路主线上所有车辆的行程时间。
② 减少通道内全部行驶车辆的行程时间。
③ 消除或减少车辆汇合中的冲突和事故。

(3) 入口匝道控制方法

入口匝道控制包括匝道调节和匝道关闭两种形式：匝道调节是在匝道上使用交通信号灯对进入车辆实行计量控制，也可通过收费站的收费车道开放数来调节进入高速公路的车辆数。单位时间内允许进入的车辆数称为匝道调节率；匝道关闭，是指在高速公路交通需求严重超过道路通行能力或由于异常天气导致高速公路失去通行能力的情况下，不得不采用关闭匝道的方法来禁止车辆进入高速公路。匝道关闭可通过自动路栏、交通标志或人工设置隔离墩把某些入口匝道关闭。

入口匝道调节方法可分为以下几类：

① 入口匝道定时调节。在入口匝道上使用信号灯，以限制进入高速公路的交通流量，保证高速公路以较高的服务水平运行或改善车流汇合时的安全。其信号灯调节率预先给定，因而不能适应交通流的随机变化。

② 入口匝道感应（动态）调节。其信号灯调节率以实时检测到的交通数据为依据来确定，因而能适应交通流的随机变化。

③ 入口匝道汇合控制。在固定合流处，把普通匝道信号用于引导匝道车辆，使得在匝道车辆汇合到高速公路的时刻，恰好是高速公路的车流间隙。

④ 入口匝道整体定时控制。即把单个入口匝道定时调节应用于必须对匝道运行的相互依赖性给予考虑的一系列入口匝道，在每个时段，根据整个系统的交通需求-容量差额来计算一组最佳调节率，使各路段交通状况总体最优。

⑤ 高速公路入口全局最优控制。是把一条路的多个入口匝道统筹考虑，根据实时检测的现场交通信息来确定一组调节率，使某种形式的全局性能指标最优。

2. 出口匝道控制

在高速公路的交通控制中，很少对出口匝道进行控制。从理论上说，出口匝道的控制可用两种方法，即调节离开高速公路的交通量的方式和完全关闭出口匝道的方式来实现。出口匝道的调节控制不是一种有效的方法，唯一有利之处也许是解除了接近高速公路干线的交叉口和某些街道的交通拥挤。

所以出口匝道控制很少作为高速公路的一种交通控制手段。

六、主线控制与通道控制

1. 主线控制

主线控制就是对高速公路主线的交通进行调节、诱导和警告。对象是高速公路本身即路段上的交通流。主线控制的基本目标是改善高速公路运行的安全和效率，缓解主线上的交通拥挤和交通瓶颈对交通的影响。这种控制对常发性和偶发性交通拥挤都是有效的。

（1）主线控制的主要目的

① 当交通需求接近道路通行能力时，使主线上的交通流保持均匀性和稳定性，以增加驾驶员的舒适程度，提高高速公路的利用率并预防拥挤发生。

② 改善交通流运行状态，使其在主线上的瓶颈路段上能达到最大通行能力。

③ 如果发生交通拥挤，或因车速、车流密度发生变化而在车流中产生冲击波时改进交通运行使其从拥挤状态恢复到正常状态，并防止尾端冲撞事故。

④ 在雨、雪、雾等特殊气候条件下，保证高速公路的运行安全。

⑤ 当出现交通事故或因维修而使主线通行能力下降时，要提高道路的使用效率。

⑥ 当高速公路交通需求在方向上有很大差别时，需改变高速公路不同方向上的通行能力。

⑦ 减少驾驶员的不满，将驾驶员诱导到交通状况较好的道路上。

(2) 高速公路主线控制涉及的几个方面

① 车道使用控制。通过对车辆在使用车道的时间和空间上的限制来达到对交通流进行控制的目的，包括车道关闭、交通调节等。

② 警告和诱导。通过给出交通运行变量限制值的方法来控制交通流称为警告，诱导是为驾驶员提供交通信息来诱导驾驶员选择合理的运行状态和行车路线，包括对行车速度、车辆间距、旅行时间和行驶路线方面的警告、诱导。

③ 优先控制。对一定种类的车辆在使用交通设施上分配优先通行权或特别使用权。如对救护车、公共汽车、合用车辆的优先控制。

(3) 主线控制实现目标的基本方法

① 从过去的统计资料中或采用交通感应方法获得当前高速公路上交通流参量值。

② 在当前高速公路交通流参量值的基础上，判定该值在由通行能力、交通构成以及气候条件所决定的高速公路路段的交通流基本特性曲线上处于哪一部分。即依据交通流模型判断交通流运行状态。

③ 确定高速公路主线交通流控制的目标状态值及相应的控制方法，使交通流趋于目标状态。

主线控制方式可以是定时控制，也可以用来交通感应式控制。如果控制变量值和等级是根据一天时间内的交通流变化规律预先确定好的，这种系统就称为定时主线控制。如果控制变量值是基于实时测量到的现时交通条件下的交通参量，那么这种控制就称为交通感应主线控制。定时主线控制的设备较为简单，但缺乏适应性。交通感应主线控制设备较复杂，但采用这种方式，通常可以提高主线控制的效率。

(4) 通常采用的几种主线控制方法

① 可变速度控制。可变速度控制是在高速公路主线上设置可变限速标志来限制行车速度，从而使主线上的交通流的速度能随车流密度的改变而变化，以保证交通流的均匀、稳定，同时还能提高道路通行能力。

② 车道关闭。是用禁止车辆进入高速公路的一个或多个主线车道的方法对主线交通流进行控制。车道关闭的措施是采用车道控制标志，将标志置于每一车道上方。正常交通时，标志显示绿箭头；若需关闭某车道，该标志显示红叉。

③ 主线调节。主线调节控制是根据输入的交通需求和下游的通行能力，对经由主线入口（例如收费站、隧道或桥梁入口）进入高速公路控制路段的交通流实行一些限制的方法，使该路段下游高速公路主线能保持期望的服务水平。

④ 可逆车道控制（变向车道控制）。目的在于改变高速公路主线不同方向上的通行能力，以适应高峰时某一方向的交通需求。在高速公路主线上恰当地使用可逆车道控制能够更经济有效地使用道路空间和通行权。

⑤ 公共汽车、合用车优先控制。是以强调道路系统运行对人的总延误最小、而不是车辆的总延误最小为原则，在交通控制与管理中，对公共汽车、合用车在使用交通设施上分配优先权（优先通行权）。通常是在交通需求较大，道路通行能力基本饱和而又无法再度扩大的情况下，尤其是在交通构成中，小汽车比重很大的情况下采用。一般采用道路使用权优先控制和交通信号优先控制两种方式。常采用的方法包括：隔离路基；逆流车道；入口匝道上的

专用车道；瓶颈路段上游的专用车道和主线上的专用车道。

⑥ 驾驶员信息系统。通过信息提供系统为驾驶员提供道路信息、事件信息和其他影响旅行决定因素的信息，使得驾驶员可以了解主线交通状态，从而作出出行决策。

2. 通道控制

通道控制的对象是由高速公路、侧道和其他平行车道所组成的通道系统上的交通流。通过对交通资源进行灵活调整和合理分配，达到高效运输的目的。

(1) 通道系统的概念

高速公路通道系统由高速公路、匝道以及与高速公路相关的侧道、干道、城市街道等组成。它是一个以高速公路为核心的、沟通两个或两个以上地区之间交通的道路网络。高速公路通道的通行能力是由高速公路的通行能力和能为高速公路交通需求提供可替换服务的平面道路及交叉口的通行能力组成的。

(2) 通道控制原理

高速公路通道控制就是对通道系统交通流进行协调、管理、诱导和警告。基本原理是监测通道系统中所有道路及交叉口，将超载道路上的交通转移到通行能力尚有剩余的道路上去。通道控制是一个综合控制系统，它集中了高速公路监控系统、驾驶员信息系统、匝道控制、侧道控制、主线控制、交叉口控制、干道控制以及城市道路控制和区域交通控制的原理、策略和方法。

(3) 通道控制方式和措施

通道控制可分为限制和分流两种方式。限制是控制各道路上的交通需求使其低于通行能力。分流则是把车辆从超负荷的道路上引到尚有剩余通行能力的道路上去。

在通道系统中，高速公路的运行效率比其他干线道路要高，所以一般情况下最好优先利用高速公路，只有当高速公路上的交通需求超过或接近其通行能力时再用通道分流方法，这样可以提高通道系统的总体运行效率。

当发生常发性或偶发性交通拥挤以及在道路维修情况下，可用通道分流控制方式来缓解或消除交通拥挤。

通道控制的常用措施包括：采用临时性分流标志、优化各类道路交通信号配时方案、统筹制订各匝道的调节率以及运用驾驶员信息系统和实行公共汽车、合用车优先控制。

(4) 通道控制的目的与特点

通道控制是通过在通道系统内有效地分配和管理交通流以达到在交通需求与通道通行能力之间获得最佳平衡和充分利用通道通行能力的目的，使整个通道系统处于最佳运行状态。

由于通道系统控制是以系统最优为目标，其控制对象又分布在较大的地区范围上，所以要求通道系统的控制采用交通感应控制方式，因而，通道控制系统能否有效监测系统内各条线路的交通状态是控制效果好坏的关键因素。

由于通道控制对象包括高速公路的主线、匝道以及侧道、干道、城市街道，它们在控制方式、控制方法上有很大区别；并且是分布在一个较大的区域范围，因而，对各类控制对象的交通控制方法选择以及如何组织和协调这些控制，对于通道控制系统来讲有多种组合方案可供选择，确定最佳的通道系统控制方案就是通道控制战略问题。

(5) 通道控制战略的概念

所谓通道控制战略是指从通道系统整体利益出发，为实现提高通道系统的效率和安全的目的，而对通道控制系统的控制目标、评价目标、系统组成、控制功能、控制结构、控制技术和方法以及控制逻辑的一个优选组合方案。具体来讲，通道控制战略是为了最大限度地发挥通道通行能力的利用效率，把通道上各种控制系统的运转和驾驶员信息系统结合起来所采取的运转方式。

七、事件管理策略

1. 事件的检测与鉴别方法

事件管理的主要目标之一是减少事件的响应时间，从而减少事件所造成的延误。事件检测即证实某一事件已经发生，而事件鉴别即是对事件发生的性质及地点的确定。快速检测事件与鉴别事件的能力对于减少事件引起的延误和改善整个高速公路的运行，是一种最有效的技术。

事件的检测与鉴别常用到下述方法：① 电子监视；② 闭路电视；③ 图像识别；④ 航空监视；⑤ 驾驶员呼救系统(呼救装置和紧急电话)；⑥ 民用频道无线电(移动电话)；⑦ 警察和巡逻车服务。

2. 事件的响应与清除策略

在实践过程中，响应与清除互相交错。响应即根据事件的性质，发生的地点，可能造成的延误大小，阻塞车道数，受伤和死亡人数，散落货物的名称等，向出事现场派出适当的人员和设备的行动以及此过程中的协调和管理。清除是指安全及时地移走或清除事件，使道路恢复到最大的通行能力。

小事件的响应与清除策略包括：警察巡逻摩托车、警察巡逻车、服务巡逻车、拖曳车和救险车；把废弃的车辆从高速公路路肩撤走的有关法律规定；免除事件响应人员在清除事件现场时损坏物品责任的法规；事故调查基地；把小事件从车行道移走的法律，以及让驾驶员学习高速公路管理条例的教育节目。

重大事件，如人员伤亡事故、货物散落、翻车和有害物质泄漏等事件，尽管发生次数少，但对交通有重大影响，并要求复杂得多的响应与清除活动。重大事件处理往往需要许多独立的部门、组织、机构和大量的有关人员参与。为避免各部门多重管辖权造成的工作任务难以落实、信息交换不准、协调不周、指挥混乱，使事件处理时间加倍延长等情况发生，重大事件管理策略需要采用协调合作方式。因而，需要进行预先响应规划和准备，建立由警察、公路和其他公共部门人员组成的事件管理小组进行统一指挥领导，并由各主要部门和（或）政府授权负责协调指挥事件管理的所有活动，所有响应人员应训练有素、经验丰富。一旦发生严重事件，事件响应人员或机构能够及时响应。

3. 事件的交通管理策略

对于小事件而言，最佳的交通管理策略是为事件响应人员、车辆装备适用的交通控制工具,并对人员进行培训使其懂得交通管理的要求。

对于重大事件,需要组建重大事件的响应队伍(专职或业余的)、配备合适的设备、预先指定发生不同事件时的交通分流计划、可移动标志车等准备工作,可大大减少事件交通管理的时间。

4. 匝道调节和关闭策略

动态匝道调节可以有效消除事件引起的偶发性拥挤。当事件过于严重,导致交通需求超过事件地点通行能力一定程度后,可关闭事件上游一定距离内的所有入口匝道。

5. 驾驶员信息策略

通过信息提供系统为驾驶员提供事件信息和其他影响出行过程的信息,使得驾驶员可作出决定,选择避开或远离出事现场、推迟或改变旅行时间,甚至改变旅行方式。

第九节 高速公路收费控制

由于修建高速公路需要巨额资金,目前我国高速公路依据"贷款修路、收费还贷"的原则都设有收费系统以收取车辆通行费。收费不只解决高速公路建设的资金来源,还可实现交通需求控制,以期能有效解决拥挤、安全和污染的问题。

一、收费制式与方法

1. 收费制式

世界各国高速公路的收费系统通常采用4种制式:均一式、开放式、封闭式和混合式。

(1) 均一式

收费站建在高速公路所有入口匝道上。车辆只需经过一个收费站交费后驶入高速公路。收费标准仅因车种不同而异,与行驶里程无关,且各个入口收费站都采取统一收费标准。

这种收费制式适合于都市高速公路,其特点是距离短,道路出入口(互通式立交)多而密,交通流量大。采用均一式系统,车辆仅需一次停车交费,手续简便,效率很高,对交通影响较小。

(2) 开放式

根据需要在收费公路上的不同位置设多处主线收费站;而不是在各个立交匝道的出入口处设收费站。这样,车辆可以不受控制地自由出入收费公路,收费公路对外呈现"开放"状态。一般分车型确定每车次收费标准;车辆每经过一次主线收费站缴一次费。我国有些高速公路(如新疆吐—乌—大高速公路)通过设置若干主线收费站实行开放式收费。

其优点是:

① 收费站和收费车道数较少，收费站与互通立交不建在一处，因而立交形式不受收费站的影响，可以选择最简单式，所以建设投资较少，管理维护费用也低。

② 长途车辆因交费需多次间歇停顿，可减缓驾驶员因单调驾驶而产生的困倦，有助于行车安全。

③ 当需要时容易改造成免费道路。

④ 收费设备简单，容易实现自动化。

⑤ 交费简便迅速，对交通影响小。

⑥ 其中央若干条收费车道可以建成往复变向车道，以适应上下行交通量在一天的不同时刻出现明显差别的情况，使设施利用率提高。

其缺点是：

① 不能严格根据行驶里程收费，因此收费标准不易做到准确合理。

② 当在两站之间设有两个以上互通立交时，会出现漏收情况。

③ 长途车辆多次交费延误旅行时间，容易引起使用者反感。

④ 不能兼顾高速公路出入口的交通管理，不便阻止行人、非机动车辆及不合格车辆的进入，这对于混合交通严重且使用者缺乏现代交通意识的地区来说是很不利的。

(3) 封闭式

在收费公路主线起止点以及所有的立交匝道出入口设置收费站；除收费公路主线起止点以外的主线上不再设任何收费站。这样，可控制所有收费公路的进出口，使收费公路对外呈现"封闭"状态。车辆则可以在收费公路内部自由通行，使用收费公路只需交一次费，一般按车型和千米数确定收费标准。目前，我国绝大多数高速公路均采取封闭收费方式，即在入口处领取通行券，在出口处交款。除此以外，在我国的公路通行费收费实践中，有些地区（如河南省）或路段对大吨位货车还采取了按核定吨位收费的方式；有些道路（如山西省石—太高速公路）还采取按车轴数或者轴重来收费的方式。

其优点是：

① 能控制漏收情况。

② 严格按车种和行车里程收费。

③ 可以兼顾出入口的交通管理。

④ 停车及交费次数少，使用者容易接受。

⑤ 借助通行券上记录的信息，可以获得多种交通情报，如各出入口的分时交通量、各立交交通量的分配、各路段交通量及平均车速等，同时，亦可依据记录的信息，对收费人员的工作量、差错率及工时利用率等实行跟踪管理与考核。

其缺点是：

① 收费站及收费车道数多，收费站与互通立交合建一处，为便于收费，立交须作专门考虑，造成投资增大。

② 入口、出口车道因分别装有各自的收费设备而相对固定，不易开辟中央往复变向车道。

③ 入口操作简便，但出口操作复杂，费时效多，为了不影响交通，只能增多出口车道。

④ 收费设备复杂，造价高，管理维护费用高。

⑤ 较难改变成免费道路。

(4) 混合式

大多数国家的高速公路都是分阶段修建的。最初修建的路段往往较短，所以有时先在主线上建一个收费站，成为开放式系统。以后随着线路的延长，从整体考虑不宜采用开放式，但原有的收费系统已经运转多年，制式很难改变，于是就发展成开放式和封闭式的混合形式。

就我国高速公路总体网络而言，收费制式最终形成混合式收费系统应当是最为合理的选择。

2．收费方法

(1) 人工收费

人工收费是指对进入高速公路网络的车辆发给通行卡以及出口处验卡收费等程序，全部由手工操作完成的收费管理。在收费管理过程中还可以辅以人工稽查和监督以及各种规章制度，以达到强化管理的目的。我国高速公路的收费管理系统，不少属于人工收费管理系统。

(2) 半自动化收费

半自动化收费是指由人工完成收费和找零工作，由计算机或人工完成车型判别，由计算机完成计算费额、打印票据、数据积累汇总等工作所形成的收费管理。半自动收费系统是在人工收费管理系统基础上发展起来、向全自动收费管理系统发展过程的一个阶段性产物。1995年以来，我国越来越多的高速公路开始采用半自动收费管理系统。

(3) 全自动化收费

全自动化收费是指利用微波技术进行不停车电子收费。道路两旁的信标装置通过与安装在车辆上的类似电话磁卡的装置发生数据交换，来完成对行驶车辆的收费工作。这种收费方法高度自动化、效率高，目前我国一些地区如广东等省市正在积极研究和探讨全自动收费管理技术。

二、收费模式、费用结构与拥挤收费

1．收费模式（收费公路的分类）

由于收费目的不同，收费公路可划分为收费还贷公路、收费经营公路和收费控制公路 3 种类型。

(1) 收费还贷公路

如果某公路是靠贷款修建的，那么收费目的是为了在规定的期限内（贷款偿还期）筹措足够的资金以用于偿还贷款本息。贷款本金、贷款利息、还贷期限以及预期该公路未来的交通量对收费标准确定都具有重要的影响。为了维护公路使用者的合法权益，贷款修建的一般应为高等级公路并具有明显的级差效益。级差效益越大，公路用户对收费的敏感性越小因而收费对交通量的影响也就越小。由于修建公路所需的贷款一般由政府出面筹措或政府担保并指定某事业单位进行，因而贷款收费实质上是政府行为。

(2) 收费经营公路

经营性收费公路是指由国家特许某法人组织负责建造和经营、以获利为目的的收费公路，也反映了经国家特许将某已建成公路一定时期内的经营权有偿转让给某法人组织负责经营、以获利为目的收费公路。应当指出，经营性公路并非是商品化公路。国内外经济组织只是取得该公路有期限的收费权，而不是其所有权，所以不构成该公路的投资主体。

收费经营公路主要包括两种形式：建设—经营—转让方式（BOT方式）和收费有偿转让方式。BOT方式是指公司得到特许后，进行投资建设且在规定期内具有拥有权，并在规定期间内运营管理，规定期结束后移交政府管理部门的收费经营方式；收费有偿转让方式是指由国家投资建设，建成后某特许公司从国家管理部门收购现成的公路，并在规定运营期内收费。

(3) 收费控制公路

实行公路车辆通行费制度的一个重要目的，是试图通过收费来有效地控制公路的交通量，以求最大限度地提高现有道路的使用效益。以控制交通量为目的的收费公路，应当是超负荷使用的公路。当某条路处于饱和状态时，增加交通量将导致交通拥挤，时间延误，经济成本增加，这时需对过往的车辆征收通行费，所确定的收费标准应当使得边际车辆包括通行费在内的总付费等于其边际成本，这有利于获得最大的道路使用效益。

理论研究结果表明，对于未达到饱和的公路，不应当实行以控制为主要目的的收费制度。显然，控制收费与公路筹资无关，属于典型的政府行为。

2. 费用结构

收费额度的确定，应考虑的主要因素包括：建设费、建设管理费、工程项目利息、维护管理费、特别损失补偿费、营业业务费用及利息、收费还贷年限的确定、通行道路的交通量和预测交通量以及不同车型行驶比例。

目前在国内外主要有5种不同的收费标准测算方法：成本反算法、类比法、消费水平测算法、级差效益法、收费弹性系数法。收费标准的测算应按照公路里程、桥梁和隧道的长度、归还贷款额度计划、收费期限、还款期限、交通量大小、车辆负担能力及便利车辆通行等因素综合考虑确定。

3. 拥挤收费（Congestion Pricing）

拥挤收费是为控制交通需求，采用浮动收费标准，如在高峰时间对不收费的道路收费或提高原有收费标准，以减少高峰时的交通量；也有在交通量少的路段、时间降低收费标准；或对合用车、公共汽车减免通行费用。实践证明，实行拥挤收费对交通量的控制能起到良好的作用。

事实上，收费控制公路本质上就是实行拥挤收费。

三、收费站拥挤管理策略

随着交通量不断增长，一些建成的高速公路收费站的服务时间和服务水平已越来越不能满足要求。而传统的方法是扩建收费站增加收费车道数量，即横向拓宽收费站。然而这样做存在一些问题,其中包括征用土地、拆迁、施工工期、交通干扰等,而工程费用则可能是最重要的问题。在一些收费站特别是城市高速公路的收费站,这种扩建方案基本上是行不通的。另计算表明,收费站的占地面积和车道数平方成正比,扩建将大大增加占地面积,因而在现有收费站的情况下如何提高收费站通行能力是很重要的问题。

以下是几种解决收费站拥挤问题的控制策略:

1. 串列式收费

采用串列式收费口是一个简单、经济、实用的做法,即在一条收费道上设置两个或多个收费口。同时为不同的车辆服务。在同等条件下,串列式收费口的通行能力将比单一收费口增加25%以上。

2. 车道引导系统

驾驶员对收费车道的选择在很大程度上影响收费站的通行能力,调查表明,驾驶员愿意使用位于行车道的收费亭。尽管很拥挤,多数车辆还是集中在中心的车道上,而外侧的收费车道则较清闲。越是收费车道数多的收费广场,这种现象越明显。

因此,有必要设置车道引导系统,为车辆指出其所应通过的收费口,以减少驾驶员的犹豫选择及排队等待的时间,提高收费站的通行能力。车道引导系统有两种类型:

(1) 自动计数系统

其原理是由计数器自动记录每个收费口的等待交费的车辆数,找出最短的队列,指定下一辆到达车辆进入此队列。这种方式适应面广,但设备复杂,投资较大;

(2) 分类车道引导系统

既规定不同类型的车辆走不同的收费口,如辅助执照通行口、大型车收费口、小型车收费口。其优点是对已有辅助执照(如月票、预售票)车辆基本可实现不停车收费,只需按百分比做随机抽查即可。其他收费口也可实现收费一票制从而简化收费手续,减少差错,且驾驶员容易配合;另外因为没有自动化设备,投资少。其缺点是当车辆构成不均匀或车辆构成比例变化较大时,容易造成因收费口排队不匀而形成车辆延误。

3. 分部收费车道

分部收费车道是在现有收费车道的前方或后方增设收费车道,即将原有横向直线排列的收费亭前后错开排列,这样能提供更多停车空间,高峰时交通阻塞问题可以得到缓解。

4. 不停车收费

不停车收费系统最大的特点是"不停车收费"。即车辆可以以相当高的速度通过收费口,无需在收费站前减速并停车缴费,一切均由电子设备完成。这样,从根本上避免了为收取道路通行费所造成的交通堵塞现象,可以极大地改善交通条件,提高交通流量。

不停车收费系统是当今世界上最先进的收费系统,它是靠装在汽车上的电子标识卡(存储与车辆收费有关的大量信息,如预缴金额、车型、车主等)与安装在收费车车道旁的读写收发器,通过无线电进行快速的数据交换,实现车辆的不停车收费。

习 题

一、单项选择题

1. 在高速公路管理职能要素方面，核心的问题是（　　）。
   A. 行政管理　　B. 高速公路经营　　C. 行政层次划分　　D. 职能配置和权限划分
2. 适用于以 BOT 方式建设的高速公路建设管理机构类型是（　　）。
   A. 以政府交通主管部门作为主体形式
   B. 按照经营性建设项目法人制的形式与要求，依法组建的有限责任公司或股份公司
   C. 以项目经理部管理为主的形式
   D. 以交通建设、监理和施工单位作为主体
   E. 以企业主要领导与管理机构为主体
3. 下列哪项不属于高速公路行政管理机构的主要工作（　　）。
   A. 高速公路规划　　　　B. 工程可行性研究报告
   C. 工程建设招投标　　　D. 审核施工单位报送的工程交工验收申请报告
4. 高速公路监理机构在质量管理方面的工作是（　　）。
   A. 审批施工单位提交的总体施工进度计划　　B. 检查施工方法
   C. 现场计量　　　　　　　　　　　　　　　D. 核实工程数量
5. 下列哪一项不属于现行的主要高速公路交通安全管理模式（　　）。
   A. 交通部门与公安部门分管模式　　B. 交通部门与公安部门共管模式
   C. 交通主管部门统管　　　　　　　D. 交通运营机构统管
6. 下列哪一项不属于高速公路路政管理的主要手段（　　）。
   A. 法律管理手段　　B. 行政管理手段　　C. 教育管理手段　　D. 经济管理手段
7. 就我国高速公路总体网络而言，最为合理的收费系统选择应当是（　　）。
   A. 均一式　　B. 开放式　　C. 封闭式　　D. 混合式

二、多项选择题

1. 城市交通运输系统可以分解为下列几个子系统（　　）。
   A. 物质系统　　B. 管理系统　　C. 政策系统
   D. 控制系统　　E. 组织系统
2. 城市道路的类型可以分为（　　）。
   A. 快速路　　B. 高速公路　　C. 主干路
   D. 次干路　　E. 支路
3. 城市交通运输系统的管理系统主要包括（　　）。
   A. 交通管理　　B. 交通控制　　C. 交通政策
   D. 交通分析　　E. 交通咨询
4. 城市对外交通流可以划分为（　　）。
   A. 始发流　　B. 到达流　　C. 长途流
   D. 短途流　　E. 中转流

5. 高速公路管理体制的要素主要包括（　　）。
A. 管理职能　　　B. 管理机构　　　C. 管理人员
D. 管理规则　　　E. 运行机制
6. 高速公路的管理职能可分为（　　）。
A. 行政管理职能　B. 政策管理职能　C. 法律管理职能
D. 技术管理职能　E. 经营管理职能
7. 高速公路管理机构设置的主要依据是（　　）。
A. 按照管理职能及对应权限的划分　　B. 按不同行政层次来对应设立
C. 按高速公路地位　　　　　　　　　D. 按投资主体　　E. 按收费制式
8. 高速公路配备的管理人员可以划分为（　　）。
A. 各级领导干部　B. 专业技术人员　C. 养护人员
D. 一般工作人员　E. 工程师
9. 我国从事高速公路建设行政管理的主要机构是（　　）。
A. 交通部　　　　B. 交通厅　　　　C. 国家计委
D. 省计委　　　　E. 建设部
10. 高速公路建设项目具体组织实施的管理机构主要包括（　　）。
A. 交通厅　　　　B. 交通局　　　　C. 建设单位
D. 监理单位　　　E. 施工单位
11. 高速公路路政管理职能是（　　）。
A. 保护路产　　　B. 维护路权　　　C. 维持秩序
D. 保护权益　　　E. 收费
12. 根据高速公路的特点，高速公路养护工作可划分为（　　）。
A. 维修保养　　　B. 专项工程　　　C. 路面养护
D. 路基养护　　　E. 大修工程
13. 高速公路监控系统由下列哪些部分组成（　　）。
A. 信息采集子系统　B. 监控中心　　C. 信息提供子系统
D. 检测器系统　　　E. 计算机系统
14. 高速公路监控系统根据所辖路段的道路状况和交通状况可分为（　　）。
A. 收费站控制　　B. 主线控制　　　C. 匝道控制
D. 通道控制　　　E. 综合控制
15. 高速公路的收费系统通常采用的制式是（　　）。
A. 均一式　　　　B. 匝道式　　　　C. 开放式
D. 封闭式　　　　E. 混合式
16. 高速公路收费方法有（　　）。
A. 人工收费　　　B. 半自动化收费　C. 全自动化收费
D. 自动称重收费　E. 电子收费
17. 根据收费目的的不同，收费公路类型可划分为（　　）。
A. 收费盈利公路　B. 收费还贷公路　C. 收费经营公路
D. 收费补偿公路　E. 收费控制公路

三、名词解释

1. 城市交通运输工具
2. 城市交通运输载体
3. 交通服务设施
4. 交通管理设施
5. 点控制
6. 线控制
7. 面控制
8. 定时控制
9. 感应控制
10. 优化控制（自适应控制）
11. 高速公路
12. 交通流
13. 交通特性
14. 交通量
15. 高速公路路政管理
16. 高速公路交通安全管理
17. 高速公路养护管理
18. 高速公路匝道控制
19. 高速公路监控
20. 通道控制战略
21. 拥挤收费

四、简答题

1. 城市交通运输系统的功能有哪些？
2. 城市交通运输系统的目标是什么？
3. 构建城市交通运输系统评价指标体系应该考虑哪些方面的因素？
4. 城市交通运输系统有哪些特点？
5. 城市客运需求及影响因素是什么？
6. 城市客运需求是由哪些要素构成的，其影响因素有哪些？
7. 简述城市货运需求影响因素及其特性。
8. 简述城市交通运输系统的物质系统构成。
9. 城市道路交通管理设施的功能有哪些？
10. 什么是交通管理？它有哪些分类和模式？
11. 什么是交通需求管理？
12. 交通信号控制如何分类？
13. 什么是城市交通政策，有哪些分类？
14. 什么是城市交通组织，简述其职能与分类？
15. 建立城市交通监控系统的目标是什么？
16. 简述城市交通监控系统的结构。
17. 什么是城市交通控制（UTC），它有哪些结构形式？
18. 简述城市对外交通运输系统的功能和构成。
19. 高速公路有哪些优点？
20. 什么是高速公路管理的运行机制，它包括哪几种机制？
21. 高速公路运营管理的主要内容有哪些？
22. 简述我国高速公路建设管理程序。
23. 简述工程项目招投标程序。
24. 简述高速公路项目可行性研究的一般步骤和基本内容。
25. 简述高速公路项目后评价的程序和基本内容。
26. 高速公路交通安全管理的内容有哪些？

27. 高速公路服务区管理的主要内容是什么？
28. 高速公路监控系统的功能有哪些？
29. 高速公路监控系统的信息采集子系统由哪几部分构成？
30. 什么是高速公路信息提供子系统，其组成和功能如何？
31. 简述通常采用的几种主线控制方法？
32. 收费标准的确定方法和影响收费标准的因素有哪些？
33. 解决收费站拥挤的方法有哪些？

五、论述题

1. 请对城市交通流量的时空特性进行简要分析。
2. 如何提高现有交通基础设施使用效率？
3. 论述城市交通控制（UTC）的发展方向。
4. 论述高速公路的事件管理有哪些策略？

第十章 交通运输系统评价与决策

📖 **本章导读：**

国家"公交都市"建设示范工程的考核目标与评价体系

随着我国城镇化进程的不断加快，我国城市规模迅速增长，人口规模不断扩大，城市居民的出行总量和出行距离呈现大幅增长。同时，城市交通结构也发生了显著变化，机动化出行比例迅速上升，非机动车出行比例持续下降，城市中心区的交通拥堵日益严重，环境污染和能源消耗压力不断加剧。在此背景下，为贯彻落实国家城市公共交通优先发展战略，提高城市公共交通服务水平，满足人民群众基本出行需求，缓解城市交通拥堵和资源环境压力，根据《交通运输"十二五"发展规划》，交通运输部决定在"十二五"期间组织开展国家"公交都市"建设示范工程。

"公交都市"这一理念始于 Robert Cerveo（罗伯特·瑟夫洛）所著、1998 年出版的 *The Transit Metropolis*（《公交都市》），它代表了一种具有完善的公共交通服务系统的城市形态，并且这种公交都市的实质是公共交通服务与城市用地之间的和谐，也就是说一个城市是否是公交都市，并不是单纯地表现在城市公交基础设施的庞大、供给能力的充分、技术装备的先进等方面，而且还必须和城市用地布局形态相互适应的。

我国对"公交都市"示范工程的建设设置了以下目标：

1. 保障更有力

城市公共交通出行分担率（出行总量含机动化出行和自行车出行，不含步行，下同）年均提升 2 个百分点，有轨道交通的城市公共交通出行分担率达到 45%以上；没有轨道交通的，城市公共交通出行分担率达到 40%以上。公交服务网络不断扩大，线网结构不断优化，初步形成公交快线、干线、支线分工明确、衔接顺畅、运营高效的公交运营网络。城市建成区公交线网密度达到 3 km/km² 以上，常住人口万人公交车车辆保有量达到 15 标台以上。城乡客运基本公共服务均等化取得明显成效，城市公共交通线网覆盖城市近郊主要中心镇，城市周边 20 km 范围内城乡客运班线公交化改造率达到 85%以上。

2. 服务更优质

城市建成区公交站点 500 m 覆盖率达到 90% 以上，实现主城区 500 m 上车、5 min 换乘。公共汽电车平均运营时速年均提升 5% 以上，公共汽电车准点率较 2010 年提高 10 个百分点以上，早晚通勤高峰时段平均满载率在 90% 以内。公共交通车辆、场站、枢纽的无障碍通行及服务设施基本完善。针对上学、购物、旅游等不同出行需求的特色公共交通服务基本到位。城市公共交通节能环保水平明显改善，新能源城市公共交通车辆比例达到 5% 以上，公共交通平均能耗强度（单位车公里燃料能耗水平）下降 10% 以上。城市公共交通的乘客测评满意度达到 80% 以上。

3. 设施更完善

城市建成区内公交停车场、公交站台、候车亭等配套服务设施基本完善，城市公共汽电车进场率和主干道公共交通港湾式停靠站设置比例年均提升 5 个百分点；新建或改扩建城市主干道，公共交通港湾式停靠站设置比例达到 100%。2 万人口以上的居住小区配套建设公共交通首末站或换乘枢纽。初步建成公共交通换乘枢纽和集多种运输方式为一体的城市综合客运枢纽网络；基本形成城市轨道交通或快速公共交通网络及公共汽电车专用道网络；建成城市公共交通智能调度及监控中心、公众出行信息服务系统。城市主干道和重要交叉口公交优先通行信号设置比例达到 30% 以上。

4. 运营更安全

城市公共交通安全保障水平显著提升，行车责任事故率年均下降 1 个百分点以上，公共汽电车交通责任事故年均死亡率控制在 4.5 人/万标台以内。城市公共交通系统应对突发事件的应急反应能力显著提升。有轨道交通线路运营的城市，相关安全管理和应急保障制度基本完善，并落实到位。

5. 管理更规范

建立体系完整、机构精干、运转高效、行为规范的"一城一交"综合交通行政管理体制。城市公共交通相关规划体系初步形成，衔接更加顺畅。城市公共交通政策和标准规范体系基本完善，城市公共交通市场准入和退出、安全管理和应急保障、财政和土地保障、运营监管、票制票价、行业信息统计、从业人员培训等方面的基础管理制度和城市公共交通车辆技术、安全运营、信息化建设、服务质量考评等方面的标准规范体系基本形成。城市公共交通企业全部实现规模化、集约化、公司化经营；城市公共交通乘车 IC 卡使用率超过 80%；行业更加稳定，公交企业职工平均收入不低于当地社会在职人员平均收入水平。城乡客运管理政策、票制票价、服务标准等逐步理顺，城乡客运一体化管理格局基本形成。

公交都市的建设是一项庞大的系统工程，其对象是城市公共交通系统，工作界面则触及城市社会经济大系统的方方面面，所需理论、技术和方法涉及宏观、中观和微观多个层次。由于这种系统复杂性，加之交通问题的固有属性，使得公交都市的建设不仅是工程技术问题，更是一个社会问题。交通运输部提供的《公交都市考核评价指标体系》按照其考评内容可以划分为如下图所示的系统关系：

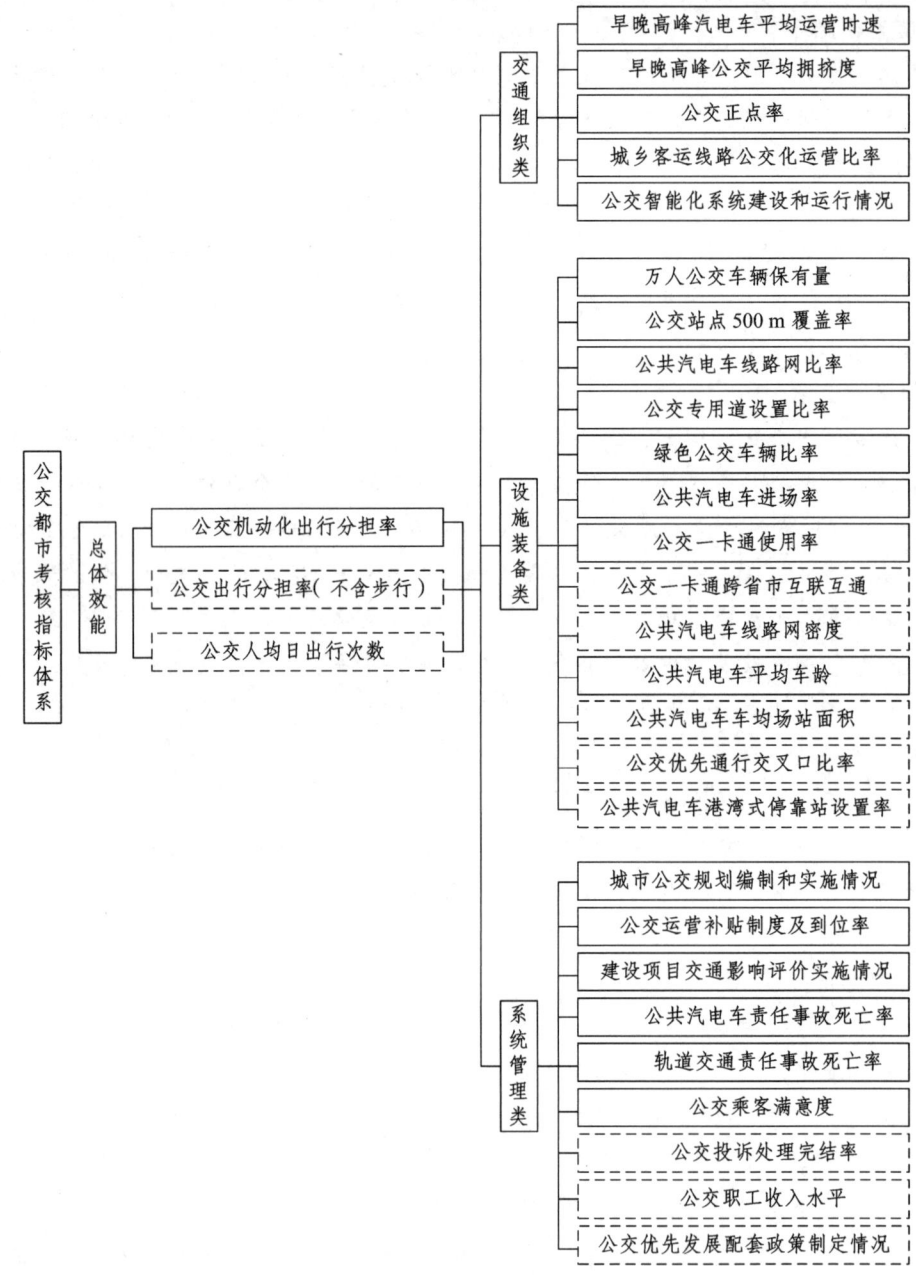

公交都市考评指标体系

第一节 系统评价概述

大型系统的开发、建造、运用是分阶段按一定步骤进行的。一般而言，一个系统从规划到更新大致可以分为 4 个阶段（见图 10.1）。

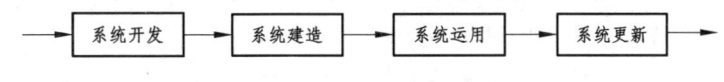

图 10.1　系统生命周期示意图

在每一个阶段，都要遵循系统工程的基本方法，就是把研究的对象当作系统来分析，把分析结果加以综合所产生的就是系统的设计，然后对这个系统进行反复的综合评价（见图10.2）。这样循环往复直到能有效地实现预定的目标为止。

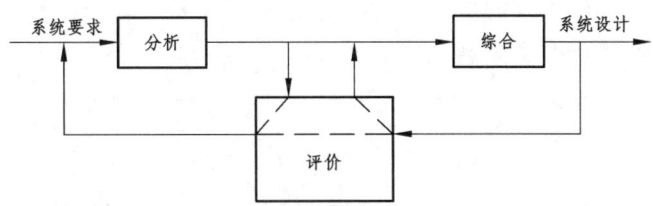

图 10.2　系统评价的意义

由此可见，系统评价是系统方法中一项重要的、必不可少的工作。要想对系统有一个比较透彻的了解，进而对系统实施有效的控制，就必须对系统进行正确的评价。

交通运输系统评价主要包括两部分内容：

① 对交通运输现状进行系统评价，从而对现实系统有一个全面的了解，为系统调整和优化提供基础信息和思路。

② 对交通运输建设项目进行系统评价，研究交通运输项目可行与否以及效益大小，从而为最终决策提供辅助信息。

交通运输是国民经济大系统中的一个主要组成部分，它处于生产和消费的中间环节，是生产过程在流通领域里的继续，是社会再生产不可缺少的一个环节。与其他工业相比，交通运输系统有2个突出的特点，即交通运输是国民经济发展的手段而非手段终极目的；交通运输的产品并不具有实体形态，而是实体（货物或旅客）和信息在时空四维域中的坐标变换。从直观上说，人们不会为了运输而运输。归根结底，交通运输只是为了实现某种目的的手段，而非目的本身。

另外，交通运输的效益（包括经济效益和社会效益）主要发生在系统之外。作为一个物质生产部门，交通运输必须讲求经济效益，否则，它就很难确保自身的生存和发展。但是，交通运输的职能是为整个社会经济大系统服务的，其外部效益远远超过了系统内部效益。

由此可见，研究交通运输不能局限于交通运输本身，必须从社会经济系统出发来评价交通运输。

第二节　交通运输系统评价指标体系

一、交通运输系统目标分析

从交通运输的角度，我们可以将社会经济系统划分为3部分：政府部门、交通运输部门、

交通运输服务对象。各部分的主要目标如下:

1. 政府部门目标

① 加强基础设施建设。
② 促进经济增长。
③ 提高交通运输方便性。
④ 加强不同交通运输方式的协作。
⑤ 减少对生态环境的有害影响。
⑥ 其他。

2. 交通运输部门目标

① 降低交通运输成本。
② 增加交通运输收入。
③ 减少资源消耗。
④ 提高服务水平。
⑤ 其他。

3. 交通运输服务对象目标

① 提高交通运输可靠性。
② 提高交通运输服务质量。
③ 降低运价。
④ 缩短交通运输时间。
⑤ 其他。

上述各个目标之间,不外乎有以下 3 种关系(见图 10.3):

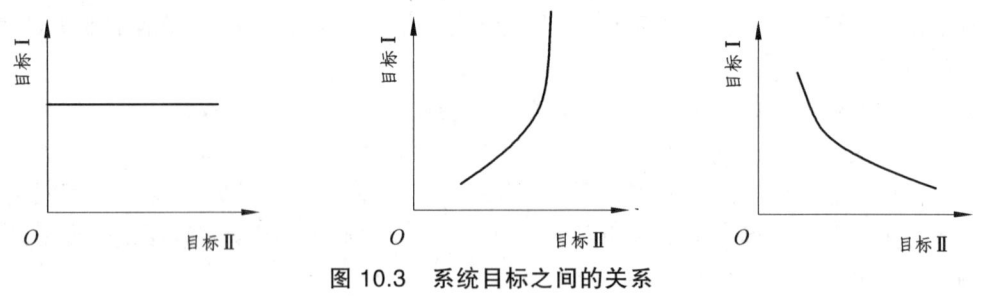

图 10.3 系统目标之间的关系

(1) 独立目标

目标之间互不相关,某个目标的实现与否对其他目标无影响。实际上,这是一种理想状态,只有经过简化、近似才能满足。

(2) 互补目标

各个目标互相补充,某个目标的实现有助于其他目标的实现。

(3) 对立目标

各个目标互相对立,互相矛盾,某个目标的实现会带来其他目标的恶化。对于这种情况,只能采取折中的方案，寻求一个使各方都满意的中间点。

二、交通运输评价指标体系

评价指标体系是指为了达到系统的目的，从系统众多的输出特性中选出的一整套衡量指标，在控制理论中，可以根据评价指标体系建立控制系统输出水平的标准值。

评价指标体系具有评价标准和控制标准的双重功能。在制定评价指标中，必须具备以下3个必要条件：

1. 可得性

任何指标都应该是相对稳定的，可以通过一定的途径、一定的方法观察得到。社会经济系统是极其错综复杂的，并不是所有的现象都可以调查测量。任何易变、振荡、发散及无法把握的指标都不能列入评价指标体系。

2. 可比性

每一条指标都应该是确定的、可以比较的。所谓比较，包括 3 方面的含义，即指标可以在不同的方案间、不同的范围内、不同的时间点（或等长的时间间隔）上进行比较。

3. 定量性

评价指标体系的每一条指标都应定量。这是因为，客观现象十分复杂多变，只有加以定量才能有所把握，才能分析评价。定量性也是为了适应建立模型进行数学处理的需要。对于缺乏数据的指标。要么舍弃不用，改用其他相关指标，要么利用专家意见，进行软数据的硬化。

由于交通运输的复杂性，因此很难用单一的指标来进行评价，必须进行多角度、多透视点的评价，建立分层的指标体系。根据具体问题和研究目的的不同，指标体系的建立也有所不同。一般地，对于运输服务状况的评价，可以建立如下的指标体系：

(1) 经济性

指运费的便宜程度。运费与交通运输成本密切相关。交通运输成本的主要构成为：

① 人员薪金。包括工资、津贴等。
② 营运消耗。包括燃油、润料、材料的消耗以及运输设备折旧与维修等。
③ 交通运输企业外给付费用。如港口费、养路费、保险费等。
④ 事故损失、管理费开支及其他临时性运输费用支出。
⑤ 基建投资与技术改造折旧。

(2) 准时性

运载工具从起点出发时刻和抵达目的地时刻的准确程度。

(3) 快速性

指交通运输过程的迅速程度。

(4) 便利性

指旅客或货运客户利用交通运输手段的方便程度。

(5) 直达性

旅客或货物运输从起点出发，无需办理中转而直接抵达目的地的特性，包括单一运输方式的单运直达和多种交通运输方式的联运直达。

(6) 安全性

指在交通运输过程中不发生意外事件、正常运达目的地的特性。

(7) 舒适性

特指旅客在运载工具运行过程中所感受到的舒适程度。这主要取决于交通运输方式、运载工具设备、运行时间长短及服务水平。

(8) 灵活性

指运载工具对交通运输线路的非依赖程度及采取某种临时性紧急措施的可能程度。

第三节 系统评价与决策方法

随着现代社会的高度发展，决策问题愈来愈显出它的重要性。所谓决策，就是对某一事件的目标及其实现手段的选择。社会越复杂，组织的规模越大，组织内部及组织之间的联系就越复杂，决策的目标及影响决策的因素也就越多越复杂。因此，决策的科学化与民主化也越来越重要。

一、决策过程

一个决策过程大体上可以分为以下 3 个步骤：

1. 找出问题的症结，确定决策目标

决策目标是根据决策者想要解决的问题来确定的，必须把需要解决的问题的症结所在及其产生的原因分析清楚，然后根据问题的要求和可能，制定出切实可行的目标。

2. 拟订各种备选方案

决策过程的第二阶段是拟订供选择用的各种可能方案。只有拟订出一定数量和质量的可能方案供对比选择，决策才能做得合理。简单的决策问题，可以直接设想出几个备选方案，对于复杂的决策问题，很难直接设计出个备选方案，这时要分两步做：第一步，先做轮廓设想，从不同角度和多种途径，大胆设想出各种各样的可能方案；第二步，精心设计，确定方案的细节，并且做估计方案的实施结果。

3. 选择方案

这是决策过程的关键阶段。方案要选择得好，必须满足两个条件：一是有合理的选择标准，二是有科学的方法。第一个条件是指方案的价值标准问题。理论分析中，一般采取最优标准，但绝对的最优是不存在的。因此，实际中一般采取现实的满意标准，即只要"足够满意"就行。第二个条件是指选择方案的具体方法，主要有经验判断、数学分析和实验方法。采用经验判断时，决策者要从全局出发，根据以往经验和现有资料权衡利弊。数学分析方法在决策中的应用，可以使决策达到准确、优化、提高决策的质量。必要的实验也是选择方案的办法之一，由于对实际系统进行试验常常要花费高昂的代价。因此，目前基于计算机技术的系统仿真得到了飞速发展。

二、层次分析法（AHP 法）

人们在进行社会的、经济的以及科学管理领域问题的分析中，面临的常常是一个由相互关联和相互制约的众多因素构成的复杂系统。层次分析法（Analytic Hierarchy Process，简称 AHP 法）为分析这类复杂问题提供了一种简洁实用的决策方法。

用层次分析法做系统分析，首先要把问题层次化。根据问题的性质和要达到的总目标，将问题分解为不同的组成因素，并按照因素间的相互关联影响以及隶属关系将因素按不同层次聚集组合，形成一个多层次的分析结构模型，并最终把系统分析归结为最低层（供决策的方案、措施等）相对于最高层（总目标）的相对重要性权值的确定或相对优劣次序的排序问题。

层次分析法大致分为以下 5 个步骤：

1. 建立层次结构模型

在深入分析所面临的问题之后，将问题中所包含的因素划分为不同层次，如目标层、准则层、指标层、方案层、措施层等，用框图形成说明层次的递阶结构与因素的从属关系。当某个层次包含的因素较多时（如超过 9 个），可将该层次进一步划分为若干子层次。

2. 构造判断矩阵

判断矩阵元素的值反映了人们对各因素重要性（或优劣、偏好、强度等）的认识，一般采用 1~9 及其倒数的标度方法。当相互比较因素的重要性能够用具有实际意义的比值说明时，判断矩阵相应元素的值则可以取这个比值。

3. 层次单排序及其一致性检验

判断矩阵 A 的特征根问题：

$$AW = \lambda_{max}W \tag{10.1}$$

其中，λ_{max} 为判断矩阵的最大特征根，W 为对应的特征向量的解，经归一化后即为同一层次相应因素对于上一层次某因素相对重要性的排序权值，这一过程称为层次单排序。因为计算判断矩阵 A 的特征向量较为复杂，也没必要计算其精确的特征值，实践中一般采用"求和法"

或"求根法"计算 W 的近似值。为进行层次单排序(或判断矩阵)的一致性检验,需要计算一致性指标:

$$CI = \frac{\lambda_{\max} - n}{n-1} \tag{10.2}$$

当随机一致性比率 $CR = CI/RI < 0.10$ 时(其中 RI 为平均随机一致性指标),认为层次单排序的结果有满意的一致性,否则需要调整判断矩阵的元素取值。

4. 层次总排序

计算同一层次所有因素对于最高层(总目标)相对重要性的排序权值,称为层次总排序。这一过程是从最高层次到最低层次逐层进行。若上一层次 A 包含 m 个因素 $A_1, A_2, \cdots, A_m$,其层次总排序权值分别是为 $a_1, a_2, \cdots, a_m$,下一层次 B 包含 n 个因素 $B_1, B_2, \cdots, B_n$,它们对于因素 A_j 的层次单排序权值分别为 $b_{1j}, b_{2j}, \cdots, b_{nj}$(当 B_k 与 A_j 无联系时,$b_{kj}=0$),此时 B 层次总排序权值由表 10.1 给出。

表 10.1 B 层次总排序权值表

层次 B \ 层次 A	$A_1, A_2, \cdots, A_m$ $a_1, a_2, \cdots, a_m$	B 层次总排序权值
B_1	$b_{11}, b_{12}, \cdots, b_{1m}$	$\sum_{j=1}^{m} a_j b_{1j}$
B_2	$b_{21}, b_{22}, \cdots, b_{2m}$	$\sum_{j=1}^{m} a_j b_{2j}$
$\vdots$	$\vdots$	$\vdots$
B_n	$b_{n1}, b_{n2}, \cdots, b_{nm}$	$\sum_{j=1}^{m} a_j b_{nj}$

5. 层次总排序的一致性检验

这一步骤也是从高到低逐步进行的。其过程与层次单排序一致性检验类似。

上述步骤 AHP 的基本步骤。当面临的问题较复杂时,还可采用扩展层次分析法,如动态排序法、边际排序法、前向反向排序法等。

三、集值统计分析法

1. 指标值的处理

一般,对于某个评价指标,我们得到的并不是一个评价值,而是一系列的评价值。对于数学经济模型,意味着某些参数的可能变化对指标值的影响。对于专家评估法,则意味着由多个专家进行评价。

同时,在一些评价指标中,包含着许多随机的、模糊的因素。因此,指标的取值常常不是精确的一个点,而是一个区间。鉴于此,首先需对指示值进行处理,以集中多种不同意见,减少评价中的随机误差。

2. 权系数的确定

在多指标评价决策问题中，还有一个重要的问题，即指标权系数的确定问题。权系数是指标在评价决策中相对重要程度的综合度量。各指标在评价决策中的差异主要表现在3个方面：

① 评价者对各指标的重视程度不同。
② 各指标在决策中传输给决策者的信息量不同。
③ 各指标评价值的可靠程度不同。

习 题

一、单项选择题

评价指标体系具有评价标准和（　　）的双重功能。
A. 描述功能　　　B. 控制功能　　　C. 计算功能　　　D. 决策功能

二、多项选择题

评价指标必须具备的必要条件有（　　）。
A. 可查性　　B. 可比性　　C. 敏感性　　D. 分析性　　E. 定量性

三、简答题

1. 交通运输系统评价主要包括哪些内容？
2. 一个决策过程大体上可以分为哪几个步骤？
3. 简述层次分析法的基本原理。

四、论述题

1. 为什么必须从社会经济系统出发来评价交通运输系统？
2. 试建立对于运输服务状况的评价指标体系。

第十一章 交通运输布局与规划

📖 **本章导读：**

铁路"十二五"规划

一、面临的形势

"十二五"时期，是我国全面建设小康社会的关键时期，是深化改革开放、加快转变经济发展方式的攻坚时期，我国仍处于大有作为的重要战略机遇期，也是铁路实现科学发展、全面提升现代化水平的关键时期。铁路发展既面临重要战略机遇，又面对新挑战和新要求，必须增强机遇意识，转变发展方式，提高发展质量，努力开创铁路科学发展新局面。

铁路作为国家重要基础设施，是符合我国国情、适合区域及城乡大规模人员和物资流动的运输方式。我国幅员辽阔、内陆深广，各地区自然条件与人口聚集差异大，资源能源与产业布局不均衡，决定了生产过程与市场消费需要长距离、大运量、低成本的运输方式来实现。

除了铁路运输基本的技术经济特征的决定性作用，"十二五"时期我国社会经济的发展特性，向铁路运输提出了一系列明确的要求：

① 要更加注重统筹区域协调发展，实施区域发展总体战略和主体功能区战略，推动区域良性互动发展，逐步缩小区域发展差距，加快西部连接东中部及出海、过境通道建设；加强中部地区贯通东西、沟通南北通道建设；完善东部地区路网结构、提高路网综合能力和服务水平；同时加大对革命老区、民族地区、边疆地区、贫困地区扶持力度，拓展路网覆盖面，惠及更多百姓。

铁路基础设施是促进区域协调发展重要保障，也是区域发展总体战略的重要组成部分，系统形成高效畅通的铁路运输网络，实现人便其行、货畅其流，对促进生产要素合理流动和产业梯度转移，推动区域协调发展，实现区域基本公共服务均等化具有重要作用。

② 积极稳妥推进城镇化、促进城市群发展，需要铁路提供可靠的运力支撑。改革开放以来，我国城镇化快速发展，2010年城镇化率已达到47.5%，拥有城镇人口6.7亿人，预计到2015年我国城镇化率将达到51.5%。同时以大城市为依托、以中小城市为重点，逐步形成辐射作用大的城市群，促进大中城市和小城镇协调发展。

随着城镇化水平提高以及城市群发展，人口和产业集聚的中心城市之间、城市群内部的客运需求强劲，对交通基础设施承载能力提出更高要求。适应我国城镇化发展需要，尽快形成高速铁路、区际干线、城际铁路和既有线提速线路有机结合的快速铁路网络，满足大流量、高密度、快速便捷的客运需求，为拓展区域发展空间、促进产业合理布局和城市群健康发展提供基础保障，同时也为广大城乡居民提供大众化、全天候、便捷舒适的基本公共服务。

③ 加快建设资源节约型、环境友好型社会，需要加快构建低碳绿色的综合运输体系。目前社会运输成本较高，能源消耗快速增加，节能减排压力大，交通拥堵严重，需要优化交通运输结构，促进我国交通运输又好又快发展。铁路在节能、节地、环保、经济等方面具有明显的比较优势，进一步发展铁路运输，形成分工合作、优势互补、协调发展的运输体系，是落实国家节约资源、保护环境基本国策的重要体现，也是以较低的社会成本和资源环境代价满足经济社会发展对运输需求的客观需要，对加快转变交通发展方式、促进经济社会可持续发展具有重要作用。

二、指导思想和发展目标

1. 指导思想

"十二五"铁路发展的指导思想是：以邓小平理论和"三个代表"重要思想为指导，深入贯彻落实科学发展观，按照全面建设小康社会的目标要求，以科学发展为主题，以加快转变发展方式为主线，深入推进铁路体制机制创新和科技进步，科学有序推进铁路建设，确保运输安全，提升服务水平，提高发展质量和效益，实现铁路协调、和谐和可持续发展，更好地适应经济社会发展的新要求和满足人民群众的新期待。

2. 发展目标

路网布局更加完善，技术装备先进适用，运输安全持续稳定，创新能力不断增强，信息化水平全面提高，运输能力和服务水平大幅提升，经营效益和职工收入同步增长。到 2015 年，全国铁路营业里程达 12 万 km 左右，其中西部地区铁路 5 万 km 左右，复线率和电化率分别达到 50% 和 60% 左右。初步形成便捷、安全、经济、高效、绿色的铁路运输网络，基本适应经济社会发展的需要。

三、重点任务

基本建成快速铁路网，发展高速铁路，推进区际干线、煤运通道、西部铁路等建设，完善路网布局，加快形成发达完善铁路网。

1. 发展高速铁路，基本建成快速铁路网

建设贯通北京—哈尔滨（大连）、北京—上海、上海—深圳、北京—深圳及徐州—兰州、上海—成都等"四纵四横"高速铁路。

建设北京—呼和浩特、大同—西安、西安—成都、成都经贵阳—广州、合肥—蚌埠、合肥—福州、南京—杭州、吉林—珲春、沈阳—丹东、哈尔滨—齐齐哈尔、哈尔滨—佳木斯、武汉—九江、郑州—万州等快速铁路，进一步扩大快速铁路网覆盖面。

规划建设长江三角洲、珠江三角洲、环渤海地区、长株潭城市群、中原城市群、武汉城市圈、成渝经济区、关中城市群、海峡西岸经济区以及呼包鄂地区、北部湾地区、鄱阳湖生态经济区、滇中地区等城际铁路。利用通道内新建快速铁路和既有铁路开行城际列车，充分发挥路网资源在区域城际客运中的作用。

2. 建设大能力通道，完善区际干线网

在繁忙干线实现客货分线基础上，加快区际干线新线建设和既有线扩能改造，强化煤炭运输等重载货运通道。重点加强东部沿海铁路，京沪、京九、京广通道，大同—湛江—海口通道，包头经西安、重庆、贵阳—防城通道，临河经兰州、成都—昆明等南北向通道建设；

满洲里—绥芬河通道,天津经北京、呼和浩特、哈密、吐鲁番—喀什(包括集宁经通辽—长春铁路),青岛经太原—兰州—拉萨通道,陆桥、沪昆通道,宁西、沪汉蓉通道,昆明经南宁—广州等东西向通道建设。

加强煤炭运输通道建设。坚持新线建设与既有线改造并举,加快建设晋、蒙、陕、甘、宁地区至华东、华中等地区煤炭运输通道,强化蒙东与东北地区煤运通道,加快推进新疆地区煤炭外运通道建设。加强煤炭集疏运系统的优化完善。

3. 建设以西部为重点的开发性铁路,优化路网布局

贯彻落实区域发展战略,进一步拓展西部路网,扩大路网覆盖面,形成路网骨架;强化东北路网,完善东中部路网,提升路网质量。

4. 加强国际通道建设,逐步实现与周边国家互联互通

建设东北、西北、西南等进出境铁路和国土开发性边境铁路,配套建设口岸基础设施,完善口岸集疏运系统,促进我国与周边区域的交流合作。

强化陆桥通道。实施哈尔滨—满洲里铁路电气化、哈尔滨—绥芬河铁路电气化改造,集宁—二连铁路扩能,强化第一亚欧大陆桥中国境内段;研究建设中吉乌铁路(国内段),实施兰新线西段电气化、南疆铁路复线扩能改造,拓展第二亚欧大陆桥通道;建设大理—瑞丽铁路,逐步构筑第三大陆桥通道。

完善区域合作通道。在东北亚区域,新建同江铁路大桥、巴彦乌拉—珠恩嘎达布其、古莲—洛古河等铁路,实施阿尔山—乌兰浩特扩能等;在东南亚区域,建设玉溪—蒙自—河口,规划建设玉溪—磨憨铁路、南宁—凭祥铁路扩能等,逐步形成中国—东南亚区域交流多通道格局。

5. 强化枢纽及配套设施建设,提高运输效率

结合新线建设和既有线改造,强化枢纽、客货配套设施及集疏运系统建设,加强与其他运输方式的衔接,发挥综合运输体系组合效率和整体优势。

建设客货运枢纽及配套设施。优化完善铁路枢纽总图规划,加强与城市总体规划衔接。结合新线建设和既有线改造,新建和改造部分铁路客站,在省会城市及重要中心城市构建与其他交通方式以及周边土地开发利用紧密衔接的综合客运枢纽;强化编组站以及大型货场等综合货运设施建设,构建完善的客货运综合枢纽。建设具有增值服务功能的现代化货场和物流中心,新建或改建沿线货运站,提升货运仓储和装卸等服务能力,推进货运站向现代物流中心转型,促进现代物流业发展。对区域内货运站、技术站等进行优化分工、集约经营,满足新兴工业园区与产业结构升级的需要。研究探索利用中心城市既有铁路资源服务城市交通的模式。

建成集装箱运输网络。加快建设北京、沈阳、宁波、广州、深圳、兰州、乌鲁木齐等集装箱中心站以及集装箱办理站;结合新线建设、既有线改造和港口规划建设,加快推进集装箱运输通道建设,基本建成覆盖全国范围的铁路集装箱运输网络,大力发展集装箱运输。

强化港口后方通道。通过新通道建设、既有通道改造以及港前运输系统的完善,建立布局合理、衔接顺畅、集疏便捷的港口后方通道,实现铁路与港口的无缝衔接,积极发展水铁、公铁等多式联运,扩展服务功能。

第一节　交通运输布局

一、生产布局与交通运输布局

生产布局又称"生产分布"、"生产配置"，指的是社会物质生产部门（工业、农业、运输业等）在一个国家或地区的空间分布、结合形式，以及区域之间的经济联系等。它是生产发展的一个重要方面，随着生产的发展而变化。生产布局合理与否，将会促进和影响生产的发展，生产布局的规律和特点取决于社会生产方式，并受社会历史、经济条件、技术水平、自然条件、人口和劳动力条件诸因素的综合影响。

交通运输布局又称交通运输配置，它是指铁路、公路、水运、航空和管道等5种现代化运输方式的线路（包括铁路线、公路线、水运航道和航线、航空线及管道等）、站场（包括河港、海港、航空港等）的土木建筑物及相关技术设备和交通运输工具组成的交通运输网的地域分布。交通运输布局取决于工农业生产的特点、水平和布局、当地的自然条件、各种运输业的技术经济特征、城镇居民点分布、国防要求，以及现有运输布局状况。

生产布局是一项具有战略意义的国民经济问题。由于交通运输是生产过程的延续，是社会生产和再生产的条件，因而，核算生产布局的经济效果，既要估计生产本身的消耗，又要估计其运输耗费。也就是说，从生产布局的观点而言，不是要求个别企业或个别部门的产品劳动耗费或成本达到最低，而是要求产品的总劳动耗费或社会成本（完全成本）达到最低。可见，通过考虑交通运输这个环节，对生产布局的合理化具有重要作用。马克思指出："交通工具的增加和改良，自然会对劳动生产力产生影响，使生产同一商品所需要的劳动时间减少，并建立了精神与贸易的发展所必需的交往。"

因此，在一定的社会经济前提下，交通运输的发展和变化，必然对生产布局有相当的影响。交通工具的改进，会给生产布局带来难以估计的后果，大型油船和远程输油管道的采用，使炼油和石油化学工业远离油田，便是一例。交通线的建设和交通网的完善对工业基地的建立和农业商品基地的形成都起着重要作用，也会使线路上兴起新的城镇，另外，生产布局状况可以通过交通网中货物的运输反映出来，放在社会主义计划经济下，还可以通过货物的流量、流向分析，发现生产布局中存在的一定问题。如根据原料和成品间的大量相向调运，可看出企业布点与原料地、消费区在地理上的脱节现象，从而制定其改善措施。

但是，尽管交通运输对生产力及其布局有巨大影响，前者的性质和规模还是由后者决定的。不同的社会生产方式，决定不同的运输布局规律。交通运输布局是宏观国民经济和社会生产布局的一个方面，运输部门与工业、农业、采掘业和地域人口都有着特定的供求关系，而国民经济各个部门对交通运输业的质和量要求也各有不同，因此，交通运输布局也要因时、因地、因部门而异。交通运输布局是一项战略性、综合性的工作。从地域空间来看，工业、农业、采掘业、商业和国防需要，以及劳动人口、生产力与社会经济生活的地区分布决定了交通运输布局。生产布局和交通运输布局的发展是相互制约的。工农业部门生产的发展和技术改进，给交通运输提供了物质条件和运输需求。同时，交通运输是生产过程在流通领域中的继续，为国民经济发展提供运输服务。

从区域（国家或地区）着眼研究交通运输对工农业布局所起的均衡与合理作用是十分必要的。实践表明，货运促进区域经济（生产）结构的形成和发展，而区域经济结构和自然环境结构的情况和特征又对交通运输网的建设提出了多样化、现代化的要求。

二、交通运输布局的系统分析

交通运输布局的任务和目的是快速、准确、经济地为国民经济发展提供运输服务。交通运输系统担负着国民经济发展的运输任务，并要适应国民经济的发展，不仅要在发展的规模、结构、速度上相适应，而且要在空间地域分布上（即布局上）相适应。在交通运输系统中，各种运输方式都有其具体的技术经济特征，且担负着不同的运输任务，其中包括干线运输、支线运输、长途运输（跨区域）及短途运输。为使交通运输网畅通，以便担负起国家和地区的旅客、货物运输任务，则必须形成全系统的综合能力，既要有符合国家需要的担负干线和长途运输任务的铁路、沿海和内河水运干线的运输能力，同时，还必须有相当的担负支线、短途运输任务的公路、内河航运的能力。交通运输布局是实现各种运输方式相互协调、相互合作的手段和方法。

1. 影响运输布局的因素

在社会主义社会中，交通运输业的发展是实现合理的地域分工、生产地区专门化和生产协作关系的必要条件，是保证工农业之间、国家各地区之间的经济联系的重要纽带，是巩固国防安全的必要工具，归根到底是最大限度地满足全体人民物质生活和文化生活需要的重要手段。

影响交通运输布局的主要因素为：

(1) 国民经济的发展需求是影响交通运输布局的首要因素

交通运输是社会物资交流、商品流通和社会发展生产的一个非常重要条件，因此国民经济的发展需求是影响交通运输布局的首要因素。交通运输布局必须从生产和消费两个方面来考虑，那就是既为生产服务又为消费者服务。因此，交通运输布局要以满足全国或地方国民经济发展的需要为前提，使运输系统在发展生产和保障供给之间起桥梁和先行作用。

(2) 自然条件是影响交通运输布局的重要因素

各种交通运输方式的运输活动都是在广大的地域和空间中进行的。因此，自然条件对交通运输布局的影响很大，在某种意义上讲，甚至是具有决定性的。如，我国煤炭资源的地区分布，在客观上决定了煤炭运输的流向是自北向南，由西向东，这就在一定程度上决定了我国综合交通运输网的基本格局。同时，地形、地质、气候、水文条件对铁路和公路的布局，地形对铁路和公路线路建设的工程量和造价都有很大影响，不同地形对线路技术条件要求不同。地形、地质条件对于陆上交通（铁路、公路）的线路，车站、港口码头的地基和周围地段的稳定性有重要影响。这与地质构造、岩石性质、自然病害等有关。在地震活动地段、断裂破碎带、软土沼泽地区不宜建设铁路和港口。对于滑坡崩塌、泥石流、岩溶地段等也应尽可能避开，或采用必要的工程措施予以防护。

气候条件对各种交通运输方式的正常运行有着一定影响。特别是水运和航空运输受气候条件影响很大。有些河流在冬季封冻，使轮船无法通航，有些河流季节性枯水，达不到一定水位也无法行船；有些气候不宜飞行。所以，水运和航空运输受气候影响最大。

水文因素中的流量、水深及其季节性变化，直接影响到水运、港址的选择，码头位置及规模等。地下水的高度对于铁路、公路、管道的路基稳定性也有一定影响。

应该指出，自然条件对交通运输布局的影响随着现代科学技术的发展而逐步减少，但自然条件对交通运输布局的选线，港、站、场的选址，建设投资，交通运输能力及建成后的交通运输成本和运营费用支出的影响仍不可忽视，必须给予正确的估价。

(3) 技术条件是影响交通运输业发展和布局的重要因素

随着科学技术的不断进步，技术条件对交通运输布局的影响越来越大。新型交通工具的出现，对交通运输业的发展产生极深远的影响。19世纪，随着蒸汽机的发明应用，铁路成为当时人类的主要交通工具。20世纪以来，随着公路、民航、管道等交通运输业相继高速发展，大大改变了世界范围内交通运输布局的面貌。

(4) 名胜古迹和旅游胜地对交通运输布局也有重要影响

名胜古迹吸引大量国内外游客，客观上要求提供舒适、安全、迅速、方便的交通运输条件。另一方面，在铁路、公路线路和机场布局时，应注意靠近名胜古迹同时要注意保护，严禁由于交通运输线路设施的建设破坏了沿途的文物古迹。

2. 交通运输布局的原则

交通运输布局是生产布局的重要组成部分。一般来说，生产布局的原则对交通运输布局都适用，交通运输布局必须遵守这些原则。

各种交通运输方式共存，互相配合，由各种运输方式的运输线路共同组成运输网，是世界各国交通运输布局的一个规律，即任何一个国家或地区，不论是什么社会形态，在交通运输布局中必然是在空间共同组成运输网。

(1) 交通运输布局要满足国民经济发展的要求，同时要起到促进国民经济各部门及对外贸易的发展作用，并要与工农业布局和人口分布相适应

由于运输生产不改变劳动对象的属性，只改变运输对象的空间位置，因而运输成果具有非实体性、非储存性等特点，这就决定了运输布局要满足社会运输需求，不仅要使交通运输系统（包括综合运输网）协调，交通运输枢纽内各种运输方式相互协调，而且要适应工农业布局、外贸及旅客、货物在国家和地区间的流动等方面的要求。交通运输布局最终要符合国家建设与国民经济发展的要求。

(2) 交通运输布局要以科学的客、货运量预测为基础

交通运输系统所担负的客、货运量的多少是国民经济和人民生活对它需求的数量尺度，因此，交通运输布局和改造的标准与规模直接取决于客、货运量的大小。所以，做好近、中、远期客、货运量的预测，是做好交通运输布局的基础。

(3) 交通运输布局要因地制宜，充分考虑各地区的自然条件和特点

地形、地质、气候、水文等可影响交通线站的位置、走向和技术标准，同时，对制约交通运输能力、建设投资、造价和工程进度的因素也要充分予以考虑。所以，因地制宜是处理好交通运输布局的前提。在交通运输布局中必须重视影响较大的地形、气候、水文、地质等自然条件的研究分析工作。

(4) 交通运输布局要综合利用各种运输方式，加速综合交通运输网的形成，保证交通运输枢纽有规律地组织运营

在综合交通运输网中，铁路、公路、水运、航空、管道运输各有其不同的技术和经济特点，都占有一定的地位和作用。一般来说，旅客从始发地到目的地，货物从产地到消费地，往往要由几种运输工具共同完成。交通运输布局要做到点（站、港、枢纽）、线（线路、航线）、面（交通网）的结合，形成综合运输能力，要根据客、货流的流量和流向来规划综合运输网，在规划综合交通运输网的基础上，安排好交通运输枢纽的分布和建设。

(5) 交通运输布局要尽量少占土地，节约用地

土地资源非常宝贵，所以，在满足运输需要的前提下，尽量做到节约用地，少占农田，不占良田。

(6) 交通运输布局要与城市规划相结合

交通运输是城市建设和发展的基本条件，交通运输条件的变化必然影响到城市的兴衰，而城市建设和发展又反过来促进交通运输业的发展。

(7) 交通运输布局要适应巩固国防和加强战备的需要

交通运输布局对实现全国政治稳定，巩固国防有着重要的作用。无论新线建设还是旧线改造都要满足国防安全的需要，处理好国防需求与经济建设需求的关系。

三、交通运输布局的基本方法

1. 对 5 种运输方式的认识

国民经济对交通运输系统的要求是：载运量大，成本低，投资少，速度快，受季节和环境变化的影响小。不同的运输方式，对上述要求的满足程度是不同的，因而其适用范围各异。

运输方式的优缺点是相对的、互补的，因而它们在全国统一交通运输网中，各有其地位和作用，又各有其局限性，因此，使用范围就各有不同。

一般来说，铁路主要承担大宗货物和旅客的中长距离运输，是我国运输系统的骨干。水运主要承担着大宗笨重货物的长途运输，而且是宜保存、不易腐烂的笨重货物的长途运输。由于水上航道的地理走向和水情变化难以全面控制，在运输的连续性和灵活性方面，难以和铁路、公路相比拟。公路汽车，运载量小，运价较高，但灵活性大，技术速度与送达速度均较快。汽车运输广泛服务于地方和城乡的物资交流和旅客来往，为干线交通集散客货，并便于实现货物运输的"门到门"。航空运输是速度最快的运输方式，但运费高，运量小，目前主要承担快速旅客运输，以及贵重和急需物资（如急救物资）运输。管道运输是一种单向流体的专门运输方式，它具有大量、不间断运送的能力，管理方便，受自然条件影响小等技术经济优点，但管道运输方式无法承担多种货物运输，而且，铺设时需要大量的钢材，管道运输方式在我国目前主要是用于运送石油及天然气。简而言之，高档和易腐货物要求采用航空运输；大宗货物要求采

用运输能力大的铁路、水运；要求"门对门"的运输则采用公路运输方式。综上所述，可以看出各种交通运输方式各自都有某些其他运输方式所不具备或者不完全具备的优点，也就是说，各种交通运输方式都有其最有利的应用范围。而且，从各种交通运输方式的技术经济特征来看，每一种交通运输方式在特定条件下较另一种交通运输方式优越的情况是有的，但若全面加以考察时，就会发现各种交通运输方式是互有优劣，各有其存在和发展的必要。

对交通运输系统进行布局，首先就是要认识铁路、水运、公路、航空和管道运输这5种运输方式的特点，根据其特点和服务范围来确定运输布局的方向。

2. 交通运输布局的步骤

交通运输布局（交通运输配置）主要包括两个方面的内容，一方面是铁路、水运、公路、航空和管道这5种交通运输方式在空间上的地理分布，另一方面是指这5种交通运输方式的结合形式，及其相互之间的联系。对一个国家或一个地区进行交通运输布局，是为了更好地满足国民经济发展的需要，具体步骤如下：

(1) 确定交通运输布局的目标

尽管我们都知道交通运输布局的总体目标是尽可能地满足国民经济对运输的需求。但是，在不同地域、不同部门，其侧重点和影响、作用并不完全相同。在对一个地区进行交通运输布局之前，首先要对这个地区的经济结构、人口构成及生产布局进行全面了解，明确对这个地区运输布局的总体要求。

(2) 分析交通运输布局的约束条件

影响交通运输布局的因素主要是经济条件、自然条件和技术条件。因此，在对一个地区进行交通运输布局时，首先要考虑这个地区今后的经济发展方向，其指标主要有货流的构成、运输流量、国民收入，它们直接影响到新线路的开辟、交通设施的数量和等级。同时，还必须考虑当地的自然条件（地形、气候、水文等条件），以确定其交通运输系统的组成和交通运输布局的方向。技术条件的改进，使可供决策部门采用的交通运输布局方案越来越多，也促进各种运输方式向着专业化、协作化和联合化的方向发展。

(3) 建立交通运输布局模型

在明确了交通运输布局的目标，确定了交通运输布局的约束条件之后，就要建立交通运输布局模型，分析各种模型使用的条件，根据不同的目的，建立不同模型。

(4) 对模型进行优化选择

运用最优化理论和方法，分析不同交通运输布局模型对国民经济发展的作用及其经济效果，分析交通运输与国民经济各部门之间的相互依存关系，择优选取适合于中国国情的交通运输布局模型，从而对若干替代模型进行优化，以求出最理想方案。

(5) 对交通运输布局方案进行评价

根据优化选择，求得的方案，应考虑交通运输布局的原则、影响因素及约束条件，分析各个方案的经济效果和社会效益，从而对各方案进行科学评估，为选择最优交通运输布局方案提供足够的信息。

交通运输布局的流程框图如图11.1所示。

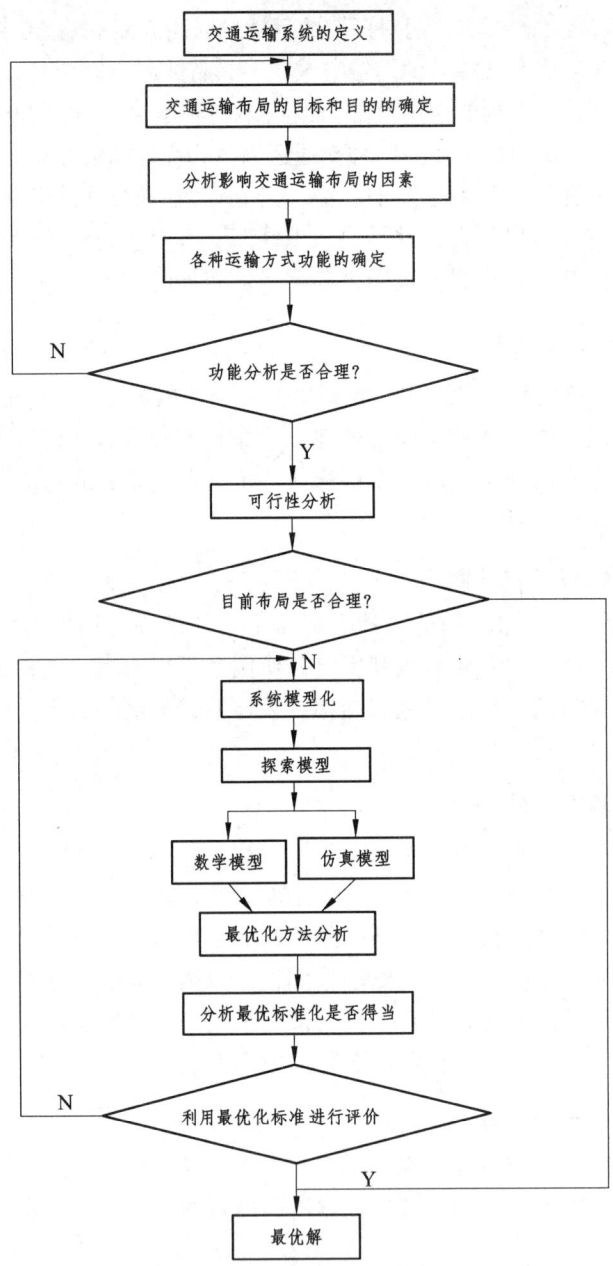

图 11.1 交通运输布局的步骤

3. 交通运输布局的方法

目前，国内外交通运输布局的方法很多且各有特点，但是基本出发点都是节省运力、减少运费及尽可能地节约在途时间。

(1) 调查研究方法

交通运输布局涉及面广且影响因素多，必须通过调查，占有详细的资料，并分析它们之间内在联系，找出规律性的东西，才能弄清楚需求与可能的矛盾，以便确定解决的方案。

调查研究的内容有：

① 弄清现状。弄清现有运输能力的状况，如运输线路（铁路线、航线等）的长度，运量和运量的构成特点，技术条件，运输能力，运输设备使用情况，有无后备能力，是否已达到饱和程度以及车站到发线，通过列车对数，港口的吞吐量，机场和运输枢纽的规模，等等。同时，还要了解这个区域中客流、货流的流量和流向，以及构成各种运输方式的分工与综合发展状况和存在问题。

② 弄清国民经济发展的长期规划。如现有工矿企业的改建、扩建计划，原料、燃料的来源及其数量，产品去向及数量，规划中重大项目的布局，以及客、货流变化情况。这是综合运输网发展的经济依据。

③ 弄清楚交通运输发展和布局方案，通过各个交通运输规划和设计部门，了解它们提供的各种线路和其他交通运输技术设备的具体发展方案，如交通运输方式的选择，线路的走向、长度、投资、建设周期等。在调查基础上，提出不同交通运输布局的方案，然后对比分析，择优采用。

(2) 技术经济论证方法

技术经济论证是比较各种运输方案的经济效果。一般来说，经济效果表现为劳动消耗和获得效果的比例。这里所说的效果可以用运输业和国民经济各部门收入的增加来表示，也可以表现为运输成本的降低和运营费用的减少或获得的运输能力。劳动消耗则表现为人力、投资和物资的消耗。为了对各种方案进行比较，需要进行技术经济计算。计算中首先要列出可能的方案，包括铁路、水运、公路、航空和管道等各种运输方式综合布局方案，也包括同一种运输方式的不同技术方案，如不同的走向和标准等。其次，要选取进行方案比较的指标体系，由于交通运输布局是在较大范围内安排投资建设，它往往涉及几种运输方式和几个运输部门，为了全面地反映各种运输方式的技术特点，在比较中不可能采取单一的指标，要有一个指标体系，以便全面评价运输布局方案，根据我国具体情况，这个指标体系既要包括货币指标的比较，如投资、运输成本、运输费用以及流动资金占用等，还要包括实物指标，尤其是对一些短缺的物资和资源应特别注意。

(3) 线性规划方法

交通运输布局受到计量经济学和应用数学发展的影响。在研究过程中已经开始使用应用数理统计的方法，主要采用线性规划和运筹学等手段，如应用线性规划研究空间分配问题。运输问题是一个没有中间流的网络模型。

定性分析的方法是进行问题分析的基础。技术经济分析的方法常就投资和年运营费用不同的方案进行比较。但是，一个方案往往涉及许多因素，如能源资源、水资源、短缺材料的用量等，用线性规划方法能比较全面地加以比较，此外，还有一些国防和政治因素无法进行数量比较，这就要求定量与定性相结合，统筹兼顾，系统分析，综合考虑加以评价并作出最优决策。

第二节 交通运输规划

一、交通运输规划的任务

交通运输规划是一种战略部署，它主要解决交通运输业发展的方向、原则、规模、速度、布局和部门结构等问题，并应指出实现规划的可能性和保证条件，从而对交通运输业和各部门及布局作比较全面和长期的合理安排，使之组成一个有机的整体，充分利用自然条件和经济资源以及现有设备，促进交通运输系统发展与提高。

交通运输规划的基本任务如下：

① 查明所规划地区（一个国家或地区）的自然条件、自然资源、经济地理条件、现有经济基础和历史发展特点、工农业生产布局状况，从而确定对交通运输的需求量。

② 确定规划区的交通运输发展方向（包括运输系统总的发展方向和各个运输部门的发展方向），拟订交通运输发展的合理规模。

③ 选择交通运输系统中各种运输方式的适用地区并进行合理组织和布局。

交通运输规划按其任务要求、内容和深度的不同，分为总体规划和详细规划两阶段。

① 总体规划是关于交通运输发展的纲领性规划，是交通运输业各项建设的战略部署。它一般规定了交通运输发展的总原则性问题，如交通运输发展的规模、总的布局状况以及选定的交通运输发展的主要定额指标和重大工程措施方案。总体规划有一期限问题，我国一般为20年，并适当考虑远景。但是为了使总体规划逐步实现，还要编制近期建设规划（5~10年），分阶段地安排建设项目。近期建设规划是实现总体规划的重要阶段，是总体规划的重要组成部分。

② 详细规划是总体规划的深化和具体化，也就是近期规划的具体化。

总体规划和详细规划是互相密切联系的两个阶段（或部分），就一般程序而言，应先完成总体规划再进行详细规划。当然，通过详细规划也可对总体局部调整和修改。

二、交通运输规划的内容

从交通运输规划的总体规划中，基本内容包括3个组成部分，提出交通运输系统发展的依据，包括交通运输系统发展的方向、性质和规模，即交通运输系统发展规划；研究交通运输系统中各种运输方式的空间分布，包括交通运输布局形式，用地结构和功能，这部分称为交通运输系统的布局规划；研究交通运输系统各专项工程的规划。

① 交通运输系统发展规划是整个交通运输系统整体规划的基础和基本依据，关系到究竟"建立一个什么样的交通运输系统"这一根本问题。这是因为只有对交通运输系统的发展规划进行科学论证，才能使交通运输系统布局规划落实在可靠的基础上。发展规划是对交通运输系统发展的一种科学预测和论证。

② 交通运输系统布局规划，是交通运输系统总体规划的核心部分，根据发展规划提供的依据，通过对规划地区的自然、经济条件的历史和现状分析，以及交通流的分析，确定其布局模型。

③ 交通运输系统的工程规划，是交通运输系统总体规划的重要组成部分，为交通运输系统的投资提供依据。

综上所述，可以进一步确定交通运输规划的具体内容为：

① 确定交通运输业的性质、发展方向及发展规模，预测交通流量。

② 选定有关建设标准和各项技术经济额定指标。

③ 确定规划范围，选择各种运输形式的适用地及发展方向，确定规划区的交通运输总体布局方向。

④ 对各种交通运输形式规划和总体布局进行必要的综合技术经济论证。

⑤ 确定近期交通运输系统发展的目标、内容和具体部署。

⑥ 拟订实施规划的步骤和措施，保证交通运输系统各项建设按照交通运输系统总体规

划方案逐步实现。

交通运输规划是交通运输系统近期和远景发展的蓝图，它一方面要符合国家或地区的经济发展水平和交通运输系统发展状况，另一方面又必须能够勾画出交通运输系统发展远景。

三、交通运输规划的过程

首先，我们从决策过程角度和规划操作过程角度对交通运输系统规划的全过程进行了概括，如图 11.2 所示。其中决策过程随时从进行规划操作的交通技术人员处获取必要的帮助，按左侧各步骤进行下去。决策过程的相关主体包括中央政府、地方政府及其他有关的公共、民间团体、专家学者、一般市民等，其组织形式可能为论证会、征询意见会、专业委员会等。各步骤的参与者也不尽相同。其次，进行规划操作的技术集团也不仅仅包括负责单位的技术人员，一般来说，在不同阶段还要请有关专家、学会、协会等协助共同完成。

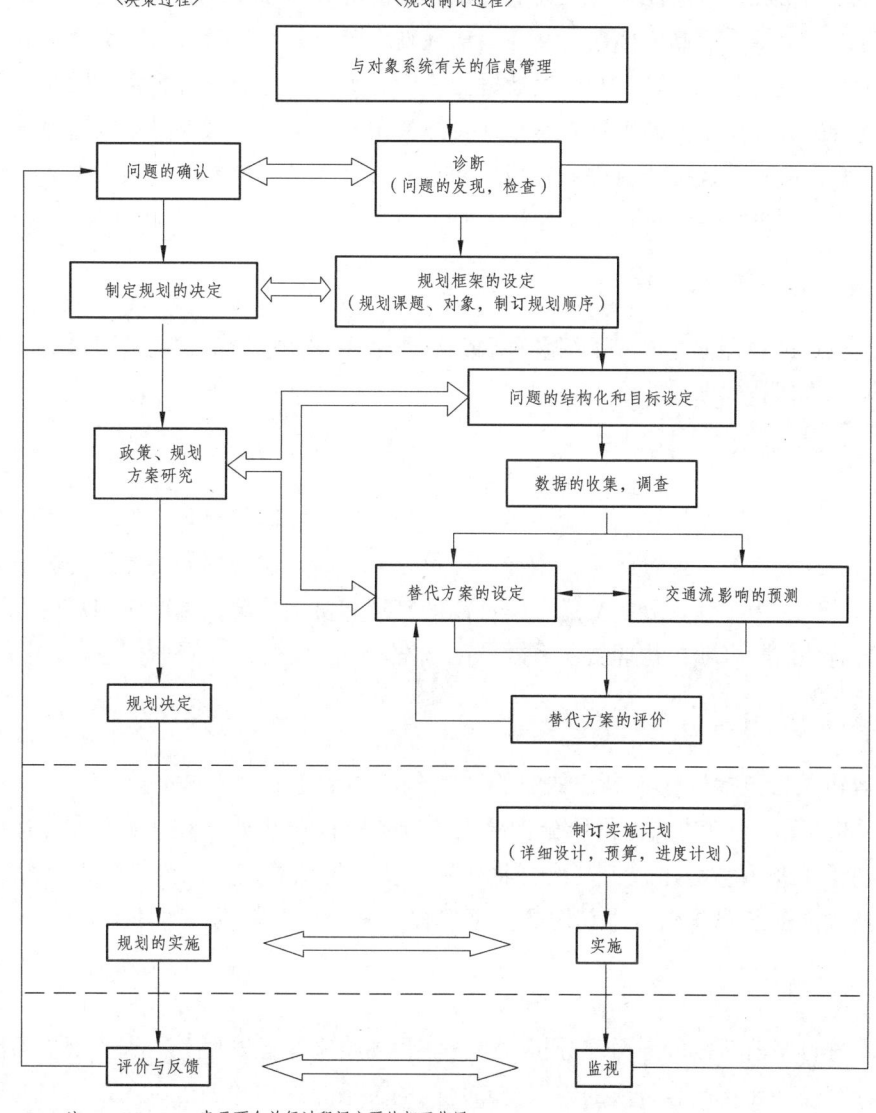

图 11.2 交通运输系统规划的过程

具体的操作步骤可归纳为如下几点：

1. 资料建档

交通运输规划最初阶段的工作是收集可能得到的、与运输服务有关的数据。资料建档是整个交通运输规划工作的基础，它由以下几种信息构成：有关交通运输部门的数据，社会经济方面的数据，国家及区域政策和规划文件，以及所有对交通运输规划人员有用的分析和预测资料。

2. 调查分析诊断

调查分析在规划过程中起着重要的作用。通过调查分析可以使规划中的分析工作集中于最主要的问题和情况，从而能选择优先研究领域及制定目标和评价准则。简言之，通过深入调查分析得出结论，从而制定出整个交通运输规划。调查分析包括对国家交通运输结构形成因素（铁路、水运、公路、航空和管道运输方式）的历史趋势的分析研究。因此，必须对现在的系统进行研究，以了解各种因素是如何发挥作用的，是什么原因使它以这种方式发挥作用的，系统改进的障碍及可能改进的领域。调查分析报告是对各种因素的供需情况和国家交通运输系统管理作出进一步分析的指导性材料。

3. 政策、目标及准则的制定

为了使规划过程合理并深入了解各种因素后作出决策，应当正式确定国家交通运输发展规划的政策、目标和标准。

4. 体制和财政分析

研制一个有效的有实用价值的交通运输规划，必须对体制和财政因素有清楚的认识和评价。体制和财政分析的主要目的是为指导和评价远期交通运输规划的各要素提供一个潜在的基础。同时，也是为了认真分析交通运输部门的管理和协调情况，以便研制短期运营改进方案和研究政府部门与事业机构职责的有效分配方案。

5. 供给分析

交通运输供给包括运输工具（如驳船、汽车、铁路货车）和固定设施（如公路、铁路线、港口、机场）。资料建档为供给分析提供了基础资料，以便对系统水平进行有意义的分析并能够与需求预测进行比较，其次，将研制一些分析工具以预测处于不同交通条件下各种特定供给要素的状况（以成本、服务水平等概念来表示）。

6. 需求分析

如果不进行当前运输服务需求分析，就无法预测将来的运输服务需求。分析当前需求是为了了解社会经济活动和客货流的空间分布之间的关系。这些关系可以用来预测交通运输的未来需求。

7. 运营和基本改进措施

要明确具体的运营和保养的改进措施,并对个别预期的费用和节余进行估算。此外,要对基本改进措施进行分析。这项工作将涉及最适合交通量的确定,这个交通量可以证明设施的改进达到一个更高的水平。总的来说,这一措施的重点是通过运营和基本改进使交通运输方式和设施能够产生极大效益。

8. 区域运输活动的预测

主要包括未来区域剩余和短缺(包括国际间贸易往来)货流的空间分布这两方面的内容,并可提出某些备选方案来消除这些短缺。

9. 未来交通运输方式的选择

未来交通运输方式的选择为以后对通道和系统两个方面进行各种方式分析构成了一个基本的设想,分析新的方式选择的特征和可行性。

10. 未来运输短缺的辨识

从空间和时间上来说,未来运输短缺情况的确定是规划过程的关键步骤。通过分析现有运输系统的功能并考虑未来交通运输的需求,来确定"关键通道"。

11. 关键通道备选方案的生成、分析和评价

通道备选方案只是在有严重问题和短缺的情况下才予以考虑,即寻找"关键路径"。关键备选方案的生成与评价是在确定了未来运输方式的备选方案与预测出的各通道需求量相比较的基础上,进行一个完整的运输方式选择分析。

12. 备选方案的产生分析和评价

交通运输系统备选方案包含了整个国家交通运输规划的内容。规划工作的任务是,把作为国家交通运输规划方案一部分的所有专题研究、信息和分析结合起来,确定并评价备选策略的范围,国家交通运输规划应合理而积极地支持并促进国家发展的目的。

在进行交通运输规划过程中,虽然分为以上 12 个步骤,每一步又包含几项特定的任务。但是,这些步骤是密切相关的,它们之间存在大量的反馈。

第三节 交通运输规划的理论与实践

一、理论概述

交通运输部门是一个至关重要的部门,一个国家的交通运输规划如果不与社会和经济规划相联系,就不能正确引导国家财政投资。因此,进行交通运输规划应以已建立的社会和经

济发展政策和国家发展规划为基础。

交通运输规划是一个复杂的过程，它是多方面的，而且牵涉多个学科，其目的是改进交通运输系统和建立一套在交通运输部门内分配资源的明确标准，并为交通运输系统提供一个总体指导。

在建立交通运输规划的方法论中，引用了系统分析的方法，这种方法的表达形式是把它分为4个阶段。

第一阶段，是进行交通运输规划问题的定义，它主要包括一个现有系统及对可能产生的问题和可能情况进行调查分析，它也包括政府有关交通运输发展和社会经济规划的目标和政策。

第二阶段，是制定和分析有关交通运输规划的备选方案，在此阶段中包括大部分交通运输规划中的定量工作、需求分析、供给分析、运输短缺的辨识分析，以及各种政策的费用和收益预测。

第三阶段，是进行规划的各种备选方案和各备选方案决策策略的影响评估。

第四阶段，是对交通运输规划进行总体评价。在此阶段，对拟定的交通运输规划进行综合分析，作出总体评价，并提出结论性的意见和建议。

二、模型关系

对照系统规划过程，可对交通运输规划的具体操作方法及模型有一个系统的了解。

1. 规划的目标论述

首先必须充分论证该地区进行交通运输网络规划的必要性、可能性和现实性，在制定网络规划时还必须服务于该地区的国民经济和社会发展的需要，坚持实事求是，讲究科学和讲究经济效益的原则，从本地区的特点出发，既要有长远的战略思想，又要结合现有实际统筹安排。

2. 组织和准备过程

(1) 组织工作

首先组织规划人员研究本次交通运输网络规划的目的，学习国家和地方政府对规划区的政策和要求，同时要深入细致地研究技术路线，确定参加本次网络规划工作的人选。

(2) 准备工作

根据交通运输网络规划的具体要求，首先必须搜集规划区的有关数据和资料，如，人口水平，劳动力就业状况；社会经济活动的数据；土地利用情况的调查；交通运输系统的现状；客流量、货流量以及O-D流分布等数据和资料；有关法律、法令以及政府的政策；本次网络规划的资金来源；粗略估计规划后的社会效益；全面检查所调查的资料和数据的精确度；根据所获得的不同类型的数据，建立数据库。

3. 分析规划区的现存条件和标定各类型

在分析规划区的现存条件的基础上，应用调查的基年数据，对网络规划所建立的运输需求预测模型（交通量发生和吸引模型）、交通量分布模型、运输方式选择模型和网络分配模型进行标定。由于模型的数学表达式不同，所采用的标定方法也各不相同。模型标定后，才可能用来对该区域交通运输系统网络规划。

4. 建立运输系统网络规划的基础模型

利用规划区历年来的人口和社会经济的调查数据，建立运输系统网络规划的基础模型。它包括人口预测模型、社会经济活动模型、土地利用模型。

有了这些基础模型，才能计算规划年的交通运输需求量，这是交通运输网络规划的基础。否则，就没有条件用步骤模型进行网络规划。

5. 运输系统网络规划

运输系统网络规划是整个规划过程中的一个关键步骤，它是利用已标定的网络规划模型和规划区预测年交通量，对该地区未来的交通运输网络进行规划，所采用的模型是：

(1) 运输需求预测模型

利用这个模型计算该地区规划年交通发生量和吸引量，有了这些数据，才可能利用其他模型实现地区运输系统的网络分配。

(2) 交通量分布模型

交通量分布模型的作用是把预测的交通发生量和吸引量，通过迭代运算而得到交通量分布（O-D 矩阵）。

(3) 运输方式选择模型

运输方式选择是运输系统网络规划的重要步骤，从运输方式看，运输系统可分为公路运输、铁路运输、航空和水上运输，根据规划区的具体条件，利用这个模型来选择最佳的运输方式。

(4) 网络分配模型

网络分配是规划中的最后一个重要步骤，利用上面提到的 3 个基础模型所获得的预测数据再加上 4 个步骤模型，就可以把交通量较合理地分配到该地区的运输网络中去，从而解决该地区的网络分配问题。对新规划的地区，可以解决整个区域的线网规划；对已建成的地区，可以解决交通量在网络中的分配，从而确定现有的网络密度是否与交通运输发展相适应，以便采用相应的措施建立优化的交通运输网络系统。

在规划过程中，应用的模型较多，其相互关系如图 11.3 所示。

三、城市交通规划的方法论

由于汽车大量普及，现代城市交通面临着交通拥挤、事故频繁、环境恶化、公共交通企业不景气等一系列问题，为解决这些问题，创造更好的城市环境，城市交通规划成为交通规划中一个焦点，也是难点问题。

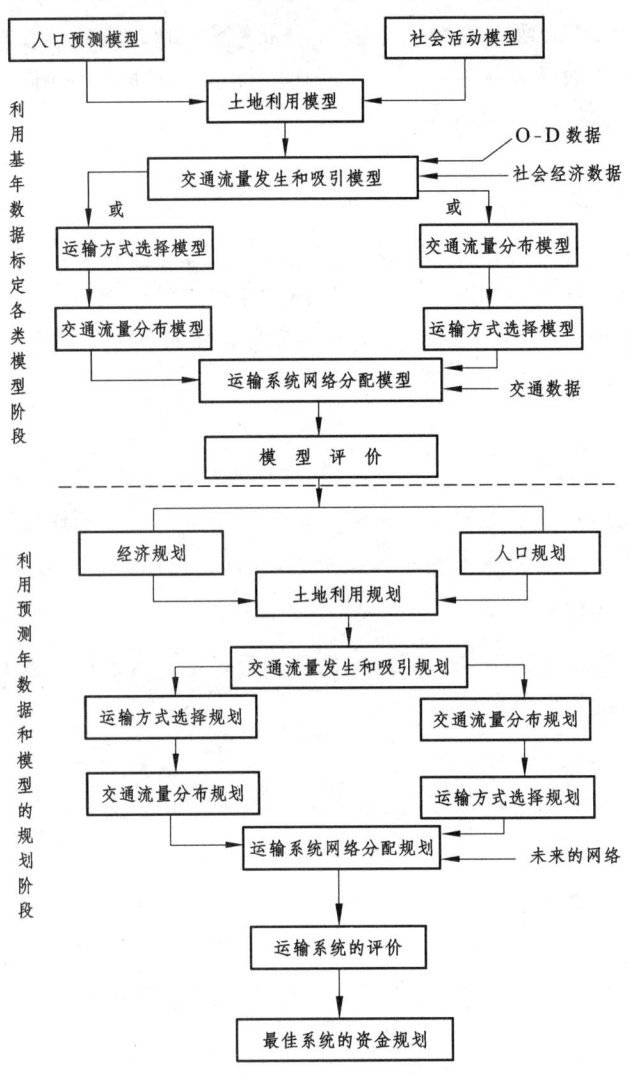

图 11.3 运输系统网络规划模型之间的关系

1. 构成具有层次序列的道路网

过去，城市道路通常以格子形、发射环形等形式构成四通八达的路网，但是由于机动车交通的增加，城市中心地带逐渐产生了交通集中、住宅地区内规划道路的过境交通过多等问题。为促进道路与城市环境协调发展，使构成道路网的各条道路分工明确，并使路网与地区土地利用规划相统一将非常重要。美国在 1950 年提出了"市区道路网规划中根据高速道路、干线道路、集散道路、局部道路的不同功能赋之以明确的特性分工，并按一定层次构成"的路网构成思想。这一思路中因明确提出了道路划分层次序列的概念，并将排除地区内通过交通作为基本原则，但由于集散道路的连续性高，而且从局部道路与干线道路的衔接情况来看，实际上还会有相当的通过交通进入集散道路、局部道路，因而也还存在不够完善之处。

在 1963 年英国发表的布凯南报告中，为协调机动车交通与居住环境的关系提出了以下原则：

① 道路按一定层次序列构成。
② 设定居住环境区。
③ 车辆与行人交通分离。

其中提出了"将道路划分为干线道路、地区道路、局部道路、衔接道路4个层次等级，交通必须由衔接道路经局部道路、地区道路再进入干线道路，然后依次经由地区道路、局部道路、衔接道路到达目的地，从而建立起有序的机动车交通流，构成具有一定层次序列的道路网体系，为确保这一层次体系的实现，仅在相邻等级的道路间连通，而跨等级道路间一律不连通"这样明确的观点。这一观点成为后来英国城市道路设计标准的一个基础，对世界各国也产生了较大的影响。

2. 交通规划关于人车分离或人车共存的思考

20世纪50年代成为世界共识的观点是"人车分离"，即"步行者与机动车在交通上分离"，认为在制定道路规划时，为确保交通的安全与舒适，应设法使步行者使用的道路与机动车通道完全分离。这一观点20世纪初被提出，50年代后逐渐发展定型，由于布凯南报告中大力提倡"人车分离"而推广至世界各国。采取物理措施彻底进行"人车分离"方法能够保证从日趋活跃的机动车交通中分离出安全舒适的步行空间，也避免了非机动车和行人对机动车的干扰，因而成为新城市或新住宅区开发规划的一条基本方针。此外，为增加城市中心地带的活动，它也被应用于中心商务的再开发规划。

但是步行者与机动车间的交通分离需要大量的资金和空间，通常受到经济及物理条件的限制而影响分离的程度，尤其是在建成的市街地区难以实行。针对这一问题，20世纪70年代提出的本艾尔夫的观点主张在以步行为主的地方，要求机动车车速减慢至步行速度，以这种方式实行"人车共存"。这一柔性措施被广泛应用于建成的市街地区，尤其是住宅区。为限制机动车车速，除了依靠交通法规进行管理外，有时也采用缩减车道宽度、设置曲折车道等物理措施。

3. 考虑不同交通方式分担比例的交通规划

"交通方式分担比例"的概念于20世纪60年代逐渐发展成熟。随着私人汽车的迅速普及，人们逐渐认识到，仅依靠私人小汽车来承担城市交通需求的主体，显然是城市的道路条件所不允许的。城市交通不仅要依靠作为个体运输工具的私人汽车，更需要依靠公共汽车、铁道等大运量的运输方式。为确保城市交通顺畅，就应当依据不同的场合、目的、时间，使各种交通方式的利用达到适当的平衡。如何确定何种状态达到平衡成为"交通方式分担比例"观点的核心问题。

交通方式分担比例的观点在20世纪50年代后期被实际应用到美国芝加哥都市圈交通规划（CATS）中，此后，这种方式不但应用于整个美国，而且也影响到欧洲各国及日本，成为目前广泛采用的基本方法。因此可以说现在一般的交通规划方法都从CATS发展而来。与以往的考虑各种交通方式在全体中所占比例的思路相对，近来又逐步发展出非集计模型的思考方法，它着眼于考虑在不同的时间、目的、场合条件下，每一个交通参与者会如何选择交通方式的问题，是很有发展前途的理论体系和模型构造方法。

4. 公共交通系统的改善

从物理的、环境的角度考虑城市交通的发展前景时，基于交通方式分担比例这一思考方法，应当看到从硬件及软件两个方面努力来改善目前公共交通企业不景气的状况非常重要。为此必须建立起由轨道交通及辅助的公共交通汽车系统共同构成的高服务水准的公共交通系统，使之能够与小汽车交通既相互竞争又相互促进。对于公共汽车等路面交通方式应在政策上给以优先通行权，使之成为快速、准时、舒适的交通方式，同时应设法使公共交通方式间换乘方便，并增加公共交通与私人小汽车、自行车间的换乘途径。利用上述措施可以提高公共交通系统被选择使用的可能性，对不使用私人小汽车的人而言则提高了交通权利的公平性。

从长远角度考虑，对大都市圈及地方中心都市圈来说，在与城市开发相协调的前提下，在交通需要量大的地区，建设轨道交通系统是一个重要课题。与此同时，还应充分重视通过规划引导多中心分散形式的土地利用形态的形成。

从现代化程度较高的国家的例子来看，面对公共交通衰退的状况，20世纪50年代以来，许多国家都开始大力扶持公共交通的政策。例如，在英国"为使公共交通系统机制健全实行了企业化，但在现代化进程中，由于未引入财务核算制度造成了赤字。为保证城市社会化的发展，对于公共交通系统不能因赤字而废除，而是要投入税金使之建设、维护、运营下去"。在日本对公共交通系统的发展非常重视，很多城市设置了公共汽车专用车道。在我国，科学规划公交路线和提高公共汽车经营管理水平是我们面临的极为重要的课题。

5. 新交通系统的开发

从20世纪70年代开始，新交通系统的研制与开发一直是引人注目的课题，人们设法通过技术革新使原有的公共输送系统更节省能源、降低成本。近来对于新交通系统进行研究开发的重点又进一步转向使之成为有助于缓和环境恶化，并具有高度可靠性、安全性、能提供优质服务的现代化交通工具上。此外，新交通系统还被视为在飞机、铁道、公共汽车、步行等原有的交通方式间具有调和补充作用的部分。日本对新交通系统的开发主要就是把它作为介于轨道交通与公共汽车之间的一种中量轨道系统来进行的。我国对轻轨交通的发展极为重视，"七五"将其列为国家重点科技攻关项目，并出版了城市轻轨交通工程设计指南。可以预见，各种新交通系统必将活跃在城市交通的舞台上。

6. 城市环境与交通的协调一致

道路交通与城市环境相互协调在布凯南报告中作为城市规划的一个基本观点被提出。它指出对于即将到来的汽车时代，必须设法使交通可达性与居住环境充分协调统一。应当注意的是，二者之间的关系并非对等可逆，如果居住环境被严重破坏，交通条件就肯定不会改善；但如果牺牲一部分交通方便性，却可以使居住环境大幅度提高。因此上述第1项中提到的观点，在将道路划分层次等级使用的同时，为保护居住地区的环境，把由一类干线道路和二类干线道路围成的区域指定为居住环境区，禁止与该地区无关的通过交通从这里经过，仅允许与该地区相关的交通经由曲折形式的局部道路及衔接道路低速行驶至目的地。

但是在上述措施还未充分实行时，机动车交通的迅猛发展已不可阻挡，它在给全社会带来广泛经济效益的同时，也给城市环境带来了噪音、振动、大气污染，进而导致动植物生态破坏等一系列严重危害。尽管道路、铁路等交通方面的发展给沿途及周围的居民带来许多切实的利益，但考虑到环境方面的恶劣影响，也要充分重视城市环境与交通的协调一致。为防止环境污染，应制定关于大气污染、噪音、振动的相关标准，并严格执行。相应的交通方面也要推行改进汽车引擎、促进路边绿化、加强交通法规等一系列措施。为协调城市环境与交通的关系，不但要从道路角度出发采取措施，还要与沿道建筑物、城市结构等建设规划密切配合，以取得更好的效果。

7. 交通管理规划的制定与推行

交通管理规划是针对机动车交通带来的环境恶化问题提出的，一方面采用一定的管理措施有助于抑制导致环境恶化的机动车交通；另一方面则是为了更加有效地发挥公共交通方式的作用以缓解交通拥挤。交通管理规划也是缓解交通拥挤、有效利用现有交通设施的有效对策。最初交通管理规划主旨在于合理运用软件措施，从保护居民生活、居住环境的角度出发，对机动车交通以及公共交通进行有效的管理。例如，从总体上控制机动车交通的总量规制法、对交通拥挤地区过往车辆进行收费管理的道路收费法、为提高乘车密度而制定共乘制度的多人共乘法等。近年来，由于交通管理规划的内容扩展到许多运输方式，包括路面电车、轨道交通等，故交通管理规划也相应地改称为运输管理规划。

8. 重视生活环境质量

进入 20 世纪 80 年代，人们对生活环境质量的要求进一步提高。生活环境质量是舒适、吸引人、顺畅、心情愉快等概念的统称，根据英国城市规划专家威廉·福尔福所作的定义，"生活环境质量不指某一种性质，它是多种价值的综合体现"。在艺术家看来，它包括建筑的美、有亲切感的历史文化风光，以及某种情况下有效用的东西，即希望得到的东西（如住所、温暖、光明、新鲜的空气、家庭服务等）出现在预期的地点，它是一种总体的舒适感受。不是因其可以换算为货币价值即可以数量化而受到重视，更重要的是它反映了居民生活中最根本的价值。

过去，道路规划设计中主要考虑交通移动的顺畅性和交通移动的安全性。用生活环境质量的概念进行分析，又产生了新的 3 种要素，即与人的生理情况相关的环境性、与人的视觉相关的景观性以及与人的知识（历史、地理等）相关的场所性。为提高生活环境质量的水平，在道路空间上应充分考虑如何达到图 11.4 所示的 5 种要素之间的平衡。

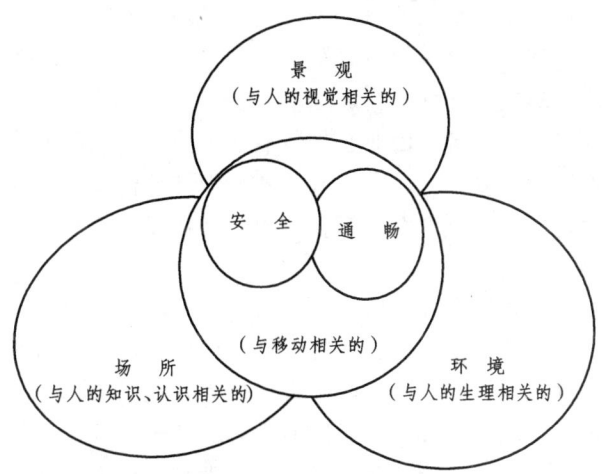

图 11.4 道路舒适性构成要素

9. 干线交通规划与地区交通规划的平衡

以往，进行定量化计算的交通规划主要是干线交通规划，机动车交通的种种危害也主要发生在干线道路上，但随着机动车数量的急速增加，地区内道路上也涌入了大量的机动车，许多地区交通问题也逐渐扩大，尤其是地区内过境交通过多，引起人与车之间的冲突，严重影响地区居住环境。

要做到既处理好机动车交通又保证步行者的安全、舒适，并且确保居住环境的质量，就必须从不同于干线交通规划的角度针对地区交通的特点进行规划设计并付诸实行。地区交通规划的最初形式包括近邻住区论、布凯南的居住环境区域、步行者天国、分区交通等。日本20世纪70年代曾试用过交通管制的形式，80年代开始对干线道路所围区域及铁道站周围地区实行地区交通规划，今后也有广泛应用的趋势。

10. 土地利用规划与交通规划的综合化

在考虑交通规划问题时，不但要处理目前的交通问题，还要寻求根本的改善措施，为此，应把强化土地利用规划管理作为重要课题。交通与人们的居住、工作、休息等活动密切相关，人们的居住空间、工作空间、休息空间的配置及人口密度等这些土地利用规划的内容与交通规划有着直接关系，应当依据土地利用的理想状态相应地确定交通需要量。例如，建筑物容积率的理想值就与交通发生、交通吸引量密切相关。可以通过土地利用规划的实施严格控制土地的使用方法，进而控制交通发生与交通吸引，在控制管理交通需求方面，这一课题今后必须更加重视。因此，在制定交通规划时，与土地利用规划相结合，进行一体化的综合处理非常重要。

第四节　交通运输规划的评价

一、交通运输规划总体评价及项目评价

交通运输部门作为社会经济系统的一个子系统，必须考虑它与社会、经济各部门的联系和相互作用，作为一个生产部门要评价经营结果，作为一个服务部门要评价满足用户需要的程度，服务质量对用户的影响。此外，交通运输是在一定空间环境下运行的，所以又必须考察它对自然生态环境的影响，等等。因此，交通运输项目，必须对上述种种影响因素做出综合评价，以期对项目的各种方案——一种运输方式的内部替代方案和各种运输方式间的外部替代方案进行全面考察比较，区别方案的综合效果，并在多个备选方案中选出综合效果最好的方案，为决策者提出科学的依据。

我国目前在同一运输方式综合运输网比选方法研究上已比较成熟，但在不同运输方式综合评价方面，只是做了大量的理论研究，还没有广泛应用于实践。为适应经济高速发展，交通运输业也应加快其发展步伐，应充分发挥5种运输方式的优势，按其技术经济特征建立密切协作、有机结合、连接贯彻、布局合理，同时又各具特色的综合运输系统。其中，交通运输网络评价是重要组成部分，主要内容是制定一系列准则、标准及指标用以评价运输网的性能和规划方案。

国外在可行性研究上多采用项目成本效益等经济技术指标及社会、环境、资源利用等系列评价指标。国内在区域交通网络研究上广为采用的评价方法有基本打分（或加权评分法）、专家调查、层次分析、综合评价等，而这些方法的关键在于指标体系的建立。

进行交通运输规划，首先就要对现有交通网进行评价，考察其是否能够满足现有经济发展的要求；其次确立规划方案后，要对所选择的方案进行评价，以期选择最佳的方案；最后规划完成前，通过评价检验所规划交通运输与国民经济的适应情况。可见，交通运输规划评价分为两个层面的工作，其一是总体评价，其二是对具体方案采取的项目评价，对于规划过程中提出的所有可能方案进行科学的筛选。由于评价的重点在于设立正确的指标体系，考虑到各种评价方法的侧重点不同，评价指标也应有所不同。

1. 总体评价

交通运输规划的总体评价，是在对各种备选方案分析和评价的基础上进行的。这种评价包括定量分析和定性分析，一般以定量分析来揭示交通运输规划的微观经济效果，用定性分析来揭示其宏观的社会经济效果，并在此基础上选出最佳方案。从交通运输规划的总体评价的内容来看，包括建设必要性的评价、投资方案的评价、建设条件的评价、技术评价、规划经济效益的评价、社会效益的评价、不确定性的分析等。

从交通运输规划总体评价的一般原则来看，首先应该遵循技术与经济统一的原则。技术与经济的关系是相互制约，相互促进的，它表现在：一方面，社会是在不断采用先进技术的过程中来提高生产的经济效果；另一方面，技术又是为经济服务的，以加速经济的发展。因此，在对交通运输规划进行总体评价时，必须在技术与经济的统一上来注意其适应性，使技术先进性与经济合理性统一。其次，遵循局部与整体相结合的原则。在对交通运输规划进行总体评价时，从整体上形成一个正确的评价结论是十分重要的。在进行评价时，往往会有这样的现象，即对各部分评价的结论往往是不一致的。甚至在同一部分的不同指标之间，其结果也会有很大差异，这是从不同角度、不同侧面去评价的必然结果，是十分正常的现象。这就要求在对交通运输规划进行总体评价时，考虑各部分与整体的关系，深入分析各部分对整体的影响，从而得出正确结论。

设立总体评价指标应考虑以下几方面：
① 平均拥挤度；② 总社会效益；③ 总经济效益（投资、回收率、成本降低比例）；④ 总能耗；⑤ 占用国土总面积；⑥ 交通结构分析（各种交通方式的运量、周转量、平均运距分析）；⑦ 公害指标估计量；⑧ 运输网结构分析（通道密度、连通性、适应性等）。

2. 项目评价

交通运输项目有以下特点：
① 投资大、涉及问题多而复杂、影响面广而深，起作用的时间长。
② 交通运输是为全社会服务的。它的公益性强，如安全、迅速、舒适、便利等，而这些效益一般难以通过市场价格来度量。
③ 交通运输项目的相互替代性强，在一定条件下，各种运输方式可以互相替代，公路和铁路可以互相替代，水路与铁路之间也可以互相替代等，但各种运输方式由于其各自的技术运营特点不同，适用的范围、功能作用和影响也不同。

因此，对交通运输规划进行项目评价时，必须结合具体项目的运营特点，进行详细的技术经济论证。设立评价指标应考虑以下几方面：① 通过能力；② 运输费用；③ 投资额；④ 利润率等。

综上，进行交通运输评价时不能仅以某一指标来决定运输方案的优劣，必须从经济、社会和环境等方面考虑，将拟建项目的工程技术、经济、环境、政治及社会等各方面因素联系起来，进行多目标综合评价，统筹兼顾，筛选最佳方案。同时，对所要评价的目标予以详尽、客观的定性描述仍是不可少的。

二、规划模型的有效性评价方法

任何模型都是对现实存在或计划建立的系统的一种抽象和简化，它不可能是客观系统的简单影射，在各个方面、各个细节上都和客观系统完全一致的模型是不存在的。对运输系统网络规划所建立的模型和客观系统之间的差别是模型有效性分析要回答的关键问题。

有效性检验包括两部分：模型抽象的有效性和模型转换的有效性。模型抽象的有效性是指模型反映客观系统的真实程度，经过与现实系统的对照、修改和验证后，模型能较真实地描述现实系统，为现实系统所应用，这样建立的模型也就越有效。模型转换的有效性是指由数学模型转换成计算机软件的可能性，如果能保证转换成计算机软件，说明模型转换的有效性好。

一般来说客观系统、数学模型、计算机程序三者有图 11.5 所示的关系。

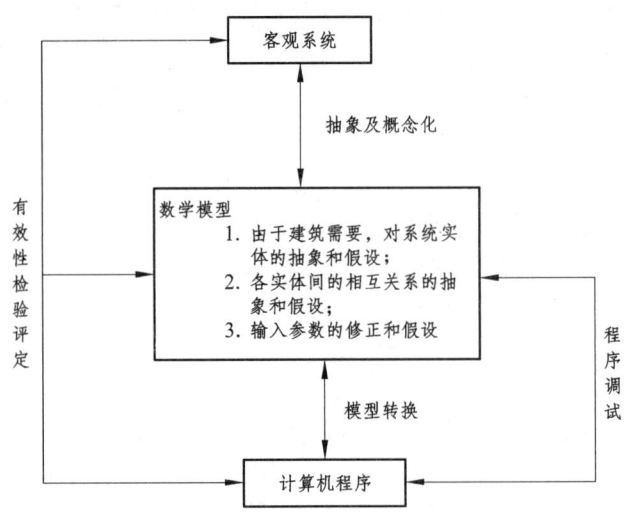

图 11.5　客观系统、数学模型、计算机程序之间的关系

到目前为止，国内外还没有一种统一和有效的评定运输系统网络规划模型有效性的方法。如果所模拟的系统是一个现实公路网络规划系统，评价网络规划模型有效性的最好方法是用实际发生的数据模拟输入，比较模拟输出和实际结果之间的差别，从而得到对模型有效性的评定。

三、网络规划评价体系

交通运输系统网络规划评价是交通运输规划的一个关键环节，城市和区域的交通运输系统网络规划都需要进行规划评价,但城市主要侧重于道路网络的通行能力(特别是交叉路口的通行能力)和服务水平,而区域主要侧重于路网规划的技术和经济方面的评价。

1. 区域交通网络

区域交通网络规划评价指标既要体现出区域交通运输系统规划的目标要求,又要符合网络规划的基本原则。

区域交通网络规划的总体目标是:四通八达、干支结合、布局合理、效益最佳。网络规划应在社会经济和区域交通网络现状及自然条件的基础上,充分体现国家政策,与社会经济发展规划相适应,同时兼顾国防、政治等各方面的要求,网络的建设发展和实施,都必须以此为原则。

区域交通网络规划的评价内容主要有3个方面,即社会评价、技术评价和经济评价。这3个方面评价的子系统构成了网络的评价系统。

社会评价子系统主要讨论区域交通网络的发展规划将给社会经济等各个方面带来什么样的影响和效益;技术评价是对区域交通网络系统的内部结构(包括车速、安全、便利、舒适等方面)和功能的综合分析来进行的;经济评价是采用技术经济评价指标——净现值、效益费用比、内部收益率和投资回收期等,对区域交通网络规划建设项目进行的经济评价。

网络的评价系统如图11.6所示。

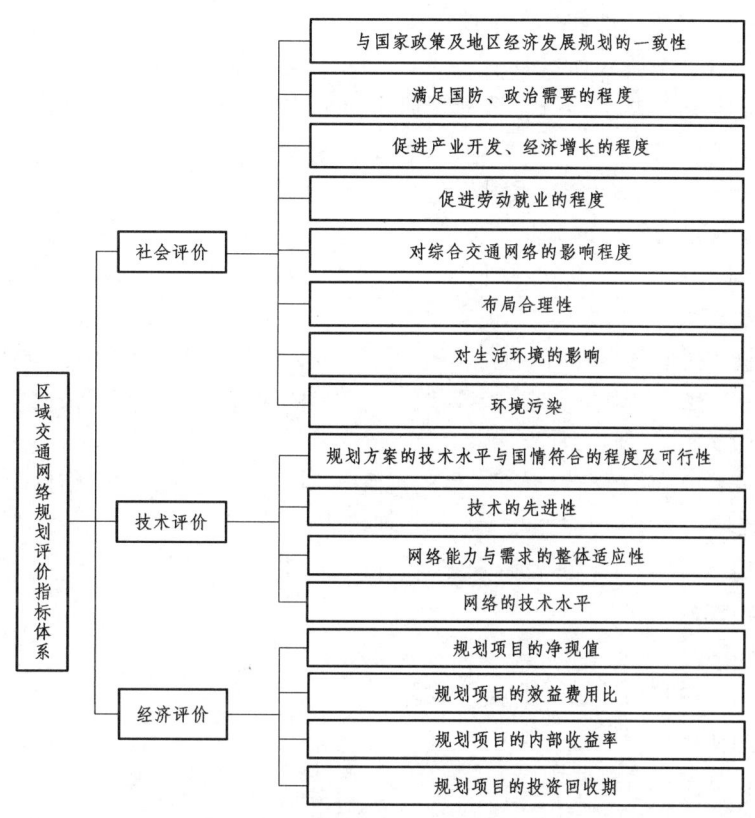

图 11.6 区域交通网络的评价系统

2. 城市路网

城市路网的通行能力（特别是交叉路口的通行能力）和服务水平首先决定于城市道路基础设施的建设水平，这主要通过路网密度、城市道路用地面积、路面等级、路面宽度等评价指标加以反映，但这仅仅是一种"静态能力"，对城市路网实际的通行能力和服务水平的准确评价应该结合城市交通的控制方式、控制技术与设备、城市交通发展情况与控制目标进行。如对城市交叉路口的控制和评价，应主要关注交叉口渠化设计、信号控制方式等。而对城市干线交通、区域交通的控制和评价则较复杂，涉及目标函数选择、交通模型设计、系统协调方式、参数优化策略选择等问题，这需要结合交通系统控制理论加以解决。

习 题

一、单项选择题

1. 交通运输布局要以（　　）为基础，它所担负的客、货运量的多少是国民经济和人民生活对它需要的数量尺度。
   A. 客、货运量预测　　B. 区域经济发展　　C. 区域人口数量　　D. 区域面积大小

2. 影响交通运输布局的因素主要是（　　）。
   A. 经济条件、自然条件和技术条件　　B. 人口数量、地域位置和大小
   C. 人口数量、经济收入和习惯　　D. 思想观念、自然条件和收入

3. 交通运输规划的基本任务是选择交通运输系统中各种运输方式的适用的地区并进行（　　）。
   A. 合理规划　　B. 合理组织和布局　　C. 合理配置　　D. 合理优化

4. 交通运输规划的核心部分是（　　）。
   A. 工程规划　　B. 发展规划　　C. 运输方式规划　　D. 布局规划

二、多项选择题

1. 交通运输布局的任务和目的是（　　）地为国民经济发展提供运输服务。
   A. 均衡　　B. 准确　　C. 连续　　D. 经济　　E. 快速

2. 生产布局又称（　　）。
   A. 生产分布　　B. 资源配置　　C. 生产配置　　D. 生产结构　　E. 结构配置

三、名词解释

1. 交通运输布局
2. 交通运输规划

四、简答题

1. 影响交通运输布局的主要因素有哪些？
2. 请说明交通运输布局的步骤。
3. 交通运输规划包含哪些内容？

第十二章 交通运输系统信息化与智能化

📖 **本章导读：**

大数据时代的交通运输系统

随着近年城市交通监控设备的大规模建设和警务信息化进程的推进，各种交通信息采集技术（如环形感应线圈、微波、视频、遥测、遥感等）被广泛地运用于城市、高速等交通路段或卡口，这些交通信息采集系统每天会产生海量的实时交通数据。交通大数据时代已经来临，这对交通管理者的数据驾驭能力提出了新的挑战，也为更好地提升交通管理水平提供了前所未有的机遇。

深圳作为经济特区，在道路规划、监控设备建设方面一直走在国内的前列，深圳交管部门敏锐地捕捉到大数据的应用前景，积极将大数据技术应用到交通管理和服务中。他们充分利用大数据的集成优势和组合效率，研发了视频交警系统，实现了管理效能的提升。视频交警系统将遍布全市的 3 万余个摄像头与交通诱导系统、车牌识别系统、事件检测系统、事故处理系统、地理信息系统、信息发布系统和后台信息平台等进行整合，通过数据动态分析，10 min 可完成对全市道路的网上巡查，做到对道路上的各类交通事件及时发现（异常情况）、及时定位（现场视频）、及时取证（现场证据）和及时通知（当事人）。视频交警投入使用以后，深圳主干道上 80%的轻微事故实现了快赔快撤，道路拥堵和事故的主动发现率提高了 20%，快速处置率超过 90%。

深圳交管部门 2012 年建成了"一个平台、六大系统"的智能交通管理服务体系，以交通共用信息平台的基础，集成了信息采集、信号控制、诱导发布、勤务管理、智能交通违法管理和闭路电视监控六大系统，通过分析传感器收集的信息，及时发布拥堵信息，调控路网信号灯，提供行车诱导和区域停车诱导。该体系投入使用以来，取得了良好的效果，深圳的车辆密度虽然高居全国之首（379 辆/km），但是城区高峰期机动车平均时速达 32.1 km，市区极少发生严重交通拥堵。

深圳交管部门还将大数据技术运用在内部管理中，利用大数据良好的智能性，研发了执法监管系统。执法监管系统，将视频图像、执法数据、仪器日志、后台处理数据以及人员、车辆档案进行数据融合，通过自动比对、相互印证、智能判断，对窗口处理、涉酒查处、路面执法等过程中的违规嫌疑数据实现了自动报警。

有学者认为，大数据应用在交通上最大的意义在于：个人可以在网上查询和获知交通状况，实时更新预警。深圳交管部门依托智能交通管理服务体系，在全国率先推出"深圳交警官方手机客户端"，推出手机 WAP 网、互联网、电视网"三网合一"的"网上深圳交警"，市民可以通过互联网、智能手机进行业务咨询、实时路况查询、网上打单、在线服务等，实现了交通管理"点对点、键对键、零距离、全天候"的服务。

概括而言，大数据分析为交通运输系统的信息化与智能化发展带来的新机遇表现在：大数据技术的海量数据存储和高效计算能力，将实现交通管理系统跨区域、跨部门的集成和组合，将会更加有效地配置交通资源，从而大大提高交通运行效率、安全水平和服务能力；交通大数据分析将为交通管理、决策、规划和运营、服务以及主动安全防范带来更加有效的支持；基于交通大数据的分析为公共安全和社会管理提供新的理念、模式和手段。

在交通运输系统信息化与智能化发展过程中，由于交通大数据具有数据量大、类型繁多、价值高、处理速度快、时效性强等特点，对大数据应用的需求分析成为一个关键问题。一方面，交通数据采集的范围、广度和深度急剧增加，随着智能交通系统建设规模的不断扩大，正在形成以微波、线圈、GPS、车牌等交通流检测数据，交通监控视频数据，以及系统数据和服务数据等为主体的海量交通数据；另一方面，对动静态海量交通数据的挖掘分析成为智能化交通信息处理分析的核心内容，交通数据的深层价值有待进一步的挖掘和开发。根据调查，韩国 3G 手机上的服务中，有 50%以上的服务与交通有关，包括实时道路交通信息、地铁和公交信息、火车和飞机班次动态信息、换乘信息、与汽车服务有关的信息等。以智能终端为服务窗口的、以云计算和大数据分析技术为支撑的智能交通信息服务正在逐步成为主流，与我们的生活息息相关。

目前交通大数据的研究非常活跃并已经形成了许多具有良好应用前景的创新成果。随着研究和应用的深入，大数据技术在交通运行管理优化、面向车辆和出行者的智能化服务，以及交通应急和安全保障等方面都将形成巨大的市场。具体而言，大数据时代的交通运输系统发展趋势主要有：

① 持续提升交通感知智能化水平，完善网络化的交通状态感知体系。
② 加强交通数据标准化建设，进一步整合数据资源。
③ 创新交通大数据分析应用，实现基于大数据技术的交通系统高效运营和管理。
④ 建立基于大数据分析的新一代智能交通信息服务系统，改善和提高公众出行的智能化服务水平。
⑤ 构建并完善智能交通技术创新体系，加强交通信息服务产业化进程。

第一节　概　述

一、信息概念

1. 信息的定义

哈特莱（Hartley）在 1928 年发表的《信息传输》一文中首先提出"信息"这一概念。

哈特莱认为：发信者所发出的信息，就是他在通信符号表中选择符号的具体方式。随着科学技术的发展，信息的概念逐渐被应用于社会生活的诸多领域，广泛地渗透到各门学科之中，发挥着越来越重要的作用。虽然就一般意义而言，信息可以理解成消息、情报、知识、见闻、通知、报告、事实及数据等，但由于信息概念所具有的丰富内涵，给出其严格的定义却很困难。因此迄今为止，还没有一个比较统一或普遍适用的有关信息的定义。不过也有很多专家从不同角度给出了信息的定义，并产生了深远的影响。

定义 1 信息是不确定性的消除

1948 年，信息论创始人、美国科学家香农（Shannon）从研究通信理论出发，第一次用数学方法给出了信息的定义：信息就是不确定性的消除量。香农认为，信息具有使不确定性减少的能力，信息量就是不确定性减少的程度。这里所谓的"不确定性"是指人们对客观事物所缺乏的必要的认识。这一看法揭示了信息的本质，得到普遍认同，被视为关于信息的一般性定义。

定义 2 信息是在人们适应外部世界，并且使这种适应反作用于外部世界的过程中，同外部世界进行互相交换的内容的名称

控制论的创始人、美国科学家维纳（Wiener）在 1948 年发表的名著《控制论——动物和机器中的通信与控制问题》一书中曾经指出"信息就是信息，不是物质，也不是能量"。维纳在《人有人的用处——控制论与社会》一书中写道："信息是在人们适应外部世界，并且使这种适应反作用于外部世界的过程中，同外部世界进行互相交换的内容的名称"……"要有效地生活，就必须有足够的信息"。

定义 3 信息是事物运动的状态和状态变化的方式

我国信息论专家钟义信教授认为："事物的信息，是指该事务运动的状态和状态变化的方式，包括这些状态和方式的外在形式、内在含义和实际效用。"钟义信教授还指出，在信息概念的诸多层次中，最重要的是两个层次：一个是没有任何约束条件的本体论层次；另一个是受主体约束的认识论层次。从本体论的层次上考察，信息可被定义为"事物运动的状态以及他的状态的方式"。从认识论的角度考察，信息是主体所感知或者主体所描述的事物运动的状态以及状态变化的方式。同时考虑事物的运动的状态和变化方式的外在形式、内在含义和效用价值的认识论层次信息称为"全信息"。这一定义为信息理论及信息技术的广泛应用提供了重要的基础和指导。

此外，意大利学者朗格（Longe）提出："信息是反映事物的形式、关系和差别的东西。信息是包含于客体间的差别中，而不是在客体本身中。"

这些定义从不同角度描述了信息所具有的内涵。要掌握信息概念，必须注意以下 3 个要点：

① 信息是一个独立的科学概念。

② 研究信息概念时，一定要分清层次，而不能笼统视之。

③ 无论是本体论信息还是认识论信息，都有"为主体消除或减少某种不定性"的作用。它所消除或减少的不定性越多，则表示主体收到的信息量越多。

2. 信息的特征

尽管信息的类型多种多样，如语音信息、图像信息、气象信息及交通信息等，但都具有相同的特征。总的来说：信息来源于物质，但信息不是物质本身；信息也来源于精神领域，

但是又不限于精神。从不同的角度人们对信息可以有不同的解释，但不同的信息具有比较一致的特征。信息比较典型的特征如下：

(1) 依附性

信息必须依赖一定的载体才能体现出来。常见的信息载体有语言、文字、声音、图像、音频、视频、纸张及胶片等。信息必须借助于一定的载体，才能为人们所感知：一方面，信息的传递必须借助于载体才能表现出来；另一方面，信息借助载体可以突破时间和空间限制的约束。

(2) 不灭性

与物质和能量一样，信息具有不灭性。但信息的不灭性同物质和能量的不灭性具有明显不同之处。比如，一个杯子被打碎了，虽然构成杯子的陶瓷的原子、分子没有变，但已不成为一个杯子。而信息的不灭性是指信息在产生后，并不因为被使用而消失。信息的载体可以变换或在使用中被磨损而逐渐失效，比如一本书、一张光盘的损毁，但信息并不因此而被消灭。

(3) 时效性

信息是反映事物的形式、关系和差别的东西，因此信息的价值往往有很强烈的时效性。只有反映事物的最新状态的信息才具有较高的价值。事实上，信息的价值会随着时间的延长而逐渐减少。比如战争时的信息在某一时刻可以决定战争或战役的胜负，但过了这一时刻，信息就可能由于战场形式的改变而变得毫无用处。

(4) 传播性

信息可以复制，从而便于广泛传播。尽管信息的创造可能需要很大的投入，但复制只需要载体的成本，因而可以大量地复制，广泛地传播。

(5) 共享性

信息具有扩散性，因而可以为不同个体或群体在同一时间或不同时间所共同享用。信息交流与实物交流有本质的区别：实物交流一方有所得必使另一方有所失，而信息流不会因一方拥有而使另一方失去拥有的可能，也不会因使用次数的累加而损耗信息的内容。信息可共享的特点，使信息资源能够发挥最大的效用。

(6) 价值相对性

信息具有价值。但信息的价值具有相对性，即信息由于其使用者的需要、理解的不同而体现出不同的重要性。比如停车场的车位信息，对于急于选择车位的小汽车驾驶员而言非常重要，但对于步行者就无关紧要了。

二、信息技术体系

1. 信息技术的概念

人们对信息技术的定义，因其使用的目的、范围及层次不同而有不同的表述。因此与信息一样，到目前为止信息技术没有一个统一而公认的定义。

简单地说，所谓信息技术就是人类开发和利用信息资源的所有技术的总和，包括信息的收集、识别、提取、变换、存储、传递、处理、检索、检测、分析和利用等技术。换言之，信息技术就是能够提高或扩展人类信息能力的方法和手段的总称。

信息技术随着科技的发展而不断发展。现代信息技术是指采用微电子学为基础的计算机技术与通信技术结合而成的手段，对声音、图像、文字、数据和各种传感器信号，进行收集、传输、存储及处理的技术。

现代信息技术主要包括计算机技术、微电子技术、通信技术以及传感技术等。可以形象地说，传感技术是扩展人的感觉器官收集信息的功能；通信技术是扩展人的神经系统传递信息的功能；计算机技术是扩展人的思维器官处理信息和决策的功能。微电子技术可以低成本、大批量地生产出具有高可靠性和高精度的微电子结构模块，扩展了人对信息的控制和使用能力。

2. 信息技术体系

信息技术体系是指由不同信息技术按其功能构成的相互联系、影响的系统。信息技术体系可划分为：基础技术、支撑技术、主体技术和应用技术 4 个层面，如图 12.1 所示。

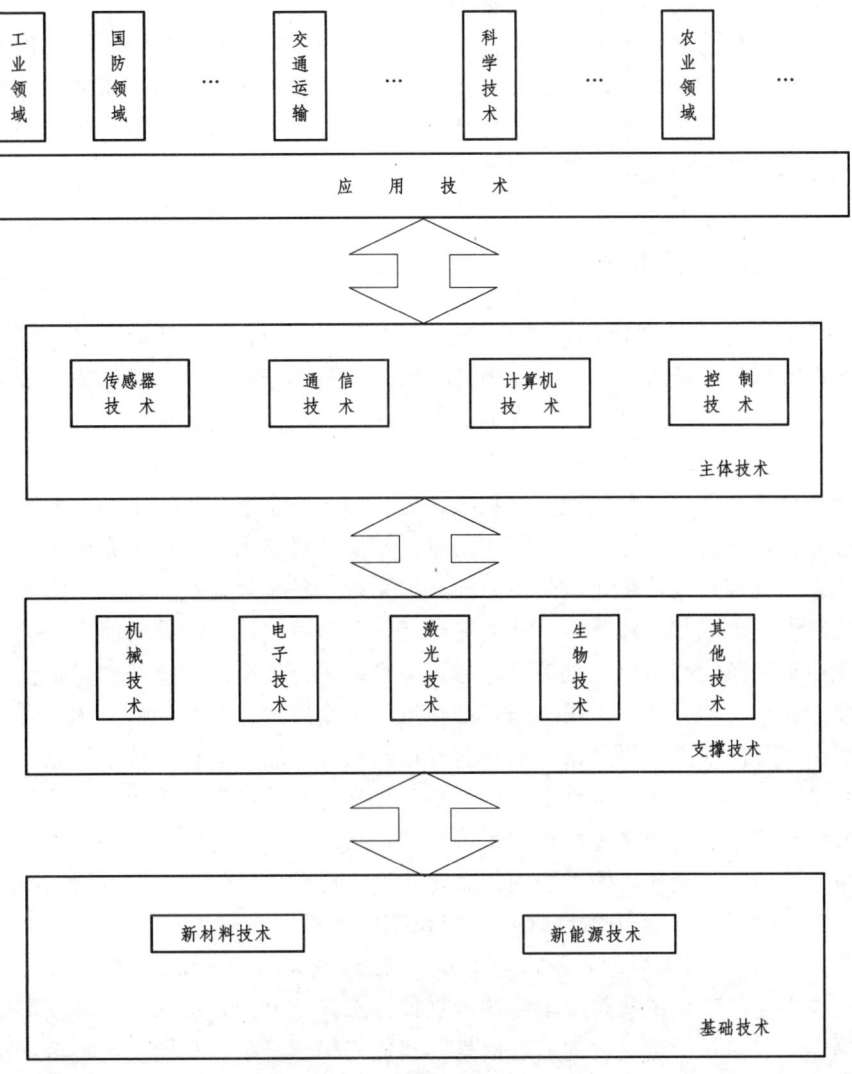

图 12.1　信息技术体系示意图

基础技术处于信息技术体系的最底层，主要指新材料、新能源技术等。信息技术是在基础技术的基础上，与其他技术相结合，通过不断渗透与融合，成为各行各业信息化的手段和前提。信息技术在性能、水平等方面的提高有赖于基础技术的进步。

支撑技术处于信息技术体系的第二层，主要是指机械技术、电子技术、激光技术、空间技术和生物技术等。

支撑技术之上就是主体技术层。主体技术是指感测技术、通信技术、计算机技术和控制技术。由于采集（Collection）、通信（Communication）、计算机（Computer）和控制（Control）的英文第一个字母均为"C"，故有人为了简便就称信息技术为"1C"技术、"2C"技术、"3C"技术或"4C"技术。

信息技术的应用技术是指针对各种实用目的由主体技术繁衍而生的各种各样的应用技术群。具体地说，就是按主体技术的应用领域，如农业、工业、交通运输、财政金融、图书情报、科学文化、教育卫生、文艺体育、行政管理、社会服务、家庭生活、军事国防区分出来的信息技术，它们共同构成了一个完整的应用技术体系。

通常人们只把信息技术体系中的主体技术和应用技术层次称为信息技术，因为它们可以直接延长、扩展人类信息器官的功能，这就是狭义的信息技术。基础技术和支撑技术尽管也很重要，但是在一般情况下不称其为信息技术，只有在某些特定条件下才称其为信息技术。而这时所指的信息技术就是广义的信息技术。

三、交通运输信息化概述

交通运输信息化是将现代信息技术综合运用于交通运输系统以实现交通运输系统构件之间信息的有效传递和处理。其中，交通运输信息是指用于或反映交通运输系统的规划、设计、建设、运行、分析及评价，以及交通运输系统与不同区域的国民经济和社会发展间关系的数据、指令、指标、理论、方法及知识等。

交通运输信息化的目标是实现完全数字化的交通运输系统，可以全面、系统、准确、及时地采集和分析反映交通运输系统状况的信息，从而使得整个系统成为完全可控的智能网络系统。换言之，交通运输信息化就是使交通运输系统具备有效地获得针对特定问题和环境的信息，将信息处理形成知识和策略，从而能"智能"地解决特定问题的能力。

实现交通运输系统的信息化是提高交通运输系统运行效率的重要基础，是交通运输系统发展的必要之路。目前，世界上很多国家都在致力于交通运输系统的信息化建设。在各种交通运输系统中，目前信息化程度最高的是航空运输系统。航空运输的技术特点决定了航空运输系统必须是建立在信息化的基础上，特别是现代空管系统已高度依赖信息技术。从某种意义上讲，航空运输系统已经是智能运输系统。

我国也在逐步加强交通运输系统的信息化建设，比较典型的是铁路运输系统的信息化建设。其中，铁路总公司为实现铁路现代化组织实施的铁路运输管理信息系统（英文名缩写TMIS），被世界银行专家称为世界铁路运输最复杂、最庞大的信息系统。TMIS的总体目标是：铁路总公司中央主处理系统从遍及全路的信息报告点，通过计算机网络实时收集全路列车、机车、车辆、集装箱及所运货物的动态信息，实现列车、机车、车辆、集装箱及所运货物节点式实时追踪管理，实现货运营销、货票、车站作业、确报和铁路总公司、铁路局调度的计算机管理，为铁路各级运输生产人员提供及时、准确、完整的信息和辅助决策管理方案，以实现均衡运输、紧密运输，提高运输效率，提高运输管理现代化水平，实现运输管理与国际接轨。TMIS 的组成涵盖了运输生产的全过程，包括 8 个大的应用系统，即货运营销与生产管理系统；货票信息系统；确报信息系统；编组站、区段站、货运站管理信息系统；铁路总公司、铁路局车站调度信息系统；集装箱追踪系统和大节点货车追踪系统；货车的日常管理系统；机关局域网、内部企业网、运输信息查询及综合办公自动化系统等辅助系统。

交通运输系统信息化的建设除了实现系统内部各子系统之间的无缝衔接外，还必须广泛应用智能化技术以实现系统与其他信息系统之间资源的有效共享，从而形成一个智能化的交通运输生产经营体系。以道路交通及水运系统的信息化建设为例，除了交通行业各级政府办公业务系统的建设外，要着重建设以下方面：

① 建立客运、货源管理信息系统和信息服务系统，实现运输服务管理的现代化。重点开发和完善售票、查询、交易、口岸管理、运输工具动态管理和调度、货源和运力信息等计算机管理信息系统，积极推进电子商务的应用，加快以信息技术改造传统运输企业的步伐。

② 采用 3S（地理信息系统 GIS、全球定位系统 GPS、遥感 RS）技术开发交通事故紧急救援系统和安全运营保障技术，开发路况信息系统和车辆调度技术等，完善网络环境下的电子收费系统、路政运政管理信息系统和高速公路监控系统等。

③ 将 3S 技术应用于交通运输企业，推动传统交通运输企业向现代物流企业的转变。

④ 在完善基础设施（包括道路、港口、机场和通信等）的基础上，致力于智能运输系统（ITS）关键技术的开发和示范工程的建设，从个别已经可以应用或有条件应用，或者当前迫切需要解决的项目入手，选择适当的切入点，发展我国的 ITS。

四、智能化特征

与交通运输信息化密切相关的另一个概念是智能。所谓智能是指在一定环境下针对特定的问题和目的而有效地获得信息、处理信息以形成知识和策略，并利用策略来解决问题，从而成功地达到目的的能力。

在不同的学科、专业领域对智能可以有不同的理解和解释。以道路交通系统为例，智能交通系统中的智能是指在道路交通环境中针对特定目的和作业需求，有效地获取信息、处理信息和利用信息，从而对交通运输活动实施安全、高效的管理、控制和诱导的能力。

第二节　智能运输系统（ITS）

一、ITS 概念

随着社会经济的发展，交通带来的环境污染和交通事故频繁发生等状况越来越严重，使世界上很多城市特别是大城市面临着严峻的挑战。传统的管理技术手段只能在一定程度上缓减日趋严重的交通问题，甚至已无能为力。与此同时，计算机技术、信息技术、通信技术及控制技术等有了飞速的发展。在这种背景下，采用新的理念和技术方法来提高交通运输网络的效率成为必然，而智能运输系统（Intelligent Transportation System，ITS）则被公认为当前交通运输系统发展的模式和方向及未来交通运输系统的蓝图。

所谓ITS是指一种全新的交通运输系统，它将先进的信息和通信等技术集成到交通运输基础设施及运输工具中，为用户、交通运输基础设施、交通工具提供一个先进的信息和通信网络，使整个交通运输系统更加安全、更有效率、更加可靠并且环境友好（见图12.2）。其中，要为用户、交通运输基础设施、交通工具提供一个先进的信息和通信网络，必须将先进的信息技术、计算机技术、数据通信技术、传感器技术、电子控制技术、自动控制理论、运筹学、人工智能等有效地综合运用于交通运输、服务控制和车辆制造中。

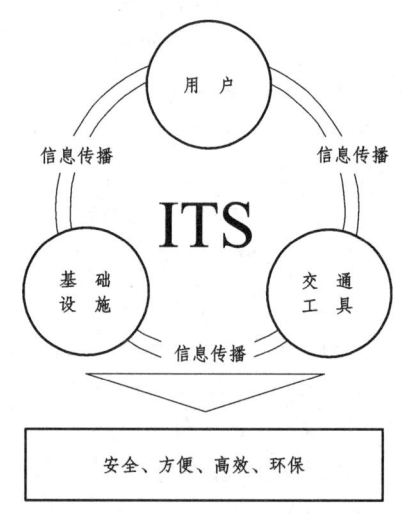

图 12.2　ITS 概念示意图

欧洲、日本及美国是最早开始ITS研究的，并成为当今世界ITS研究的三大基地。其中，日本和欧洲的研究起步更早。例如，欧洲19个国家的政府和企业界于1986年提出的旨在建立跨越欧洲的智能化道路网络的EUREKA联合研究开发计划。不过值得注意的是，虽然在20世纪80年已开始对ITS进行比较系统的研究，但均采用了不同术语来描述ITS系统，直到90年代才正式采用智能运输系统（ITS）这一术语。1994年，日本道路交通车辆智能化协会提出采用"Intelligent Transportation System"这一简洁术语的建议，得到了广泛认可。

目前很多国家都在致力于ITS系统的研究与开发，难以计数的ITS大小项目正在开展，并已形成了一个巨大的产业。以"安全、方便、高效、环保"为目标的ITS概念正逐步在全球形成。

二、ITS的体系结构

1. ITS体系结构的含义

系统结构是从现实系统目标的角度，对系统组成部分相互作用关系的概括性描述。系统结构定义了完整的系统运行关系、各组成部分的功能，以及组成部分间的信息传递与交换。ITS体系结构是指ITS系统所包含的子系统，各个子系统所应具备的功能，以及各个子系统之间的相互关系和集成方式。它是ITS的规划、界定及集成的一个公共框架。

ITS体系结构包括用户服务、逻辑体系结构及物理体系结构等内容。

在ITS体系结构中，用户服务是基础。因为ITS的根本目标是满足出行者、交通管理者、运营部门等的需求，为其提供相应的用户服务。

ITS的逻辑体系结构包括提供用户服务所需的各进程（行动及功能）、数据流、终端及数据仓库。其中，各种进程必须有机结合在一起，以共享信息。而数据流则表明各功能模块之间所共享的信息。终端（包括传感器、计算机等）是 ITS 逻辑体系结构的进口和出口。数据仓库用于存储各个进程所保留的信息。ITS 的逻辑体系结构独立于具体的技术及执行。

ITS 物理体系结构是 ITS 的物理视图，定义了构成 ITS 的物理实体（子系统和终端），这些物理实体与逻辑结构中的进程与数据流对应。由于 ITS 物理体系结构定义了结构流，因此可以将不同子系统和终端连接成一个整体。

图 12.3 所示是美国国家 ITS 物理体系结构。该物理体系结构分为运输层和物理层。前者显示 ITS 各子系统之间的关系，后者则为各子系统之间的连接提供通信服务。从图中可以看出，美国国家 ITS 物理体系结构具有 22 个子系统（用小的矩形表示），并分为出行者、管理中心、车辆及现场应用 4 个大类（用大的矩形表示）。该物理体系结构的分类及子系统如下：

① 出行者：远程出行者服务、个人信息获取。
② 管理中心：信息服务提供者、交通管理、排放物管理、紧急事件管理、公交管理、收费管理、车队和货运管理、商业车辆管理、文档数据管理及维护和建设管理。
③ 车辆：普通车辆、商业车辆、紧急车辆和其他车辆。
④ 现场应用：道路、安全监测、收费、停车管理、商业车辆检查。

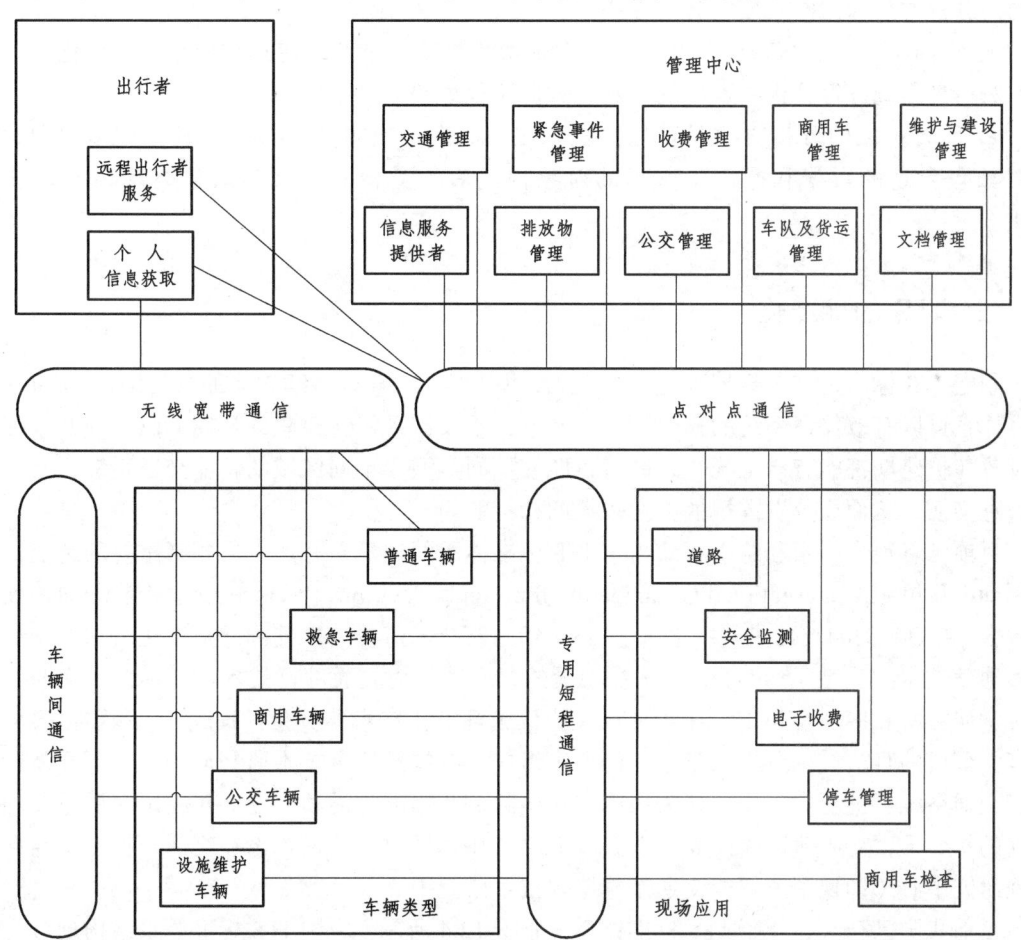

图 12.3 美国国家 ITS 物理体系结构

各子系统之间通过 4 种通信类型连接，包括无线宽带通信、点到点通信、车辆间通信、专用短距离通信。

2. ITS 体系结构的开发

ITS 的大系统特性决定了其体系结构的错综复杂。因此 ITS 体系结构开发必须采用系统科学的方法。从 ITS 体系结构开发的过程来看，通常可以采用以下两种方法：

(1) 自顶而下方法

自顶而下方法适用于具有统一领导机构（比如美国的运输部）的情况。该机构确定 ITS 开发的组织形式、开发和实施过程中的管理方式及所涉及的政策环境。该机构制定统一的研究计划及规则，由各有关单位参与不同部分的开发。

(2) 自底向上方法

自底向上方法适用于缺乏统一领导机构的情况。彼此独立的各单位依据自身的目标进行 ITS 体系结构的开发。由于缺乏统一的研究计划，该方法从整体上看具有效率不高的缺陷。ITS 实际上是一个复杂的信息系统，所以针对具体的 ITS 体系结构而言，其开发可采用面向结构的分析方法和面向对象的分析方法。

① 面向结构的分析方法是从用户对系统功能的需求出发，使其结构化、模块化，自上向下对信息系统进行分析。常用的工具有数据流程图和数据字典等。

② 面向对象的分析方法是从用户需求出发，将系统的基本要素看成是许多对象，每个对象包含它的数据和操作，共享的对象构成对象类，对对象、对象类及其关系进行分析。

三、ITS 的标准化

制定 ITS 标准是 ITS 规划和建设的基础，也是促进 ITS 可持续发展的重要保障。制定 ITS 标准体系可以有效保证系统的兼容性与互联性，不仅使系统在建立的初期、以后的升级维护期及改建扩建期都能有效地统一，同时也能使不同类型、不同区域的智能交通系统相互连接和信息交换，从而充分发挥智能交通系统的社会效用。

目前已有很多国家和组织正致力于 ITS 标准体系的制定，并产生了相当重要的影响，而国际标准化组织（International Organization for Standardization，ISO）的交通控制和通信技术委员会（ISO/TC204）即是其中之一。1995 年国家技术监督局批准国际标准化组织的交通控制和通信技术委员会（ISO/TC204）在中国的归口部门为交通部，技术依托单位为交通部公路科学研究所。1996 年 7 月，中国交通工程设施标准化技术委员会正式成立。该委员会由政府有关部门的官员、企业界和学术界的专家组成，在国家质量技术监督局的领导下开展中国智能交通系统标准相关工作并代表中国参加国际 ITS 标准化活动。1998 年在国家质量技术监督局的指导下，交通部正式批准成立 ISO/TC204 中国秘书处，地点设在交通部智能交通系统工程研究中心（即现国家智能交通系统工程技术研究中心）。

目前我国已初步建立了 ITS 标准体系，如图 12.4 所示。中国 ITS 标准体系结构划分为两层，上层为智能交通系统通用标准，下层为分系统标准。通用标准层包括术语及定义、基础信息分类编码及表述、数字地图及定位 3 部分。分系统标准包括 6 部分，即专用通信、信息服务、交通与紧急事件管理、电子收费、综合运输及运输管理、自动公路与车辆辅助驾驶。

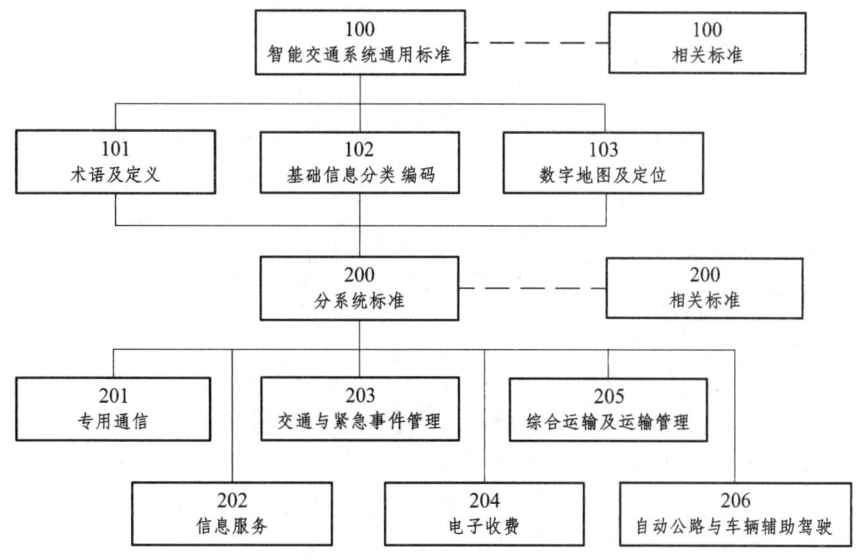

图 12.4　中国 ITS 标准体系

四、ITS 的技术基础

ITS 集成了多种多样的先进技术，包括传感器技术、计算机技术、通信技术、人工智能技术，以及控制技术等。这些技术服务于 ITS 的不同功能，并有机结合在一起，从而使交通运输系统成为"智能"的系统。由于 ITS 本质上是一个信息系统，ITS 中的各种先进技术尽管差异很大，但大都服务于 ITS 中的信息流。因此，信息技术是 ITS 中的基础技术。

ITS 的基本思想是利用先进的检测技术采集信息，然后用先进的信息处理技术对信息进行处理分析，最后用先进的通信技术将所得到的特定信息进行传输实现系统的特定的功能目标。其中，ITS 信息的采集与处理技术是基础，而 ITS 信息传递技术则是有效实现系统性能的关键。

1. ITS 信息采集技术

利用先进的检测技术对车辆及交通运输系统基础设施进行检测，获取道路状况、交通状况、车辆状况等信息。例如用 GPS 技术对车辆位置进行精确定位。

2. ITS 信息处理技术

利用先进的计算机技术、人工智能等技术对信息采集技术所获取的信息进行分析处理，包括信息的融合、信息的提取等，得到与特定要求相适应的有用信息。例如用 GIS 对交通信息进行处理分析。

3. ITS 信息传递技术

ITS 信息传递技术是 ITS 中的关键技术。系统构件之间的有效通信是系统智能化的具体体现。简单地说,通信方式的效率最终确定了 ITS 的效率。有大量通信技术被用于 ITS 系统的通信,包括卫星通信技术、数字/模拟蜂窝通信技术以及传统的调频广播等。

五、ITS 的主要内容

不同国家、不同区域 ITS 的目标有所不同,因此其研究侧重点也不同。

1. 美国 ITS 的主要内容

目前美国的 ITS 研究集中在 8 个领域共 33 项研究内容。美国 ITS 研究所涉及的领域及各领域的主要研究内容如表 12.1 所示。

2. 日本 ITS 的主要内容

1996 年,日本 5 家政府部门合作制定了《推进日本智能运输系统(ITS)总体规划(Comprehensive Plan for ITS in Japan)》和 VERTIS 总体设计,规划了日本 ITS 未来的研究领域,包括 9 个方面,如表 12.2 所示。目前紧急车辆诱导及救援行动支援和商用车辆运营管理等已开始应用,其他如电子收费系统也已应用于高速公路上。

表 12.1 美国 ITS 的主要内容

领　　域	研究内容	领　　域	研究内容
出行和交通管理	出行前信息	紧急情况管理	紧急情况通报和个人安全
	在线驾驶员信息		紧急车辆管理
	路线引导		灾害响应与评估
	乘车匹配与预订	先进的车辆安全系统	避免纵向碰撞
	出行者服务信息系统		避免侧向碰撞
	交通控制		避免交叉口碰撞
	交通事件管理		防止碰撞的视觉增强
	交通需求管理		安全防范
	排放物的检测和控制		碰撞前的控制措施
	铁路平交道口管理		自动车辆运行
公共交通管理	公共交通管理	信息管理	文档数据
	途中公交信息	维护与建设管理	维护与建设
	个体的公交运输		
	公交出行安全		
电子支付	电子支付		
商业车辆的运行	商业车辆的电子通关		
	自动化路边安全检查		
	车载安全监控		
	商业车辆的行政管理		
	危险品安全与事件响应		
	货运机动性		

表 12.2　日本 ITS 的主要内容

分 类	研究内容	分 类	研究内容
先进的导航系统	路线导航信息	公共交通支持	公共交通信息提供
	目的地信息		公共交通运行管理
电子收费系统	电子自动收费	提高商业车辆运行效率	商用车辆运营管理
辅助安全驾驶	危险警告		商用车辆自动跟车行驶
	运输支援	行人支持	人行道线路诱导
	自动驾驶		行人危险预防
交通管理优化	交通流优化	救援车辆运营支持	紧急事件自动警报
	交通事故时管制信息		紧急车辆诱导及救援行动支援
提高道路管理效率	管理水平提高		
	特许商用车辆管理		
	道路危险信息提供		

3. 中国 ITS 的研究内容

我国《国家 ITS 体系框架》规定我国 ITS 发展主要集中在不停车收费、出行者信息服务、城市交通管理、公共交通系统、智能公路系统等方面。

目前我国的 ITS 研究和发达国家相比还有一定差距，但和过去相比也有了长足的进步。随着电子技术、计算机技术和通信技术的发展，以及国家对 ITS 研究的重视，将有力地推动我国 ITS 研究的深入开展。

第三节　ITS 的主要子系统

一、交通管理与控制系统

1. 概　述

交通管理与控制系统是 ITS 中最为关键的子系统，是其他子系统功能实现的前提和基础。它利用先进的交通监测技术、计算机技术和通信技术等，对交通运输网络的运营和设施进行一体化的控制和管理，提高运输系统的效率和安全。

交通管理与控制系统的根本目标是提供实时的交通管理与控制策略以适应已有的交通需求。交通管理与控制系统将自动检测的交通信息传送到交通管理中心，进行处理分析，得到正确的管理与控制方案，从而实现系统的高效、安全及可靠。一方面，它可以改善现有路网运行状况，提高道路的有效利用率和交通流量，缓解车辆增加造成的交通需求压力。另一方面，它能改善交通秩序，减少事故，提高行车安全，减少道路的拥挤程度和交通事故的发生率，减少因交通拥挤、事故等造成的出行时间延长现象。

因此，交通管理与控制系统可以充分利用现有交通设施，极大提高运输系统使用效率。

2. 基本原理

交通管理与控制系统的基本原理就是将多种先进技术，包括通信、计算机、自动控制技术等按照系统工程原理进行集成，实现系统的一体化，将各种先进的交通管理方式和控制方法有机结合起来。

由于运用了先进的信息技术，交通管理与控制系统能实现交通信息的实时采集与处理，从而实现实时的交通管理与控制。

3. 主要内容

交通管理与控制系统自身又由多个子系统构成，涉及交通控制、交通安全、环境检测等方面。下面只介绍其中比较典型的几个子系统。

(1) 车辆排放物检测与控制系统

该系统通过先进的传感器来监控和执行相应策略以改变环境敏感区域的交通流，或者控制车辆进入该区域。同时，它利用先进的检测技术对车辆排放物水平进行检测，并为驾驶员或管理者提供采取改正措施的相关信息。此外，该系统为运输规划与运营部门提供便于执行和评估不同的环境污染控制策略的相关信息。

(2) 交通安全系统

采用先进的检测、监控等技术，避免车辆行人等发生各种碰撞，特别是车辆之间的各种碰撞，主要包括纵向碰撞、侧向碰撞及交叉路口的碰撞等。同时对可能发生的碰撞提供安全警报。

(3) 交通控制系统

该系统利用道路系统的集成与自适应控制实现平稳的交通流。通过适当控制策略对公共交通或其他高承载率车辆的优先，从而提高道路使用效率，减少交通拥挤。同时该系统将对信息中心得到的交通信息进行融合处理，确定车辆和行人路权的最优分配。

二、出行者信息系统

1. 概　述

ITS 的一个重要目标是为出行者提供方便快捷的出行服务。实现这一目标的重要手段之一就是为出行者提供必要的交通及相关信息，从而提高其出行的方便性和安全性。出行者信息系统是 ITS 中为出行者提供交通信息的子系统。它为出行者提供各种交通信息以及其他与出行有关的重要信息，为出行者的出行提供决策支持。比如，驾驶员根据出行者信息系统提供的在线路径诱导信息，可以根据一定准则来选择最优路径。

出行者信息系统除了为单个出行者的出行提供便利外，对于提高整个交通运输系统效率也具有重要意义。首先，可以减少系统的出行时间和延误，从而合理使用现有的道路资源。其次，降低了交通事故发生率，减少人员伤亡。此外，由于出行者信息系统提高了道路通行能力，减少拥挤发生，从而减少车辆尾气排放，改善了环境。因此出行者信息系统一直是各国 ITS 研究的主要内容之一，并成为 ITS 系统的核心部分。特别是日本、美国和欧洲已进行了大量的研究，部分系统已处在公共检测试验阶段。

传统的出行者信息系统往往只能通过交通广播电台等手段为出行者提供如公交时刻表等静态的信息。这些静态信息由于实时性较差，所带来的效益并不明显。随着 ITS 研究及相关技术的发展，各种先进的信息技术开始应用于出行者信息系统，使得出行者信息系统不仅能提供静态的交通信息，也能提供实时动态的信息（如特定路段拥挤状况），从而为出行者提供了更多的选择。

2．基本原理

一个典型的出行者信息系统往往由 4 个模块构成，包括通信网络模块、信息采集模块、信息处理模块和信息发布模块。

（1）通信网络模块

通信网络的功能是在系统的各个组件之间传递信息。在出行者信息系统中广泛使用的通信方式有射频通信、红外通信、微波通信和蜂窝移动电话通信等。一个出行者信息系统的通信网络往往由多种通信方式构成。如 TravTek 系统的通信网络就由电话线路、调频广播以及自动拨号蜂窝电话等多种数字通信方式组成。从信息传递的方式可将通信网络分为单向通信和双向通信两种。在单向通信网络中，信息只能从信息中心发送到出行者，如广播交通电台。在双向通信网络中，交通信息中心不仅向出行者发布交通信息，也从出行者那里获得交通运行状况信息。

（2）信息采集模块

信息采集模块的功能是采集出行相关信息，特别是路况信息等。传感器、摄像机等是常用的信息采集手段。GPS 等技术现在也广泛应用于信息采集。比如在车辆自动定位系统中，就利用 GPS 来获取关于车辆位置的数据。

（3）信息处理模块

通过信息采集模块采集的数据往往并不能为出行者所使用，必须经过适当的处理。信息处理模块的功能是将采集的信息处理为用户所接受的信息。一个监控中心的实时交通数据往往来自分布在各线路上的各种交通参数检测器，包括线圈检测器、超声波检测器、红外检测器、微波检测器和视频检测器等。与此同时，为了得到运输网络中某一个单元的交通数据，必须对整个运输网络中的多个数据源联合分析处理。正是由于交通数据具有多源、多维、大规模数据量等特点，对信息进行处理是出行者信息系统的关键及难点。比如，要为出行者提供路径诱导信息，必须在较短时间内处理来自道路信息采集点所采集的信息。通常采用数据挖掘、数据融合方法，并结合交通模型，利用软件完成信息的处理。

（4）信息发布模块

信息发布模块的功能是将信息发布给出行者，且必须及时准确地将交通信息发布给出行者。可以通过互联网、交通广播、蜂窝电话、有线电话、路侧广播、图文电视、车载终端、可变信息标志、警示标志、车载滚动显示屏、分布在公共场所内的大屏幕等向出行者发布信息。采用何种信息发布方式与信息发布的目的有关。图 12.5 是公路路况广播（Highway Advisory Radio, HAR）的示意图。HAR 通过广播的形式为出行者提供信息，其广播范围通常在方圆 1~6 英里内。HAR 通常与可变信息标志一起使用，后者让出行者知道何时或何处使用 HAR。

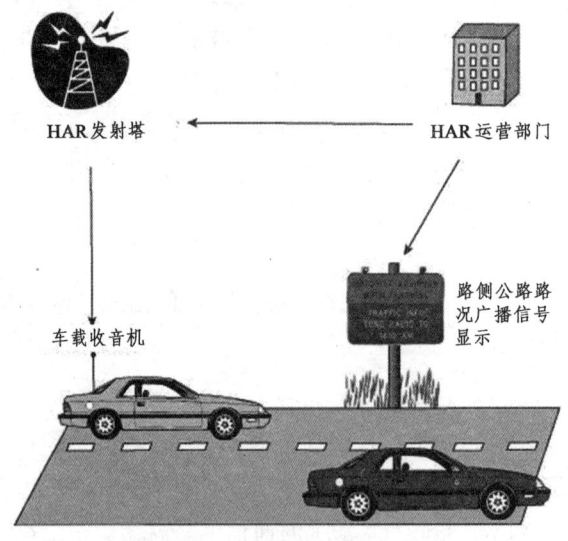

图 12.5 HAR 原理示意图

图 12.6 是一个停车信息系统的概念图。从图中可以看出，停车信息系统一般由 4 个部分组成：

① 通信网络模块：在系统的各部分之间转移数据。
② 停车数据采集模块：用于采集进入或离开特定停车场的车辆数。
③ 数据融合与处理模块：将原始数据转换为出行者所需要的停车信息。
④ 信息发布模块：通过广播或车载显示等方法将信息发布给出行者。

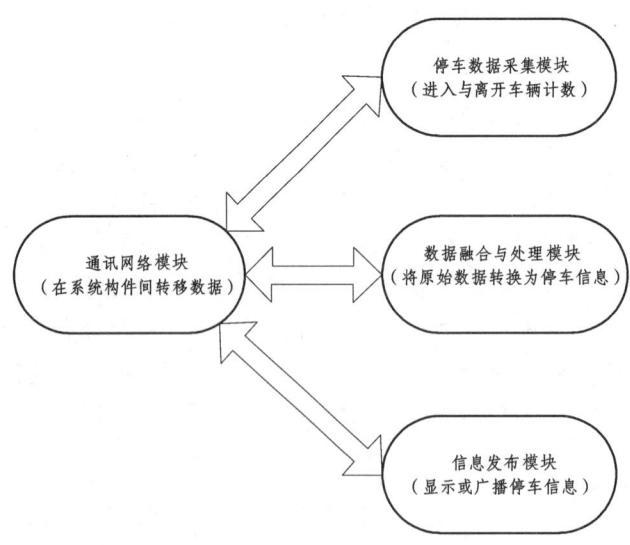

图 12.6 停车信息系统概念图

3. 主要内容

出行者信息系统能够提供给出行者以多种多样的信息。这些信息可分为以下几类。

(1) 出行前信息

出行前信息是为出行者在出行前发布的信息。首先是特定区域内可用的交通运输方式的信息，主要包括过境运输服务、巴士或地铁、出租车服务、主要道路、景点以及有关业务机构的电话号码等信息。其次是对于出行者特定的一次出行的有关时间表或路线图的信息，包括路线、费用、时刻表、换乘要求、公交站点位置以及地图等。

(2) 在线信息

在线信息系统为驾驶员提供关于交通状况、交通事故、道路建设、公交调度、天气状况、危险道路状况以及安全速度等信息。这些信息可以使驾驶员选择最适合自己的线路。在线信息系统的信息发布可以采用多种技术手段，如可变信号标志、公路路况广播、个人通信设备及车载导航系统等实现。

(3) 合伙乘车信息

合伙乘车信息属于出行前信息的范畴，是一种特殊类型的信息。该信息服务主要为需要合伙乘车的出行者提供合伙乘车信息，包括乘车伙伴、乘车路线等。出行者向信息管理中心提出申请后，由管理中心选择最合理的匹配对象并通知用户双方或多方。

(4) 停车信息

为出行者提供停车场的情况，停车地点的选择等。停车信息是一类非常重要的交通信息，出行者在出行前后都需要停车信息。停车信息不仅决定了出行者目的地和路径的选择，还可能决定出行者出行与否（或出行时间的选择）。

三、电子收费系统

1. 概述

电子收费系统（Electronic Toll Collection System，ETC）是一种收费和支付的自动化系统。它是各国 ITS 研究的重要内容，已经在部分国家得到实际应用，并且取得了很好的成效。ETC 的意义在于：

① ETC 是为用户支付各种交通方式的相关费用而提供的一种通用的电子支付手段。包括通行费、公交车票费、停车费等都能通过 ETC 实现收费和支付的自动化，用户无需准备现金，从而极大方便了用户；对收费单位而言，自动化的收费方式同样不需要进行现金的处理，因而可节省收费员的人工费等管理成本。

② 由于 ETC 实现了不停车收费，提高了收费站的通行能力，大大减少车辆在收费站的拥挤排队。同时，ETC 减少了用户停车交费的需要，从而减少了车辆在收费站加减速而造成的环境污染。有关资料显示：高速公路的交通堵塞 35%发生在收费站处，采用 ETC 将大大提高公路的营运效率，节约乘客的时间。

③ ETC 是拥挤收费的重要技术保障。交通需求管理的重要措施之一是实行拥挤收费，而 ETC 是常用的拥挤收费技术手段之一。比如在新加坡实施的拥挤收费中，就普遍采用了 ETC。

2. 基本原理

ETC 系统是利用微波（或红外、射频等）技术、电子技术、计算机技术、通信和网络技术、信息技术、传感技术、图像识别技术等高新技术的设备和软件（包括管理）所组成的先进系统，以实现车辆无需停车既可自动收取出行的相关费用。

图 12.7 为 ETC 基本原理示意图。从物理结构而言，ETC 主要由车载设备、IC 卡和路侧天线 3 部分构成。当车辆通过收费时，ETC 利用车载设备与路侧天线之间的双向通信技术（包括传统的微波或红外线通信，以及最近的 GPS 技术等），经由 IC 卡记账或与银行联网的方法进行收费。

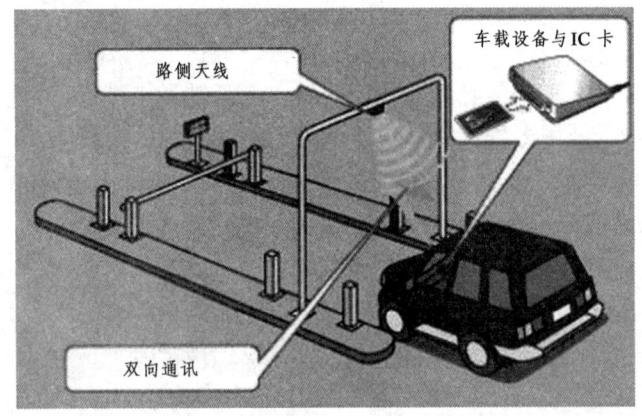

图 12.7 ETC 基本原理示意图

四、公共交通管理系统

1. 概　述

发展公共交通被认为是解决运输系统日益尖锐的供需矛盾的重要措施。而发展公共交通的关键是提高公共交通的服务水平。公共交通管理系统是 ITS 中以公共交通为服务对象的子系统，利用各种先进技术实现公共交通调度、运营、管理的信息化和智能化，为出行者提供更加安全、舒适、便捷的公共交通服务，同时为运营管理者提供决策支持。

自 20 世纪 80 年代，部分国家公共交通部门开始了公共交通管理系统的研究，并取得了显著的成效。比如美国的先进的公共交通系统（Advanced Public Transportation System，APTS）显著提高了公共交通服务水平，吸引了更多乘客采用公交和合伙乘车的出行模式，并带来了减少交通拥挤、空气污染和能源消耗等一系列社会效益。

与发达国家相比，我国的公共交通服务水平还比较落后。我国政府已积极实施公交优先发展政策。而研究和开发公共交通管理系统也是我国 ITS 研究的重要内容。目前我国广州、上海、北京等地已经开始建立公共交通管理系统。

2. 基本原理

公共交通管理系统通过采集和处理与公共交通相关的各种信息，如客流量、公交车辆位置、紧急事件的地点等，为出行者建议公交出行路线、换乘地点等，同时为经营管理者提供对公交车辆的动态监控、实时调度等功能，从而达到提高公交服务水平的目的。

以公交车辆的自动定位为例。公交车辆自动定位系统由两部分组成：车辆定位技术和数据传输方法。定位技术采用适当硬软件技术（如 GPS 技术）确定车辆位置；而数据传输方法确定了车辆和控制中心通过何种途径来进行数据交换。该系统可以确定运输系统中公交车辆的精确位置并报告给控制中心。图 12.8 所示是车辆自动定位系统示意图。

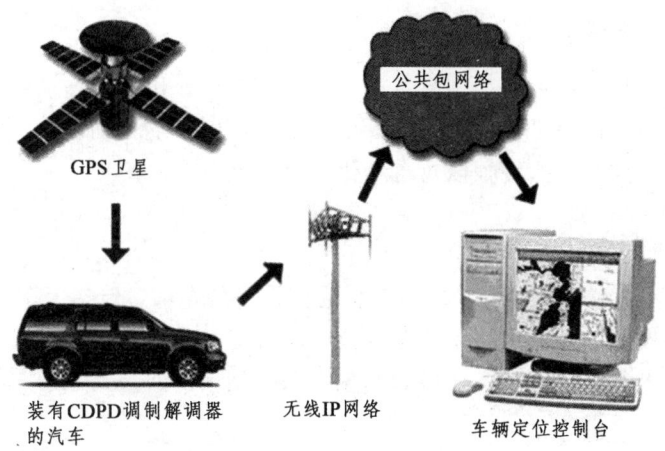

图 12.8 车辆自动定位系统

3. 主要内容

公共交通运输管理系统主要内容包括 4 个模块：

(1) 公共交通管理模块

该模块应用信息技术对车辆及设施的技术状况和服务水平进行实时分析，实现公交系统营运、规划及管理功能的自动化，例如动态地调整发车间隔、投放车辆数量等。

(2) 公交信息管理模块

该模块为利用公共交通的出行者提供中转换乘、站点候车时间、公交车辆位置和车辆座位等信息，帮助出行者规划相应的公交出行。

(3) 个人公交管理模块

该模块根据出行者个性化的公交需求，提供相应的公交服务。通过小公共汽车、出租车及其他小型共乘车辆等交通工具提供非定线或准定线的公交服务，满足个人公共交通需求。

(4) 公共交通安全管理模块

该模块为公共交通的乘车人员和驾驶员提供一个安全的运输环境。通过监控车站、行驶中的公共汽车、道路状况以及公交的关键基础设施，并且在必要时自动或人工发出警报，实现公共交通的安全。

五、紧急事件管理系统

紧急事件管理系统（Emergency Management System，EMS）是当紧急情况发生时，安排紧急车辆（包括消防车、救护车等）实施救援（包括紧急车辆位置的确定及紧急车辆到达现场的最优路线等），并对其他驾驶员发出警告的系统。

EMS通过采用车辆自动定位技术、最优路线选择、地理信息系统、公路路况广播、事件自动检测等技术手段来实现对紧急事件的管理。EMS主要由两个模块构成。

1. 紧急事件通报模块

该模块包括两个功能：首先，在紧急或非紧急情况下，出行者在需要协助时能通知到紧急事件的相关人员。该通报可以由出行者人工发出，或由车辆自动发出。其次，该模块还可提供对安全区域的监控、危险警报以及自动化安全系统。

2. 紧急车辆管理模块

ITS环境下的紧急车辆是备有专用的短程通信设备的车辆，包括警车、消防车、救护车、电力抢险车等。该模块的功能包括紧急车辆位置的确定、紧急车辆调度、紧急车辆最优路线确定、紧急车辆优先通行等，其主要目的是减少从接到事件通报到紧急车辆达到事发现场的时间。

图12.9是紧急车辆路线确定流程图。紧急事件管理系统中的紧急车辆路线模块用于实现紧急车辆的动态路线选择及为紧急车辆提供所选路线的优先权。紧急车辆管理中心能从交通管理中心获取道路交通状况的实时信息，并具有跟踪紧急车辆的软硬件设施。紧急车辆管理中心可以根据获取的道路交通状况的实时信息给紧急车辆发布调度命令或建议适当的线路，紧急车辆则能够向紧急车辆管理中心报告紧急事件的状况。而交通管理中心可以根据紧急车辆管理中心的请求，对交通信号进行控制给紧急车辆以优先权。

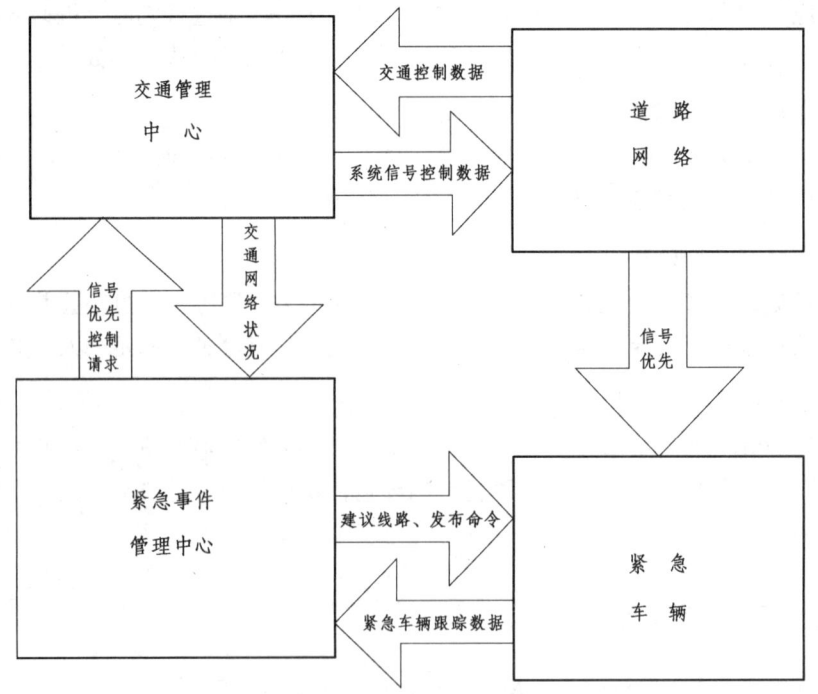

图12.9 紧急车辆路线确定流程图

图12.10是紧急事件管理流程图。ITS的紧急事件管理系统要达到使紧急事件给交通系

统和出行者安全带来的影响减小到最少的目的。紧急事件管理中心与交通管理中心协同工作，采集和校正信息以检测和验证交通事故，并与其他紧急事件应对部门合作以作出适当的响应。这种响应包括交通控制策略的调整、给受影响的出行者发布交通信息，或者调度适合的紧急车辆到达紧急事件现场。同时紧急事件管理中心除了能监控紧急事件外，也能对所相应的响应进行监控。因此，紧急事件管理中心能实现对紧急事件的全方位管理。

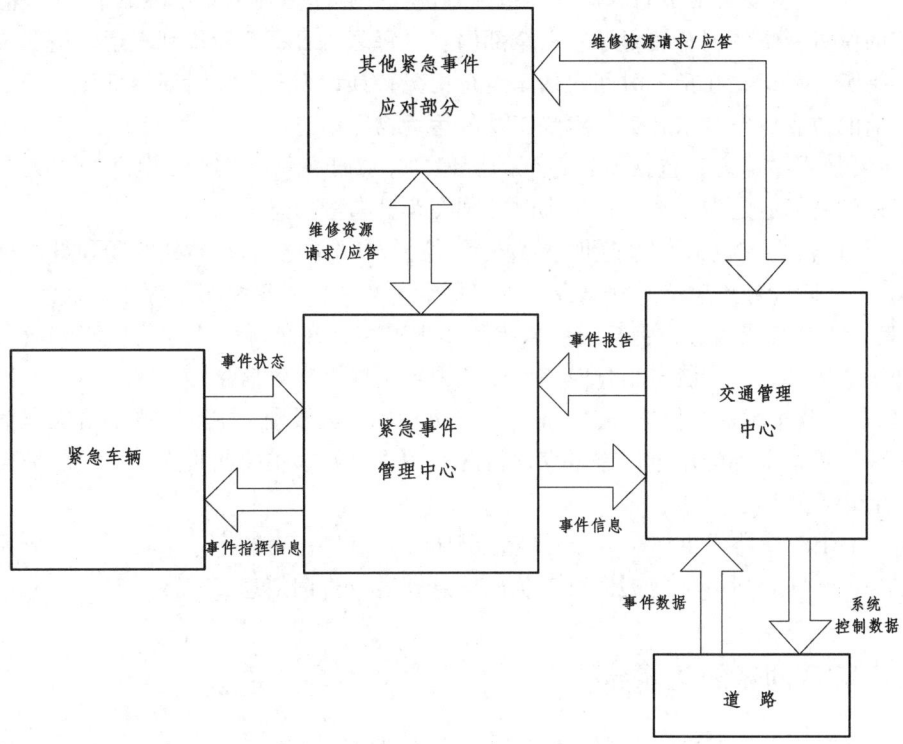

图 12.10　紧急事件管理流程图

第四节　铁路运输管理信息系统（TMIS）

信息化和智能化是铁路现代化的核心，而运输管理信息系统（Transportation Management Information Systems，TMIS）就是铁路信息化和智能化的主要标志。

一、TMIS 的设计目标

TMIS 设计的总目标是：建立有巨大处理能力的中央处理系统和中央数据库，从全路各站段中选取约 1/3 站段作为信息报告点，通过计算机网络将全路列车、机车、车辆、集装箱以及所运货物的动态信息上报中央数据库，实现对全路货车、列车和集装箱及所运货物的节点式追踪管理，从而为铁路各级运输生产人员提供及时、准确、完整的信息和辅助决策方案，实现全路的均衡运输、紧密运输，提高运输效率，提高运输管理现代化水平；为货主提供所运物资的装车信息、途中运输情况、到达预报及货物的查询，增强铁路在运输市场上的竞争力。

具体来说，TMIS 系统将提供以下主要信息：

① 列车、车辆及集装箱动态信息，包括查询任一列车运行的正、晚点情况，晚点原因，查询列车的位置及货物列车编组顺序表全部内容；每班每日每个阶段列车运行情况统计；指定范围或指定分界口，在指定时间内列车运行情况；预计列车运行情况等信息，任一车辆或集装箱当前的位置、空重状态、技术状态及所运货物等信息。

② 主要技术站信息，包括每日每班的所编列车数、待解待编待发列车数；去向别列车数和车数；到发场股道占用情况；每小时的现在车分布等信息。

③ 分界口信息，包括实时查询分界站及邻近分界站的技术站的到发场和直通车场股道占用情况，6 h 阶段分界口出入列车数、出入重空车数、出入集装箱数等。

④ 装卸车及货票信息，包括按阶段提供主要站装卸车情况；重点物资装卸情况；待装车、待卸车情况等，并在装车当日向统计站和中转站提供货票信息。

⑤ 现在车及车流推算信息，按 3 h 提供车务段别、区段别、主要站别的现在车信息并推算未来 3 天车流情况和运用车保有量变化情况；按重点站、主要收货人、主要品类推算未来 3 天到达卸车情况。

此外，TMIS 还将提供空车分布及空车调配方案信息，为技术站、货运站、分界站、车务段、机务段、车辆段等部门提供所需阶段信息和实时查询信息。

二、TMIS 的系统功能结构

TMIS 采用的是集中建立中央数据库与分布处理相结合的方案，它可分为 3 部分，其系统功能结构如图 12.11 所示。

① 信息源，主要由站段信息系统和联网报告系统构成。

② 实时信息收集与处理，在建立中央实时信息库的基础上实时地收集和处理来自基层站段的信息。

③ 实时信息追踪与管理，通过实时信息收集与处理实现列车、车辆、机车、集装箱的实时追踪，货票信息管理，确报信息管理，计划信息管理以及现在车信息和车流推算信息管理。

TMIS 系统设计方案要点是：

① 中央数据库直接从站段联网报告点、非联网报告点收取实时信息并进行处理，建立实时信息文件，实现列车、货车、机车、集装箱及货物的实时追踪管理。中央数据库将所收集的实时信息按用户需求进行处理，每 3 h 为一阶段向铁路局发送，满足对阶段信息的需求。实时信息，每隔 3 h 转储一次，转储的信息进入联机批处理数据库，该库联机存储 45 天实时信息，超过 45 天的信息转储记录于磁盘上。

② 站段所需实时信息原则上由站段自身提供，若需要本站段以外的实时信息时，一律从中央数据库获取。

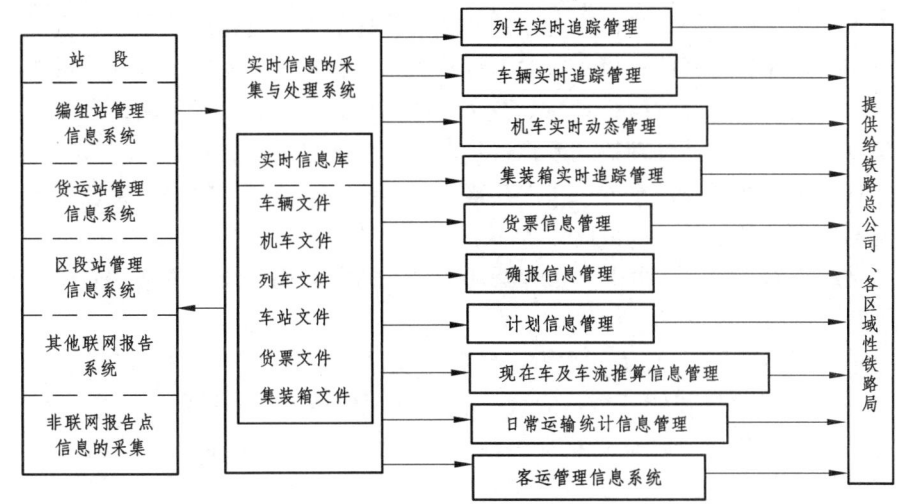

图 12.11　TMIS 系统功能结构示意图

③ 铁路总公司、铁路局和基层站段应用命令格式采用统一设计，这些命令一部分由铁路总公司、铁路局检索执行的语音系统处理，一部分获取实时信息的命令提交中央实时信息处理系统处理。

④ 货票信息的处理由中央建立货票信息库收集全路整车、集装箱和零担货票，提供给卸车站、编组站和零担中转站，并将完整的货票信息以批处理方式提交铁路局，供财务、统计系统使用，实现货票信息共享。

⑤ 月度运输计划和技术计划的编制，保留以铁路局计算中心为主、利用局间交换信息进行编制的方式，并将信息源向基层站段延伸。

⑥ 机务段、车辆段除向 TMIS 报告所需信息外，机务各类信息系统和车辆维修管理信息系统所需信息由这两个系统另行数据收集。

⑦ 铁路计算机网以 X.25 协议的铁路公用数据交换网为基础，采用 TCP/IP、SNA、OSI 等高层协议来实现多机互联，实现资源共享和信息传输。

⑧ 在计算机系统的配置上，铁路总公司计算机中心配备大型机两台，构成双机系统，铁路局计算中心按本单位应有系统的规模、有关批处理的要求以及其他系统的要求来确定设备的配置，在现有的 VAX 系列机的基础上构成完整的处理系统。编组站、货运站、区段站按作业量大小分为不同档次配备设备，一般采用小型机或微机局域网，小型机必须是 UNIX 操作系统，微机系统采用通用数据库，统一网络平台。

⑨ 机车、车辆自动识别系统将向 TMIS 自动报告列车、机车、车辆和集装箱的动态位置信息，成为 TMIS 信息采集系统的一部分。

三、TMIS 系统的总体结构

铁路信息系统总体上分为 3 个层次：第一层为业务部门管理信息系统，属于执行决策层；第二层为综合信息系统，收集和综合各业务部门的信息，提供各种分析资料、编制季度、年度计划和某些重要决策，属于战术决策层；第三层在综合信息系统基础上，以战略决策为重点，属于宏观决策支持系统。具体来说，铁路运输管理信息系统由多个子系统组成，最主要的有：货车实时追踪管理系统；机车实时追踪管理系统；集装箱实时追踪管理系统；确报信息管理系统；货票信息管理系统；现在车及车流推算信息系统；日常运输统计信息系统；编组站管理信息系统；区段站管理信息系统；货运站管理信息系统；军交运输管理信息系统；客运管理信息系统；客票预售系统。在上述诸多子系统中，货车实时追踪管理系统是运输管理信息系统的核心，各个子系统以此为核心形成一个整体。

从具体结构上看，TMIS 由中央实时处理系统，站段应用系统，铁路总公司、铁路局应用系统和计算机网络系统 4 部分组成：

① 中央实时处理系统为铁路总公司、铁路局及站段提供实时运输生产信息及其相关查询。包括从站段实时收集和处理全路的列车、机车、车辆和集装箱信息；建立动态实时信息库；通过中央系统实时处理命令集提供列车、车辆、机车、货票、集装箱和货物的实时信息查询。

② 站段应用系统负责将列车、车辆和集装箱的动态信息实时地向中央处理系统和中央数据库报告。基于当时的站段规模选取 2 200 个站段作为联网报告点，采集实时信息，直接向中央处理系统报告。对于其他站点则作为非联网信息报告点，使用电话通过其相邻的联网信息报告点报告运输生产信息。

③ 铁路总公司、铁路局应用系统从中央数据库直接接收或调取所需动态信息，并加工成为各级运输生产指挥调度人员所需格式的信息，为运输生产指挥和货主服务。

④ 计算机网络系统由 X.25 节点机和传输包拆装器组成，采用 TCP/IP、SNA、OSI 等高层协议将中央处理系统、路局处理系统及站段计算机系统联成一个整体，实现资源共享和信息传输。

TMIS 的总体结构如图 12.12 所示。

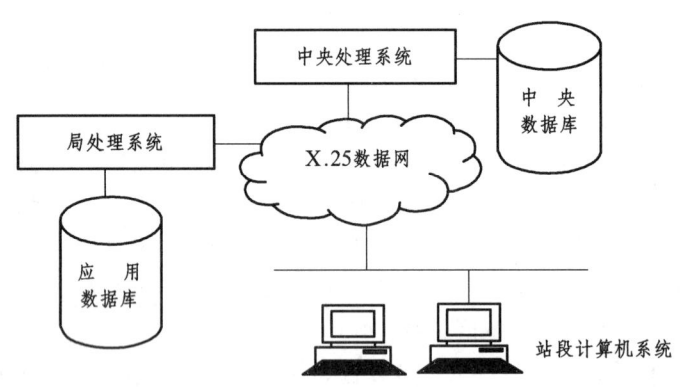

图 12.12 TMIS 总体结构

四、TMIS 主要应用子系统

1. TMIS 中央实时处理命令系统

TMIS 中央实时处理命令系统为 TMIS 提供信息收集和查询两类命令,用于向各级运输生产人员和 TMIS 报告列车、机车、车辆等的各种动态信息，系统根据这些动态信息进行相应的处理，以获取运输生产中各种实时事件，实现货车实时追踪；为各级运输生产人员提供查询列车、车辆动态信息的实时查询命令；根据运输生产需要，系统在指定时间里自动进行有关统计分析或预测统计推算的命令，为运输管理人员提供可靠信息和决策依据。

2. 批处理数据库系统

TMIS 批处理系统是将 TMIS 实时数据库转储来的所有车辆、列车、机车、集装箱信息，按阶段进行处理，生成可反映它们运动轨迹的文件和中央工作文件，建立 TMIS 批处理数据库。系统的主要功能有：数据收集和建库；日常统计；数据分析与查询；辅助决策；与其他应用子系统信息交换。批处理信息流程图如图 12.13 所示。

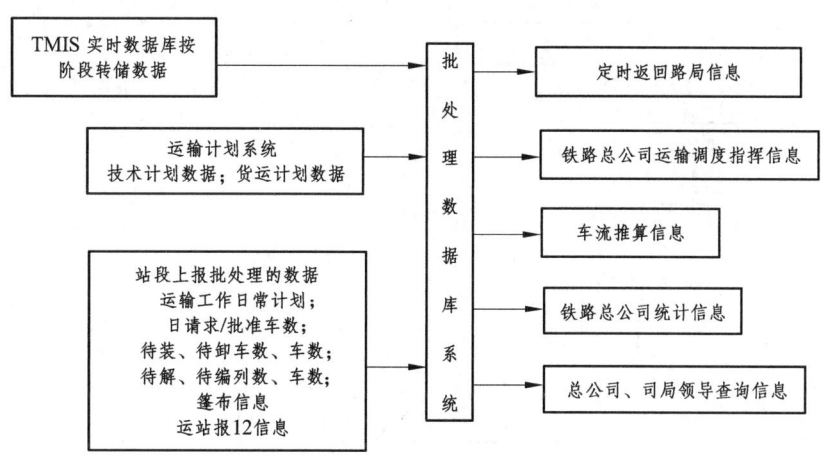

图 12.13　批处理信息流程图

3. 铁路确报管理系统

列车编组后，车号员在确报作业点的微机上，根据列车实际编组情况编辑出列车的确报。有关每辆车的各种信息从本站确报库和货票库中自动提取并人工输入车次、组成列车的车号等信息（有"现在车管理信息系统"的车站，车号可从该系统自动获取）。在列车开车 10 min 后，通过计算机网络将确报发往目的地。在确报发出之前，若列车编组有变更，可在计算机上对确报作相应的修改。确报发送采用了自动转报机制，车号员将确报一律发给局转报站，由局转报站自动转报。到达列车的确报则通过计算机网络发送至本站，存放在本站的确报库中。

列车确报信息是关于货物列车车次、列车出发时间、车号别、装载货物的重量、终到站及货主等的确实信息。目前确报管理信息系统主要利用现代化的计算机和网络技术，彻底改变了原确报的落后面貌，使确报及时、准确和高效，并实现了与其他铁路信息系统之间的信息共享。确报管理信息系统由以下几部分组成，如图 12.14 所示。

(1) 确报站

根据运输生产的需要和通信条件许可，挑选业务量大的车站及所有的调度所、铁路局调度科作为确报站。

(2) 转报站

在铁路局、铁路总公司计算中心设置转报站,完成确报的自动转报及用于系统管理的各种统计、监测功能。

(3) 确报库

在车站、铁路局和铁路总公司建立确报数据库,供有关人员查询和其他信息系统使用。

(4) 计算机网络

在铁路总公司、铁路局机关和车站建立局域网,并且通过 X.25 网将这些局域网连接在一起,构成确报管理信息系统信息传输的基础。

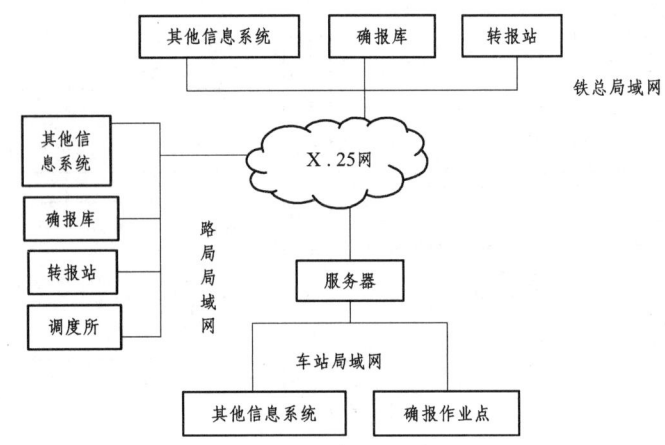

图 12.14 确报管理信息系统示意图

4. 货运营销与生产管理系统(FMOS)

货运营销与生产管理系统(Freight Marketing and Operation System,FMOS)由站(段)、铁路局和铁路总公司三级组成,各级系统间通过 TMIS 网络实现数据的传输与交换。其目标是满足企业市场竞争和生产全程自控管理的需要。

(1) 信息采集

货运营销与生产管理信息系统从铁路联网点和非铁路企业的联网点采集信息,包括货主的要车需求和铁路内部的生产作业信息。

(2) 信息加工与利用

铁路联网点收集货运作业进程数据,铁路营销与生产管理信息系统则为各级联网点和联网货主建立自己管辖范围内的货物运输综合信息库。各级系统根据不同的要求,独立地进行信息的加工、处理、查询和统计,还可为领导提供辅助决策功能。

(3) 系统的硬件平台

站(段)级、铁路局级、铁路总公司级均采用客户机/服务器(C/S)模式,配备 PC 服务器一台。货主级的硬件配置可以是一台 PC 机,也可是客户机/服务器。

(4) 系统的软件平台

为了实现全系统数据共享，各级系统必须采用统一的系统软件和工具软件，并在此基础上进行统一软件开发。

(5) 系统的网络结构

该系统的网络是由站（段）、铁路局、铁路总公司三级局域网通过远程网互联而成。货主可通过互联网、X.25 网、DDN 专线或公共电话网同该系统的网络联网。

5. 货票信息系统

货票是铁路运输的主要票据之一，是运输统计、财务管理、货流分析的原始信息，也是调度指挥作业不可缺少的基础依据。过去货票沿用传统的手工作业方式，没有充分发挥计算机的作用，因此全路统一的货票信息管理系统就成为 TMIS 的重要组成部分。

货票信息系统可分为 3 级：用户和站段基层级、铁路局级和铁路总公司级，基层系统侧重于信息采集和报告，中央系统则侧重于建库和共享。系统结构如图 12.15 所示，实现功能如下：

(1) 基层站段货票系统功能

根据铁路运输规章填制货票，完成货票信息的输入、修改、径路里程计算、计费、打印、存储等一系列操作，以及完成本站的货票信息综合处理。

(2) 铁路局货票系统功能

接收基层车站的制票信息，在铁路局建立管内货票库，并报告铁路总公司中央货票系统；对管内发、到的货票进行整理，接收中央系统转发的外局到达货票。

(3) 中央货票系统功能

接收基层车站（铁路局）报告的货票信息，在铁路总公司建立中央货票库，并同步生成统计摘要库和修改轨迹库。并为全路各级业务和管理部门及货主提供货票信息查询。

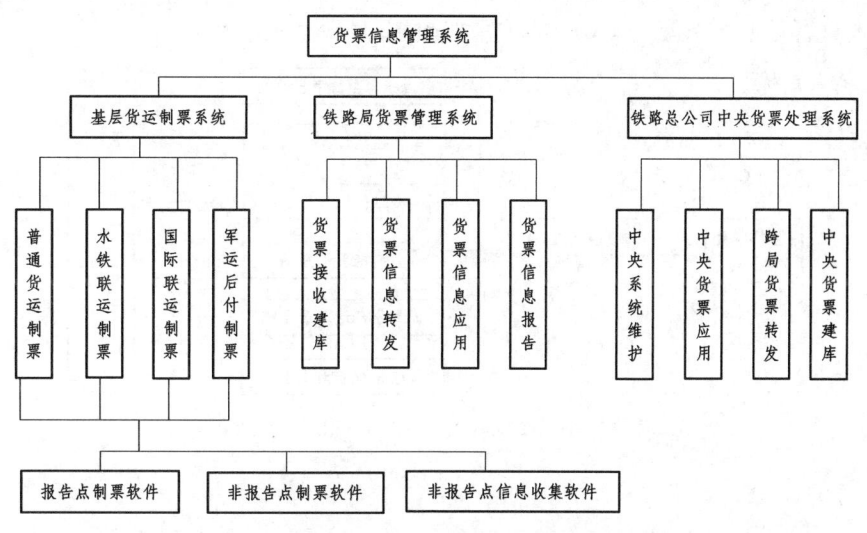

图 12.15 货票信息系统结构

上述功能体现在3个作业信息流程上,即货票信息收集、货票信息转发和货票信息存储及建库。

6. 现在车及车流推算信息系统

车流推算管理信息系统依靠 TMIS 中央批处理数据库系统提供列车、车辆、货票的实时信息和有关计划信息,进行信息处理和车流推算,以当日每 3 h 为一阶段,第二、三天以天向前滚动的形式,及时、准确地为铁路总公司、铁路局各级运输调度指挥部门提供未来3天的车辆分布情况和运用车保有量的变化情况。系统由以下 7 个子系统组成:

(1) 接口子系统

负责车流推算系统与 TMIS 批处理数据库系统的接口信息格式转换、信息接收及发送等。

(2) 车流推算数据库子系统

负责从接口子系统获得原始数据并生成系统所需的数据库文件。

(3) 车流径路计算子系统

负责全路任意站点间的符合径路文件的实际运行径路。

(4) 车流运行统计子系统

根据 TMIS 列车实际运行轨迹进行运行期限的统计和交重排空统计。

(5) 车流梳理子系统

从时间、空间、径路别等方面逐一完成局范围内的现在重车、推算期内计划自装车流、空车处理的梳理工作,为车流分布计算作准备。

(6) 车流分布计算子系统

根据其他子系统提供的数据,进行车流分布推算,是系统的核心部分。

(7) 车流分布查询子系统

为各个层次的应用用户提供查询手段。

车流推算管理信息系统与 TMIS 的关系如图 12.16 所示。

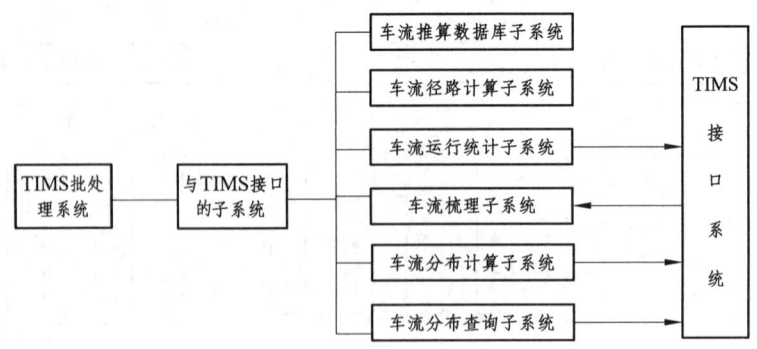

图 12.16 车流推算系统与 TMIS 的关系

7. 车号自动识别系统

铁路车号自动识别系统(Automatic Train Identification System,ATIS)是一个对全国铁

路货车车辆、列车和机车运行位置进行动态追踪管理的实时信息自动采集、报告和处理系统。

系统主要功能有：铁路局分界站货车出入统计信息；铁路局货车接入交出信息；铁路局有偿使用车及费用计算信息；铁路货车按铁路局分布的实时统计信息；铁路局分界站货车出入图形显示信息；铁路局分界站客车通过正晚点统计分析信息；铁路局分界站货车出入与确报匹配信息；铁路局分界站部属货车出入与十八点统计比较信息等。

8. 大节点货车追踪系统

为在运输过程中对列车、车辆、集装箱、机车及所运货物实行追踪管理，随时随地地查询它们的位置及运到时间，以铁路局分界站、编组站、作业量较大的区段和大型货运站为追踪节点站，实时收集列车、车辆、集装箱及所运货物的动态信息，通过计算机及通信网络传送到铁路总公司 TMIS 的中央主机，经中央系统处理后，对列车、车辆、集装箱及所运货物实现节点式的追踪管理，为各级运输管理及生产人员提供及时、准确、完整的信息及决策依据。这种追踪采用大站及分界站追踪方式的称为大节点追踪。该系统由 4 部分组成：

(1) 中央实时动态数据库

包括车辆库、集装箱库、列车时刻表库、列车库和确报库等。

(2) 车站报告系统

车站向中央系统报告的主要信息有：列车编组、列车到达、车辆的装卸和摘挂、货票信息、运用车/非运用车转换、保留列车等。对于集装箱办理站，还要报告集装箱装车清单、卸车清单和空箱回送清单。

(3) 应用查询系统

由铁路总公司、铁路局、站段三级组成，各级可查询一定权限的列车、机车、集装箱及所运货物的动态信息。

(4) 网络系统

车站为局域网结构，广域网为 X.25 网。车站系统与中央系统采用专门软件作为底层通信及上层应用之间的中间件。

五、铁路运营管理信息系统

铁路运营信息管理系统以 TMIS 为核心，目标是全面改善铁路的运营管理状况，扩大运输能力，降低运输成本，提高服务质量，增加运输收入。该系统涉及计划、统计、财务、物资、工业、工程等各业务部门，具体的有统计信息系统、财务信息系统、机务信息系统、车辆信息系统、工务信息系统、电务信息系统，还有客票预售系统等。如果再扩大其功能，还可包括基建信息、科技信息、物资信息等，因此，它是实现铁路信息化更全面、更重要的一个应用信息系统，如图 12.17 所示。

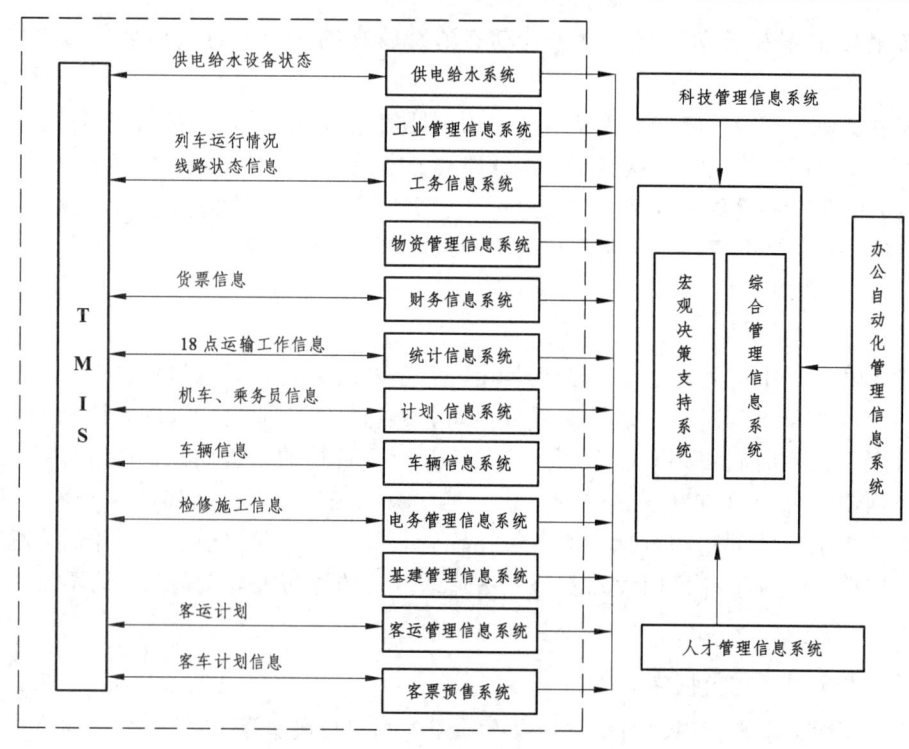

图 12.17　铁路运营管理信息系统的结构

可见，铁路运营管理信息系统是一个范围很广的概念。其总体结构分三层：

第一层为主要信息资料来源，属于执行层；第二层为综合信息系统，是铁路宏观决策系统的主要信息提供者；第三层为铁路宏观决策支持系统，以战略决策为重点。

在第一层中，各业务部门管理信息系统以 TMIS 为核心，由运输、统计、财务、机务、车辆、工务、电务、供电、给水、客运、客票预售、基建、工业、物资、科技、人事和教育等子系统组成。各子系统的信息来源于基层单位，通过公用数据传输网进行收集和交换，建立各部门的业务数据库，该层面向基层日常生产和管理工作，属于执行年（月）度计划的工作层次。

第二层为综合信息系统，该层通过对各业务部门信息系统的动态信息的积累和加工，成为编制年（月）度工作计划的数据基础，并给铁路总公司领导和有关工作人员提供日常业务信息查询和辅助决策。该层属于战术决策支持范畴。

第三层为宏观决策支持系统，用于铁路发展战略决策支持。例如，运量预测、发展战略规划、路网规划、确定运价、分配运能及投资决策等。

这三个层次的信息系统构成铁路完整的信息系统，他们之间相互依存，在实施中也同时结合局部系统建设，以满足部分功能先行发展的需要。

六、铁路运输生产的主要作业系统

1. 编组站作业综合自动化系统

编组站作业综合自动化系统（Yard Automatic Control System，YACS）是指利用计算机控制编组站作业过程和处理货车信息的系统。它是建立在计算机技术和控制理论的基础上，以信息处理为核心的编组站调度指挥、计划标准、统计分析及作业控制系统,实现了实时管理和实时控制。编组站作业综合自动化系统主要包括货车信息处理系统和作业过程控制两部分,而后者又可分为货车控制和进路控制两个子系统。除此之外,编组站综合自动化系统还应包括驼峰尾部编组作业过程控制,提钩作业自动化,自动摘(接)风管,自动抄车号设备,调车作业计划自动传送等内容,其结构如图12.18所示。

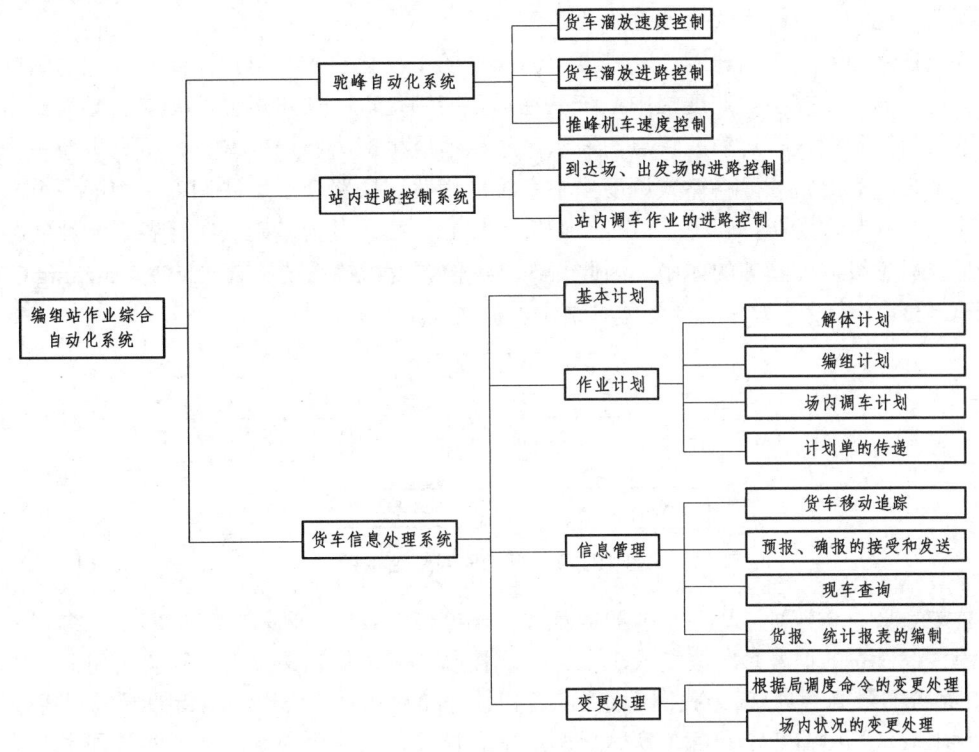

图 12.18　编组站作业综合自动化系统

2. 行车指挥自动化系统

行车指挥自动化是指以铁路现代化技术设备为基础,利用信息采集装置收集列车运行实时信息,由计算机自动进行列车运行的追踪和管理,并根据未来运输变化需要,自动制订列车运行计划,自动完成调度监督,自动进行列车运行的实绩统计和分析。完整的行车指挥自动化系统包括列车运行计划编制、列车运行管理、运能资源合理配置和利用以及列车运行统计分析等。

(1) 列车运行计划的编制

根据运输市场的情况,制订满足运输市场需求的列车运行计划,并根据市场情况的变化不断调整运行计划。

(2) 列车运行管理

列车运行管理是行车指挥自动化的基本任务,根据系统获得的信息,完成对列车运行的监督、控制和运行调整,并将信息向有关部门传达。

(3) 统计分析

对计划和运行实际数据进行收集、统计和分析,并完成对基本计划及其他计划的反馈。

行车自动化系统的重大发展是在20世纪80年代后期出现的现代化和集中化的调度集中（Centralized Traffic Control，CTC），它的出现完全改变了传统的分散的调度指挥方式。随着信息技术的发展，特别是高速度、大容量数据传输网络的形成，可将分散在铁路网上各区段的列车调度所的工作集中到一个调度中心来进行，由分区段行车调度发展成为区域协调行车控制系统。20世纪90年代以来，加拿大、丹麦、德国、澳大利亚、日本等国先后建成了不同规模、功能和水平的现代化调度中心。

我国铁路面对列车高速度、高密度、高质量的市场化要求，迫切需要现代化的调度指挥系统。传统的"遥控型"调度集中系统已远远不能满足现代铁路运输的要求，必须开拓新思路，紧紧围绕我国铁路运输的特点与需求，按照适应生产力布局的调整，研究出新一代的调度集中系统。为此，分散自律式调度集中系统成为我国铁路今后发展调度集中的一个方向。

我国的铁路调度指挥管理是以行车调度为核心，站、段为基础，实行各区域性铁路局和铁路总公司三级调度管理的体制。因此，铁路运输调度指挥系统（Traffic Dispatching Control System，TDCS）设计为三层网络体系结构，如图12.19所示。

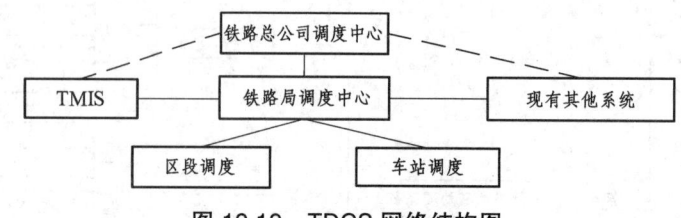

图12.19　TDCS网络结构图

TDCS是一个开放、集中、透明的现代化调度指挥系统，通过计算机网络、多媒体技术的应用，将孤立的信号系统改变成现代化作业控制与管理信息系统。铁路总公司调度中心是TDCS系统的最高管理层，是我国铁路运输调度指挥的心脏。总公司调度指挥局域网通过X.25网和专用线、路由器与全国各个铁路局调度中心连接，接收全国铁路系统的各种实时信息与运输数据和资料，监视各铁路局、主要干线、铁路局交接口、大型客站、编组站、枢纽、车站、区间的列车宏观运行状态、运行统计数据、重点列车及车站的列车实际运行位置和站场状态显示，并建有全国铁路调度指挥系统数据库。

铁路局调度中心是TDCS的第二层。铁路局调度中心具有铁路总公司调度中心的所有功能，同时也是行车控制中心。对有调度集中系统功能的区段和车站，铁路局控制中心具有对列车进路的控制功能。

位于TDCS最下层的是基层网。基层信息从信号设备及其他设备上采集有关列车运行位置、列车车次、信号设备状态等相关数据，实现列车跟踪、无线车次校核、早晚点统计，并将上述数据通过专用通信线路传送到铁路局，同时在车站实现运统二、运统三的自动生成。

TDCS系统与TMIS系统相辅相成，可以相互交换信息，实现信息共享。

3. 铁路客运管理系统

旅客运输是铁路运输的一个重要组成部分，在铁路运输中占有重要的地位，它的技术水平和服务质量直接体现了铁路的形象和现代化水平。目前，中国铁路客运工作的生产管理、计划安排、旅客服务等，大部分仍是由人工来完成，一些客站开始逐步设置了自动化系统，但由于没能形成网络，因而其功能无法得到真正的体现。

铁路客运管理自动化系统主要包括客票发售和预定自动化系统、行包管理自动化系统、旅客信息服务系统3个子系统。

客票发售和预定自动化系统主要是为旅客迅速购买所需车票而设计，它实现了旅客异地购票、退票、查询等功能，同时还实现了铁路客运业务管理与统计功能。

客票发售和预定系统是通过现代化的通信手段，利用计算机网络实现铁路旅客预约订票和旅客车票的发售工作。根据中国铁路运输的实际情况，该系统采用集中与分布相结合的客户/服务器结构，构成一个以铁路总公司客票中心为核心、地区客票中心为主体、车站售票系统为基础的实时交易系统。铁路总公司客票中心、地区客票中心和车站分别建立数据库，铁路总公司客票中心和各个地区客票中心之间由专用网络连接，地区客票中心通过沿线网连接至所辖快车停靠站，车站系统通过局域网下设若干售票窗口或通过市区网连接若干市内售票点或自动售票机，其结构如图12.20所示。

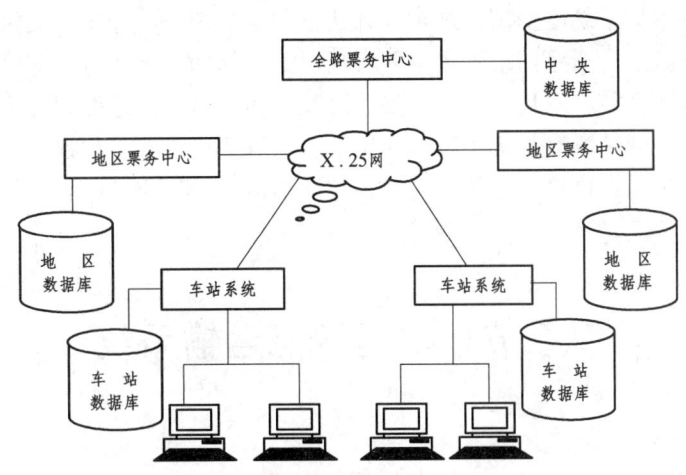

图12.20　客票发售与预订系统结构示意图

行包管理自动化系统主要是为旅客以最快、最简便的方式托运、取出行李包裹而设计的，系统具有行包办理、查询及交付等功能。该系统由行包办理站的计算机管理系统、按路局划分的多个行包追踪中心、铁路总公司行包管理系统三级构成。

旅客信息服务系统主要是为方便旅客乘车、进出站，以及使旅客能在车站和列车上快速而大量地获得有关信息。按服务地点的不同，旅客信息服务系统可分为车站服务管理系统和车上服务管理系统两部分。车站服务管理系统包括车站旅客引导信息系统、车站旅客查询系统、闭路电视监控子系统、车站自动化广播系统和安全检测子系统。车上服务管理系统包括信息发布系统、目的地查询系统和列车自动广播系统。

4. 铁路货运管理系统

货物运输是铁路运输的另一个重要组成部分，对货物运输过程中产生的各种信息进行科学、有效和及时地处理是货物运输科学、有效地组织和管理的基础。铁路货运管理系统就是利用现代计算机及网络通信技术对货运的整个过程和包含的各个层次和环节进行统一管理，其基本内容是对货运作业过程中产生的数据进行处理。货运管理主要包括铁路货物运输生产计划编制、货运站作业管理和集装箱运输管理系统3个方面。

铁路货运计划包括年度货运计划、月度货运计划和日常作业计划等，其中月度货运计划和日常货运计划是铁路货运计划的主要内容。我国各铁路局都已摆脱了传统的手工编制方法，采用了先进的计算机技术编制月度货物运输计划等作业计划，初步实现了全路货物运输计划的自动化管理。

货运站作业管理自动化就是利用计算机网络对车站货运作业内容形成的各种信息进行处理。车站货运作业信息管理系统是 TMIS 的重要组成部分，也是 TMIS 的重要信息源之一。它包括货运计划管理、货物发送作业、货物到达作业、货位管理、装卸管理、集装箱管理和统计与分析等子系统。

随着集装箱货物运输的迅速发展，采用计算机及网络技术实现集装箱货物运输自动化管理是一个必然选择。集装箱货物运输管理自动化主要分为车站基地管理和全路网络管理两部分。车站集装箱信息管理系统是通过计算机信息处理技术对集装箱货物发送业务、到达业务、中转业务、集装箱和箱场动态以及集装箱各项运输指标的统计和台账进行管理，根据车站集装箱信息管理的特点，系统由受理、进货、计费及制票、装车、卸车、交付、查询、统计和台账输出 9 个部分组成。全路网络管理主要实现对集装箱的动态实时跟踪管理和各集装箱办理站间的信息传输和交换，对集装箱的动态追踪管理是其核心。追踪管理是通过铁路通信网络，从全路集装箱办理站实时收集集装箱动态信息，以集中方式管理铁路上运营的集装箱，为运输指挥人员和货主提供集装箱的运输轨迹和动态信息，实现集装箱全程节点式追踪管理。

第五节 水运智能运输系统

一、概 述

水运智能运输系统（River Intelligent Transportation System，RITS）是指将先进的信息和通信等技术集成到水路运输基础设施及运输工具中，构建港站作业及客货运输信息服务一体化的水路运输系统，从而实现水路运输的安全、高效、可靠。

各国水运条件有很大不同，因此各国往往根据其实际情况来决定 RITS 开发重点和优先领域。这也是 RITS 最显著的特点。其次是由于水路运输（尤其是海运）有国际性，易受国际政治、经济、法律及外汇等的影响，建立一个统一的 RITS 远较其他运输方式困难。

自 20 世纪 80 年代以来，伴随着智能公路运输系统的发展，部分国家或地区也开始了 RITS 的研究。以欧洲 RITS 为例，其研究开发主要集中在船舶导航与通信服务系统，船舶安全和管理信息系统，内部运营的海运船舶交通信息和环境服务系统，以及与运输链整合的一体化运输系统等 4 个方面。其用户包括：船舶的雇员、所有者、建造者、航运设备生产者、港站和航运生产及经营人员、航运公司、港口管理者、各种服务提供者、航运安全机构、搜寻和救援结构、水文机构，以及公众等。

二、我国 RITS 的主要内容

虽然各国 RITS 的具体研究内容有较大差别，但从根本上其目标都是为了实现船舶、岸上支持系统智能化及水上运输系统整体的智能化。通过 RITS，可以为管理者和用户提供交通情况的实时信息及相关的其他信息，实现危险警告、事故预防、航行辅助等的自动化。

根据《公路、水路交通"十五"计划》和《公路、水路交通信息化"十五"发展规划》，水运交通领域的 ITS 在"十五"期间的发展目标是重点解决智能化的营运和管理、集成信息服务和标准规范等关键技术，内容包括水上交通管制、事故处理与救援系统、先进的船舶控制系统等。

1. 水运综合信息系统

水运综合信息系统采集与水运相关的各种信息，通过信息中心处理后，提供给水运管理者、经营者以及水运用户。水运管理部门可以利用水运综合信息系统提供的信息更好地规划和管理水路运输。而水运经营者则可利用这些信息提高自身业务管理水平，提高运输效率。同时用户可以利用这些信息得到实时、方便、快捷、周到及个性化的全方位综合服务。

2. 船舶自动识别系统

船舶自动识别系统（Automatic Identification System，AIS）由岸基（基站）设施和船载设备共同组成，是一种新型的集网络技术、现代通信技术、计算机技术、电子信息显示技术为一体的数字助航系统和设备。

AIS 系统设备由船载设备和岸台设备两个部分组成，在岸台的 AIS 基站可以和配有 AIS 设备的船舶进行指定模式的通信。典型的船载 AIS 系统构成如图 12.21 所示。AIS 由舰船飞机的敌我识别器发展而成，配合全球定位系统（GPS）将船位、船速、改变航向率及航向等船舶动态信息结合船名、呼号、吃水量及危险货物等船舶静态信息由甚高频（VHF）频道向附近水域船舶及岸台广播，使邻近船舶及岸台能及时掌握附近海面所有船舶的动、静态信息，得以立刻互相通话协调，采取必要避让行动，对船舶安全有很大帮助。它为船舶提供一种有效的避碰措施，能够极大地增强雷达功能，并且能够不通过雷达而了解所有装有 AIS 的船舶的完整的交通动态。它还是一种制定船舶报告计划的方法。

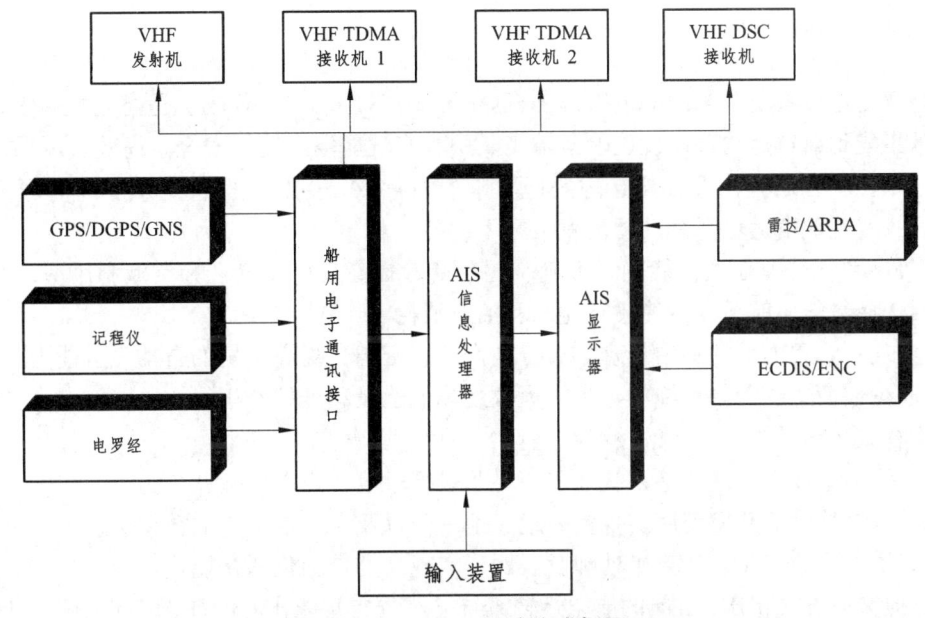

图 12.21 AIS 系统构成框图

3. 水上交通管制系统

水上交通管制系统是指遵循特定法规并利用电子技术设备对船舶的航行和停泊实施管理的系统。它具备对所有通航水域中船舶位置和移动状况进行实时监控和智能化管理的功能，其主要任务是：① 保障船舶和港口的安全；② 掌握船舶动态，便于船舶调度；③ 监督船舶有无违章行为；④ 提高船、港运营速率。

4. 事故处理与救援系统

该系统根据气象、海况、船舶密度等因素，对覆盖区域内所有船舶的航行状况进行判定，依据重要程度，自动向危及航行安全的船舶发出必要指令，向正常航行的船舶发出航行提示。对特定水域中发生的泄漏事故进行监控和扩散趋势预报，对海难事故进行立体施救和定向搜寻的功能，对特定水域内事故的救援方案选择和事故灾害影响范围进行计算机辅助决策和评估，为遇险船舶和人员提供救助服务，为水域环境保护提供决策支持。

5. 先进的船舶控制系统

先进的船舶控制系统具备自动导航、自动驾驶、轮机自动控制、自动应答、自动规避、动态跟踪、航行状态自动记录等功能，通过各种传感器和接收器、船上计算机系统和控制执行机构，使船舶能够自动接收外部控制系统发出的各种信息指令，并实时监控船舶本身状态，在船舶操控过程中预防各种事故尤其是人为失误引发的事故发生。

第六节 航空智能运输系统

一、概 述

航空智能运输系统（Air Intelligent Transportation System，AITS）是指先进的信息和通信等技术集成到航空运输基础设施及运输工具中，实现航空运输的安全、高效、可靠。它包括货物运输、旅客运输、机场设施、空中管制、机群组织、乘务组织、客货服务等子系统。具体而言，实现航空运输系统的智能意义在于：

① 提高系统的覆盖性，能随时准确掌握空情，提高飞行安全性和空域利用率，使飞机可以灵活选择最佳的航线，节约飞行时间和油料消耗。
② 实现一定程度上的集中管理，充分利用信息资源，提高飞机的自治飞行能力。
③ 减少地面空中管制设施的数量，大幅度降低建设和维护费用。

航空智能运输系统具有如下技术特点：
① 利用卫星技术，从陆基系统逐步向星基系统过渡，并以星基系统为主。
② 数据链技术的开发利用实现空—地、地—地以及空—空可靠的数据交换。
③ 系统采用数字化、计算机处理及联网，实现高度自动化和智能化。

与其他交通方式相比，目前的航空运输系统已经具有智能化的特征，广泛采用了计算机、雷达、通信等先进技术，特别是其空中交通管制系统。本节将主要介绍自动化空中交通管制系统。

二、自动化空中交通管制系统

1. 概 述

空中交通管制系统用于管理多架飞机起降和航行，以保障飞行秩序和安全的系统。空中交通管制系统的主要任务是：防止飞机与飞机、飞机与地面障碍物相撞；保证飞机按计划有秩序地飞行，提高飞行空间的利用率。空中交通管制系统的发展大致经历了四个阶段。

① 第一阶段是在 20 世纪 30 年代以前。当时飞机的飞行距离只在几百千米，而且只能在白天天气好的情况下飞行。因此采用目视飞行规则，而管制员用红旗和绿旗来控制飞机的起飞和降落。

② 第二阶段是 1934—1945 年期间。以程序管制为核心的空中交通管制在这一时期形成。这一时期的飞机机身和机场都装备了无线电通信和导航设备，管制员通过无线电和驾驶员相互通话，可使驾驶员在看不到地面的情况下，也能确定飞机的位置和姿态，从而增加了飞行的安全性。管制中心的任务就是接收各航站发来的飞行计划，再根据驾驶员的报告确定飞机间的相对位置关系，发布指令，实施程序管制。

③ 第三阶段出现在 20 世纪 40 年代中期至 80 年代。在此期间雷达技术应用于空中交通管制领域，同时出现了仪表着陆系统，这使航空运输进一步摆脱了天气的限制，大大提高了飞行的安全性和航班的准点率。一次雷达在 50 年代开始应用在航行管制领域。一次监视雷达能将捕获的飞行目标的位置以原始回波的形式显示在管制员工作的显示席位上，从而结束了管制员不能实时掌握空中飞行目标位置的局面，向自动化航行管制系统迈进了第一步。从 60 年代中期开始，二次雷达也应用到了航行管制领域。二次雷达与一次雷达相比，具有功率小、作用距离远、不受地物和空中云雨的干扰、没有地物回波和其他杂波、图像清晰等优点。同时仪表着陆系统使用无线电信号引导飞机在能见度很低的情况下着陆，有力保证了航班的准点率和提高了飞行的安全性，进一步摆脱了天气的约束。

④ 第四阶段始于 20 世纪 80 年代。随着飞机的种类、数量的增加和飞机性能的不断改善，空中交通十分繁忙，人工进行数据处理手续繁多，飞机管制日趋复杂。人们开始用计算机来处理雷达信息和飞行计划数据，并逐步将微电子技术、微型计算机、光纤通信和新的显示技术综合应用到交通管制系统，形成自动化空中交通管制系统。

2. 基本原理及功能

空中交通管制业务通常由管理民航事务的国家行政当局设置专门机构进行管理，一般设空中交通管制中心、进近管制室和机场管制塔台，如图 12.22 所示。空中交通管制中心负责区域（航路）管制业务，对在管制区内（航路上）按仪表飞行规则飞行的航空器进行管制。进近管制室负责对在终端管制区内进场、离场和飞越的航空器进行管制。终端管制区在我国称航站区域，通常是以机场为中心、半径为 50～100 km 的区域，但不包括机场管制塔台管制的空间。机场管制塔台负责对本机场范围内飞行和起飞、着陆的航空器进行管制。

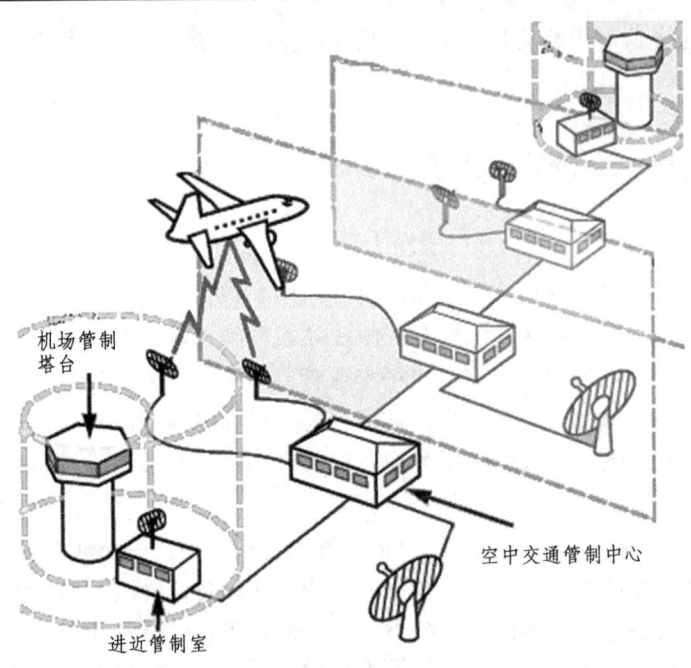

图 12.22 空中交通管制系统示意图

管制员为获得管制范围内每具航空器的位置和高度的信息，并为了在航空器之间配备必要的垂直、纵向或侧向间隔，需要实施空中交通管制，采取的方法有程序管制和雷达管制。以雷达技术为基础的自动化空中交通管制系统的基本原理是：雷达管制员根据雷达显示，可以了解本管制空域雷达波覆盖范围内所有航空器的精确位置，因此能够大大减小航空器之间的最低间隔，从而可在一定空域内增加交通量。但普通雷达不能显示航空器的高度，如果空中同时有多具航空器，则管制员凭直观无法判断哪个标志代表哪具航空器。为了克服这些缺点，在现代空中交通管制系统中采用了二次雷达。二次雷达是由地面询问器和机载应答器两大部分配合使用。地面询问器发射的无线电脉冲，触发机载应答器发射出清晰的应答脉冲，管制员即可在雷达显示器上看到该航空器标志的旁边以字母和数字显示出它的识别代码和飞行高度。使用这种系统可使管制员有更充裕的时间来调配航空器之间的间隔，保证飞行安全。以雷达技术为基础的自动化空中交通管制系统具有以下功能：

(1) 雷达信息的自动化处理

实现雷达信息获取和处理的自动化。采用人工处理雷达情报手续繁多、时延大，情报质量和数量难以满足实时、准确指挥调度的要求。而自动化空中交通管制系统能够实现雷达信息的检测，噪声电平的控制，一、二次雷达信息的录取，相关目标跟踪，多雷达目标信息的综合优选，飞行参数的计算和显示处理等。最后以直观、形象、简单、明确、清晰的格式，文字符号或图形显示在管制员的屏幕上，从而使管制员能实时、连续地观看和掌握空中飞行目标的动态。

(2) 飞行计划的自动化处理

管制人员控制飞机起、降，更改航路，改变高度、航向、速度等都有赖于飞行计划数据。而关于冲突计算、代码/呼号自动相关等功能，也都是将雷达信息与飞行计划信息相结合进行的。因此飞行计划是空中交通管制员对飞机实施管制的主要依据。飞行计划的自动化处理是指系统自动执行飞行计划的接受、存储、显示、航路分析和确定估算到达时间、打印飞行近程单和飞行计划与代码自动相关等飞行计划处理的全过程。它可使管制人员无需每天熟练地记忆和掌握他所管制范围内飞机的大量飞行计划。

3. 发展趋势

国际民航组织（ICAO）基于对未来商务交通量增长和应用需求的预测，为解决现行航行系统在未来航空运输中的安全、容量和效率不足问题，早在1983年就提出在飞机、空间和地面设施3个环境中应利用由卫星和数字信息提供的先进通信（C）、导航（N）和监视（S）技术。由于当时有些系统设备仍在研制中，尚不具备所需运行条件，ICAO 将该建议称为未来航行系统（FANS）方案。

随着各种可用 CNS 技术的日臻成熟，人们愈加注重由新系统产生的效益，同时认识到在实现全球安全有效航空运输目标上，空中交通管理（ATM）是使 CNS 互相关联、综合利用的关键。ATM 的运行水平成为体现先进 CNS 系统技术的焦点。基于这一发展新航行系统的思想，1993—1994 年间，ICAO 将 FANS 更名为 CNS/ATM 系统。有关系统实施规划、推荐标准和建议措施等指导性材料的制定进一步加速了新航行系统的实施。1998 年，ICAO 全体大会再次修订了全球 CNS/ATM 实施规划，其内容包括技术、运营、经济、财政、法律、组织等多个领域，为各地区实施新航行系统提供了更具体的指导。CNS/ATM 系统在航空中的应用将对全球航空运输的安全性、有效性、灵活性带来巨大的变革。新航行系统将使民用航空进入新发展时代。

三、空中警戒与防撞系统

1. 概　念

空中警戒与防撞系统（Traffic Alert and Collision Avoidance System，TCAS）是为了防避飞机在空中碰撞、提供一个独立于空中交通管制之外的空中分隔保证系统。防撞系统可显示飞机周围的情况，并在需要时提供语音告警，同时帮助飞行员以适当机动方式躲避危险，这些都有助于避免灾难性事故的发生。

TCAS 经实践证明确实是一种防止和避免空中相撞的有效设备，其主要功能如下：

（1）告　警

TCAS 的告警分两个等级，并分别对应警戒区和警告区两个区。若目标飞机进入警戒区，TCAS 向飞行员发布交通警戒（Traffic Advisory，TA）信息，使其觉察并引起注意。当目标飞机进入警告区时，TCAS 立即发布决策（Resolution Advisory，RA）信息，使飞行员能据此作相应的避让操作，并向地面管制员报告。

（2）RA 信息的选择

TCAS 对每一架报告高度的目标飞机都进行距离和高度检测，不符合要求的飞机被视为威胁。TCAS 根据相遇的几何形势选择 RA，其选择过程分两步：第一步是选择决策的指向（向上或向下）。基于目标飞机的距离和高度情况，TCAS 推算出目标飞机飞向最接近点的路径以及自身飞机为解决冲突爬升或下降将会产生的航迹,然后分别计算两种情况下预计的垂直间距,根据哪一种提供的垂直间距大,即选择相应的指向。第二步是选择决策的力度,TCAS 总是选择能达到安全间距而又破坏性最小的那种垂直速度作机动。在整个冲突过程中,TCAS 将连续地评估决策的力度,若有必要随时修改。

(3) 避让和协调解脱

空中交通冲突时的避让行动有两种方法:即升降(改变航径的垂直避让)或转向(改变航迹的水平避让)。避让方向上的协调非常重要,比如逆向遭遇时,两机不能同时上升或同时下降。TCAS 考虑了双方在解脱冲突上的协调行动,其 S 模式链路的数据通信可向对方报告自己的行动意向(上升或下降),从而使此信息的对方务必与之协调行动以利解脱。也就是先发现先避让的一方作为主动方向对方示意,收到示意的对方将成为被动方,在示意默契下实施与对方协调的被动规避。绝大多数情况下,两架飞机将对方视为威胁有一个很小的时间差。协调过程以一种直接的方式进行,即第一架飞机选择并播送它的方向(基于几何形势),稍后,第二架飞机选择并播送相反的方向。偶尔两架飞机同时视对方为威胁,因而都根据几何形势选择一个方向。在这种情况下,存在两架飞机选择同一方向的可能(例如,当两架飞机在同一高度上平飞时)。

(4) 干扰抑制

在交通密度较高的空域中,TCAS 采用耳语-呼喊(Whisper Shout)技术防止波束内多架飞机同时应答,避免同步窜扰,易于分辨信号。

2. TCAS 构成

TCAS 有两种形式:TCAS-I 型和 TCAS-II 型。TCAS-I 型属于基本型,是一种低功率、短距离,可探测邻近最直接范围内飞机的系统。TCAS-I 型仅能提供大致的质询警告,适用于小型的通勤飞机;而 TCAS-II 型除了具有 TCAS-I 型系统的功能之外,还可以提供两种不同类型的咨询警告:即修正的交通咨询(Traffic Advisory,TA)和采取紧急措施的分析咨询(Resolution Advisory,RA)。而 TCAS-II 型适用于大型的通勤飞机及商务飞机。同时,与 TCAS-I 型不同的是,TCAS-II 型使用 S 模式应答机。以 TCAS-II 型为例,其系统构成如下:

(1) S 模式/TCAS 控制面板

该面板可用来控制 TCAS 计算机、S 模式应答机及 TCAS 显示等所有的 TCAS 组件。

(2) S 模式应答机

S 模式应答机执行现有的 A 和 C 模式应答机的正常 ATC 功能。因为它具有选择地址的能力,S 模式应答机也用于装有 TCAS 航空器之间的空中数据交换,以保证提供协调的、互补的决策信息。

(3) TCAS 计算机装置

这个装置用来完成对执行空域的监视,对闯入者和自身航空器的跟踪,对威胁的探测和判定,对咨询信息的产生等任务。

(4) 天 线

TCAS-II 型使用的天线包括一部安装在飞机顶部的定向天线。一般来说,它以变化的功率在 4 个 90°扇面的每一个中发出询问，发射的频率是 1 030 兆赫。用 1 090 兆赫接收应答机的回答，并且送到计算机。S 模式应答机用 1 030 兆赫接收询问并且用 1 090 兆赫回答，可以选择使用其上、下天线，以增强信号强度并减少多次反射的干扰。

（5）TA 显示

TA 显示描述附近的其他航空器相对于 TCAS 航空器的位置，用以帮助飞行员目视发现闯入的航空器。这个显示可以是专用的 TCAS 显示器，也可以是气象雷达与交通显示合用的显示器。在某些飞机中 TA 显示是一种电子飞行仪表系统（EFIS）或平板显示，这种显示将交通警戒和决策咨询信息结合在同一个荧光屏上。

（6）RA 显示

RA 显示是一个标准的垂直速度指示器（VIS），经过适当更改以便指示为保持与威胁航空器的安全间距所必需的垂直速率。通常有两个 RA 显示，一个供机长，一个供副驾驶使用。在有些情况下，TA 和 RA 显示结合在一起，即交通信息示于一个电子显示 VSI 的中央部分。

（7）语音警告

由 TCAS 计算机产生的综合音响警告是用来补充显示交通和决策信息的。在交通警戒显示出现时，系统发出"Traffic，Traffic"的声音，告诉飞行员应当看 TA 显示以确定目标飞机的位置。如果冲突不能自身解决，系统会继而通报决策信息。

习　题

一、名词解释

1. 信息　　2. 信息技术　　3. ITS　　4. TMIS
5. 解体编组过程的间隔调速　　6. 解体编组过程的目的调速
7. 空中警戒与防撞系统　　　　8. 电子收费系统

二、简答题

1. ITS 的体系结构的含义是什么？
2 简述 ITS 标准化的意义。
3 简述 ITS 中停车信息系统的基本构成及功能。
4. 如何理解编组站作业综合自动化系统的内涵？
5. 行车指挥自动化系统的主要功能是什么？
6. 客票发售与预订系统主要包括几个部分？
7. 描述集装箱运输管理信息系统的主要系统功能。
8. 简述水运智能运输系统特点。
9. 空中交通管制系统通常有哪些功能？
10. 智能空中交通管制系统主要结构形式有哪些？比较其优缺点。

三、论述题

1. 智能交通运输系统的发展趋势及其在我国所面临的主要问题。
2. 采用停车信息系统所面临的困难及其解决方案。

参考文献

[1] 张国伍. 交通运输系统分析[M]. 成都：西南交通大学出版社，1991.
[2] 许国志. 系统科学[M]. 上海：上海科技教育出版社，2003.
[3] 苗东升. 系统科学精要. 北京：中国人民大学出版社，1998.
[4] 沈志云，邓学钧. 交通运输工程学[M]. 2版. 北京：人民交通出版社，2003.
[5] 杨浩. 铁路运营管理自动化[M]. 北京：中国铁道出版社，2000.
[6] 郑春瑞. 系统工程学概述[M]. 北京：科学技术文献出版社，1984.
[7] 杨佩昆. 智能交通[M]. 上海：同济大学出版社，2001.
[8] 陆化普. 智能运输系统[M]. 北京：人民交通出版社，2002.
[9] 黄卫，陈里德. 智能运输系统（ITS）概论[M]. 北京：人民交通出版社，1999.
[10] 杨冰. 智能运输系统[M]. 北京：中国铁道出版社，2000.
[11] Rafael Capurro, Birger Hjørland. 信息的概念. http://www.capurro.de/infoconcept.html.
[12] http://www.its-sti.gc.ca/en/what_is_its.htm
[13] http://www.its.dot.gov/its_overview.htm.
[14] http://www.mlit.go.jp/road/ITS.
[15] 杨兆升. 智能运输系统概论[M]. 北京：人民交通出版社，2005.
[16] 任江涛，张毅，许俊华，等. 美欧日ITS体系结构比较分析[J]. 公路交通科技，2001，118（12）：61-65.
[17] U.S Department of Transportation. National ITS Architecture Version 6.0.
[18] http://www.frame-online.net/aboutArchitecture.htm#Brochures.
[19] LxBlog. 浅议系统科学在城镇化建设中的运用. http://blog.phpwind.net.
[20] 姚德民，李汉铃. 系统工程实用教程[M]. 哈尔滨：哈尔滨工业大学出版社，1984.
[21] 肖红艳，卢国胜，代仁平. 智能交通系统的体系结构浅析[J]. 城市公共交通，2006，9：25-27.
[22] 熊辉. ITS在日本. 中国公路网. http://www.chinahighway.com/news/2001/7913.php.
[23] 电子收费系统综述. 上海情报服务平台. http://www.istis.sh.cn/list/list.aspx?8id=1804.
[24] 任茂东. 我国公路水运ITS发展战略思考. http://www.chinahighway.com /news /2002 /10659.php.
[25] 船舶自动识别系统（AIS系统）简介. http://www.moc.gov.cn /05zhishi /shuilujt /t20050621_17310.htm.
[26] 船舶自动识别系统（AIS）. http://www.gzkj.gov.cn.

[27] 顾培亮. 系统分析与协调[M]. 天津：天津大学出版社，1998.
[28] 杨兆升，王爽，马道松. 基础交通信息融合方法综述[J]. 公路交通科技，2006，23：112-116.
[29] 赵国玲. 信息技术基础[M]. 北京：电子工业出版社，2003.
[30] 刘慧英，周勇. 空中交通管理系统导论[M]. 北京：国防工业出版社，2002.
[31] 张军. 现代空中交通管理[M]. 北京：北京航空航天大学出版社，2005.
[32] 数字化丛书编委会. 交通运输智能化全书[M]. 北京：清华大学出版社，2001.
[33] 何晓薇. 空中交通警戒与防撞系统的主要技术特点[J]. 中国民航飞行学院学报，2001，12（3）：40-42.
[34] Traffic Alert/Collision Avoidance System. http://www.allstar.fiu.edu/AERO/TCAS.htm.
[35] 杨兆升. 城市交通流诱导系统理论与模型[M]. 北京：人民交通出版社，2000.
[36] 彭辉，朱力争. 综合交通运输系统规划[M]. 成都：西南交通大学出版社，2006.
[37] 胡思继. 交通运输学[M]. 北京：人民交通出版社，2001.
[38] 黄民，张建平. 国外交通运输发展战略及启示[M]. 北京：中国经济出版社，2007.
[39] 王庆云. 交通运输发展理论与实践[M]. 北京：中国科学技术出版社，2006.
[40] 刘舒燕. 交通运输系统工程[M]. 北京：人民交通出版社，2006.
[41] 李骏. 现代交通运输与载运工具[M]. 成都：西南交通大学出版社，2006.
[42] 郭忠印. 交通运输设施与管理[M]. 北京：人民交通出版社，2005.
[43] 赵建有. 道路交通运输系统工程[M]. 北京：人民交通出版社，2004.
[44] 姚祖康，顾保南. 交通运输工程导论[M]. 北京：人民交通出版社，2003.
[45] 徐大振，陈道军. 交通运输管理概论[M]. 北京：人民交通出版社，2003.
[46] 李岳林，王生昌. 交通运输环境污染与控制[M]. 北京：机械工业出版社，2003.
[47] 佟立本. 交通运输设备[M]. 北京：中国铁道出版社，2003.
[48] 张玉芬. 交通运输与环境保护[M]. 北京：人民交通出版社，2003.
[49] 季令. 交通运输政策[M]. 北京：中国铁道出版社，2003.
[50] 高自友，孙会君. 现代物流与交通运输系统[M]. 北京：人民交通出版社，2003.
[51] 钱仲侯. 高速铁路概论[M]. 北京：中国铁道出版社，2006.
[52] 刘澜，甘灵. 铁路运输自动化理论与技术[M]. 成都：西南交通大学出版社，2006.
[53] 杨浩，何世伟. 铁路运输组织学[M]. 北京：中国铁道出版社，2006.
[54] 孙晚华，韩学雷. 铁路运输生产力布局理论及应用[M]. 北京：中国铁道出版社，2006.
[55] 郝恩崇. 高速公路概论[M]. 北京：人民交通出版社，2005.
[56] 王炜，邓卫，杨琪. 公路网络规划建设与管理方法[M]. 北京：科学出版社，2006.
[57] 徐大振，刘红，沈志江. 水运概论[M]. 北京：人民交通出版社，2005.
[58] 杨佩昆，张树升. 交通管理与控制[M]. 北京：人民交通出版社，1995.
[59] 翟润平，周彤梅. 道路交通控制原理及应用[M]. 北京：中国人民公安大学出版社，2002.
[60] 金冶富. 道路交通规划与组织[M]. 北京：中国人民公安大学出版社，2004.
[61] 段里仁. 道路交通自动控制[M]. 北京：中国人民公安大学出版社，1991.
[62] 刘伟铭. 高速公路系统控制方法[M]. 北京：人民交通出版社，1998.
[63] 孟祥海. 高速公路规划设计与管理[M]. 哈尔滨：哈尔滨工业大学出版社，2006.

[64] 唐杰军. 高速公路简介[M]. 北京：人民交通出版社，2003.
[65] 赵祥模. 高速公路监控系统理论及应用[M]. 北京：电子工业出版社，2003.
[66] 郗恩崇. 高速公路管理学[M]. 北京：人民交通出版社，2001.
[67] 现代交通远程教育教材编委会编. 高速公路运营管理[M]. 北京：清华大学出版社，北京交通大学出版社，2004.
[68] 贾元华，董平如. 高速公路建设与管理[M]. 北京：北京交通大学出版社，2002.
[69] 范锟. 高速公路路政管理[M]. 北京：人民交通出版社，1998.
[70] 王文武. 高速公路安全管理[M]. 北京：人民交通出版社，2001.
[71] 高速公路养护管理编委会. 高速公路养护管理[M]. 北京：人民交通出版社，2001.
[72] 徐吉谦. 交通工程总论[M]. 北京：人民交通出版社，2001.
[73] 俞善润. 高速公路收费管理[M]. 武汉：湖北科学技术出版社，2005.
[74] 郭敏. 高速公路收费系统[M]. 北京：人民交通出版社，2002.
[75] 许宏科. 高速公路收费系统理论及应用[M]. 北京：电子工业出版社，2003.
[76] 中华人民共和国交通部. 2001年中国交通信息化发展报告[M]. 北京：人民交通出版社，2001.
[77] 杨琪，柏青. 中国ITS标准化组织[J]. 中国交通信息产业，2003.
[78] 张全寿. 铁路运输管理信息系统（TMIS）的总体结构[J]. 中国铁路，1995，1：7-11.
[79] 沈志云. 交通运输工程学[M]. 北京：人民交通出版社，1989.
[80] 黎峰. 空中交通警戒和防撞系统的发展历程[J]. 中国民用航空，2004，10：81-83.
[81] 杨兆升，保丽霞，朱国华. 深圳市综合交通信息平台系统分析与设计[J]. 公路交通科技，2005，22(2)：100-103.
[82] 姬杨蓓蓓，杜豫川，孙立军. 上海市城市道路交通信息平台系统分析与设计[J]. 交通与计算机，24(1)：54-57.
[83] 董德存. 交通信息工程案例集[M]. 上海：同济大学出版社，2005.
[84] 董碧水. 杭州实行小客车"限牌"管理[N]. 中国青年报，2014-03-26.
[85] 任雪梅. 成都实施区域尾号限行政策[N]. 中国交通报，2012-10-11.
[86] 梦小晨. http://www.chinaacc.com/new/184_900_201207/05wa373549020.shtml. 2012-07-05
[87] 张胜，黄岩. 上海虹桥综合交通枢纽总体设计[J]. 上海建设科技，2007（5）：1-6.
[88] 李维娜. 超级枢纽——上海虹桥综合交通枢纽设计[J]. 设计新潮，2010（2）：88-101.
[89] 交通运输部. 关于开展国家公交都市建设示范工程有关事项的通知[R]. 交运发〔2011〕635，2011-11-28.
[90] 刘澜. 公交都市的理论渊源及其多样化建设策略[J]. 上海城市管理，2013（6）：44-48.
[91] 铁路总公司. 关于印发《铁路"十二五"发展规划》的通知[R]. 铁计〔2011〕80，2011-7-1.
[92] 吴忠泽. 大数据时代：智能交通系统发展面临机遇与挑战[N]. 科技日报，2013-12-23.
[93] 徐炜. 交通管理已进入大数据时代[J]. 道路交通管理，2013（11）：36-37.